사회복지역사 2판

오세영 지음

Social Welfare History

신정

우리는 역사가가 쓴 역사를 배운다.

이 책 역시 역사가들이 쓴 역사를 토대로 쓰여진 것이다.

Preface

2판 머리말

겁 없이 『사회복지역사』 집필에 뛰어들어 초판이 세상에 나온 지 2년이 채 못 되어 개정판을 내게 되었다. 그렇다고 목차구성의 변화나 내용에 큰 변화가 있는 것은 아니다. 다만, 내용의 오류가 있는 부분도 있었고, 어색한 문장, 불필요한 표현, 오타 등이 많이 발견되었다. 섬세하지 못했다. 특히, 오타는 글쓴이를 몹시 괴롭게 한다. 부끄럽다. 그래서 개정판을 내기에 다소 이른 감이 없지 않았지만, 자신의 부족함을 부지런함과 성실함으로 채우고 싶었고, 이 책을 교재로 사용해 주신 교수님들과 학생들에게 죄송한 마음이 들어 하루라도 빨리 보완해야겠다는 마음을 먹고 개정을 단행하게 된 것이다.

필자가 전하고자 하는 의미의 내용과 독자와의 사이를 방해하지 않기 위해 문장을 정교하게 다듬었다. 내용의 오류를 바로잡았고, 문맥도 수정하였다. 아무쪼록 이 책을 통해 많은 독자들이 사회복지의 역사를 이해할 수 있다면, 필자로서는 더할 나위 없는 기쁨이다.

끝으로 필자의 일천한 학문 탓에 많이 부족함에도 불구하고, 이 책을 교재로 사용해 주신 교수님들과 학생들에게 진심으로 감사드리며, 앞으로도 초심을 잃지 않고, 이 책이 계속해서 사랑을 받을 수 있도록 최선을 다해 보완해 나갈 것을 약속드린다. 아울러 이 책을 사랑해 주시는 모든 분들의 건강과 평화를 기원드린다.

2025년 6월

저자

Preface

1판 머리말

인간은 누구나 역사적 존재이고, 역사 속에 서 있으므로 역사를 바로 알지 못하면 현재를 알 수가 없다. 역사를 바로 봄으로써 현재 우리 사회가 안고 있는 문제의 본질을 꿰뚫어 볼 수 있고, 이를 토대로 문제의 근본적 해결방법을 찾을 수 있다. 사회복지역사도 마찬가지다. 사회복지역사를 배움으로써 사회복지에 관련된 역사적 사실들에 관한 지식을 얻는 것에 머무르지 않고, 사회복지의 본질을 파악할 수 있다. 사회복지의 본질을 정확하게 알아야 인간의 존엄성과 자유를 확대하고, 사회적 불평등과 차별을 해소하여 민중들의 삶을 한 단계 높은 차원으로 옮겨 놓을 수 있는 미래를 설계할 수 있는 것이다. 이것이 바로 사회복지역사를 공부해야 하는 이유라고 생각한다.

사회복지의 역사에는 수없이 많은 역사적 사실들이 존재하지만, 그것들을 다 기술할 수는 없다. 역사적으로 의미 있는 사실들을 선택하여 기술해야 하는데, 그 판단과 선택은 전적으로 저자의 몫이다. 따라서 이 책에서는 필자의 판단에 의해 보다 더 중요한 것으로 판단되는 역사적 사실들을 선택해서 기술하고자 했다. 물론 국가를 넘나들면서 말이다.

처음 집필을 구상할 때 국가별로 구분하여 사회복지의 역사를 기술할까도 생각했었다. 사회복지의 역사가 국가별 특수성을 지니고 있는 점을 감안한다면 아주 유용한 기술방법이 될 수 있기 때문이다. 또한 어떤 특정 국가의 사회복지역사를 자세하게 살펴볼 수 있다는 장점이 있다. 하지만, 국가별로 구분하여 사회복지역사를 기술해야 한다면 어느 국가까지 기술해야 할 것인가, 그리고 선택한 국가의 사회복지역사를 기술해야 하는 이유를 어디에서 찾을 수 있을 것인가 하는 과제가 남는다. 물론 어느 한 국가의 사회복지에 관한 중요한 역사적 사실들이 있지만, 그렇지 않은 것도 있다. 그렇지 않은 것까지 모두 반드시 배워야 할 이유는 없다. 그래서 국가별로 구분하여 사회복지역사를 기술하기보다는 사회복지역사에 있어서 의미 있고 중요하다고 판단되는 사건을 선택하여 기술하기로 했다. 그러다 보면 자연히 여러 국가를 오고 갈 것으로 판단했다.

이 책에서는 사회복지의 본질을 이해하기 위해 사회경제적 상황, 정치적 상황, 문화적 상황 등 다양한 차원의 요인들을 살펴봄으로써 사회복지제도의 형성과 발전을 이해하고자 노력했다. 사회복지의 이론과 사상도 담았다. 사회복지의 이론과 사상은 그것 자체로서의 학문적 가치를 지니지만, 사회복지역사를 이해하기 위해서도 반드시 고찰해야 한다고 판단했다. 사회복지의 사상은 사회복지의 등장배경을 잘 설명해주고, 사회복지의 이론은 사회복지의 형성과 변화를 잘 설명해주기 때문이다.

필자는 이 책을 집필하면서 사회복지역사를 처음 접하는 학도들을 위한 마음을 가지고 썼다. 한 문장 한 문장 써내려가면서 독자들이 과연 이 내용을 이해할 수 있을까 하는 심정으로 써 내려갔다. 되도록 쉬운 문장으로 풀어서 스토리텔링을 하려고 노력했다. 흐름을 방해할 위험 때문에 본문에 담지는 못했지만, 꼭 필요하다고 생각되는 설명은 각주에 넣었다. 그리고 사회복지의 역사 속에 등장하는 인물들은 사진과 함께 책갈피를 만들어 소개함으로써 본문 내용의 이해를 도왔다.

사실 이 책을 집필하는 데 있어서 필자의 역할은 단지 '편집자'에 불과했다. 모든 역사가 그렇듯 우리가 읽고 배우는 역사는 실제로는 역사가가 쓴 역사에 지나지 않는다. 이 책 역시 기존의 학자들이 써놓은 역사적 사실 중에서 필자가 의미 있다고 판단되는 내용을 선택하여 옮겨 놓은 것뿐이다. 말하자면, 이 책은 역사가들이 쓴 역사를 토대로 쓴 것이다. 더 엄밀히 말해, 이 책은 박광준 교수님의 『사회복지의 사상과 역사』를 토대로 쓰여졌다고 해도 과언이 아니다. 그만큼 필자는 박광준 교수님께 크나큰 학은(學恩)을 입었다. 그뿐만 아니라 인격적으로도 너무 많은 가르침을 받았다. 이것은 필자에게 더할 나위 없는 은혜이자, 크나큰 축복이었다. 그러니 필자가 이 책을 쓰는 데 있어서 박광준 교수님의 영향을 받은 것은 당연한 일이었다.

2002년 3월 22일, 박광준 교수님과의 첫 만남은 내 생애 잊을 수 없는 날로 기억된다. 박광준 교수님께서는 그해 필자가 박사과정에 재학 중이던 일본 북교대학에 부임해 오셨는데, 첫 만남 때 교수님께서 직접 사인해서 주신 책이 바로 『사회복지의 사상과 역사』이다. 학부 시절 제대로 된 사회복지역사 교과서 한 권 없이 공부했던 필자에게 이 책은 그야말로 성서나 다름없었다. 이 책을 처음 접한 순간부터 매료되기 시작하여 다시는 이런 책이 세상에 나오기 힘들 것이라 생각하며 20년이 지난 지금까지도 성서처럼 읽고 있다. 그리고 이 책을 가지고 오랫동안 강의를 해왔다. 책의 수준이 너무 높은 나머지 학생들을 이해시키기에 다소 벅찼고, 감당하기 힘들었던 것이 사실이다. 그래서 필자의 수준에 맞는 강의를 하기 위해 주제넘지만 집필을 해야겠다고 마음먹었다. 지금까지 그래왔듯, 책 쓰는 용기를 내는 이유는 단 하나, 자신이 공부해서 정리한 책을 가지고 자신 있게 강의하고 싶은 순수한 마음뿐이다. 불초의 편집자는 박광준 교수님을 비롯하여 참고문헌의 저자들이 주신 도움과 가르침에 진심으로 감사드린다. 그리고 혹여나 모든 분들께 조금이라도 누를 끼쳤다면 용서를 구한다.

한두 번의 경험도 아닌데, 책을 세상에 내놓을 때마다 한없이 아쉽고, 부끄럽고, 또 두려운 마음은 감출 수가 없다. 학문은 해도 해도 끝이 없다는 것을 절실히 느끼고 있기 때문이리라. 그럼에도 불구하고 독자들의 아낌없는 비판과 격려를 수용하여 더욱 정진할 것을 다짐하고 용기를 내어본다. 아울러 이 책이 많은 분들께 오랫동안 사랑받는 책이 되었으면 하는 바람도 가져본다.

끝으로 이 책을 멋지게 출판해주신 신정출판사의 최용구 사장님과 장만동 전무님 그리고 편집부 직원분들께 진심으로 감사를 드린다.

2024년 새해 아침
평화로운 세상을 기원하며
저자

Contents

차례

CHAPTER 01

사회복지역사 탐구의 의의와 방법

1. 사회복지역사 탐구의 기본적 시각
2. 사회복지역사 연구의 의의와 방법
3. 사회복지의 시작을 무엇으로 볼 것인가

CHAPTER

01 사회복지역사 탐구의 의의와 방법

사회복지의 역사를 서술하기에 앞서 가장 먼저 해야 할 작업은 사회복지역사 탐구의 의의와 방법을 제시하는 일이다. 또한, 사회복지역사를 서술하는 데 출발점이 되는 것은 사회복지의 시원(始原)을 밝히는 일이다. 따라서 제1장에서는 역사란 무엇이고, 역사를 어떻게 볼 것인가, 그리고 왜 사회복지의 역사를 배워야 하며, 그 방법은 무엇인가에 관한 견해를 먼저 밝혀 둔 후, '사회복지의 시작을 무엇으로 볼 것인가' 하는 문제를 사회복지의 판단기준을 가지고 규명한다.

1. 사회복지역사 탐구의 기본적 시각

1) 역사란 무엇인가

19세기 이래, 역사란 사실을 객관적으로 편찬하는 것이며, 해석보다는 사실이 우월하다고 주장하는 역사이론과 역사란 해석과정을 통해서 역사의 사실들을 확정하고 지배하는 역사가의 정신의 주관적 산물이라고 주장하는 역사이론이 대립해 왔다. 전자를 실증주의, 후자를 현재주의라고 부른다(장수한, 1992).

역사가 객관적 실체라는 점을 강조한 실증주의는 19세기 후반에서 20세기 전반 역사학계를 지배한 역사관이다. 실증주의의 가장 대표적인 인물이 독일 역사학자 랑케(Leopold von Ranke, 1795~1886)이다. 랑케는 "과거를 평가하거나 살아 있는 사람들에게 교훈을 주는 것이 역사가의 임무가 아니라 오직 '본래 있는 그대로' 보여주는 것이어야 한다"고 주장한다. 랑케의 말대로 역사를 '본래 있는 그대로' 밝히는 것(=실증)은 대단히 중요하고, 또 그래야만 하는 일이다. 그러나 그러기 위해서는 '역사가가 사건 그 자체로부터 완전히 분리되고 독립되어 있어야 하고, 역사가는 거울이 빛을 반사하듯 사건을 그대로 반영해주어야 하며, 편견을 가져서는 안 되고 이해관계에 얽매여서도 안 된다'라는 전제조건이 뒤따른다. 그런데 이것이 과연 가능한가.

[책갈피 1.1]

랑케(Leoplod von Ranke)

- 1795년 독일 작센 튀링겐 비에 출생
- 독일의 역사학자
- 1825~1871년 베를린대학 교수
- 1841년 프로이센 국사편수관
- 1859년 바이에른 학사원 사학위원회 회장
- 1865년 '폰'(von)이란 칭호와 함께 귀족작위
- 주요저작으로 『라틴 및 게르만 제(諸)민족의 역사 1494~1514』, 『로마 교황사』, 『종교개혁 시대의 독일사』 외 다수
- 1886년 5월 23일 사망

사진출처: 다음백과, 위키백과

모든 인간이 그러하듯이 역사가 또한 자신이 살아가는 사회의 역사적 발전수준을 벗어날 수 없으며, 자신이 속한 사회집단의 이해관계에서 벗어날 수도 없는 존재이다. 랑케 자신도 예외는 아니다.

실증주의는 객관성을 앞세워 역사와 인간이 따로 떨어진 것처럼 착각하게 만들고, 눈에 보이지 않는 본질적인 사실들을 기록하기보다는 그저 눈에 보이는 현상, 즉 있는 그대로의 사실들을 쓸 우려가 있다는 한계를 가지고 있다.

반면, 역사를 주체적으로 보아야 한다는 점을 강조하는 현재주의자들은 실증주의자들과 달리 과거를 본래 있는 그대로 구성하는 것은 불가능하며, 역사란 현재의 사고와 현재의 관심을 과거에 반영시키는 것이라고 주장한다. 모든 역사는 현재 살아있는 역사가의 머릿속에서 재구성되는 ‘현재의 역사’라고 선언한다. 현재주의의 대표적인 인물은 “모든 역사는 현대사”라는 유명한 말을 남긴 이탈리아의 철학자이자 역사가인 크로체(Benedetto Croce, 1866~1952)와 『*The Idea of History*』(1945)를 저술한 콜링우드(R. G. Collingwood, 1889~1943), 그리고 영국의 저명한 역사학자 카(E. H. Carr, 1892~1982)로 대변된다.

크로체(Benedetto Croce)

- 1866년 이탈리아 페스카세롤리 출생
- 이탈리라의 철학자, 역사가, 문학평론가, 미술사학자, 정치인
- 1903년 문화 비평지 〈크리티카(비판)〉 창간
- 1910년 이후 상원의원
- 1920~1921년, 1941년 문화상 취임
- 주요저서 『헤겔철학에 있어서의 산 것과 죽은 것』(1907), 『정신의 철학』(1902), 『역사서술의 이론과 역사』(1915) 외 다수
- 1952년 11월 20일 사망

사진출처: 다음백과

크로체는 "역사란 본질적으로 현재의 눈을 통해서 그리고 현재의 문제들에 비추어 과거를 바라보는 것이며, 역사가의 주요한 임무는 기록하는 것이 아니라 평가하는 것이다"라고 말했다(E. H. Carr, 김현택 옮김, 2016: 34에서 재인용). 역사가의 평가가 없는 기록은 기록으로서의 가치가 없다고 본 것이다.

콜링우드는 "모든 역사는 사유의 역사이며, 역사란 사유의 역사를 연구하고 있는 역사가가 그 사유를 자신의 정신 속에 재현하는 것"이라고 하였다(E. H. Carr, 김현택 옮김, 2016: 35에서 재인용). 이때 역사가의 정신 속에서 이루어지는 과거의 재구성 자체는 경험적인 과정도 사실들의 단순한 나열도 아닌 사실들의 선택과 해석을 의미하며, 이러한 재구성의 과정을 통해 역사적 사실들이 만들어진다고 본 것이다.

[책갈피 1.3]

콜링우드(R. G. Collingwood)

- 1889년 영국 랭커셔주 출생
- 독일의 철학자, 역사학자, 화가, 고고학자
- 1908년 옥스퍼드대학교 입학
- 1912년 철학과 강사
- 주요저서 『종교와 철학』(1916), 『로마 시대 영국의 고고학』(1930), 『로마 시대 영국과 영국인 정주자들』 (1936), 『역사 이념 The Idea of History』(1946) 외 다수
- 1943년 1월 9일 사망

사진출처: 다음백과

카는 그의 저명한 책 『역사란 무엇인가?*(What is History?)*』(E. H. Carr, 김현택 옮김, 2016)를 통해서 과거에 관한 사실이 모두 역사적 사실이 아니며, 역사적 사실들은 역사가들이 '선택한 것'일 뿐이라고 주장한다. 그에 의하면, 모든 역사적 사실들은 역사가들의 해석상 선택의 결과로 등장한다. 따라서 역사가는 소수의 중요한 사실들을 발견하여 그것들을 역사의 사실로 전환시켜야 함과 동시에 중요하지 않은 수많은 비역사적 사실을 버려야 하는 이중의 임무를 지닌다. 이렇듯, 우리가 알고 있는, 하지만 경험한 적이 없는 과거의 역사적 사실들은 역사가들이 선택해준 것들이다. 그러므로 누가 역사를 쓰느냐에 따라 서로 다른 역사가 만들어질 수 있다. 이런 의미에서 "사실들의 연구를 시작하기 전에 역사가를 연구하라"라는 카의 말은 의미심장하다.

[책갈피 1.4]

카(E. H. Carr)

- 1892년 영국 런던 출생
- 영국 정치학자, 역사가
- 1911~1916년 케임브리지 대학교의 트리니티 칼리지 졸업
- 1916년 외무부 입성, 20년간 외교관
- 1941~1946년 〈The Times〉지 부(副)편집장
- 주요저서 『위기의 20년』(1939), 『서구세계에서의 소비에트의 충격』(1947), 『새로운 사회』(1951), 『볼셰비키혁명』(1958), 『역사란 무엇인가』(1961) 외 다수
- 1982년 11월 2일 사망

사진출처: 다음백과

역사적 사실로서의 지위는 해석의 문제에 좌우되며, 해석의 요소는 모든 역사의 사실에 개입한다. 해석이 없는 사실은 죽은 것이며, 무의미한 것이다. 그리고 사실에 근거하지 않은 해석은 쓸모없는 것이다. 따라서 역사란 무엇인가에 대한 그의 답은 "역사란 역사가와 그의 사실들의 끊임없는 상호작용 과정, 현재와 과거 사이의 끊임없는 대화다"라는 너무나도 유명한 말이었다.

현재주의자들의 분석은 정당하며, 동시에 이러한 시각은 역사를 능동적이고 주체적으로 보는 태도를 기른다는 점에서 바람직하다. 하지만 하나의 역사적 사실들을 두고 쓰여진 수많은 역사가 모두 진실을 담은 역사라고 볼 수는 없다는 점에 유의할 필요가 있다. 실증주의와 마찬가지로 현재주의 역시 무엇이 역사적 진실인가를 진지하게 묻고 있지 않다.

우리는 두 역사 사상으로부터 취할 것은 취하고 버릴 것은 버릴 필요가 있다. 객관적 실체로서의 역사를 주체적으로 이해할 필요가 있으며, 역사의 이해를 개인적 차원에서 사회적 차원으로 옮겨 놓아야 한다. 사람들은 자신의 처지와 상황에 따라 각기 나름대로 역사를 보기 때문에 개인적 차원에서의 역사 이해는 제한적이고 주관적이며 부분적인 한계를 지닐 수밖에 없다. 따라서 사회적 차원의 역사 이해가 필요한데, 사회적 차원의 역사 이해는 곧 민중의 편에 선 역사 이해를 의미한다. 민중이야말로 어느 시대에나 사회의 대부분을 차지해온 사람들이며, 사회의 발전을 가장 절실하게 희망하는 집단이기 때문이다.

결국, 인류의 역사는 어느 시대에나 사회의 대다수를 차지해 온 사람들, 즉 민중의 역사이며, 따라서 민중에 속한 우리의 역사가 곧 나의 역사라 할 수 있다.

2) 역사에 대한 기본적 시각

사회복지역사를 서술하기에 앞서 역사를 바라보는 몇 가지 기본적 관점을 밝혀두고자 한다. 역사관은 사회복지의 발전을 이해하는 데 가장 기본적인 인식이라고 판단되기 때문이다.

첫째, 인간은 누구나 역사적인 존재라는 것이다. 현재 우리 사회는 과거에 살았던 수많은 사람이 축적해 놓은 역사적 경험을 통해 이루어졌기 때문이다. 또한, 유일한 역사적 존재인 인간은 역사적 조건을 벗어날 수 없으며, 역사적으로 형성된 사회적 조건을 토대로 하여 항상 새로운 사회의 변화와 발전을 거듭해 왔다는 점에서 그렇다. 예컨대, 오늘날 기본적인 사회적 관계인 노동자와 자본가의 관계라든지 부모와 자식 간의 관계도 개인의 의지와는 상관없이 산업화에 따른 생산관계의 변화라는 역사적 조건에 의해 이루어져 온 것이다.

둘째, 역사는 변화 발전한다는 것이다. "사람은 두 번 다시 같은 강물에 뛰어들지 못한다"라는 철학자 헤라클레이토스의 말처럼 인간 사회의 모든 것은 변화한다. 그러나 역사는 단순히 흘러가거나 변화하는 것이 아니라 많은 성장과 변화를 거듭하여 질적으로 새롭게 발전한다. 따라서 역사는 사회의 변화와 발전의 과정이며, 각 시대는 이 과정의 단계들에 해당한다. 인류역사는 숱한 작은 발전들이 모여 하나의 발전과정을 이루고, 그 발전과정들이 수없이 모여 더 큰 발전과정을 이루면서 변화해 온 사회의 발전과정인 것이다.

셋째, 사회복지역사의 발전이란 인간의 존엄성과 자유를 확대하고 사회의 불평등과 사회적 차별을 제거하여 인류사회를 한 단계 높은 차원으로 옮겨 놓는 것을 말한다.[1] 누구에게나 공통적이면서 인간성을 유지하는 데 필수적인 기본적 욕구가 충족되어야 한다. 예컨대, 누구나 의식주의 문제가 해결되어야 하고, 아파도 돈이 없다는 이유로 치료를 못 받거나 더 나아가서 아플 권리마저 박탈당하는 일이 없어야 하고, 가난하다는 이유로 교육을 받지 못하는 일이 없어야 한다. 우리 사회에 존재하는 엄청난 불평등과 차별을 없애는 것이 사회 발전이고, 사회복지의 발전이다. 따라서 사회적 불평등과 사회적 차별을 없애기 위해서 어떠한 노력을 해 왔는가, 과거의 역사 속에서 어떻게 하여 사람들이 그 사회에 존재하던 사회문제를 해결할 수 있었는가를 탐구해야 한다. 사회복지의 변화와 발전의 원동력은 무엇이며, 그것은 어떻게 해서 인간의 자유를 확대하고 사회의 불평등과 차별을 제거하여 우리 사회를 한 단계 높은 차원으로 발전시켰는가를 탐구하는 것이야말로 올바른 사회복지역사탐구이다.

넷째, 역사발전의 주인공은 바로 민중이라는 것이다. 인류의 역사는 민중의 역사이다. 인류의 역사를 결정해 온 것은 지배계층도 아니요, 몇몇 철학자의 사상이나 정치가의 생각도 아니다. 어느 시대에나 사회의 대다수를 차지해 온 민중들이야말로 인류의 역사를 만들고 발전시켜온 주인공들이다. 또한, 민중은 사회적 차별의 철폐와 불평등의 해소를 통해 인간의 존엄성과 자유를 누릴 수 있고, 인간다운 삶을 누릴 수 있는 사람들이다. 이것이 민중에

---

1) 사회복지의 역사를 진화과정으로 파악한 로마니쉰(Romanyshyn)은 사회복지의 발전을 다음과 같이 정의한 바 있다. 첫째, 잔여적 개념에서 제도적 개념으로, 둘째, 자선사상에서 시민의 권리사상으로, 셋째, 빈민에 대한 특별한 프로그램에서 전체 인구의 보편적 욕구에 대한 관심으로, 넷째, 가능한 최저한의 급여와 서비스로부터 최대한의 적절한 급여 및 서비스로, 다섯째, 개인의 치료에서 사회개혁으로, 여섯째, 민간후원에서 정부후원으로, 일곱째, 빈민을 위한 복지라는 개념에서 복지사회라는 개념으로의 점진적 진화과정으로 파악할 수 있다는 것이다(전남진, 1987: 50에서 재인용). 한편, 박광준(2002: 48)은 사회복지제도가 인간의 존엄성과 사회적 공평을 실현하고 사회적 효과를 지향하는 방향으로 변화하는 경우를 발전 혹은 발달이라고 정의하고 있다.

편에 서서 역사를 이해해야 하는 이유이다. 민중에 속한 부랑인, 빈민, 노동자계급, 사회적 취약계층 등 사회적 약자의 삶에 관한 역사가 곧 사회복지의 역사라 할 수 있다.

2. 사회복지역사 연구의 의의와 방법

1) 사회복지역사를 배우는 의의와 방법

역사를 배우고 이해하는 데 중요한 관심사는 과거와 현재 사이의 관계이다. 인간은 누구나 역사적 존재이고, 역사 속에 서 있으므로 역사를 바로 알지 못하면 현재를 알 수가 없다.[2] 역사를 바로 이해함으로써 현재 우리 사회가 안고 있는 문제의 본질을 꿰뚫어 볼 수 있고, 이를 토대로 문제의 근본적 해결방법을 찾을 수 있다. 오늘날 형성된 사회(복지)제도들은 어떻게 형성되었으며, 역사적 의미는 무엇인가? 왜 사회의 불평등이 존재하게 되었고, 사회적 차별은 좀처럼 철폐되지 않는가? 앞으로 우리는 어떻게 될 것인가? 이런 의문들을 하나씩 해결해 가는 것이 곧 역사를 이해하는 과정이다. 역사를 바로 알아야 우리 자신과 우리 사회의 미래를 설계할 수 있는 것이다.

이와 마찬가지로 사회복지역사를 배우는 목적은 사회복지에 관련된 역사적 사실들에 관한 지식을 얻는 것에 머무르지 않고, 사회복지의 본질을 정확

---

2) 카는 "과거는 현재에 비추어질 때에만 이해될 수 있고, 현재도 과거에 비추어질 때에만 완전히 이해될 수 있다"라고 말하면서, 역사는 "인간이 과거의 사회를 이해할 수 있도록 해주고, 현재의 사회에 대한 인간의 지배력을 증대시키는 이중적 기능을 한다"라고 말한다(E. H. Carr, 김현택 옮김, 2016: 79).

하게 파악하는 데 있다. 사회복지의 본질을 파악함으로써 사회복지 그 자체의 개념이나 기능, 사회복지의 역할과 비중 등을 정확하게 파악할 수 있을 뿐만 아니라 나아가 사회복지의 발전을 도모할 수 있다. 즉, 인간의 존엄성과 자유를 확대하고 사회의 불평등과 사회적 차별을 제거하여 민중들의 삶을 한 단계 높은 차원으로 옮겨 놓을 수 있는 미래를 설계할 수 있는 것이다. 이것이 바로 사회복지역사를 공부해야 하는 이유이다.

그렇다면 사회복지의 역사를 어떻게 기술할 것인가? 우리 사회에 일어나고 있는 모든 일을 다 기술할 수는 없다. 실령 모든 사실을 다 기록한다고 하더라도 그것이 다 역사가 될 수는 없다. 모든 사실은 역사적으로 의미가 있을 때 비로소 역사가 되는 것이다. 즉, 모든 역사는 역사적으로 의미 있는 사건(historically significant event)을 기록하는 것이다. 마찬가지로 사회복지의 역사에는 수없이 많은 역사적 사실들이 존재하지만, 그것을 모두 다 기록할 수는 없다. 역사적으로 의미 있는 사실들을 선택하여 기술해야 하는데, 그 판단과 선택은 전적으로 역사가의 몫이다. 따라서 이 책도 저자의 선택된 역사의 기술이며, 그 내용도 역사가들이 쓴 역사를 토대로 쓰여진 것이다.

한편, 사회복지의 발전에 관한 기존의 이론들은 사회복지제도를 종속변수로만 간주하는 경향이 있었다. 그러나 저명한 책 『사회복지의 사상과 역사』(2002)의 저자인 박광준은 그의 저서에서 사회복지의 사상과 사회복지제도 발전의 관계를 설명하면서 "사회복지제도의 생성과 발달을 이해하기 위해서는 사회와 사회복지제도의 상호작용, 사회사상, 사회경제적 상황, 사회복지제도의 상호작용을 인식해야 하며, 또한 사회사상이라는 것은 의도된 정책에 의하여 크게 영향을 받는다는 사실도 인식할 필요가 있다"라고 말한다. 그리고 "사회복지제도는 물론 사회경제적 상황에 의하여 많은 영향을 받아서 형성되는 것이지만, 또한 그것에 의하여 형성된 사회사상이나 사회사상가에 의하여 큰 영향을 받기도 하고, 어떤 경우에는 결정적인 영향을 주기도 한다" 라고 말하고 있다. 그러므로 사회복지사상은 그것 자체로서의 학문적 가치를 가지는 것이지만, 사회복지역사를 이해하기 위해서도 반드시 고찰되어야 한다는 것이다.

이러한 지적은 이 책에서도 적용된다. 따라서 이 책에서는 사회와 사회복지제도의 상호작용, 사회복지사상, 사회경제적 상황 등의 이해를 통해 사회복지제도의 생성과 발달을 이해하고자 노력하였다. 이러한 관계들 속에서 사회복지의 형성과 발달과정 그리고 역사적 특성을 파악하고, 사회복지발달의 원동력이 무엇인지를 이해할 때 올바른 사회복지의 역사 이해가 가능하기 때문이다.

2) 사회복지역사의 시대구분

사회복지의 역사를 기술할 때 시대구분은 불가피하다. 역사 자체가 시간의 흐름을 중요한 특성으로 하기 때문이다. 시대구분은 수 세기에 걸친 연구범위 속에 포함되는 수많은 사상, 사건, 그리고 역사적 사실들을 중심으로 이루어진다. 이때 특정한 기준이 요구된다. 예컨대, 사회복지의 시작을 어느 시기로 볼 것이며, 그 근거는 무엇인가, 그리고 현대적 사회복지로 발전하는 전환점을 어느 시기로 볼 것이며, 또한 그 근거가 무엇인가를 제시하는 것은 중요하다. 시대구분이 자의적이어서는 안 되기 때문에 그 근거를 명확히 제시해야 하는데, 이 작업은 결코 쉬운 일이 아니다. 그럼에도 불구하고 시대구분과 근거의 제시는 결국 저자의 역사관이나 주관적 판단에 의존할 수밖에 없다.

〈표 1-1〉 사회복지역사의 시대구분과 사회복지의 발달

구분	14C · 15C · 16C	17C	18C	19C	20C	20C	21C
사회	중세 봉건제사회→		근대 자본주의 성립기 / 자본제 사회→				
사상	중상주의			자유주의 (맬더스주의)	페이비언사회주의 New-Liberalism	케인즈주의 (국가개입주의)	Neo-Liberalism 제3의 길
세기	14C 15C 16C	17C	18C	19C	20C		21C
시대 구분	사회복지 이전의 시대	• 사회복지의 시작: 빈민법시대		• 대전환의 시대 · 사회보험시대		• 복지국가시대: 합의의 시대	• 신자유주의의 시대
사회 문제	← 부랑인문제 → 사회적 욕구(social needs) → ← 노동문제 →						
사회복지정책	• 1349년 노동자법 • 1351년 노동자법 • 1361년 노동자법 • 1388년 빈민법 • 1531년 걸인부랑자처벌법 • 1536년 건장한 부랑자처벌법 • 1547년 부랑자처벌빈민구제법 • 1572년법 • 1576년 빈민구제법	• 엘리자베스 빈민법(1601) • 정주법(1662)	• 작업장법(1722) (에드워드냇치블법) • 토마스길버트법 (1782) • 스핀햄랜드제도 (1795)	• 공장법(1833) • 왕립빈민법위원회(1832) • 신빈민법(1834) • 비스마르크사회입법 –건강보험(1883) –산재보험(1884) –노령폐질보험(1889) • 부스의 빈곤조사(1886) • 라운트리의 빈곤조사(1899)	• 왕립빈민법위원회(1905~1909) –다수파보고서, 소수파보고서 • 자유당정부의 자유주의 개혁(1906) • 영국 노령연금법(1908) • 영국 국민보험법(1911) • 미국 사회보장법(1935)	• 영국복지국가의 형성 –베버리지보고서(1942) –가족수당법(1945) –국민보험법(1946) –국민보건서비스법(1946) –국민부조법(1948) → 빈민법 폐지	• 대처의 복지개혁(대처리즘) • 레이건의 복지개혁(레이거노믹스) • 블레어의 복지개혁 (1997)
사회복지실천				• 영국 자선조직협회 창설 (1869) → Social Work • 영국 토인비홀(1884) → 지역사회복지 • 미국 뉴욕자선조직협회(1882) • 미국 헐하우스(1889)	• 미국 COS → 전문사회복지기관 • 플렉스너의 사회복지전문직 논쟁(1915) • Mary Richmond, 최초의 교과서 『사회진단』(Social Diagnosis) 출간(1917)	• 밀포드(Milford)회의(1929) • 진단주의학파(1920년대) • 기능주의학파(1930년대)	
특징	• 중세 봉건제 사회의 특성과 빈민정책	• 사회복지의 시작: 엘리자베스 빈민법과 변화		• 빈민법 개혁: 신빈민법 • 민간사회복지의 출현 • 사회보험의 탄생 • 빈곤관의 변화	• 대량빈곤과 사회개혁 • 전문사회복지실천의 형성 • 미국의 뒤늦은 국가개입: 뉴딜과 사회보장법	• 복지국가의 형성과 발전 • 사회복지실천통합방법론의 등장 • 사회복지실천의 새로운 관점, 이론, 모델의 발전	• 복지국가의 위기와 신자유주의적 재편 • 제3의 길과 복지국가

이 책에서는 사회복지역사의 변화과정에서 나타나는 내외적인 변화와 양질의 변화, 그리고 이러한 변화 발전을 가져오는 '전환점(turning point)'을 중심으로 시대구분을 한 후(표 1-1 참조), 해당 시기의 사회복지의 변화를 둘러싼 정치 · 경제 · 사회 · 문화 · 사상적 배경 등 다양한 차원의 요인들을 살펴봄으로써 각 시기의 사회복지에 대한 이해를 넓히고 있다.

3. 사회복지의 시작을 무엇으로 볼 것인가

1) 사회복지의 역사성과 개념

사회복지역사를 서술하는 데 출발점이 되는 것은 사회복지의 시원(始原)을 밝히는 일이다. 즉, '사회복지의 시작을 무엇으로 볼 것인가' 하는 문제를 살펴보아야 한다. 그러기 위해서는 사회복지의 판단기준을 제시할 필요가 있다. 그런데 사회복지의 판단기준은 전적으로 논자가 결정해야 할 문제이다. 사회복지의 판단기준을 제시하기 위해서 먼저 해야 할 작업은 사회복지의 개념을 정의하는 일이다. 왜냐하면, 사회복지를 어떻게 정의하느냐에 따라 사회복지의 시작이 달라질 수 있기 때문이다.

그런데 모든 사람이 동의할 수 있는 사회복지의 개념을 찾는 것은 어쩌면 불가능한 일일지 모른다. 사회복지는 가장 논쟁적인 사회과학의 개념이기 때문이다. 다행인 것은 사회복지가 역사적인 개념이라는 것이다. 사회문제는 시대에 따라 그 성격을 달리해왔기 때문에 이를 해결하고자 하는 사회복지의 내용도 당연히 시대에 따라 달라질 수밖에 없다. 예컨대, 14세기에서 19세기 초까지는 부랑인 문제가 사회문제였으며, 빈민법이라는 사회통제정책을 통해서 문제를 해결하고자 하였다. 자본주의의 등장과 함께 노동자계급이라는 새로운 계급이 출현하면서 사회복지는 곧 노동문제로 이해되었고, 그에 대한 대응책으로 사회보험이 등장하였다. 하지만 제2차 세계대전 후 복지국가가 성립됨에 따라 사회복지는 모든 국민이 지닌 권리로 인정되면서 전 국민의 사회적 욕구(social needs)를 충족시켜 주는 사회제도로 인식되었다(오세영, 2023: 20).

2) 사회복지의 판단기준

사회복지는 역사적인 개념이기 때문에 그 용어의 의미 역시 시대에 따라 달라져 와서 현재의 의미로 머물러 있을 뿐 결코 고정된 것이 아니다. 따라서 현재 머물러 있는 사회복지의 의미 역시 변화해 갈 것이다.

자, 이제 사회복지의 판단기준을 결정해 보자. 역사적 관점에서 '사회복지의 시작을 무엇으로 평가할 것인가'에 관한 문제를 제기하고 그에 대한 기준을 처음으로 제시한 박광준(2002)은 사회복지의 역사를 서술할 때 반드시 고려해야 할 사회복지의 세 가지 요소가 있다고 하였다. 첫째는 사회복지가 그 대상으로 삼고자 하는 객체이고, 둘째는 문제해결 방법이며, 셋째는 활동의 형태이다. 그가 말하는 사회복지의 대상은 인간의 사회부적응 문제이고, 문제해결 방법은 인간을 변화시키는 것과 사회를 변화시키는 것이며, 활동의 형태는 개인적이고 자의적인 것이 아니라 조직적이고 사회적인 활동을 의미한다.

첫 번째 요소, 즉 사회복지가 해결하고자 하는 인간의 사회부적응 문제는 어떤 시대를 막론하고 존재해 왔지만, 산업혁명으로 대표되는 거대한 사회변동으로 인하여 폭발적으로 확대되었고, 문제의 성격 또한 변화하였다. 문제의 규모가 커졌고 사회 전반에 영향을 미치게 되었으며, 사회에 항상 존재하는 문제가 되었다는 것을 의미한다. 따라서 문제해결을 위해서는 반드시 문제의 발생 요인들에 대한 이해가 필요하다는 것이다.

두 번째 요소인 '인간과 사회 양자의 변화를 통한 문제해결'의 이해를 위해서는 인간의 부적응 문제의 대부분은 사회적인 원인에서 비롯된다는 인식이 강조된다. 예를 들어 사고로 인하여 갑자기 장애를 입게 되었을 때, 장애인 고용을 어렵게 하는 사회제도나 관행을 외면하고 장애를 가지게 된 심리적 충격을 해소하기 위하여 당사자에게 상담만 한다고 한다면, 그것은 완전한 모습의 사회복지가 아니다. 개인만을 변화시키려고 하기 때문이다. 생계수단인 고용을 확보하기 위해서 새로운 장애인고용촉진제도를 만들거나 장애인 고용차별을 묵인하는 기존의 제도나 법을 철폐하는 등 사회를 변화시키는 노력을 병행해야만 한다는 것이다.

세 번째 요소는 사회복지가 조직적이고 사회적인 노력으로 이루어진다는 것이다. 이것은 개인을 원조하기 위한 어떤 행위나 활동이 사회복지 활동인가 아닌가를 구분하게 하는 근거가 된다. 물론 국가에 의한 공식적인 활동만이 아니라 민간사회복지 활동 역시 조직적이고 사회적인 노력의 형태로 이루어질 때 비로소 사회복지 활동으로 인정될 수 있다는 것이다.

이와 같은 설명은 이 책의 기본적인 입장과 관련된 중요한 요소들이다.[3)] 앞서 설명한 첫 번째 요소인 사회복지가 그 대상으로 삼고자 하는 객체로서의 인간의 사회부적응 문제는 '인간의 사회적 욕구와 사회문제'로 대체될 수 있다. 인간의 사회부적응 문제는 사회적 욕구가 제대로 충족되지 못하고, 사회문제가 해결되지 못해서 발생하는 경향이 강하기 때문이다.

---

3) 사회복지 개념 규정의 요소에 관한 논의는 졸서, 『사회복지학개론』, 신정(2023)에서 논의한 바 있다.

두 번째 요소인 인간과 사회 양자의 변화를 통한 문제해결 방법은 사회복지실천과 사회복지정책으로 대체할 수 있다. 사회복지학에서는 개인적인 결함이나 부적응과 같은 미시적인 요인에 의한 사회문제의 해결방법을 사회복지실천이라고 부르고, 반면에 사회적 요인과 같은 거시적인 요인에 의한 사회문제의 해결방법을 사회복지정책이라고 부른다. 사회복지는 양자의 방법을 통해 인간의 사회적 욕구를 충족시키고 사회문제를 해결하는 것이다.

세 번째 요소인 활동형태는 마찬가지로 조직적이고 사회적인 활동이어야 한다는 점이 강조된다.

이 세 가지 구성요소 중에서 사회복지의 시작을 무엇으로 볼 것이냐를 규정할 때 중요하게 고려해야 할 사항으로 세 번째 요소에 주목하고자 한다. 즉, 사회복지의 가장 중요한 특징은 인간의 사회적 욕구 충족과 사회문제의 해결 노력이 개별적이고 자의적인 차원에서 이루어지는 것이 아니라 조직적이고 사회적인 활동을 통하여 이루어진다는 점에 있다는 것인데, 이는 개인을 원조하기 위한 어떤 행위나 활동이 사회복지 활동인가 아닌가를 구분하게 하는 근거가 되기 때문이다.

그런데 어떤 활동이 사회적이고 조직적인 활동인가 하는 문제가 제기될 수 있다. 물론 이에 대한 기준은 다양하겠지만, 무엇보다 중요한 것은 사회복지 대상자의 선정기준을 마련하려는 노력이 있느냐 없느냐에 있다고 볼 수 있다. 이와 관련하여 박광준(2002)은 어떤 행위가 사회복지인가 아닌가를 판단할 수 있는 기준으로 두 가지, 즉 국가의 책임이라고 하는 명시적 혹은 묵시적인 인식하에 이루어진 것인가 아닌가, 대상자를 선정할 때 합리적이고 일관성 있는 선정기준이 적용되었는가 아닌가로 제시하였다. 다만, 이 두 가지의 기준 중에서 빈민에게 제공된 원조가 국가의 책임으로 이루어진 것인지 아닌지는 판별하기 어려운 경우가 많으므로 실제로 가장 중요한 기준은 대상자 선정에 있어서 일관적인 선정기준의 유무라고 말한다. 이것은 또한 이 책의 기본적인 입장과 관련된 중요한 지적이다. 그의 설명처럼 부정기적이고 시혜의 성격이 강하며 대상자 선정기준이 전제되지 않고 제공되는 원조는 비록 그 원조의 규모가 크다고 해도 사회복지로 보기 어렵기 때문이다.

3) 사회복지의 시작에 대한 평가

이상의 논의를 통해 이 책에서는 박광준이 제시한 두 가지의 기준을 사회복지의 시작으로 평가할 수 있는 근거로 삼을 것이다. 이러한 두 기준에 비추어 보면, 영국의 엘리자베스 빈민법(Elizabethan Poor Laws)[4]을 사회복지의 시작으로 간주할 수 있다. 그 이유는 첫째, 엘리자베스 빈민법이 역사상 처음으로 빈곤구제에 대한 국가의 책임을 명시하였다는 점 때문이다. 물론 그 이전에 국가에 의한 빈곤의 구제가 없었던 것은 아니지만 빈곤구제에 대한 국가책임이 법적으로 명시된 것은 이 빈민법이 처음이기 때문이다. 둘째는 엘리자베스 빈민법이 빈곤구제의 대상자를 선정하기 위한 선정기준을 가지고 있었기 때문이다. 초기에는 매우 애매하고 자의적인 면을 가지고 있었으나, 이를 계기로 선정기준은 점차 치밀해지고 과학적으로 발전해 왔다. 물론 영국의 엘리자베스 빈민법은 오늘날의 사회복지에서와 같이 법의 대상자인 빈민의 사회적 욕구를 전혀 고려하지 않았기 때문에 근대적인 사회복지가 아니라는 점은 미리 밝혀둔다.

---

4) 빈민법을 구빈법(救貧法)으로 번역하기도 하는데, 이 책에서는 빈민법으로 통일하고자 한다. 빈민법은 구빈(poor relief)에 관한 사항뿐만 아니라 부랑빈민 등 빈민통제와 처벌에 관한 사항까지 포괄하고 있다는 판단에서다.

CHAPTER 02

중세 봉건제 사회의 특성과 빈민정책

1. 봉건제 사회의 구조와 배경
2. 봉건제 사회의 빈곤과 빈민의 성격
3. 봉건제 사회의 빈민정책

CHAPTER

02 중세 봉건제 사회의 특성과 빈민정책

사회복지의 시작인 엘리자베스 빈민법의 탄생 배경을 이해하기 위해서는 사회복지 이전의 시대의 상황과 특징을 살펴봐야 한다. 그것은 엘리자베스 빈민법이 어느 날 갑자기 탄생한 것이 아니라 수많은 시간을 거쳐 사회경제적 · 정치적 상황과 사회사상 등의 영향을 받아 이루어졌기 때문이다. 당연한 말이지만, 사회복지 이전의 시대는 엘리자베스 빈민법 이전의 시기를 의미한다. 이 장에서는 사회복지 이전의 시대인 중세 봉건제 사회의 특성과 빈민정책에 대해 살펴본다.

1. 봉건제 사회의 구조와 배경

1) 봉건제 사회의 발생

봉건제 사회란 봉건영주(magnates)들이 국가권력과 생산수단인 토지를 소유하고 불완전한 소유로 예속된 농노적 농민들을 착취하는 계급사회를 말한다.

봉건제의 발생은 로마제국이 멸망한 7세기로 거슬러 올라간다. 게르만인이 로마를 정복하고 세운 국가 중에서 가장 강하고 오래 존속했던 왕국이 프랑크왕국이었다. 프랑크왕국에서 가장 영향력 있던 가문이 카롤링거 가문이며, 가장 유명한 왕이 카를대제이다. 카롤링거왕가가 프랑크왕국을 공고하게 만든 수단 중 하나가 봉건제도였다(호르스트 디레 외, 1990: 92).

프랑크 국왕은 봉건국왕이 되어 로마 노예 소유자들이 갖고 있던 토지들을 대부분 몰수하는 동시에 로마의 국유지와 미분할지 또한 국왕의 영지로 만들었다. 국왕은 처음에는 토지를 자신의 신하들에게 종신재산으로 배분하였는데, 이런 토지는 후일 그들의 세습영지가 되었다. 이것이 봉건제도의 싹이었다(한경민, 1989: 118-119).

프랑크 왕과 대토지소유자들이 자신의 땅을 떼어 군사 및 행정업무를 봐주는 대가로 부하, 봉신에게 봉토로 주었다. 이 봉신들은 엄청난 권력을 갖게 되어 자기 나름대로 다시 부하를 거느리고 또 땅을 하급 봉신에게 줄 수 있었다. 그렇게 봉토 피라미드가 생겨났다. 봉토로 된 땅을 라틴어로 페우둠(feudum)이라고 했다. 이 단어에 따라 그 사회체제를 봉건제(feudalismus)라 부르고, 그 지배계급을 봉건영주라 부른다. 거기에는 왕과 봉신 외에 고위성직자도 속해 있었다(호르스트 디레 외, 1990: 93).

봉건영주의 부의 원천은 그들의 토지 소유였다. 중세 유럽에서 봉건영주의 토지 점유는 엄청났다. "영주의 것이 아닌 토지는 없다"라는 말은 이 시기에 모든 토지가 영주의 소유가 되어버렸음을 상징하는 것이었다(한경민, 1989: 122).

2) 봉건제 사회의 계급구조

봉건제 사회의 지배계급

봉건제 사회의 계급구조는 봉건제 사회의 생산수단인 봉건적 토지 소유에 기초한 것이었다. 봉건적 토지를 소유한 지배계급은 경제적 지배권뿐만 아니라 국가 주권을 소유함으로써 사회를 관리하고, 지배할 수 있는 정치적 지배권까지 행사하였다. 봉건제 사회의 지배계급은 그 안에서도 피라미드식 위계질서가 세워졌는데, 소유 토지의 많고 적음, 크기에 따라 최고의 신분으로서 국왕이 있고, 그 아래 귀족과 젠트리와 같은 지주 귀족들이 있었다.

국왕은 국가 주권의 최고 소유자였고, 동시에 한 나라의 최대 지주, 최고의 영주로서 봉건적 신분 위계에서 최상층을 차지하고 있었다.

귀족은 가장 높은 직위의 왕실혈통 귀족인 공작(duke)을 비롯하여 백작(earl), 후작(marquis), 자작(viscount), 남작(baron), 기사가 있었다. 이들은 정치적 권리와 신분적 특권을 누렸다.

귀족 다음 층이 젠트리(gentry: gentleman의 집합명사)였다. 젠트리는 중세 기사들이 더이상 전사 집단으로 기능하지 않게 되자 영지를 관리하는 지주층으로 정착하면서 발달하게 된 사회계층을 일컫는 말이다. 이들은 자신의 영지에서 법과 질서를 유지하는 임무를 지니고 있었는데, 14세기부터는 치안판사직을 담당하게 되었다. 이들은 점차 왕의 대리인이 행사하던 중앙정부의 명령을 집행하는 의무까지 맡게 되고 왕에 의해서 임명되었다(박지향, 1997: 139).

젠트리 밑에는 농촌의 자영농인 요먼(yeoman)과 도시의 상인, 법률가, 성직자 등의 중간계층이 존재했다. 요먼은 대체로 자영농이면서 소작인을 몇 명 거느렸다. 상인은 해외무역이나 사치품을 거래하면서 부를 축적했다. 15세기가 되면 법률가들이 중요한 전문직으로 등장하였다. 성직은 사회 각층에서 충원되었는데, 평민이나 농업노동자의 자식들도 똑똑하고 능력이 있으면 성직에 나갈 수 있었다(박지향, 1997: 272-273).

봉건제 사회의 신분제도는 농노를 비롯한 피지배계급을 속박하는 요소였다. 신분의 차이에 따라 정치적인 권리와 의무, 사회적 지위가 날랐다. 봉건귀족들은 정치적 권리와 신분적 특권을 누렸고, 피지배계급들은 신분적 차별 속에 정치적 권리 없는 의무만을 강요당했다. 봉건제 사회의 신분제도는 봉건 정치제도의 한 특징으로서 봉건 지배체제를 유지하는 중요한 요소로 작용하였다.

또 다른 지배계급, 교회

봉건제도 아래 있던 유럽의 중세는 '종교의 시대'라고 할 만큼 종교의 힘이 강했다. 교회의 성직자는 고해나 기타 신앙에 관한 문제를 도맡고 있었고, 세례, 결혼, 임종, 매장 심지어는 죽은 뒤의 운명까지도 좌우하였기 때문에 정신적인 권력을 장악하고 있었다. 그 뿐만 아니라 교회의 성직자는 토지를 가지고 있었는데, 교회가 서유럽 전체의 3분의 1 내지 절반 가까이에 이를 정도였다고 한다. 자신의 과거에 대해 불안해하거나 죽어서 하나님의 오른편에 앉기를 바라는 사람들, 교회가 병든 자를 구하고 있다고 믿는 사람이나 혹은 그런 일을 도우려는 사람들이 교회에 토지를 바쳤다. 그리고 또 영주나 국왕도 전쟁에서 승리하여 새로이 차지하게 된 토지 일부를 교회에 바쳤다. 교회는 이 토지를 농노들에게 맡겨 봉건영주와 똑같이 농노들을 착취하였고, 또한, 십일조를 통해서 재산을 늘려갔다(한경민, 1989: 133-134; 조성오, 2006: 93).

중세 교회도 물론 처음에는 좋은 일도 많이 했다. 빈민구제를 맡은 교회 조직은 크게 교구 교회(parish church)와 수도원으로 나누어졌는데, 자선 물자의 집단적 배분은 주로 수도원을 통해서 이루어졌다. 수도원은 소속 교단의 규칙에 따라 정기적으로 자선을 베풀었으며, 특정 축일에는 대규모의 자선 행사가 시행되었다.[1] 또한, 중세 교회는 학교를 세워 교육하고 가난한 사람을 도와주었으며,[2] 고아원을 세워 불쌍한 아이들을 받아들이고, 병든 사람을 위하여 병원을 세웠다.[3] 그러나 교회는 토지가 늘어가자 점차 재산축적에 더욱 몰두하였다.

그러면 영주나 왕은 왜 교회에 토지를 바쳤을까? 그 이유는 교회가 가진 자의 편에서 서서 설교한 '기탁제도'에서 찾을 수 있는데, 기탁제도란 부자의 재산은 가난한 자가 잠시 맡긴 것에 지나지 않는다는 주장을 말한다. 그리고는 "부자가 천국에 가는 것은 낙타가 바늘구멍에 들어가는 것보다 어렵다"라고 설교하였다. 이렇게 되자 부자인 영주나 왕은 오히려 짐을 진 자가 되어버렸고, 가난한 농노는 행복한 사람이 되어버렸다. 농노에게는 천국의 행복이 약속되어 있었기 때문이었다. 이렇게 해서 교회는 영주나 왕이 마음 편하게 농노를 지배할 수 있도록 해주었고 또 농노들이 반항하는 것을 막아주었던 것이다. 교회는 봉건제 사회의 지배자인 영주와 굳게 손을 잡고 있었고, 이리하여 교회는 봉건제 사회의 또 다른 지배계급이 되었던 것이다(한경민, 1989: 134-135; 조성오, 2006: 94).

---

1) 큰 수도원들에 의한 자선은 상당한 규모에 이르렀다. 예를 들면, 14세기 피렌체의 한 수도원은 5천 명이 넘는 빈민에게 일주일에 서너 차례 이상 급식을 실시했다. 클뤼니 수도원의 축일 자선에도 2천 명 가까운 사람들이 몰려들었다(허구생, 2002: 50).

2) 12세기와 13세기의 교황들은 교회가 빈민자녀들에게 교육받을 수 있는 기회를 제공함으로써 이들이 교육을 통해 얻을 수 있는 다른 혜택을 박탈당하지 않도록 배려해야 한다고 교시하였다. 대성당(cathedral)은 물론, 재정적으로 여유가 있는 교회들이 읽기, 쓰기, 라틴어, 기초적 논리학에 대해 무료교육을 실시하도록 권장되었다(허구생, 2002: 51).

3) 교회는 불쌍한 사람들을 보호해야 할 의무가 있었는데, 그것은 1140년 그라티아누스에 의해 만들어졌으며, 사도들과 교부들의 가르침, 역대 교황과 공의회의 칙령을 체계화한 것으로서 중세 교회 법전의 기초가 된 『데크레툼』에 나타난 로마 말기 교부들이나 중세 교회 법학자들의 일치된 견해였다. 미망인, 고아는 물론 모든 가난하고 억압받는 사람들이 보호의 대상이었다. 빈민에 대한 경제적 구제는 교회의 중요한 책무 중의 하나였다. 중세 교회는 십일조와 개인들의 기부금을 모아 빈민들에게 나누어줌으로써 부자와 빈민 사이의 중재적 역할을 수행하였다(허구생, 2002: 49).

봉건제 사회의 피지배계급

한편, 봉건사회의 피지배층은 농민과 대장장이, 목수, 방아꾼 등 약간의 농지를 보유한 장인이었다. 농민은 층화되어 있었다. 예컨대, 지대(地代)는 내지만 영주에게 경제외적 의무를 지지 않는 자유농민(freemen)이 있었고, 30에이커 이상을 보유하는 농민인 빌런(Villein)이 있었으며, 그 밑에 오막살이집과 1~5에이커 정도의 토지를 보유한 오막살이농(cottar, bordar)이 있었다. 맨 밑에는 농노(serf)가 있었다. 빌런 이하의 농민은 토지에 묶여 있어 장원을 떠날 수 없었으며, 결혼과 이주를 위해서는 영주의 허가를 받아야 했고, 재산을 사고팔 수 있는 권리도 없었다. 헨리 2세 때 법적 단순화를 위해서 모든 농민을 자유농민과 비자유농민으로 구분하였는데, 이 결정에 따라 인구의 반이 농노화되었다. 빌런의 지위는 하락하여 농노와 동의어가 되었다. 자유농민은 왕의 법정에 제소할 수 있는 권리를 가진 사람이었고, 비자유농민은 국왕의 법정이 아니라 영주의 법정에서 재판받았다(박지향, 1997: 274).

농민은 주요한 생산수단인 토지를 소유하지 못하거나 토지가 부족했기 때문에 지주가 소유한 토지를 경작할 수밖에 없었다. 지주가 이처럼 토지소유권을 기초로 하여 농민을 토지에 묶어 두고 경제외적 착취를 하는 것을 봉건적 착취라고 하며, 이러한 착취양식을 토대로 수립된 토지소유제를 봉건적 토지소유제라고 부른다. 대표적인 착취의 형태는 부역과 연공이었다. 부역은 농노가 농노소유자의 토지를 경작하기 위해서 노동하는 것을 말하고, 연공(年貢)은 공납이라고도 하는데, 농민이 생산하는 여러 가지 생산물의 일정 분량을 지주에게 바치는 것을 말한다. 부역제도하에서 농민은 지주가 지닌 토지에서 일정한 기간 일을 해주어야 하는 임무를 지고 있었는데, 만약 부역이 좀 더 무거워지면 농민의 경제는 파괴될 수밖에 없었다. 연공은 부담이 매우 커서 농민들이 끼니를 위해 남겨둔 것까지 내놓아야 하는 경우도 있었다. 이처럼 피지배계급에게 봉건제도는 한없이 무거운 압박을 의미했다(양상철, 1987: 190-191).

봉건제도하에서 피지배계급들은 봉건적 위계의 최하층에서 온갖 형태의 봉건적 예속에 시달려야 했다. 봉건적 예속은 봉건지주계급이 국가 주권과 생산수단인 토지를 독차지하고 피지배계급을 신분적으로 종속시켜 억압 착취하는 사회적 예속의 형태였다.

3) 봉건제 사회의 사회경제적 구조[4)]

봉건지대와 장원경제

봉건영주의 착취방법은 다름 아닌 봉건지대였다. 봉건지대란 영주가 농노들이 생산한 것을 잉여생산물로 거두어 가는 것을 말한다. 봉건지대로서 가장 먼저 나타난 것은 노동지대였다. 노동지대는 영주가 자신의 토지(직영지)에 농노를 데려다 일을 시킴으로써 착취하는 방법을 말하며, 노동지대로써 영주가 농노를 착취하던 장원을 고전장원이라고 한다. 봉건제 사회 초기의 경제적 특징은 자급자족하는 장원경제였다. 소금과 대상산에서 쓰는 철을 제외하고는 자급자족이 이루어졌기 때문에 상업은 발달하지 못하였다.

13세기 이후가 되면 고전장원에 변화가 생긴다. 영주의 직영지를 농노들이 나누어 맡아 이제 농노들은 일주일 내내 자기가 맡은 땅에서 농사를 짓고 자기가 생산한 생산물 일부를 영주에게 봉건지대로 바치게 된 것이다. 이러한 봉건지대를 생산물지대라고 한다. 봉건영주가 생산물지대로써 농노를 착취하였던 장원을 순수장원이라고 부른다. 말하자면, 노동지대가 생산물지대

4) 봉건제 사회의 사회경제적 구조에 대해서는 조성오(2006), pp.98-113을 참고하여 서술했다.

로, 고전장원이 순수장원으로 바뀐 것이다. 이러한 변화는 매우 큰 의미를 지닌다. 즉, 노동지대가 생산물지대로 바뀌면서 농노들이 이전보다 어느 정도 자유로워졌고, 무엇보다 좀 더 많은 잉여생산물을 손에 넣을 수 있게 된 것이다.

상업 및 도시의 발달로 인한 생산물지대의 확산

그렇다면, 노동지대가 생산물지대로, 고전장원이 순수장원으로 변화된 배경은 무엇일까? 그 배경에는 상업 및 도시의 발달이 있었다. 상업 및 도시의 발달에 영향을 미친 것은 십자군 전쟁이었다. 전쟁에서 돌아온 십자군들은 새로운 동방의 물건들을 들여왔고, 이제까지 장원에서 생산되는 것에 만족하면서 지내던 봉건영주들에게 새로운 욕망을 불러일으켰다. 새로운 물건에 대한 호기심과 욕망은 상업의 발달을 가져왔다. 봉건영주들은 직영지에서 나오는 생산물을 파는 것만으로는 돈이 부족했다. 그리하여 영주들은 해방금이라는 이름으로 돈을 받고 농노들을 해방시켜 주기도 하였다. 상인에 의해 시장이 발달하자 영주들은 권리금, 통행세, 등록세, 상품세, 양도세, 점포세 등을 통한 이익을 얻기 위해서 상인의 시장을 자기의 장원으로 끌어들이려 하였다. 상업의 발달은 또한 화폐경제의 정착을 가져왔다. 과거에는 토지만이 유일한 재산이었지만, 이제 화폐가 새로운 재산으로 등장한 것이다. 그러나 아직도 지방마다 통용되는 화폐가 달랐기 때문에 상인들로서는 매우 불편했다.

상업의 발달이 가져온 또 하나의 중요한 결과는 도시의 발달이었다. 상업이 발달함에 따라 도시가 여기저기 생겨나고, 많은 사람이 일자리를 찾아 도시로 모여들게 되었다. 도시는 상인과 수공업자를 중심으로 발전하기 시작했다. 이렇게 되자 도시는 봉건제와 마찰을 일으켰다. 봉건영주는 도시를 자기가 속한 장원과 똑같이 취급하려고 했고, 도시민은 자유와 자유로운 상업을 원했다. 상인과 수공업자들은 단결하여 봉건영주에게 대항하여 자유를 얻고자 했다. 그리하여 만들어진 것이 '길드'라는 조직이다. 상인은 상인 길드를, 수공업자는 수공업자 길드를 만들었다. 길드를 바탕으로 도시의 상인과 수공업자는 점차 자유를 얻게 되었다. 이렇게 하여 얻은 도시의 자유는 독점을 바탕으로 점점 재산을 늘려간 부유한 상인과 수공업자를 봉건제도의 새로운 지배자로 탄생시켰다. 농노들의 고통 위에 세워진 봉건제도가 무너지기 위해서는 바로 고통받는 농노들로부터 새로운 힘이 나타날 수밖에 없었다.

한편, 도시의 발달은 생산물지대를 확산시키는 계기를 가져왔다. 도시가 생겨나고 많은 사람이 도시로 몰려들면서 도시는 많은 식량을 필요로 했다. 장원에서 농사짓는 농노들이 도시 사람까지 먹을 수 있는 식량을 생산해야 했다. 그리하여 농노들은 황무지나 들판을 농토로 만들기 시작했다. 농노들이 만든 토지이기 때문에 영주들도 마음대로 할 수 없게 되었다. 농노들은 자신들이 생산물지대를 낼 수 있도록 해달라고 요구했다. 이처럼 도시의 발달은 새로운 농토를 만들게 하고 생산물지대를 확산시켰던 것이다.

아주 우연한 요인: 흑사병

노동지대가 생산물지대로 바뀌는 것을 더욱 촉진한 것은 14세기 초에 유럽에 널리 퍼진 흑사병(the black death)이었다. 1348~1350년 사이의 3년 동안에만 무려 유럽 전체의 인구 3분의 1의 목숨을 빼앗아간 무서운 감염병이었다.[5] 흑사병의 가장 큰 피해자들은 빈민이었다. 흑사병이 돌기 전에도 빈민들은 기근으로 고통을 받고 있었다. 역설적이지만 흑사병은 살아남은 빈민들

5) 유사 이래 인류에게 닥친 가장 혹독한 시련 가운데 하나인 흑사병은 1340년대에 유럽에 퍼지기 시작하였다. 유럽에서는 프랑스가 먼저 타격을 받았는데, 런던에 병이 번지기 시작한 것은 1348년이었다. 1350년이 되면 1차 주기는 지나갔지만, 1360~70년대에 병은 다시 확산하였다(박지향, 1997: 262).

에게는 호재로 작용한다. 흑사병으로 인해 많은 사람이 사망하면서 노동력이 감소하였고, 노동력의 부족은 농노들의 입장을 높여주었다. 노동력 감소로 인해 노동시장에서의 노동가격이 상승함에 따라 영주들은 노동지대를 생산물지대로 바꾸려는 농노들의 입장을 들어줄 수밖에 없었던 것이다. 달리 말하면, 아주 우연히 발생한 흑사병으로 인해 인구가 부족하게 되고, 인구의 부족은 곧 노동력 부족으로 이어졌으며, 노동력 부족은 임금상승의 결과를 가져왔다. 그리고 임금상승의 결과는 농노들의 입장을 높여줌으로써 그들이 요구했던 노동지대로부터 생산물지대로의 변화를 가져왔던 것이다. 이러한 변화는 농노해방을 더욱 촉진시키는 요인으로 작용했다.

변화의 근본적인 원인: 생산력의 발전

이상 살펴본 것처럼 노동지대를 생산물지대로, 고전장원을 순수장원으로 바꾼 요인들은 영주의 화폐 부족, 상업과 도시의 발달, 흑사병 등 다양하지만, 이러한 변화의 가장 근본적인 요인은 바로 생산력의 발전에 있었다. 생산력의 발전에 따라 농노들은 해방금을 낼 수 있었고, 생산력의 발전에 따라 농산물이 생산됨으로써 도시가 생길 수 있었기 때문이다. 그리고 생산력의 발전에 따라 농노의 손에 잉여생산물이 생겨나고, 그것 때문에 결국 농노의 세력이 커지면서 자신의 이익을 위하여 노동지대를 생산물지대로 바꾸려고 투쟁을 했기 때문이다. 생산물지대는 일정한 양 혹은 비율로 정해졌기 때문에 농노들은 직영지에 가서 일하지 않고, 일주일 내내 자기가 맡은 땅에서 좀 더 열심히 일하면 잉여생산물을 남길 수 있었다. 농노들이 더욱 많은 잉여생산물을 손에 넣게 되었다는 것은 아주 중요한 사실이며, 여기서 봉건제를 무너뜨리는 결정적인 힘이 나오게 된다.

농촌경제의 발달과 화폐지대의 확산

농노들의 손에 잉여생산물이 쌓이자 농촌에서는 큰 변화가 일어났다. 농민들 사이에서 잉여생산물의 교환이 이루어진 것이다. 농촌의 생산력이 발전하여 농민의 잉여생산물이 많아지자 잉여생산물을 교환할 필요가 생겼고, 또 이러한 농업의 생산력을 바탕으로 농촌의 수공업과 상업이 발달할 수 있었다.

시장 주위의 생산자들은 자기의 잉여생산물을 시장에 내다 팔면서 시장과 관계를 맺기 시작했다. 농촌에서 새로운 시장이 형성된 것이다. 이 시장을 국지적 시장권이라고 하며, 자기가 생산한 잉여생산물을 시장에 내다 팔기 시작한 생산자들을 중산적 생산자층이라고 부른다. 농촌경제도 도시경제와 마찬가지로 점차 화폐경제로 전환되었고, 국지적 시장권이 형성되었다. 그 후 농촌경제가 발달함에 따라 몇 개의 국지적 시장권이 하나의 시장권으로 합쳐지는 경향이 나타났다. 국지적 시장권의 발전은 독점에 바탕을 둔 도시의 상업과 수공업을 서서히 무너뜨렸고(길드의 붕괴), 도시의 수공업자(특히, 직인)는 농촌으로 옮겨오기 시작했다.

점차 국지적 시장권과 농촌경제가 발전함에 따라 화폐경제가 확산되기 시작하였다. 화폐경제가 확산함에 따라 농민들은 영주에게 생산물지대를 돈으로 내는 화폐지대로 바꿀 것을 요구하였고, 그 결과 화폐지대가 확산하였다. 화폐지대는 농민들에게 엄청난 영향을 미쳤다. 즉, 농민들은 영주와의 계약에 따라 일정한 액수의 화폐만 그에게 건네주면 되었기 때문에 영주의 억압으로부터 더욱 벗어날 수 있게 된 것이다. 게다가 16세기 후반부터 일어난 가격혁명은 농민의 화폐지대를 가벼운 것으로 만들어 한꺼번에 25년 치 지대를 영주에게 선불하는 농민도 있었다고 한다. 사실 16세기의 마지막 시기가 되면 봉건지대는 거의 이름뿐인 것이 된다.

화폐지대는 봉건지대의 마지막 형태였다. 봉건지대가 역사적으로 노동지대→생산물지대→화폐지대로 변화해 온 것인데, 이러한 봉건지대의 변화는 곧 봉건제 사회 자체의 변화이고, 결국 봉건제 사회를 무너뜨리는 변화이기도 했다. 농촌의 국지적 시장권이 발달함에 따라 중산적 생산자층은 봉건제를 무너뜨리고 자본제 사회를 탄생시키는 출발점이 된다.

[책갈피 2.1]

가격혁명(price revolution, 價格革命)

가격혁명은 16세기 후반부터 17세기까지 약 100년 사이에 유럽의 물가가 4배 가까이 오른 사건을 말한다. 물가상승은 멕시코와 페루 등 중남미에서 생산된 값싼 은이 에스파냐를 통해 유럽 각국에 대량으로 유입된 것에서 비롯되었다. 100년 동안 물가가 4배 정도 올랐다고 해서 '혁명'이라고까지 해야 하나 생각할지 모르지만, 당시 유럽에서 물가는 지난 1천 년 동안 3~4배 정도밖에 오르지 않았기 때문에 약 100년 사이에 4배 물가가 올랐다는 것은 엄청난 변화였다. 특히, 물가상승을 주도한 것이 인간의 생존과 직결되는 식량 가격이었기 때문에 식량 가격의 지속적인 인플레이션 현상을 처음으로 경험한 유럽인들의 충격은 대단했을 것이다. 이러한 의미에서 학자들에 의해 '가격혁명'이라 이름 붙여진 것이다. 그러나 유럽인들에게 있어서 더 큰 충격은 인플레이션이 초래한 사회경제적 결과였다.

2. 봉건제 사회의 빈곤과 빈민의 성격

1) 중세 초기

6세기에서 11세기에 이르는 600여 년 동안 유럽은 경제적으로나 사회적으로 많은 변화를 경험하였다. 가장 큰 변화는 현금보다는 토지 소유의 정도에 따라 빈부가 결정되는 시대가 도래하였다는 점이다. 이 시대의 빈곤에 대한 개념은 "경작할 땅에 대한 권리가 없어 생계를 남에게 의존해야 하는 상태"

(허구생, 2006: 67)를 의미하였다.

7세기 들어 전형적인 빈민들은 자유농 출신이었다. 즉, 자투리땅이라도 소유하고 있던 사람들이었다. 그러다가 불충분한 소출 그리고 세금을 징수하는 관리들의 가혹함과 빚 때문에 결국은 땅을 버리게 된 사람들이었다. 땅을 잃고 걸인으로 전락하지 않으려면 자신을 보호해 줄 후견인을 찾아 몸을 의탁하는 길밖에 없었다. 8세기 중반에 이르면, 후견인에게 몸을 의탁하여 충성과 봉사를 다짐하는 사람들이 늘어난다. 이로 인해 애초 경제적이던 농촌 빈민과 후견인의 관계는 사회적 관계로 변화되었다. 어느새 농촌 빈민들은 후견인보다 경제적, 사회적으로만 열등한 것이 아니라 도덕적으로도 열등한 존재로 간주되기 시작하였다(허구생, 2006: 69).

빈민들은 법적으로는 자유인 신분이었다. 그러나 이들은 어떤 형태로든지 영주에게 일정한 의무를 지고 있거나 의존적인 관계에 있었다. 영주들은 군사 지휘권과 사법권을 자신들에게 유리한 방향으로 사용함으로써 빈민들을 법적으로 자신들에게 의존하도록 만들었다. 심지어는 영주들에 의한 재산의 강탈이나 강제 매각처분이 행해지는 경우도 비일비재한 것이 중세 초기의 현실이었다(허구생, 2002: 71).

2) 중세 중기

10세기 이후 유럽에는 사회적, 경제적으로 많은 변화가 있었다. 인구가 증가함에 따라 토지 수급의 불균형 현상이 나타났고, 도시가 발달하고 화폐경제가 농촌까지 확산하였으며, 가부장적 가족제도의 균열이 발생하였다. 이 시기는 경제적 불황으로 인해 농작물 수확이 빈약하였고, 게다가 가뭄, 폭우, 홍수 등 자연재해로 인해 광범위한 지역에서 빈민들이 기근과 질병에 시달리며 죽어갔다. 특히, 농노들은 움막과 같은 곳에서 비참한 생활을 하였고, 멀리 떨어져 있는 농토로 옮겨 다니면서 오랜 시간 동안 일함으로써 겨우 먹고 살 수 있었다.[6] 게다가 이런 와중에 매점매석, 즉 빈민들의 생명을 담보로 한 투기가 횡행하였다(허구생, 2006: 77-79). 이러한 변화들은 사회적으로 많은 갈등을 초래하였으며 사회질서를 위협하였다.

이 시기의 빈민은 신체적 능력이 허약한 인간이며, 교육도 받지 못했고, 오로지 기민하고 약삭빠른 잔꾀만 가진 자들로 인식되는 것이 보통이었다. 빈민은 여전히 미천한 사회적 존재이며, 경멸의 대상이었다. 그런데 여기서 주목할 만한 것은, 봉건제 사회에서 빈곤과 빈민의 문제가 사회문제로 인시되지 않았을 뿐만 아니라 오히려 당연히 존재하는 문제로 받아들여졌다는 사실이다. 소위 출생이라는 단 하나의 사실에 의해 자신의 운명이 결정되고, 변경할 수 없는 신분에 의해 부와 빈곤이 결정되는 봉건제 사회에서 빈곤은 하나의 유용한 역할을 하고 있었다. 그것은 바로 부자들에게 기독교의 가르침인 자선이나 시혜행위를 증명할 수 있는 기회를 제공하는 것이었다. 부자들은 그러한 행위를 하지 않고서는 천국에 갈 수 없다고 믿었다. 자선은 자선을 행하는 자의 행복의 기회를 증가시키기 위한 행위였고, 빈민의 생활을 개선하기 위한 것이 아니었다(박광준, 2002: 64). 말하자면, 부자들의 자선은 '천국행 티켓'이었던 것이다.

13세기 들어 빈곤의 '타락 효과(degrading effect)'가 빈번하게 논의되었다(허구생, 2002: 39-40). 타락 또는 떨어진다(fell)는 것은 두 가지의 의미를 담고 있었다. 하나는, 사회적으로 빈곤은 자신의 신분을 잃어버리는 것을 의미했

---

6) 12세기에 관한 어떤 연구에 의하면, 당시 농노들은 자신이 농사지은 포도로 만든 포도주를 마셔 본 일도 없고, 자신들이 생산한 곡식 중에서 좋은 것은 먹어볼 수도 없을 정도로 궁핍한 생활을 하고 있었다고 한다. 농노들이 가장 바랐던 것은 오직 검은 빵과 얼마간의 버터, 치즈를 거르지 않고 먹으면서 사는 것이었다(조성오, 2006: 96).

으며, 이는 곧 노동의 수단이나 사회적 상징을 상실하는 것을 의미하였다. 다른 하나는, 빈곤은 남을 시기하거나 남의 물건을 탐내게 만드는 등 윤리적 죄를 조장하는 효과가 있으며, 빈곤과 관련된 여러 가지 죄악들, 예컨대 게으름, 방탕, 난봉, 무절제, 음주, 불법 거래, 절도 등은 신의 뜻에 역행하는 행위라는 의미가 담겨 있었다. 요컨대, 이 시기의 빈민들은 사회적 신분은 물론 노동수단을 상실한 존재이며, 윤리적 죄를 조장하고 신의 뜻에 역행하는 존재로서 비난과 경멸의 대상이었다.

3) 중세 말기

한편, 유럽의 14세기에서 16세기에 이르는 시기에 봉건제 사회의 붕괴 조짐이 나타나기 시작한다. 그 배경에는 1348~1350년 사이의 3년 동안에 무려 유럽 전체 인구의 3분의 1의 목숨을 빼앗아간 흑사병과 16세기부터 19세기까지 파상적으로 진행된 인클로저 운동이 자리한다.

흑사병과 노동임금의 상승

1348~1350년에 발생한 흑사병은 중세를 통틀어 민중이 겪은 가장 혹독한 시련이었다. 흑사병은 수많은 사람을 죽게 하고 엄청난 유민을 발생시켜 봉건제를 밑으로부터 무너지게 하는 일차적 촉발요인으로 작용했다. 흑사병의 가장 큰 피해자는 빈민들이었다. 흑사병이 돌기 전에도 빈민들은 수차례에 걸친 기근으로 고통받고 있었다. 흑사병 이전 유럽은 인구과밀 상태에 있었다. 중세 전성기의 농업 팽창은 14세기에 이르러 한계에 달해 더는 불어나는 인구를 따라가지 못했다. 거기에다가 빈번하게 찾아오는 자연재해는 작황에 치명적인 타격을 가해 유럽 각 지역이 대규모의 기근에 시달리고 있었으며

빈민들은 굶주렸다(허구생, 2002: 102).

[책갈피 2.2]

흑사병(페스트)

페스트는 벼룩의 소화관에 사는 예르시니아 페스티스(Yersinia pestis)라는 세균에 의해 발생한다. 사람들이 가장 많이 아는 숙주는 쥐벼룩이지만, 수십 종의 설치류가 페스트에 감염된 벼룩을 운반하는 것으로 알려져 있다. 이 벼룩들은 보통 때는 설치류에 착 달라붙어 있는 걸 좋아하는데, 원래의 숙주가 죽을 때에만 새로운 희생자를 찾는다. 바로 이것이 인간들 사이에 페스트가 발병한 원인이다. 페스트는 세 가지 종류로 발병하는데, 그중 선(腺)페스트가 제일 흔하다. 선페스트는 사타구니, 겨드랑이 또는 목에 있는 림프절이 눈에 띄게 커지는 증상으로 가장 유명하며, 피하 출혈로 생긴 혈액이 가득 찬 서혜선종(bubo, 鼠蹊腺腫)에서 비롯된 이름이다. 세포 괴사와 신경계 중독이 그 결과이고, 며칠 내에 감염자의 약 50% 또는 60%가 사망에 이른다. 두 번째이자 더욱 치명적인 버전인 폐(肺)페스트는 감염된 폐에서 유출되는 작은 공기 방울을 통해 사람들 사이에 직접 전염된다. 치사율은 100%에 육박한다. 아주 드물게 병원균은 곤충을 통해 이동하기도 하는데, 이는 패혈성 페스트라고 알려진 것을 유발한다. 패혈성 페스트는 급속도로 진행되고 예외 없이 죽음을 초래한다.

인류 역사상 수많은 재난이 있었지만, 사망자의 수만 본다면 중세에 유럽에서 유행했던 흑사병이 가장 규모의 큰 재앙이었다. 유럽의 인구는 1300년 9,400만 명에서 1400년 6,800만 명으로 떨어졌다. 4분의 1이 넘는 하락이다. 인구 감소는 잉글랜드와 웨일스에서 가장 심했는데, 전염병 이전에 600만 명에 육박했던 인구의 거의 절반이 사라졌을 수 있으며, 18세기 초까지 예전 수준에 도달하지 못했다. 흑사병은 중세를 통틀어 민중이 겪은 최대의 파국이었다.

출처: 발터 샤이델 지음, 조미현 옮김(2017), pp.386-390.

역설적이지만, 흑사병은 살아남은 빈민들에게는 호재로 작용했다. 흑사병이 휩쓸기 직전 영국은 과잉 노동력 상태였는데, 흑사병으로 노동력 부족 사태가 발생하여 빈민들의 임금을 상승시켰기 때문이다. 예를 들어, 14세기 중엽에서 15세기 중엽 사이 농업노동의 임금이 50~75% 정도 상승하였고(해리슨, 1989: 63; 원석조, 2009: 21; 김종일, 2016: 31), 도시 노동자들의 임금 단가는 150%나 상승하였다(허구생, 2002: 103).

도시 노동자의 높은 임금 탓으로 농촌의 노동력이 도시로 빠져나갔으며, 임금노동자들은 더욱 높은 임금을 요구하였다. 그러자 영주나 도시 제조업자들은 임금인상을 억제하고 농민이나 노동자에 대한 영향력을 강화하기 위해 노력하게 되고, 이로 인해 정부의 개입이 이루어지게 된다. 정부의 개입은 노동자의 임금을 억제하고, 부랑인을 통제하기 위한 형태로 이루어지는데, 자세한 내용은 뒤에서 살펴볼 것이다.

인클로저와 부랑인

봉건시대 농민은 모두 토지에 긴박되어 있었고, 낮은 농업 생산성으로 인해 만성적 빈곤 상태에 있었다. 그런데도 이들을 농토로부터 내몰아 부랑인으로 만든 사건들이 있었다. 바로 흉작과 인구증가, 그리고 인클로저였다. 특히, 인클로저는 부랑인을 양산한 직접적인 원인이었다(원석조, 2019: 41).

인클로저(enclosure)란 공동경작권이 존재하고 있던 토지를 경계표식으로 담을 치고, 공동경작권을 배제하고 사유지임을 명시하는 것을 일컫는 말이다. 중세 유럽에는 장원에 소속된 토지이면서도 농민들이 아무런 제약 없이 공동으로 이용할 수 있는 공유지(common lands)나 개활지(open fields)가 있었다. 농민들은 이곳을 가축 방목, 땔감과 산림 열매 채취, 물고기 잡기 등에 사용해 왔다. 말하자면, 이곳은 농민들에게 농사만큼이나 중요한 생계유지의 터전이었다. 농민들의 공유지 사용은 오랜 관습과 영주의 묵인에 따라 하나의 권리로 여겨져 왔다(김종일, 2016: 19).

그런데 15~16세기 이후 인구증가로 인해 양육과 양모의 수요가 급증하면서 인클로저가 대규모로 행해졌다. 지주의 입장에서는 땅을 농민에게 빌려주고 그 대가로 지대를 받는 것보다는 농지를 목초지로 만들어서 그곳에 양을 키우는 것이 더욱 많은 이익을 보장받는 것이었기 때문이었다. 인클로저는 토지를 단순한 농토가 아닌 수익 창출을 위한 상업적 도구로 삼았던 것이다.

[책갈피 2.3]

인클로저 운동(enclosure movement)

중세 말부터 19세기까지 파상적으로 진행된 인클로저 운동은 '농경지를 목장으로 만들기'라고 요약할 수 있다. 목장이 된 토지에 울타리를 쳐서 타인의 출입을 통제했기 때문에 인클로저(encloser: 둘러싸기)란 이름이 붙여졌다.

16세기 이후 영국 사회는 해외식민지 무역이 확대되면서 상공업이 발달하게 된다. 식민지로부터 막대한 양의 금과 은이 유입되면서 화폐가치가 하락하고 이로 인해 물가는 폭등하게 된다. 당시 영국의 가장 중요한 산업 중의 하나는 모직물 공업이었다. 16세기 튜더왕조 시기에 모직물 공업이 가장 중요한 국가적 산업으로 육성되었고, 모직물 공업을 위해 보호 정책에 힘쓰자 봉건영주, 귀족 등 지주계급들은 곡물 생산보다 상대적으로 많은 수익을 올릴 수 있는 양모 생산을 위하여 기존에 해오던 농사를 그만두고 목장을 만들어 양을 기르기 시작한 것이다. 이로 인해 농경지는 물론 황무지, 공동경작까지 판자로 울타리가 둘러쳐졌고, 농토는 양들이 사는 푸른 목초지로 변해갔다.

농민들은 그들의 생활터전인 농토로부터 쫓겨나 대거 도시로 유입되어 임금노동자가 되거나 부랑인으로 전락하게 된다. 이러한 비참한 광경을 보고 토머스 모어는 그의 책 『유토피아』에서 "양이 사람을 잡아먹는다"라고 개탄하였고, 당대의 학자 휴 라티머가 "많은 사람들이 살고 있던 곳에 이제는 한 사람의 양치기와 그의 개가 있을 뿐이다"라고 한 말은 너무나도 유명하다. 이는 모두 인클로저에 대한 비난이다. 인클로저는 중세 장원경제를 붕괴시키고 농민의 임금노동자화를 촉진시켰으며 새로운 사회경제체제를 탄생시키는 결정적인 요인이 되었다.

헨리 8세의 대법관이던 토머스 모어의 저서 『유토피아』(1516)에 쓰인 "양이 사람을 잡아먹는다"라는 유명한 문구가 보여주듯이 인클로저는 16세기부터 19세기까지 파상적으로 진행되었다. 처음에는 국왕들이 농민층의 소요가 가져올 정치적 불안을 고려하여 인클로저에 대해서 제재를 가하였지만, 워낙 세력이 강한 지주층에 의해서 추진되는 인클로저를 저지할 수는 없었다. 17세기 중엽에 인클로저는 가속화되었고, 18세기가 되면 경작지의 절반가량이 인클로저되었으며, 18세기 말에는 지주들이 경작지의 75%를 소유하게 되었다. 한편, 18세기 중반에는 잉글랜드 인구의 40~50%가 자신의 경작지를 소유하지 못하고 임금을 위해서 노동하는 처지가 되었다(박지향, 1997: 137-138).

인클로저는 소수의 지주계급으로 토지를 집중시키고 무수한 농민(농노)들을 토지로부터 몰아냄으로써 영국을 비롯한 유럽 각지에서 생계수단을 송두리째 빼앗긴 채 떠돌아다니는 유랑민과 걸인들을 양산하는 결과를 초래하였다. 그뿐만 아니라 인클로저는 농지의 축소와 식량의 감소를 의미하는 것이었기 때문에 곡물 가격을 상승을 초래하기도 하였다. 그 결과 인클로저 운동은 봉건제를 붕괴시키고 자본주의적 산업화를 촉진한 결정적 요인이 되었다.

3. 봉건제 사회의 빈민정책

1) 빈민정책의 내용[7)]

14세기의 흑사병은 노동력 감소와 그에 따른 노동임금 상승을 초래하면서 인플레이션을 가져왔고, 16세기의 인클로저운동은 대규모의 유랑빈민과 걸인을 양산하게 되었다. 빈민이 대량으로 사회 전면에 등장하자 국가가 개입하기 시작하였다. 국가개입의 형태는 빈곤의 구제나 생활조건의 개선이 아닌 임금억제정책과 부랑인억제정책의 형태로 나타났다. 튜더시기에 제정된 걸

7) 봉건제 사회 빈민정책의 내용에 관해서는 박광준, 『사회복지의 사상과 역사』, 양서원, 2002; 허구생, 『빈곤의 역사, 복지의 역사』, 한울아카데미, 2002; 김종일, 『빈민법의 겉과 속: 근대 영국의 빈민 정책과 빈민의 삶』, 울력, 2016; 원석조, 『영국 사회복지의 역사』, 공동체, 2019; Schweinitz 지음, 『영국사회복지발달사』, 남찬섭 옮김, 인간과 복지, 2001 등을 참고하였으며, 필요한 경우를 제외하고 주석은 생략하였다.

인과 부랑인에 대한 법률은 빈민에 대한 사회적 반감을 적나라하게 담고 있었다.

1349년 노동자법

영국에서 최초의 빈민법적 통제는 노동자의 임금 상한선을 규정하고 강제하는 것을 내용으로 하는 1349년의 노동자법(Ordinance of Labourers)이었다. 이 법은 1348~1350년의 흑사병과 이 시기를 전후해서 발생한 흉작으로 인하여 노동력 감소와 농민의 유랑화가 초래되면서부터 실시되기 시작했다. 노동력의 부족은 당연히 노동임금의 상승을 불러왔고, 타격을 입은 지주계급의 입장에서는 임금통제가 불가피해졌다. 그리하여 지주계급의 강력한 요청에 따라 1349년 노동자법이 제정된 것이다.

이 법에 따라 농민은 자신이 사는 지역(장원)을 떠나서는 안 되고, 영주가 시키는 노동을 영주가 주는 임금으로 의무적으로 해야 했다. 노동 가능한 빈민의 구걸은 물론 그들에 대한 시혜 또한 금지되었다. 노동할 수 없는 병약한 자에 대해 시혜는 금지되지 않았는데, 결국 노동이 가능한가 아닌가에 대한 구분은 모호한 경우가 많았기 때문에 시혜를 주는 사람들의 그때그때의 판단기준에 맡겨진 것이나 다름없었다. 이 법은 오로지 노동을 강제하는 것에만 한정되어 있어서 빈민들의 생활 유지에 대해서는 아무런 조치가 포함되지 않았다. 더구나 노동할 수 없는 빈민에 대한 고려는 전혀 없었다. 노동 가능한 빈민에게는 강제적으로 취업을 하게 하고, 그것을 거부하면 투옥했다. 그리고 사적인 시혜가 금지되었기 때문에 그들로서는 노동할 수밖에 없었다.

[책갈피 2.4]

1349년 노동자법(Ordinance of Labourers)

인구의 상당수, 특히 지금 근로자와 고용인('하인')들이 역병으로 사망한 이래, 많은 국민은 주인의 수요와 일손 부족을 목격하고는 과도한 급여를 준다고 하지 않으면 일하기를 거부하고 있다. … 신체 건강한 60세 미만으로 직업이나 특별한 기술이 있지 아니하고, 자신의 개인적 토지를 경작할 방도를 갖고 있지 않으며, 다른 사람을 위해 일하고 있지 않은 잉글랜드 영토 내의 모든 남자나 여자는 자유민이건 아니건 자기 지위에 걸맞는 일자리를 제공받을 경우 제의받은 그 일자리를 수락할 의무가 있으며, 내가 재위한 지 20년째 되는 해(1346: 에드워드 3세의 즉위 20주년이 되는 해) 혹은 5~6년 전 이 나라의 지방에서 통용되던 요금, 간접비, 지불금 또는 급여를 받아야 함을 명한다. …어느 누구도 자신이 지불한 금액 혹은 그것으로 해를 입었다고 느낀 누군가에게 약속한 금액의 2배를 지불하는 정신적 고통을 받지 말아야 하며, 위에서 규정한 것보다 훨씬 많은 임금, 간접비, 지불금 또는 급여를 지불하거나 약속하지 말아야 할 것이다. …장인과 노동자는 그들의 노동과 기술에 대해 앞서 언급한 20년째 혹은 다른 적절한 해에 일하고 있던 직장에서 받기로 한 금액 이상을 받지 말아야 한다. 그리고 만일 누구든 그 이상을 가져간다면 감옥에 잡아 가두도록 하라.

출처: 발터 샤이델 지음, 조미현 옮김(2017), p.393.

1349년 법은 빈민을 대상으로 하여 국가 수준에서 만들어진 최초의 법률이라는 점에서 의의가 있지만, 그 목적은 빈민을 보호하기 위한 것이 아니라 지배계급의 기득권을 안정화시키려는 데 있었다. 즉, 농업노동자의 임금을 억제함으로써 농업노동자를 안정적으로 확보하고 지주계급과 정부의 이익을 보존하기 위하여 제정된 것이었다.

1351년 법

1349년 노동자법의 실제 효과는 그저 그랬던 듯하다. 바로 2년 후인 1351년에 한층 강화된 노동자법(the Statute of Labourers)이 제정되었다. 이 법은 크게 두 가지 내용으로 이루어졌다. 하나는 현직 노동자에 대한 규제 조치였고, 다른 하나는 비노동 빈민(the nonworking poor)을 규제하는 내용이었다.

먼저, 절대다수가 농민인 기존 노동자의 최고 임금수준을 흑사병 이전인

1346년의 임금수준에 묶어놓았다. 이 법을 어긴 노동자에게는 더 받은 만큼의 임금을 몰수하였다. 또한, 이 법은 고임금을 요구하는 노동자에게는 고용주가 임금을 주지 말도록 규정하였다. 그리고 노동자들이 일자리를 마음대로 그만둘 수 없는 규정도 만들었다. 계약을 어기고 중도에 이직하는 노동자는 감옥으로 보내졌다.

둘째, 노동자법은 일을 하지 않는 노동자들에게 압박을 가해 이들을 일터로 돌려보내려는 의도가 있었다. 법은 60세 이하의 근로 능력을 지닌 모든 남녀에게 근로의무를 부과하였다. 이것은 누군가 자신을 고용하기 원할 때는 반드시 이에 응해야 한다는 의미로 사실상의 강제 노동을 규정한 셈이었다. 이에 따라 노동능력이 있는 사람의 구걸 행위가 금지되었다. 그러나 노동자법의 실효성은 별로 크지 않았다.

1361년 법

임금의 상한선을 규정한 것 역시 한동안 그대로 적용되지 못하자 이 법을 더욱 강화하기 위해 제정된 것이 1361년 법이다. 이 법은 한편에서는 임금 기준을 세분화하여 적용 가능성을 높이면서 다른 한편에서는 노동 강제를 더욱 강화하였다. 즉, 일자리에서 이탈한 노동자에게는 불신(falsity)의 표식으로서 'F'의 낙인을 얼굴에 찍었다. 또한, 그러한 노동자를 고용하고 인도를 거부한 사람에게도 벌금이 부과되었다. 이러한 조치에도 불구하고 많은 경우 노동을 거부하는 경우가 속출하였고 부랑인과 범죄자는 증가하였다.

1388년 법

노동자법은 1388년 법에 의해 더욱 구체화되었는데, 이 법의 제정 목적은 임금을 고정화하고, 임금상승을 야기하는 노동력의 이동을 금지하는 데 있었다(Fraser, 1984: 31). 이 법에 따라 어떤 노동자도 남녀를 불문하고 거주 이동의 이유를 설명하는 허가증이 없이는 자신의 거주지를 떠나서 다른 지역에서 일하거나 거주하거나 순례하는 것이 금지되었다. 이것은 당시 농업노동자의 노동력을 확보하기 위한 조치였고, 여전히 노동능력이 없는 빈민의 문제는 정책적인 관심에서 벗어나 있었다.

1531년 걸인 및 부랑인 처벌에 관한 법

지금까지 살펴본 노동자법은 농업노동자의 임금상승을 억제하기 위해 시작된 것이었다. 최초의 국가개입이 빈민법(poor laws)이라는 이름이 붙지 않고 노동자법(statues of laborers)이라는 명칭으로 나타날 만큼 빈민문제가 처음부터 노동문제로 여겨졌던 것이다(김종일, 2016: 33).

그런데 16세기에 들어서면서 빈민정책은 여기저기 떠돌며 일자리를 찾아 헤매는 부랑인을 규제하는 데 중점을 두게 된다. 당시 노동능력이 있는 부랑인은 일자리를 찾아 전국을 헤맬 수밖에 없었지만, 영국은 이를 억제하려 했다. 부랑인은 죄인 취급을 받았으며, 이에 대한 처벌은 구금과 매질로 일관했다. 그러나 경제적인 곤궁으로 부랑인이 될 수밖에 없었던 이들을 억압적 구빈정책으로 막을 수는 없었다. 따라서 새롭고 보다 현실적인 부랑억제책을 강구해야 했다(한국복지연구회, 1991: 58).

그리하여 국가는 빈민들의 물질적 욕구를 최소한으로 충족시킴으로써 빈민들에 의해 초래되는 정치 · 경제적 위험을 감소시키고자 하였고, 이러한 노력은 16세기 초 헨리 8세에 의해 처음 시도되었다. 1531년에 제정된 걸인 및 부랑인 처벌에 관한 법(The Act Concerning Punishment of Beggars and Vagabonds)이 그것이다. 이 법은 노동능력이 없는 빈민과 노동능력이 있는 빈민을 구별하여 전자는 구걸을 허용하고 후자는 구걸을 처벌하는 데 목적이 있었다. 이 법에 따라 치안판사와 시장 등 지방 관리는 노인과 노동무능력자를 조사하고 등록시킨 다음 합법적으로 구걸할 수 있는 면허(일종의 거지면허)를 발급하였다. 노동능력이 있는데, 나태한 걸인들에게는 태형의 처벌이 가해졌고, 현재 거주하고 있는 곳이 자신의 출신지가 아닌 부랑인은 이전에 3년 이상 거주했던 곳으로 강제 추방당했다.

[책갈피 2.5]

헨리 8세(Henry VIII, 1491~1547)

튜너왕조 제2대 왕(1509~1547)이자 아일랜드의 영주(1541~1547)이다. 헨리 7세의 둘째 아들로 태어나 요절한 형 아서를 대신하여 왕세자가 되었다. 형수인 왕비 캐서린과 결혼하여 딸 메리 튜더를 두었지만, 아들을 낳지 못하자 결혼한 지 20년 만에 이혼하였다. 그리고 궁녀 출신 앤 불린과 재혼하였다. 이 일로 헨리8세는 로마 교회로부터 파문당했다. 그는 교황과의 결별을 선언하고 1534년 수장령(首長令)을 내려 잉글랜드 교회를 로마 가톨릭교회로부터 분리시켰다. 1536년과 1539년에는 로마 가톨릭교회와 수도원을 해산하고 그 재산을 몰수하였다. 결혼생활은 순탄치 못하여 앤 불린을 처형하고 그 뒤에도 4명의 왕비를 두었다. 전형적인 절대군주로 중앙집권체제를 강화하고 절대왕정을 확립하였다. 그가 강화시킨 절대왕정은 딸 엘리자베스 여왕에게 계승되었다.

출처: 위키백과

1531년 법은 노동능력이 없는 빈민과 노동능력이 있는 빈민을 처음으로 구별했다는 점에서 진일보한 정책이라는 평가를 받고 있으나, 그 이전의 빈민법과 마찬가지로 부랑인의 처벌과 규제에 치중된 정책이었다.

1536년 건장한 부랑인 및 걸인처벌법

1536년에 신체 건강하면서 나태한 부랑인을 처벌하기 위해 건장한 부랑인 및 걸인처벌법(the Act for Punishment of Sturdy Vagabonds and Beggars)이 만들어졌다. 이 법에서는 일할 수 없는 빈민을 구제하기 위해 교구에서 자선금품을 모금하여 그들을 구호할 수 있도록 했고, 일할 능력이 있는 자에게는 일자리가 끊어지지 않도록 하여 스스로 생계를 책임지도록 하였다. 또한, 치안판사와 시장에게 구걸하는 5세 이상 14세 미만 아동을 도제로 보내도록 하였다. 이를 거부할 시 매질을 가하고, 부랑인이 두 번 잡히면 매질과 함께 귀를 자르고, 세 번 잡히면 사형에 처할 수 있는 권한을 주었다.

1547년 부랑인 처벌 및 빈민구제에 관한 법

1547년에는 부랑인의 처벌을 한층 강화시킨 부랑인 처벌 및 빈민구제에 관한 법(the Act for the Punishment for the Vagabonds and for the Relief of the Poor and the Impotent Persons)이 만들어졌다(Fraser, 1984: 31-32). 이 법은 일명, 부랑인을 농노로 만드는 법으로도 불렸는데, 그 내용은 매우 가혹하여 노동능력이 있는 자가 3일 이상 일을 하지 않으면 부랑인으로 간주하여 인두로 가슴에 'V'자 낙인을 찍고, 그들을 고발한 자(informants)의 노예로서 2년 동안 일하게 하고, 도망치면 이마에 'S'자 낙인을 찍고 종신 노예로 삼았으며, 또다시 도망치면 중죄인으로 사형에 처하였다.

또한, 부랑인의 자녀에게 일을 가르치고자 하는 자에게는 부모의 허가 없이 도제로 삼을 수 있도록 하고 남자의 경우는 24세까지, 여자의 경우는 20세까지 일하게 할 수 있었으며, 그 도제가 도망했을 때는 남은 도제 기간을 노예로서 다룰 수 있게 하였다. 노예는 목이나 어깨 또는 다리에 쇠고랑을 채웠다. 또 빈민에게 음식을 주거나 일자리를 주는 사람은 빈민의 노동을 사용할 수 있는 권리를 부여했다. 마르크스는 이 법을 '피비린내 나는 입법'으로 간주했다. 이 법은 유례를 찾아볼 수 없을 정도로 가혹하여 오히려 역효과를 가져왔으며, 3년 후에 폐지되었다.

1572년 법

1558년 튜더왕조 제5대 국왕이 된 엘리자베스 여왕은 1572년 교구의 빈민구제 비용을 조달하기 위해 지방세인 교구구빈세(the parish poor rate)를 신설했다. 조세입법의 시초였다. 이 법에서는 치안판사와 시장이 빈민조사와 이를 바탕으로 한 세금징수액 산출에 전적인 책임과 권한을 갖도록 하였다. 또한, 이들은 교구별로 징수관과 민생위원을 임명하여 이들에게 빈민구제와 세금징수에 따르는 여러 가지 업무를 수행하도록 하였다.[8)] 고지된 구빈세의 납부를 거부하는 자는 치안판사에게 출두하게 하고, 납부할 때까지 투옥할 수 있게 하였다.

한편, 1572년 법은 부랑인에 대해 여전히 무거운 처벌조항을 포함하고 있었다. 부랑 걸인에 대하여 채찍형과 함께 귀에 구멍을 뚫는 형벌을 가했다. 재범은 중죄로 다루고 세 번째에는 사형에 처할 수 있도록 하였다. 단, 초범자와 두 번째의 경우는 후견인이 나타나 각각 1, 2년간의 민간 고용 관계가 이루어지면 신체적 형벌을 면할 수 있게 하였다. 이 단서 조항은 1547년 '노예조항'과 본질적으로 같은 아이디어에서 나온 것으로 볼 수 있다(허구생, 2002: 191, 284). 이 법은 너무 가혹하다는 비판이 제기되어 1593년에 폐지되었다.

---

8) 치안판사와 기타 지방 관리들에게 모든 도시와 자치도시, 그리고 기타 마을에 거주하는 주민들이 매주 빈민구제를 위해 기부할 수 있는 금액을 합당하게 평가하여 그 해당 금액을 해당 주민에게 조세로 징수하도록 하며, 조세를 납부한 주민의 명단을 조세 납부와 동시에 장부에 등재하도록 하는 권한을 부여했다(Schweinitz, 1947: 26; 박병현, 2016: 62).

1576년 빈민구제법

1576년에는 빈민을 강제로 일을 시키는 데 목적을 둔 빈민구제법(the Poor Relief Act)이 제정되었다. 노동능력자는 작업장(workhouse)에 보내어 강제로 일을 시키고, 노동무능력자는 자선원(charitable hospitals)에 입소시켜 보호하며, 나태한 빈민은 교정원(house of correction)에 보내어 처벌하는 것이 골자였다. 그 핵심은 노동능력이 있는 빈민이 빈민구제를 원할 때는 반드시 노동을 해야 한다는 것이었다. 이 법은 노동능력자에게 강제로 일을 시키는 것이 오히려 비용이 더 많이 든 것으로 나타났기 때문에 결국 실패로 돌아갔다.

1572년 법과 1576년 법은 일종의 공공고용을 제도화한 정책이었다고 볼 수 있다. 이 두 법은 1536년에 소개되었다가 좌절된 적극적 빈민구제제도의 핵심이라 할 수 있는 구빈세의 강제 징수와 공공고용을 다시 도입함으로써 영국 빈민정책 발전의 근간이 되었다. 한편으로 이러한 적극적 프로그램과 함께 부랑인에 대한 매우 엄격한 처벌조항을 규정함으로써 1536년과 같은 양면정책(two-directional policy)의 전통을 이었다. 1576년을 끝으로 튜더입법은 더이상 새로운 제도의 도입을 시도하지 않았다. 다만, 현실 적용상의 문제를 보완 정비하는 작업만이 남아 있을 뿐이었다.

2) 빈민정책의 평가

중세 봉건제 사회의 빈민정책은 빈곤의 구제나 빈민의 생활조건 개선이 아닌 임금억제정책과 부랑인억제정책으로 귀결된다.

14세기에 발생한 흑사병의 여파로 노동력의 급감과 노동임금의 상승 현상이 초래되었고, 16세기의 인클로저 운동은 대규모의 유랑빈민과 걸인 양상을 초래하였다. 이러한 문제를 해결하기 위해 노동능력이 있는 사람들의 노동을 강제하고 임금을 종전 수준으로 되돌리기 위한 법률들이 제정되었던 것이다.

최초의 국가개입이 빈민법(poor laws)이라는 이름 대신 노동자법(statues of laborers)이라는 명칭으로 나타난 것을 보더라도 중세의 빈민문제는 처음부터 노동문제로 간주되었음을 알 수 있다. 노동자법의 가장 큰 의의는 국가 수준에서 빈민을 의식하고 그들을 대상으로 제정한 법률이라는 점에 있을 것이다. 그러나 그것은 빈민의 보호보다는 상업적 이익을 가진 정부의 이익을 보호하기 위해서 제정된 것이었으며, 통제와 억압 일변도의 정책이었다. 산업이 필요한 곳에 노동자를 강제로 일하게 하면서 임금의 상한선을 정해 두었고, 노동자의 임금은 정해진 일정 수준 이상 지급되어서는 안 되며, 이를 이길 시 그 초과한 만큼의 벌금을 부과하는 것이었다. 이것은 그 개입의 목적이 노동자들에 대한 일방적인 억압이었고, 노동자는 스스로 일자리를 찾을 수도 없는 강제노동의 도구에 불과하였다.

노동자법 이외에도 국가에 의해 각종 법이 만들어지면서 빈곤문제에 대한 대응이 이루어졌는데, 가장 큰 특징은 국가의 관심사가 '노동능력이 있는 빈민'에게 있었고, 그에 대한 대응도 그들에게 집중되었으며, 그들에 대한 관심은 노동력의 공급과 부랑에 의한 사회질서 위협의 방지에 있었다는 것이다. 따라서 빈민이라 하더라도 사회에 심각한 불안요인을 제공하지 않는 노동능력이 없는 빈민, 즉 노인이나 장애인, 병자와 같은 사람에 대해서는 무관심한 태도로 일관했던 것이다.

사회복지의 시작을 규명할 때 국가개입이 갖는 의미는 매우 크다. 하지만 중요한 것은 국가개입의 의도와 목적이 어디에 있느냐 하는 것이다. 어떤 국가개입조치의 의미는 그 개입 자체에 의해서가 아니라 그것이 가져온 결과 및 효과와 더불어 그 동기와 의도에 의해서 평가되어야 하기 때문이다. 따라서 이 시기에 나타난 빈곤문제에 대한 국가개입들은 그 의도와 목적이 빈곤의 구제나 빈민의 생활조건 개선이 아닌 가혹하고 잔인할 만큼 빈민을 일방적으로 억압하고 처벌하는 데 있었다는 점에서 사회복지의 시작으로 평가받을 수 없고, '사회복지 이전의 시대'(박광준, 2002: 62-76)에 속하게 되는 것이다.

CHAPTER 03

사회복지의 시작: 엘리자베스 빈민법과 빈민정책의 변화

CHAPTER

03 사회복지의 시작: 엘리자베스 빈민법과 빈민정책의 변화

사회복지의 시작인 엘리자베스 빈민법이 탄생한 시기는 사회경제사적으로 보면 봉건제 사회가 붕괴하고 새로운 사회경제체제인 자본제 사회가 들어서는 시기이다. 흔히 초기 근대(early modern period)라고 불리는데, 영국에서는 대략 튜더왕조시대(1485–1603)와 일치한다. 또한, 이 시기는 경제사상사적으로 보면 중상주의가 득세한 시기이며, 정치사적으로는 중앙집권적 절대왕정의 시대이다. 이 장에서는 이러한 시대적 배경의 고찰을 통해 엘리자베스 빈민법의 형성배경을 살펴보고, 엘리자베스 빈민법 시행 이후의 빈민정책의 변화를 살펴본다.

1. 엘리자베스 빈민법의 형성배경

1) 정치사적 배경: 절대주의 국가

봉건제 사회는 일반적으로 지방적 분권적 상태에서 중앙집권적 형태로 변화해 가는 과정을 거치게 되는데, 유럽의 경우 봉건제 시대 초기에는 '국가'라고 할 만한 것이 거의 없었다. 물론 왕은 존재했지만, 세력은 미약했고 봉건영주와 교황이 실질적인 권력을 지니고 있었다.

봉건제 사회에서 그 세력이 미약했던 왕이 점차 세력을 얻기 시작한 것은

13, 14세기 이후의 일인데, 이 시기는 순수장원의 생산물지대가 화폐지대로 바뀌면서 농민의 힘이 세지고, 이에 따라 봉건제가 흔들리기 시작한 시기이다. 농민의 힘이 커감에 따라 위협을 느낀 것은 도시상인과 봉건영주였다. 길드를 바탕으로 한 도시상인의 상업 독점은 농촌에서는 적용되지 않았다. 농촌에서는 점점 많은 생산물이 상품으로서 교환되고, 이는 도시상인의 상업에 위협을 주었다. 봉건영주 역시 마찬가지였다. 생산물지대가 화폐지대로 변함에 따라 농노들을 지배하기가 어려워졌고, 농민들은 영주의 지배와 억압으로부터 벗어나기 시작했다. 도시의 상인과 봉건영주는 자기들의 지배를 계속 유지하기 위해서는 새로운 방법을 찾아야만 했다. 그리하여 그들이 찾아낸 것은 바로 왕이었다. 사실 도시상인들은 그전부터 왕과 접촉하고 있었는데, 상인들은 많은 부를 축적하자 질서와 안정을 원했다. 또한, 지역마다 화폐가 달랐기 때문에 상인들은 장사하기에 많은 곤란을 겪었다. 따라서 상인들은 통일된 국가를 원했던 것이다.

이러한 상황에서 국지적 시장권을 중심으로 한 농민의 세력이 점점 성장하기 시작하자 도시상인은 자신의 독점을 지키기 위해 왕의 밑으로 들어가게 되었다. 상인이 지배하는 도시는 왕에게 많은 자금을 제공했다. 왕은 그 자금으로 군대(상비군)를 만들었다. 상비군이란 월급을 받으면서 항상 대기하고 있는 군대를 말한다. 상비군에 참가한 것은 봉건영주의 기사들이었다. 왕이 상비군을 갖게 되자 봉건영주는 이제 왕의 적수가 되지 못하였다. 봉건영주도 서서히 왕의 밑으로 들어가 시작하였고, 왕은 자신의 군대를 이용하여 봉건영주의 군대를 무너뜨렸다. 왕은 절대권력을 장악하고 도시상인과 봉건영주를 기반으로 삼아 그 절대권력을 행사하기 시작하였고, 15, 16세기에 이르면 국가가 그 모습을 완전히 드러내게 된다. 이 국가를 절대주의 국가(절대왕정)라고 부른다(조성오, 2006: 115-116). 이처럼 절대주의 국가는 봉건제도의 지배세력이 자신들의 이익을 지키기 위해 시도한 마지막 몸부림이었다.

절대주의 국가는 경제적으로는 도시와 농촌에서 자본의 성장을 도왔고, 정치적으로는 권력의 중앙집권화를 시도하였다. 절대주의 국가는 귀족계급의 재산과 특권의 보호를 위한 장치이면서, 동시에 도시 상공업 자본의 기본적 이익을 보장해 주고자 했다는 점에서 모순적이었다. 즉, 절대주의는 자본주의적 생산양식이 뿌리내릴 수 있는 물적 기초가 되었던 '본원적 축적'에 부분적 역할을 수행했던 것이다(감정기 외, 2007: 128).

2) 경제사상사적 배경: 중상주의

중상주의정책

봉건영주가 차지하고 있던 여러 지방을 통일하여 절대적인 권력을 휘두르기 시작한 절대주의 국가의 왕은 항상 돈이 부족했다. 통일된 국가를 다스리는 데는 많은 돈이 필요하였고, 무엇보다 상비군을 유지하는 데 드는 비용이 막대하였다. 왕들은 비용 마련을 위해 고심하던 차에 16세기에 있어서 가장 강력하고 부유한 국가인 스페인으로부터 그 해답을 찾았다. 그것은 바로 금과 은이었다. 스페인은 일찍부터 항해술이 발달하여 바다로 나갔는데, 콜럼부스가 1492년 스페인 왕의 도움을 얻어 아메리카대륙을 발견한 후 스페인은 남북아메리카의 넓은 지역을 점령하여 식민지로 만들고 거기서 많은 금과 은을 빼앗아 부를 축적했다. 그것은 점차 유럽으로 확산되어 유럽에는 많은 돈이 흘러넘치게 되었다.[1)]

---

1) 이 당시 스페인에 어느 정도의 금과 은이 쏟아져 들어왔는가 하면, 그 금과 은이 돈으로 만들어져 유럽에 퍼지자 지난 1천 년 동안 3~4배밖에 오르지 않았던 유럽의 물가가 16세기 후반에서 17세기까지 약 100년 동안 3배 반이나 오늘 정도였다(조성오, 2006: 118-119). 이것을 가격

그리하여 유럽의 국가들은 금과 은의 확보방법을 찾아냈는데, 이것을 중상주의(mercantilism) 또는 중금주의(bullionism)라고 한다. 그 추진 방법은 크게 두 가지였다. 하나는 스페인처럼 식민지를 차지하는 것이고, 다른 하나는 무역이었다. 그리하여 유럽의 여러 국가가 식민지를 차지하기 위해 경쟁하였고, 외국과의 무역에서 수출을 증대시키고 수입을 억제하는 정책을 추진하였다. 중상주의의 무역정책은 영국에서 가장 포괄적으로 적용되었다. 당시 영국에서는 수출업자들이 외국 상인들과 경쟁하기 힘든 경우에는 조세환불의 특혜를 주었으며, 그것으로도 불충분할 경우에는 정부 보조금이 지급되었다. 각종 생산원료에는 수출관세를 부과하여 그 유출을 막고자 하였다.

이와 같이 중상주의는 절대주의 국가의 재정을 건전화하기 위한 정책이었으며, 이는 절대주의 국가를 떠받치고 있던 상인계급의 이익과 맞아떨어졌기 때문에 상인계급에 의해 적극적으로 추진된 정책이었다고 할 수 있다. 다른 한편에서 노동자들은 가혹한 노동에 시달릴 수밖에 없었다.

중상주의 경제정책의 내용 중에서 사회복지의 발전과 깊이 연관되는 또 하나의 정책은 바로 인구정책이다. 중상주의의 인구정책을 보면, 인구의 증가는 그만큼 생산을 증가시킬 수 있다고 보았기 때문에 인구증가에 대한 열망은 거의 광신적이었다. 생산이 증가하면 그만큼 수출할 상품의 증가를 가져오기 때문에 자연히 수출이 증가할 것이라고 본 것이다. 생산적 노동력의 확보가 무엇보다 요청되었던 것이다(박광준, 2002: 81-82).

각국의 적극적인 인구장려정책은 다양한 유형으로 나타났다. 즉, 인구 유출의 억압과 인구 이입의 장려, 독신의 억압, 조혼의 장려, 다산의 장려, 사생에 대한 처우개선 및 사생아 양육시설 설립 등이었다(김광수, 1984: 35-36).

혁명이라고 하며, 이는 농노들이 봉건적인 억압으로부터 해방되는 데 많은 도움을 주었다.

중상주의의 빈곤관과 노동윤리

중상주의자들은 빈곤의 주요한 원인이 나태에서 비롯된다고 보았다. 나태는 노동습관과 기술에 악영향을 줌으로써 빈곤의 주요한 원인이 되고, 따라서 본인은 물론 국가에도 해를 끼치게 된다고 보았다. 그래서 그들은 빈민의 나태심을 매우 혐오하였고, 빈민의 나태심을 제거하는 것이 국가의 의무라고 보았다(가스통 v. 림링거, 2009: 32-33). 국가 의무의 구체적인 표현은 제조공업의 육성을 통한 일자리 창출로 나타나기도 했다. 즉, 국가에 의한 제조공업의 육성은 중상주의자들에게는 일자리를 제공하는 중요한 사회복지제도였던 것이다(가스통 v. 림링거, 2009: 36-37). 하지만 그 주된 목적은 나태를 방지하고 빈민들을 근면하게 유지시켜 주는 역할을 수행하는 데 있었다.

[책갈피 3.1]

중상주의적 빈곤관

다음과 같은 말들은 중상주의적 빈곤관을 극적으로 표현해 주고 있다.

- 사람들을 지나치게 편안하게 살게 하는 것은 그들로 하여금 의무를 다할 수 없게 만든다(Richelieu).
- 노동자들은 결코 부유해서는 안 되며, 그들에게는 의식주 해결에 적당한 정도로만 급여제공이 이루어져야 한다. 지나치게 편안한 환경은 노동자들의 근면성을 저해하며 게으름을 불러일으킬 뿐만 아니라 여러 가지 다양한 해악을 가져온다(Mayet).
- 공장의 기술자들은 만약에 1주일에 4일 노동으로 생활이 가능하다면 결코 5일째는 노동하지 않을 것이다(Mandeville).
- 하층계급은 가난하지 않으면 결코 근면할 수 없다는 것은 바보가 아니라면 누구나가 다 알고 있다(Young).
- 노새가 몸이 망가지는 이유는 장시간의 힘든 노동 때문이 아니라 장기간의 휴식 때문이다(Richelieu).

출처: 가스통 v. 림링거(2009), pp.35-36; 박광준(2002), p.84.

그런데 중상주의 관점에서 빈곤은 한편으로 사회악이 아니었다. 중상주의의 이념 속에는 노동을 국부의 원천으로 간주하는 경향이 강했기 때문에 오히려 일정 수의 빈민들이 유지되는 것이 사회적으로 유용한 것으로 인식되었다. 국부의 극대화를 위해서라면 다수가 빈곤상태에 머물러 있어야 한다는 생각이 지배적이었다. 말하자면, 근면하고 훈련받은 많은 빈민들이 노동을 하면 국가가 부강해진다고 믿었던 것이다. 빈민들을 근면하게 만드는 방법은 임금수준을 항상 낮게 유지시키는 것이었다. 즉, "저임금은 빈민들을 더 오래 그리고 더 열심히 일하게 하며, 또한 저임금을 받으면 그들이 외국에서 생산된 물품들을 살 수 없게 되고, 그것은 돈이 자국 내에서만 머물도록 하여 결국, 자국에 유리한 통상의 균형을 확보할 수 있다"(박광준, 2002: 83)는 것이었다.

중상주의 이념에 따라 빈민정책은 빈민을 보호하는 역할보다는 노동정책의 보조자가 되었다. 즉, 빈민정책의 목적이란 중상주의자들과 국가를 위하여 실제적인 노동력을 보존하는 것이었다. 점차로 빈민의 생계에 책임을 진 것은 오직 노동윤리였다. 국가정책에 의해 그들은 거대한 국가경제 속에서 단순한 하나의 생산단위로 전락하였고, 경제 상황에 따라서는 언제라도 버려질 수 있는 하찮은 존재가 되었다. 고용주들의 걱정거리는 오직 노동자들이 굶주림에 의해 너무 쇠약해져서 일할 기력을 상실하지 않을까 하는 것이었고, 국가의 걱정거리는 빈곤이 사회불안을 야기하여 상품의 질을 떨어뜨리거나 국제적인 통상교역에 악영향을 주지 않을까 하는 것이었다(박광준, 2002: 84에서 재인용).

이와 같이 중상주의는 저임금체제하의 노동윤리를 강조하는 철저한 자본주의적 발상임과 동시에 그 가장 큰 특징은 국가개입이었다.

3) 대량빈곤과 부랑빈민의 발생

16세기 중엽에서 17세기 중엽까지 유럽의 인구는 대폭적으로 증가하였고,[2] 물가의 폭등 특히, 식량 가격이 폭등[3]하여 대량빈곤의 사태가 발생하였다.[4] 식량 가격 폭등의 발단은 흉작이었다. 흉작의 영향은 대단히 컸다. 흉작은 농업노동자의 노동 기회를 빼앗았을 뿐만 아니라 사회 전체의 구매력을 떨어뜨려 다른 산업의 불황과 그에 따른 노동자의 대량해고를 초래하였다(허구생, 2002: 142). 특히, 공업제품에 대한 수요가 급감했으며, 이는 당시의 중심적 공업이었던 모직물 공업이 불황을 맞으면서 대량의 실업자가 발생했던 것이다.

흉작의 영향은 이것이 끝이 아니었다. 흉작은 또한 일자리나 먹을 것을 찾아 헤매는 부랑 유민의 숫자를 크게 증가시켰다. 대량실업자가 발생하고 빈곤층이 팽창하여 결국 식량 폭동이나 범죄, 그리고 부랑의 증가로 이어졌던 것이다. 흉작이 발생시킨 사회적 불안은 빈민에 대한 정부의 강압적 통제를 유발하였고, 그 고통은 고스란히 빈민들에게 돌아갔다(허구생, 2002: 145-146). 그러나 결국에 가서는 종래의 억압적인 통제만으로는 사태 해결이 어렵다는 것을 정부가 인정하지 않을 수 없었다.

---

2) 영국의 인구는 16세기 초반에 230만 명이었던 것이 세기 말에는 400만 명으로 늘어났다(김종일, 2016: 21).

3) 유럽의 물가는 대략 4배가 올랐다. 재화의 종류별로 보면 곡식, 밀가루, 빵 등의 농산물 가격이 가장 크게 올랐다. 유럽 전체로 봤을 때 1600년의 농산물 가격은 100년 전에 비해 5배가 뛰어 올랐고 프랑스의 경우에는 7배 정도 오른 것으로 추정되고 있다(허구생, 2002: 117).

4) 16세기 영국의 물가 변동표에 따르면, 이 기간 동안 영국의 농작물 가격은 약 5배 상승하였다. 15세기 내내 안정세를 유지하던 영국의 물가는 1520년대부터 오르기 시작하여 1579년에 정점에 달했다. 1475년의 물가를 100으로 보았을 때 1593년의 물가지수는 356으로 올랐다. 그 뒤 3~4년간에 걸친 연이은 흉작으로 인해 1597년의 물가지수는 무려 685를 기록하였다(허구생, 2002: 117).

한편, 인클로저 역시 식량 위기의 원인이었다. 이 시기의 인클로저란 농지를 양을 사육하는 목초지로 전환하는 것이었기 때문에 그만큼 식량 생산이 줄어드는 것을 의미했다. 인클로저로 인해 농민들은 갑자기 경작지를 빌릴 수 없게 되어 생계수단을 잃어버렸다. 인클로저가 곧 농지의 축소와 식량의 감소를 의미했기 때문에 곡물 가격을 상승시키는 작용을 하였고, 그로 인해 생활상의 곤란 문제가 발생했다. 다시 말하면, 인구 압력을 받는 지역, 즉 식량이 부족한 지역에서는 식량 가격도 상승했기 때문에 빈민의 수가 증가하고 빈곤의 정도도 심각해졌으며,[5] 그들을 부양할 공동체의 능력도 급격하게 떨어졌다. 또한, 극빈층은 아니더라도 약간의 생활문제에 봉착한다면 곧장 빈곤층으로 전락하게 되는 많은 준빈곤층이 대규모로 존재하였으며, 이들의 생활불안이 극도에 달해 있었다(박광준, 2002: 75).

4) 영국판 종교개혁과 수도원의 해체

다른 한편, 대량빈곤으로 인한 부랑의 발생이 어떠한 완충장치(예를 들면, 수도원에 의한 구제)도 없이 곧바로 도시집중으로 이어지고, 곧 사회에 대한 중대한 위협으로 대두되는 영국 특유의 사태가 발생하게 된다. 그것은 다름 아닌 튜더왕조 헨리 8세의 수장령(首長令, 1534)이었다. 수장령(Act of Supremacy)이란 왕의 이혼문제를 둘러싸고 로마 교황청과의 갈등 끝에 로마 가톨릭과의 관계를 단절하고 헨리 8세 자신이 영국의 정치적 수장일 뿐만 아니라 종교적인 수장임을 선포한 것이다.[6]

---

5) 이 시기 영국의 빈민은 대략 전체 인구의 1/4에서 많게는 절반 정도에 이르렀을 것으로 추정된다(김종일, 2016: 20).

6) 영국 튜더왕조의 헨리 8세는 첫 번째 부인과 이혼을 하려 했는데, 교황이 이를 불허하자 교황

헨리 8세는 로마 교황청의 자산이었던 교회와 수도원의 재산을 몰수하고, 수도원을 해산하였으며,[7] 수도원 건물을 파괴하거나 방화하였다. 1536년에는 소규모의 수도원과 종교시설이 해체되었고, 3년 뒤에는 대규모 수도원의 해체가 잇달았다(Handel, 1982: 60; 감정기 외, 2007: 78; 김종일, 2016: 23). 사실 그전까지만 해도 교회는 오랫동안 빈민에 대한 구호와 자선 활동을 해왔었다. 당시 교회는 다양한 구빈시설을 운영하고 있었는데, 가령 빈민 수용시설인 almshouse, 빈민을 포함하여 병자, 행인, 부랑인 등에게 단기간 음식과 보살핌을 제공하던 hospital, 수도원의 일부로 음식이나 의복 등을 제공하던 almonry 등이 대표적인 구빈시설이다.[8] 수도원의 구빈 활동은 특히 활발했다. 가톨릭 수도원과 교회시설은 수 세기 동안 빈민에게 구호를 제공해 온 유일한 사회제도이자 기관이었다(김종일, 2016: 22).

그런데 영국판 종교개혁[9]이 교회와 수도원의 구빈시스템을 일거에 무너뜨렸다. 수도원이 해산되면서 종교적 권위와 종교기관의 물적 기반이 와해되어 버린 것이다. 수도원 해체의 직접적인 결과로 나타난 현상 중 하나는 걸인과 부랑인의 급증이었다. 수도원이 해체되자 수도원에서 보호받고 부양을

과 갈라서고 교황의 권위를 더이상 인정하지 않는 조치를 발동하였다. 헨리 8세는 영국교회, 즉 성공회를 국교로 선포하고 자신이 수장에 취임하였다.

7) 수도원 해산의 직접적인 원인은 세속의 권력과 종교적 권력 간의 갈등이었지만, 그 밖에도 수도원이 문전에서 무차별 구호를 베풀면서 부랑을 부추기는 것으로 여겨졌다는 사정과 수도원에 구제목적으로 구제 혹은 유증된 자원이 구제에 사용되지 않고 수도승에 의해 생활비 등으로 유용됨에 따른 반작용 등이 원인으로 작용하였다(감정기 외, 2007: 77에서 재인용). 수도원 해산의 명분은 종교적 부패의 청산이었으나 실제로는 교회 자산을 흡수하여 왕권의 물적 토대를 강화하는 것이 목적이었다(김종일, 2016: 23).

8) 영국 구빈 역사에서 almshouse는 주로 사설 구빈원을 가리킨다. 한편, 이 시대의 hospital은 오늘날의 병원과는 다르다. 원래 hospital은 호의, 선의라는 뜻의 hospitality라는 말에서 유래된 것처럼 가난하고 병든 나그네에게 음식과 돌봄을 제공하는 곳이었다(김종일, 2016: 22).

9) 영국의 종교개혁은 유럽 대륙과 달리 국왕 헨리 8세의 이혼과 재혼 문제를 둘러싼 로마 교황청과의 갈등이 그 배후 요인으로 작용했다(김종일, 2016: 23).

받아왔던 많은 생활 무능력자들이 더이상 그곳에 기숙할 수 없게 되어 부랑인이 될 수밖에 없었다.[10] 이윽고 걸인과 부랑인들은 도시는 물론 농촌 곳곳에 퍼져나갔고, 16세기 말 런던에서만 2만 명을 기록할 정도로 부랑인 급증의 문제는 이 시기의 최대 사회문제로 급부상했다(김종일, 2016: 14).[11] 이제 빈민의 부양은 완충장치로서 교회의 책임이 아니라, 귀족이 주체가 된 국가가 책임지지 않을 수 없게 되었고, 그것이 빈민법 탄생의 하나의 배경이 되었던 것이다.

2. 엘리자베스 빈민법의 형성과 빈민정책의 변화

1) 엘리자베스 빈민법(1601)

엘리자베스 빈민법의 탄생과 주요 내용

16세기 중반에서 17세기 초반의 영국은 부랑인의 시대였다. 중상주의가 득세한 16세기에 발생한 신대륙 귀금속의 대규모 유입으로 인한 인플레이션, 1580년대와 1590년대의 거듭되는 흉작, 인클로저, 헨리 8세의 수장령과 수도원의 해체 등 다양한 요인에 의한 대규모 부랑인 증가의 문제는 이제 더이상 억압과 교구의 구빈만으로는 해결할 수 없는 문제가 되었다. 교구의 책임이 아닌 귀족이 주체가 된 국가가 책임을 지지 않으면 안 되는 상황에 놓이게

---

10) 수도원의 폐쇄로 인해 거리로 내몰린 빈민의 수는 8만 8천 명 이상으로 추정되었다.

11) 17세기 말에 이르면, 부랑인의 수는 더욱 증가하게 된다. 1690년 영국 전체 인구수는 약 550만 명으로 추산되었는데, 당시 부랑인의 수는 약 3만 명이었으며, 전체 인구의 반 이상인 280만 명이 빈곤 상태에 놓여 있었다고 전해지고 있다(해리슨, 1989: 108-112).

된 것이다. 그리하여 국가의 조치에 의한 부랑인 문제해결이 필요하다는 인식하에 엘리자베스 여왕에 의해 1601년 튜더 빈민법을 집대성한 엘리자베스 빈민법이 공표되었다.[12] 이 법의 특징은 대상자 선정기준을 법제화했다는 데서 찾을 수 있다. 그 주요 내용은 분류화(classification)였다. 즉, 노동능력이 없는 빈민(impotent poor)은 구빈원 또는 자선원에 수용하여 보호하고, 노동능력이 있는 빈민(the able-bodied poor)은 작업장에서 강제노역을 시키며, 18세 미만의 빈곤아동은 도제(apprentices)로 삼는다는 것이었다.[13] 부연하면, 노동능력이 없는 빈민은 자선원(almshouse) 또는 구빈원(poorhouse)에 집단으로 거주시키고, 원외구호의 비용이 덜 들 것으로 판단되면 현 거주지에서 음식, 의복, 연료 등의 현물급여를 제공한다는 것이었다. 그리고 노동능력이 있는 빈민은 교정원(house of correction)이나 작업장(workhouse)에서 강제로 노역을 시키고 이를 거부하면 수감한다는 것이었다. 마지막으로 고아나 빈곤으로 인해 부모가 양육할 수 없는 빈곤아동은 장인에게 도제로 보내 24세까지 봉사하게 하고, 여아의 경우는 21세 또는 결혼할 때까지 하녀로 하여금 양육하게 한다는 것이었다(Friedlander & Apte, 1980: 6).

엘리자베스 빈민법은 부랑인의 정주조건(settlement)도 규정했다. 즉, 부랑인이 태어난 곳, 그것이 불분명하면 1년간 거주한 곳 또는 거쳐 온 마지막 교구를 정주조건으로 정했다. 정주조건은 부랑인 구제책임이 어떤 교구에 있는지를 판단하는 기준으로서 부랑인에게는 상당히 중요했다. 교구에 정주자

---

12) 1601년 법은 1572년 법을 시작으로 엘리자베스 여왕에 의해 제정된 일련의 법을 체계화하여 정비한 것이다. 따라서 1601년 법의 탄생은 그 이전의 시대와 단절되어 갑자기 생겨난 것이 아니라 점진적인 경과를 거쳐 이루어진 것이라는 점을 이해하는 것이 중요하다.

13) 빈민을 노동능력자와 노동무능력자로 분류해서 그에 따른 처우를 한 것은 1576년 빈민구제법과 유사했다. 다만, 고아나 빈곤아동을 도제 또는 하녀로 삼는다는 조치가 새롭게 추가된 것이다.

격이 있어야 빈민구제를 신청할 수 있었기 때문이다(원석조, 2019: 26).

한편, 엘리자베스 빈민법은 가족책임을 우선 원칙으로 삼았다. 즉, 자산조사를 통해 보호할 가족이 있는 경우에는 구제 대상에서 제외되었다. 친족의 부양의무 범위는 조부모까지로 규정되었다. 자산조사(means test)는 공공부조 신청자의 구제에 가족의 협력을 강제하기 위해 고안된 것으로 처음부터 빈민법과 연계되어 있었다(박광준, 2002: 95).

[책갈피 3.2]

엘리자베스 1세(Elizabeth I)

튜더왕조 5대 여왕으로 헨리 8세의 딸이다. 언니 메리 1세 사후 1559년 여왕에 취임하였다. 재임 시에 왕권강화와 민심장악에 주력하였다. 대내적으로는 추밀원을 중심으로 유능한 정치가들을 등용했으며, 정치적으로 튜더빈민법을 제정하였다. 종교분쟁을 지혜롭게 해소하였으며, 해양진출에 주력하였다. 국민문학의 황금기를 만들었고, 문화적으로 꽃을 피웠다. 당시 유럽의 후진국이었던 잉글랜드를 세계 최대 제국으로 만드는데 이바지 했다는 평가를 받는다. 이 시대를 훗날 사람들은 '엘리자베스 시대(Elizabethan era)'라고 부르게 된다. 평생 독신으로 살았기 때문에 '처녀여왕(The Virgin Queen)'으로 불렸던 엘리자베스 여왕은 1603년 70세의 나이로 사망한다.

출처: 위키백과

이처럼 엘리자베스 빈민법은 빈민을 그 속성에 따라 분류하여 그 각각에 맞는 대책을 강구한 것이라고 할 수 있는데, 바로 이러한 점이 사회복지의 시작으로 평가받을 수 있는 조건을 갖추고 있는 것이다. 사회복지의 시작으로 볼 수 있는 핵심적 조건 중의 하나가 바로 대상자의 선정기준의 여부이기 때문이다.

엘리자베스 빈민법의 의의

엘리자베스 빈민법의 가장 큰 의의는 역시 구빈의 책임을 교회가 아닌 정부에 있음을 천명한 점에 있었다. 다만, 정부는 중앙정부가 아닌 지방정부였고, 구빈은 교구(parish)단위로 이루어져야 한다는 원칙이었다. 즉, 지방기금에 의한, 지방관리에 의한, 지방빈민에 대한 구빈행정의 원칙이었다.

지방정부의 최고책임자는 무보수 왕립관료 치안판사(magistrate, justice of peace)였다. 치안판사는 질서의 유지와 지방행정의 책임을 맡고 단순한 경찰권을 넘어선 광범한 지역적 책임을 지고 있었고, 구빈감독관을 임명하고 관리하는 등 그 권한이 막강했다. 구빈감독관(overseers)은 무보수 구빈행정 실무자로서 구빈세의 부과 · 징수, 급여제공, 구빈시설의 관리 등 교구의 구빈업무를 관장했다.[14)]

교구 구빈행정의 재원은 교구를 단위로 주민이 납부하는 일종의 고정자산세 성격인 구빈세(poor rate)에 의해 충당되었다.[15)] 그 재정은 교구 단위로 자치적으로 운영하도록 되어 있었는데, 이것은 교구 내의 빈민의 수에 따른 구빈세 부담의 편차 발생을 초래했다. 이것은 결국 빈민이나 부랑인이 자신의 교구로 들어오는 것을 적극적으로 저지하려고 하는 극도의 교구 이기주의를 만들어 내는 원인이 되었다(박광준, 2002: 94-95).

여하튼, 엘리자베스 빈민법은 선언적인 의미에서도 제도의 접근방식에서

---

14) 후일에는 만약 어떤 교구가 구빈세를 조달하지 못한다면 치안판사가 그 부담을 확대하기 위해 어떤 마을 혹은 전 교구민에 대하여 세금을 부과할 수 있는 권한이 부여되었다(박광준, 2002: 94).

15) 구빈사업의 책임이 치안판사에게 맡겨진 것도, 구빈사업에 소요되는 예산을 구빈세를 통하여 충당한 것도 1572년 법 이후부터이다.

도 사회복지역사상 큰 의의를 지닌다. 선언적인 의미에서 빈곤구제의 책임이 국가에 있다는 것을 천명하였다는 데 가장 큰 의의가 있으며, 빈곤문제를 억압적인 조치만으로 대처해왔던 기존의 접근방식과는 달리 정부의 책임하에 빈곤문제를 해결하지 않으면 안 된다는 사실을 자각하고 그것을 마지못해 받아들이는 데는 250년이라는 세월이 소요되었던 것이다.

엘리자베스 빈민법의 평가

엘리자베스 빈민법은 선구적인 의의에도 불구하고 그 의도한 바대로 실시되지 못했다. 우선 대부분의 지방정부는 구빈원과 작업장을 별도로 설립하거나 구빈원 안에 여성, 노인, 불구폐질자 등을 보호하기 위한 건물을 별도로 건립할 만한 재정적 능력이 없었다. 재정 능력이 있다 하더라도 그것의 실천 의지를 가진 지방정부가 없었다(원석조, 2019: 48).

당시의 중앙정부는 지방정부에 대한 보조금과 행정사찰의 권한을 가지지 못했기 때문에 지방정부를 통제하지 못하는 상황이었다. 그뿐만 아니라 스튜어트 시대에 접어들면서 국외 무역의 확대에 따른 부유한 상인의 등장과 계속된 물가상승과 저임금 등을 유지함으로써 막대한 이익을 얻은 임대농업가의 성장은 국왕의 권위와 충돌할 수밖에 없었다. 이러한 상황은 결국 시민혁명을 불러일으켰다(이준상 외, 2018: 94).

당시의 영국 상황은 엘리자베스 1세 이후 왕위를 이어받은 스튜어트왕조가 왕이 처형되는 등 혼란기를 겪으면서 중앙정부가 지방정부를 통제할 능력을 갖추지 못하였고, 구빈세 징수는 실효를 거두지 못하였다. 결국, 중앙집권제의 약화로 인해 엘리자베스 빈민법은 소기의 성과를 거둘 수가 없었던 것이다. 그 결과 교구의 구빈행정은 빈민을 분류하고, 그들을 고향으로 돌려보내는데 대부분의 시간을 보내게 된다(이준상 외, 2018: 95).

[책갈피 3.3]

스튜어트왕조(Stuart Dynasty)

평생 독신이었던 엘리자베스 1세 여왕이 1603년 3월에 후사 없이 병사하였다. 그러자 엘리자베스 1세 여왕의 고모가 되는 마거릿(Margaret Tudor, 1489~1541, 헨리 7세의 딸)의 증손에 해당하는(친·외가를 구분 없이 따져서) 스코틀랜드의 왕 제임스 6세가 튜더왕조의 혈통을 가지고 있다고 하여, 다시 영국 왕이 되면서 제임스 1세가 되었다(1603). 이렇게 해서 잉글랜드는 헨리 7세를 개조(開祖)로 하는 튜더왕조는 단절되고 스튜어트왕조가 시작되었다. 청교도 혁명, 명예혁명을 겪고, 1714년 앤 여왕이 죽은 뒤에 하노버 공(Hanover 公)이 왕위를 계승하여 하노버왕조로 바뀌게 된다.

출처: 이준상 외(2018), p.94.

2) 정주법(1662)

1601년 법의 한계와 정주법의 등장

1601년 빈민법이 구빈의 지역책임을 선언하자 빈민의 거주지를 법적으로 확정하는 문제가 주요 과제로 등장했다. 특정 빈민에 대한 구빈 책임의 소재를 확정하는 기준이 명확하지 않았기 때문이다. 빈민법이 만들어지고 지역에서 이것이 실제 시행되기까지는 상당한 시간이 걸렸다. 따라서 빈민법 시행 초기에는 빈민의 거주지에 대한 시비가 비교적 적었다. 그러나 빈민법의 시행이 가속화되면서 17세기 중반에 이르면 거주지 문제가 지역 간 갈등의 소재로 떠오르게 되었다(김종일, 2016: 43). 특히, 일찍부터 빈민법을 시행했던 대도시에는 농촌에서 몰려온 빈민들로 골머리를 앓고 있었다. 엘리자베스 빈민법 시행 이후 교구마다 구제수준이 달랐기 때문에 부랑인들은 처우가 좋은 교구를 찾아 유랑하게 되었고, 부랑인들은 재정이 빈약한 교구에 큰 부담이 되었다.

빈민구제와 구빈세와 관련된 모든 행정이 지방에 위임된 상황에서 개별 빈민을 지원해야 할 의무를 지닌 교구를 명확하게 지정해줄 필요가 있었다. 어느 교구이든 자기 주민들의 세금을 외지인들에게 낭비하려고 하지 않는 것은 당연한 일이었다(허구생, 2006: 243). 한 지역에서 태어나고 성장해서 현재도 그곳에 살고 있는 사람들의 경우에는 이러한 혼란이 발생할 이유는 없었지만, 일찍부터 빈민법을 시행했던 대도시에 부랑인들이 몰려옴에 따라 거주지 문제가 지역 간 갈등의 주요 소재로 부상하게 된 것이다.

이러한 문제를 해결하기 위해 빈민의 소속 교구를 명확히 하고, 도시 유입 빈민을 막기 위해 빈민의 거주지 이전을 엄격히 제한하는 새로운 법률이 제정되었는데, 그것이 바로 1662년의 정주법(Settlement Act, 1662)이다. 정주법의 원래 이름은 '빈민의 구호 개선을 위한 법(Act for the better Relief of the Poor)'인데, 통상 정주법으로 불린다.[16)]

정주법의 주요 내용과 한계

정주법에 의해 빈민은 자신의 법적 거주지에서만 구호를 받을 수 있었는데, 법적인 정주는 출생, 결혼, 도제, 나중에는 상속에 따라 결정되었다. 교구로 새로 이주한 자는 경제력을 증명해야 했는데, 만일 그 교구 내에 소유한 토지가 없는 경우 40일 이내에 떠나야 했다. 단, 빈민구제를 요구하지 않을 게 확실한 자는 그대로 두었다. 그 방법의 하나는 연 10파운드 이상의 집세를 내는 건물을 빌리는 것이었다(Friedlander & Apte, 1980: 17).

---

16) 정주법은 1601년 이후 빈민법을 시행하면서 생긴 여러 가지 문제를 개선하기 위한 목적으로 만들어진 것이다. 그런데 이 법에서 가장 강력한 영향력을 행사하게 된 조항은 빈민법의 법적 거주지를 확정하는 문제였다. Settlement란 결국 비상시에 구호를 얻을 수 있는 권리의 지리적 근거인 셈이었다. 어디에다 구호를 신청하고 어디에서 구호를 받아야 하는지에 관한 내용이 들어 있었다. 이런 연유로 이 법은 정주법이라고 불리게 되었다(김종일, 2016: 44).

정주법이 시행되면서 부정행위가 발생했다. 예컨대, 자기 교구의 구제 부담을 경감시키기 위해서 교구 관리가 때때로 빈민을 매수해서 다른 교구로 몰래 가게 하고, 거기에서 40일간 계속 살다가 합법적인 거주권을 얻게 했다. 이러한 문제가 발생하자 새로운 주민은 서면보고를 제출해야 했다. 즉, 거주권을 얻는 데 필요한 40일간의 계속 거주는 그가 거주하려고 온 교구의 교구위원이나 감독관에게 자기의 주소와 가족 수를 서면으로 제출한 때로부터 기산(起算)한다는 내용의 법령이 제정되었다. 그러나 교구의 관리들은 때때로 서면보고를 받고도 아무런 조치를 취하지 않고, 불법 침입자를 묵인했다. 불법 침입자로 인한 부담은 교구의 각 주민이 지게 되었다. 그리하여 서면보고 제출은 교회에 공시되도록 하는 법령이 제정된다. 이 법령은 40일 동안의 계속 거주로 새로운 거주권을 얻는 것을 거의 불가능하게 했다. 반면, 이 법령은 서면을 제출하거나 공시하지 않아도 거주권을 얻을 수 있는 예외 조항도 두었다. 첫째 교구세를 부과받아 납부하는 것, 둘째 1년 임기의 교구 관리직에 선출되어 1년간 봉사하는 것, 셋째 교구에서 도제로 봉사하는 것, 넷째 그 교구에서 1년간 고용되어 1년 동안 동일한 직장에서 일하는 것이다(Adam Smith 지음, 김수행 옮김, 2014: 178-179).

그러나 이것마저도 가난한 사람에게는 불가능했다. 특히, 첫째와 둘째 방법은 현실적으로 불가능했다. 왜냐하면, 노동력밖에는 아무것도 가지지 않은 외부인에게 교구세를 부과하거나 그를 교구 관리직에 선임함으로써 교구민으로 받아들이는 것의 결과가 어떤 것인지 너무나 잘 알고 있는 교구 주민들이 이를 허용할 리가 없었기 때문이다. 나머지 두 가지 방법도 기혼자에게는 불가능했다. 도제가 결혼한 사람인 경우는 매우 드물고, 결혼한 사람은 1년간의 취업으로 거주권을 얻을 수 없다고 명시적으로 규정되어 있었기 때문이다. 또한, 모든 독립한 직공들에게도 불가능했다. 그가 날품팔이든 수공인이든 간에 독립적인 노동자가 도제가 되거나 취업으로 인해 새로운 거주권을 얻을 수 없다는 것은 명확했다. 따라서 자신의 기능을 가지고 새로운 교구에서 살려고 할 때, 그가 아무리 건강하고 근면하다고 하더라도, 연간 임대료 10파운드의 가옥을 임차하거나(그러나 이것은 자신의 노동력밖에 가진 것이 없는 사람에게는 불가능한 일이었다), 원래 거주했던 교구의 거주권을 포기하겠다는 것의 담보로 두 명의 치안판사가 충분하다고 인정하는 보증금을 제공하든가 하지 않은 한, 교구위원이나 구빈감독관은 마음대로 그에게 퇴거명령을 내릴 수 있었다(Adam Smith 지음, 김수행 옮김, 2014: 179-180).[17]

정주법이 거의 완전히 빼앗아버린 노동의 자유로운 이동을 어느 정도 회복하기 위해서 증명서 발행이 제안되었다. 누구든지 그가 마지막으로 거주한 교구의 교구위원과 구빈감독관이 서명하고 두 명의 치안판사가 확인한 증명서를 가져오면, 다른 교구는 그를 받아들일 의무가 있으며, 증명서를 가진 사람은 그가 새로운 교구의 구호를 받게 될 것 같다는 이유만으로 퇴거당하지 않고, 그가 실제로 구호를 받게 될 때만 퇴거당하며, 퇴거당할 때는 증명서를 발행한 교구가 그의 부양비 · 퇴거비를 모두 지불해야 한다는 내용이었다. 그리고 증명서에 의해 거주하는 사람들은 서면제출 · 취업 · 도제봉사 · 교구세 납부에 의해서는 거주권을 얻을 수 없도록 했다. 이러한 이유로 교구들은 보통의 경우에는 증명서를 발행하지 않으려 했다. 왜냐하면, 증명서를 발급해 주었던 사람을 더 나쁜 상태로 다시 받아들일 상황이 명확하기 때문이었다. 여기에는 빈민이 거주하러 가는 교구는 언제나 증명서를 요구할 수밖에 없었고, 빈민이 떠나려 하는 교구는 증명서 발행을 꺼릴 수밖에 없

17) 치안판사가 얼마만큼의 보증금을 요구할 것인지는 전적으로 그들의 마음에 달렸지만, 이러한 보증금은 노동으로 살아가는 사람이 제공할 수 있는 것이 아닌데도 이보다 훨씬 더 많은 보증금을 요구하는 경우가 자주 있었다(Adam Smith 지음, 김수행 옮김, 2014: 180-181).

었다는 의미가 담겨 있었다(Adam Smith 지음, 김수행 옮김, 2014: 181-182). 매우 학식이 있는 번(Burn)은 자신이 쓴 『구빈법의 역사』라는 책에서 다음과 같이 말했다.

> 사람이 불행히도 소위 거주권을 얻은 지역에서 계속 거주하는 것이 아무리 불편하다고 하더라도, 또는 다른 곳으로 가서 거주함으로써 기대할 수 있는 이익이 아무리 크다고 하더라도, 사람을 평생 어느 한 곳에 가두어 둘 권한을 교구 관리에게 부여하고 있다는 점에서, 이 증명서에는 어느 정도 불법적인 요소가 있다(Adam Smith 지음, 김수행 옮김, 2014: 182에서 재인용).

정주법은 구빈대상의 가능성이 있는 빈민의 전입을 막고 지역민에게만 구빈을 제공함으로써 구빈부담을 최소화하려는 의도로 도입된 법이었다. 그러나 이 법은 주민의 이동을 극도로 제한하여 노동시장의 형성을 저해하는 결과를 가져왔다는 비판을 받았다. 또한, 빈민이 아닌 사람들의 이동이 자유롭게 이루어진 것과 달리 빈민이나 잠재 빈민의 이동을 금지하는 불공평한 법이기도 했다. 게다가 거주지 확정을 둘러싸고 지역 간 법적 분쟁이 끊이질 않았다. 이 법의 영향은 매우 커서 해마다 수만 명이 다른 지역에서 추방당하는 일이 벌어졌다(김종일, 2016: 45).

정주법은 이미 이 시기가 봉건제가 붕괴되어 가는 시기이자 빈민의 노동력 그 자체가 부의 원천이 되어가는 시기였음에도 불구하고, 사람을 토지에 묶어두려는 시대착오적인 입법이었다(박광준, 2002: 102). 그럼에도 불구하고 정주법은 1795년까지 130여 년간 지속되었다.

3) 에드워드 냇치불법(1722)

브리스톨 작업장

정주법은 아직은 교구들이 구빈 문제에 공동 대응하지 않았다는 것을 의미했다. 공장제 수공업(manufacture)이 급속하게 이루어지는 가운데 노동력의 확보는 매우 중요해졌다. 빈민들을 노동인력으로 충원하는 방안이 모색되었다. 작업장을 만들어 빈민들을 생산활동에 참여시키면 국부를 증대시킬 수 있고, 빈민구호의 문제도 동시에 해결될 것이라는 주장이 설득력을 얻기 시작했다. 이러한 분위기는 많은 시도와 실험으로 이어졌다.

일부 큰 도시에서는 지역 법(local acts)을 의회에 청원해 지역 특수적인 작업장을 만들어 운영하기도 했다. 가장 유명한 것이 1696년 브리스톨의 교구들이 공동으로 설립한 작업장이다. 이 작업장은 공장화했다 하여 빈민공장으로 불리는데, 민간기업인에게 맡겨져 작업장 입소자의 노동력을 활용하여 벌어들인 돈으로 운영되었다. 이를 모방한 작업장들이 늘어날 정도로 빈민공장은 작업장의 새로운 모델이 되기도 했다.[18]

브리스톨 빈민공장은 노동능력이 있는 빈민을 위한 공장 이외에도 병자, 임산부, 고아 등과 같은 노동무능력자를 위한 시설도 구비했다. 그러나 이것은 다른 작업장으로부터 호응을 얻지는 못했다. 작업장은 노동무능력자들에게 아주 열악한 처우를 했고,[19] 노동능력자들에게도 노예와 다름없는 장시

---

18) 브리스톨 작업장에는 두 개의 작업장이 설립되었는데, 하나는 100명의 소녀를 수용하여 실잣는 일을 시켰다. 다른 하나는 노인, 소년, 유아를 위한 시설로서, 소년은 방적에 투입되었고, 노인에게도 가벼운 일거리가 부과되었으며, 유아는 보호되어 교육을 받았다. 그리고 이러한 유형의 작업장을 많은 지역에 모델을 제공하여 이 유형의 작업장이 연이어 설립되었다(박광준, 2002: 104). 그 후 15년간 영국에서는 14개 도시가 브리스톨 모델을 도입했다고 한다(김근홍 외, 2007: 28).

19) 기상, 취침, 식사, 기도 등의 일상생활에 대한 엄격한 규칙이 정해졌으며, 이를 위반한 사람은

간의 노동을 강요했다(Jones, 1991: 6-7; 원석조, 2019: 52). 그래서 빈민들은 열악한 시설의 작업장에 입소하는 것을 꺼렸다. 작업장에 들어가기보다는 차라리 빈민으로 남기를 원했다. 작업장에의 입소를 꺼리는 빈민들이 구제의 요청을 꺼리게 되자, 브리스톨 작업장은 걸식과 구빈세의 감소라는 예기치 못한 결과를 가져왔다. 이 작업장이 후일 구제억제의 수단으로 악용되는 것을 생각하면 불길한 결과였다.

브리스톨 작업장은 경제적인 측면에서도 실패로 끝났다. 생산품과 관련한 기술 수준이나 적합성에 의해 빈민을 고용한 것이 아니라 빈민의 노동능력의 유무와 일자리를 잃었는가가 선별기준이었으므로 이윤을 내는 데는 한계가 있었다(이준상 외, 2018: 113). 그리고 빈민들이 작업장에 고용되어 숙련된 노동자가 되면 높은 임금을 주는 일자리를 찾아 도시로 떠나버렸다. 이로 인해 작업장은 그동안 빈민들을 교육시키는 데 든 비용과 작업 도구와 원료를 유지하는 데 소요된 비용을 고스란히 떠안게 되었다. 즉, 작업장은 자체 연간수입 전액을 모두 지출하였을 뿐만 아니라 그것도 모자라 그들이 모금한 모든 기부금을 소모하고, 거기에 더하여 시로부터 수천 파운드의 자금을 차입하기까지 했다(박병현, 2010: 70).

브리스톨 작업장은 빈민의 고용을 통하여 빈민구제체제를 개혁하고 빈민의 처우를 개선할 목적이었지만, 경제성이 없다는 것이 증명되면서 동시에 구제신청의 억제효과가 있다는 결과를 보여주었다. 1722년의 에드워드 냇치불법은 바로 이것을 목적으로 하는 작업장을 상정한 것이었고, 이후 작업장은 빈민의 감옥이라는 이미지를 얻어간다(박광준, 2002: 104).

발에 족쇄를 채우고 지하실에 감금하거나 식사를 줄이거나 외출을 금지시켰다(김근홍 외, 2007: 28).

에드워드 냇치불법

빈민들의 노동을 통해 이익을 본다는 생각은 1722년의 에드워드 냇치불법(Sir Edward Knatchbull's Act) 또는 작업장테스트법(Workhouse Test Act)에 의해 구체화되었다. 이 법은 1722년 에드워드 냇치불(Sir Edward Knatchbull) 경이 발기한 법이 의회를 통과하면서 입법화되었다고 하여 에드워드 냇치불법으로 불린다. 또한, 이 법은 빈민의 정주, 고용 및 구제에 관한 법률들을 개정하려는 목적으로 만들어졌지만, 그 초점은 작업장 설립과 그에 따른 작업장테스트에 맞추어져 있었기 때문에 작업장테스트법으로도 불린다.

이 법은 모든 교구에 작업장 설립을 허용하고, 구제를 원하는 빈민은 작업장에 입소하여 노동할 것을 강제한 법률이었다. 즉, 작업장 입소를 구호의 전제조건으로 삼고, 이것을 거부하는 빈민에게는 구호를 제공하지 않는, 이른바 작업장테스트를 규정했다. 작업장테스트는 작업장 입소 여부에 따라 구빈 필요의 진정성을 판단하는 것으로 생활조건이 열악한 작업장 입소를 감수할 정도의 사람이라면 진정한 빈민으로 여겨졌다. 이 법에 의해 처음으로 작업장 선서를 하게 되었다(김종일, 2016: 46).

구체적으로 법의 내용을 요약하면, 첫째, 치안판사가 구빈감독관에게 알리지 않고 빈민의 직접 구제를 결정하는 것을 금지시켰다. 이것은 빈민이 허위로 구제를 신청하고, 실정에 어두운 치안판사로부터 구제허가를 받는 것을 방지하기 위한 조치였다. 둘째, 교구위원이나 구빈감독관은 교구의 동의를 얻어서 작업장을 설립하거나 혹은 임차할 수 있으며, 셋째, 교구 빈민의 숙박, 유지, 그리고 고용 등에 관하여 어떤 사람에게도 민간위탁을 시킬 수 있었다.[20] 넷째, 작업장 수용을 거부하는 빈민은 구제등록 명부에서 그의 이름

---

20) 민간사업자와의 계약은 크게 세 가지 형태로 이루어졌다. 첫째, 민간사업자가 작업장에 정해진 일정 인원만큼 수용하는 인두계약 방식, 둘째, 교구로부터 일정액을 일시불로 받아 작업장

을 삭제하고, 구제받을 자격을 잃게 하였다(박광준, 2002: 105).

작업장테스트법은 공동작업장을 빈민 수용시설로 전환할 수 있는 법적 근거를 제공해 주었다. 나아가 원외구호의 법적 근거를 폐지하고, 원내구호만 제공하도록 규정했다. 작업장에서만 구호를 제공함으로써 구빈 비용을 줄이겠다는 의도였다(김종일, 2016: 47). 빈민들은 작업조건이 나쁘면 작업장에서 일하기를 꺼릴 것이기 때문에 자연히 구제 대상자 수를 줄일 수 있고, 따라서 구빈세 부담을 줄일 수 있을 것이라 보았던 것이다.

또한, 이 법은 민간인에게 청부로 빈민의 관리에 대한 부담을 분산시킴으로써 정부의 부담을 줄이고자 하였다(감정기 외, 2007: 135). 즉, 교구 당국은 번잡한 구빈행정을 개인에게 맡김으로써 빈민구호의 비용을 줄이고, 구호에 따르는 빈민들의 불만을 민간사업자에게 전가할 수 있게 하였다. 민간사업자들은 대부분 지주이거나 작업장의 관리인 또는 투기를 목적으로 하는 상인들이었다(김근홍 외, 2007: 29). 빈민수탈의 방법을 잘 알고 있는 이들의 잔학성은 짐작하고도 남을 일이었다. 인두 방식의 경우 수용된 빈민들에게 일을 심하게 시키거나 식사 등의 질을 떨어뜨리는 방법으로 최대한의 이윤을 얻고자 했다. 그리고 일시불을 제공하여 작업장을 운영하게 하는 계약의 경우에는 작업장의 운영규칙을 아주 가혹하게 정하여 빈민들로 하여금 작업장 입소를 하지 않게 만들었으며, 정액보조금 방식의 경우에는 빈민들이 작업장에 수용되지 않았다는 이유를 들어 아주 최소한의 구제를 제공하였다(Schweinitz 지음, 남찬섭 옮김, 2001: 124-125).

이처럼 작업장테스트법은 국가의 구제신청을 억제하면서 작업장의 여러

을 운영하는 방식, 셋째, 교구에 속한 모든 빈민에게 작업장에 입소하든 그렇지 않든 구제를 제공하고 교구로부터 정액의 보조금을 받도록 하는 방식이었다(Schweinitz 지음, 남찬섭 옮김, 2001: 124-125).

열악한 조건들을 받아들일 정도로 다급한 사람들만이 구제를 받도록 한 법이었다. 작업장테스트법은 초기 얼마간은 효과를 거두었으나,[21] 대부분의 교구들이 제대로 된 작업장을 운영할 능력이 없을 정도로 영세했기 때문에 오히려 비용부담이 늘어나는 결과를 가져왔다. 몇몇 교구가 연대하더라도 상황은 크게 달라지지 않았다. 그뿐만 아니라 작업장 내의 생활상태는 최악의 수준이었고, 작업장은 모든 연령층을 한꺼번에, 남녀 구분이나 기혼 · 미혼의 구분 없이 수용되는 일반혼합작업장으로 변해갔다. 이것은 애당초 빈민과 실업자에게 일자리를 제공하고자 했던 작업장과는 그 성격이 완전히 달라진 것이었다. 작업장 선서와 청부제도가 결합되어 작업장은 공포의 장소가 되어 버렸다. 이에 대한 인도적 비판이 거세진 것은 당연한 일이었다. 이렇게 해서 원외구호의 허용이 불가피해졌다.

4) 토마스 길버트법(1782)

1782년 제정된 토마스 길버트법(the Thomas Gilbert Act)은 이러한 상황을 해소하기 위한 입법 조치였다. 하원의원이자 빈민법 개혁운동가였던 토마스 길버트가 주도하여 의회를 통과시킨 이 법은 영세한 교구들이 서로 연합하여 작업장을 설립하도록 권장하고 원외구호를 허용하기 위한 법이었다.

이 법의 핵심은 오랫동안 빈민을 괴롭혀온 '작업장 수용을 거부하는 빈민은 구제등록 명부에서 그의 이름을 삭제하고, 구제받을 자격을 잃게 한다'라는 독소조항이 삭제된 것이다. 말하자면, 작업장에 입소하지 않아도 구제를

21) 1732년에는 영국 전역에 무려 약 700개 정도의 작업장이 설치되었는데, 작업장을 설치하자마자 리버플을 비롯한 여러 지역에서 구빈세의 부담이 대폭 경감된 것으로 나타났다(Slack, 1995: 21-26; 허구생, 2006: 248).

받게 된 것이다. 이 법에 따른 작업장은 작업장테스트법처럼 더이상 구제신청을 억제시키는 수단이 아니었다. 이 법에 따라 작업장 입소자를 과도하게 착취한 많은 작업장이 폐쇄되었고, 문제가 된 작업장은 민간관리인 대신 지방정부 공무원이 운영하게 되었다. 이런 점에서 이 법은 구빈에 대한 새로운 인도주의적 접근이라는 평가를 받았다(Bruce, 1961: 41).

한편, 토마스 길버트법은 교구들이 연합하여 공동으로 작업장을 설립할 수 있게 했는데,[22] 작업장은 노인, 질환자, 신체 허약자 등만을 구제 대상으로 삼았다.[23] 그리고 노동능력빈민은 작업장에 입소시키지 않도록 하고, 일자리를 찾을 때까지 그들에게 구제를 제공함으로써 원외구호를 마련했다. 또한, 토마스 길버트법은 지주, 농업 경영자, 기타 고용주 등에게 임금보조수당을 지원하여 노동능력이 있는 빈민들을 고용하게 함으로써 최저생계비 수준의 급여를 지급하게 하였다(감정기 외, 2007: 136; 박병현, 2010: 73). 노동능력빈민과 실업자에게 일자리 또는 무제한의 원외구호가 제공된 것이다. 구빈행정의 억압적 성격이 완화되고, 원외구호가 확대되는 계기를 마련한 토마스 길버트법은 영국 빈민법의 억압적 전통을 탈피한 최초의 법으로 평가되고 있다(김동국, 1994: 122-123). 그러나 결과는 기대했던 만큼 성과를 거두지 못했다.

5) 스핀햄랜드제도(1795)

스핀햄랜드제도의 배경

18세기 후반 영국은 인구의 증가와 인구이동, 산업화, 대규모 인클로저 등

---

22) 1834년에 오면 900개의 교구가 67개의 연합을 결성하게 된다(원석조, 2019: 52).

23) 작업장이 과거의 구빈원처럼 노동능력이 없는 사람들이 입소하여 생활하는 시설로 그 성격이 바뀐 것이다.

여러 가지 복합적인 요인에 의해 사회경제적으로 근본적인 변화를 겪고 있었다. 특히, 18세기 말에는 산업혁명으로 인해 수공업자들이 몰락했으며, 농촌 가내공업도 쇠퇴하기 시작하였다. 또한, 이 시기는 인클로저 움직임이 확대되는 시기였는데, 이로 인한 실업자의 증가문제는 대단히 심각했다. 게다가 프랑스 혁명정부와의 전쟁(1793~1815)으로 대륙으로부터의 곡물 수입이 중단되면서 밀 가격이 폭등했다. 설상가상으로 흉작이 겹쳐 식량부족과 생필품 가격의 폭등으로 실업자는 물론 노동자도 큰 고통을 겪었다. 새로운 조치가 필요했다.

노동자의 임금을 보충해주기 위해 간헐적으로 수당을 지급하는 지방정부들이 생겨났다. 인클로저로 인해 특히 타격을 많이 받은 지역이 버크셔 지역이었는데, 1795년 5월 6일 버크셔주(Berkshire county) 스핀햄랜드에 있는 한 여관에 지역의 치안판사들이 모여 그 파장이 매우 크고 긴 역사적 결정을 내렸다. 이늘은 "빈민들이 처한 현재 상태로 보아 구빈 수준을 높일 필요가 있다"는데 의견을 모으고, 그 해결책으로 최저생계비에 미달하는 임금을 받는 사람들에게 보충급여를 제공하겠노라고 선언했다.[24] 이것은 기존 빈민법의 원칙과 관행을 뛰어넘는 실로 파격적인 결정이었다. 그리고 두고두고 숱한 비판과 문제를 초래할 결정이었다(김종일, 2016: 49).

1795년 버크셔의 스핀햄랜드에서 내려진 버크셔 관리들의 결정은 영국 전역으로 파급되어 영국의 대표적인 사회정책으로 자리 잡게 된다.[25]

---

24) 치안판사들은 자신들이 만든 척도에 따라 단위 갤런당 빵값이 1실링이라면 노동자의 구호수당과 임금을 합한 총수입이 주 3실링, 만일 그에게 부인이 있다면 총수입이 주 4실링 6펜스, 부인과 자녀가 각각 한 명씩 있다면 총수입이 6실링이 되도록 했다(박병현, 2008: 50).

25) 김종일(2016: 49)에 의하면, 이것은 의회의 승인을 얻긴 했으나 결코 법적 지위를 획득하지 못했다. 상당수 한국 문헌이 이것을 스핀햄랜드법이라고 표현하는 것은 잘못이다. 이것은 지역의 구빈을 책임지고 있는 지역 치안판사들의 정책결정이었다. 이 결정이 곳곳으로 퍼져나가 널리 시행되면서 이러한 정책적 관행을 스핀햄랜드제도(Speenhamland system)라 부르게

스핀햄랜드제도의 주요 내용과 의의

스핀햄랜드제도(Speenhamland system)는 빵값과 부양가족의 숫자에 따른 가구당 최저생계비를 설정하고, 개별 가구의 소득이 이에 미달할 경우에 교구가 이를 구빈세 재원에서 보충해주는 것을 골자로 하고 있다. 고용상태에 있으나 소득이 최저 생계비에 미달할 경우에는 소득보조수당을 지급하였으며, 실업 상태에 있는 빈민들에게는 다양한 방식으로 취업을 알선하고 모자라는 부분을 보충해 주었다. 이로써 스핀햄랜드제도를 도입한 지방은 인류 역사상 최초로 모든 사회구성원의 생계가 제도적으로 보장되었음을 의미하는 것이었다(허구생, 2006: 291-292).

스핀햄랜드제도는 한마디로 최저생계비를 보장하기 위한 임금보조금제도였다. 이 제도가 파격적이라는 평가를 받게 된 것은 실업 빈민에게만 구호를 제공하던 기존의 빈민법과 달리 일자리를 가진 빈민, 즉 근로빈민(the working poor)에게도 구호가 제공되었다는 사실이다. 근로빈민에게 임금 보조금을 지급하는 정책은 빈민법의 원리에 대한 정면 도전이었다(김종일, 2016: 50). 이 제도에 의해 1723년의 소위 작업장테스트법은 폐지되었다.

스핀햄랜드제도는 빈곤을 도덕적 타락과 연관시켰던 종전의 빈민법과는 그 시각이 근본적으로 달랐다. 노동 가능한 빈민에 대하여 작업장이라는 시설에 수용하지 않고 자신의 집에 거주하도록 하면서 원조를 제공하는 방식, 즉 원외구호를 통하여 빈곤문제를 해결하고자 하는 중요한 시도였다. 이 제도의 시행으로 엘리자베스 빈민법부터 도입되었던 원내구호의 원칙은 폐기되고, 가족수당과 같은 원외구호가 널리 적용되면서 종래의 작업장과 구빈원의 구별이 무의미해졌다. 저임금 노동자, 노동능력이 있는 실업자, 도움을 받

되었다.

아야 할 극빈자 사이의 구별도 사라졌고, 이들은 차별 없는 하나의 빈곤 대중으로 융합되었다. 스핀햄랜드제도는 노동자와 경영자 모두의 지지를 받으며 버크셔는 물론 전국적으로 확산되었다(와카모리 미도리 지음, 김영주 옮김, 2017: 58).

한편, 스핀햄랜드제도는 당시 발생하는 시장체계로부터 생존권을 보장하는 제도로 출발하였지만, 고용주의 요청으로 정주법이 철폐되고 난 뒤 임금수준이 높은 공업지역으로의 인구이동에 대응하여 농촌사회를 지키려는 절박한 노력이 담겨 있었다는 평가(Polanyi, 1944: 88-89)도 있다. 말하자면, 스핀햄랜드제도는 자본주의 시장경제의 확립에 대한 봉건사회의 마지막 대응이었다(박병현, 2008: 51).

스핀햄랜드제도의 모순과 한계

사회복지역사상 많은 의미를 지니고 있던 스핀햄랜드제도는 본질적으로 모순을 지니고 있었다. 그 모순은 임금보조금이 사실상 노동자들에 대한 것이 아니라 고용주에 대한 보조금이었다는 데 있었다(박광준, 2002: 110).

저명한 역사가 트리베리얀의 지적에 의하면, 임금의 보조를 교구세에서 지출한다는 것은 많은 수의 농업노동자를 고용하는 지주들의 입장에서는 노동자들에게 적절한 생활임금을 지불할 이유가 없어지는 것이나 마찬가지였다는 것이다(박광준, 2002: 110에서 재인용). 말하자면, 고용주인 대지주들은 이 보조금 덕택에 노동자들에 대한 저임금을 지급할 수 있었던 것이다. 결국, 대지주들의 이익을 위해 교구의 구빈세가 사용된 것이나 다름없었다. 이러한 모순 때문에 스핀햄랜드제도는 실업노동자들의 임금 및 생활 개선에는 소기의 성과를 거두지 못한 채 구빈비용 지출을 급증시켰고, 결국에는 구빈세 부담에 대한 여론의 역풍에 휘말려 40년이 채 못가서 좌초하게 되었다. 스핀햄랜드제도는 빈곤정책을 억압정책으로 회귀해야 한다는 주장에 빌미를 제공하게 된다.

3. 빈민법의 특징

이 시기는 사회경제사적으로 보면 봉건제 사회가 붕괴하고 새로운 사회경제체제인 자본제 사회가 들어서는 시기였다. 흔히 초기 근대(early modern period)라고 불리는데, 영국에서는 대략 튜더왕조시대(1485-1603)와 일치한다. 또한, 이 시기는 정치사적으로 보면 중앙집권적 절대왕정의 시대였고, 경제사상사적으로 보면 중상주의가 득세한 시기였다. 이러한 시대적 배경하에서 처음으로 빈곤구제의 국가책임을 인정하고 대상자 선정기준을 법제화한 엘리자베스 빈민법이 제정되었다. 엘리자베스 빈민법은 지방정부의 책임하에 교구를 단위로 하여 자치적으로 운용되었기 때문에 재원 부담에 있어서 지역 간 격차가 컸다.

제1장에서 '사회복지의 시작을 무엇으로 볼 것인가'라는 문제에 대하여 국가책임의 인식과 대상자 선정기준의 여부라는 두 가지 판단기준을 제시한 바 있다. 이 두 가지 판단기준에 근거하여 엘리자베스 빈민법을 사회복지의 시작으로 평가할 수 있다. 즉, 엘리자베스 빈민법에 의해 처음으로 빈곤구제의 국가책임을 인정하기 시작했고, 빈민의 속성에 따라 수급 대상자들을 분류하여 대상자의 선정기준을 규정하려 했다는 점에서 사회복지의 효시로 평가받는 것이다. 그러나 엘리자베스 빈민법은 빈곤의 사회적 원인을 인정한 것은 아니었다. 다만, 그것을 구체화하는 것이 국가의 책임이라는 것을 소극적으로 인정한 것이었다. 이 시기를 통하여 빈곤의 원인, 노동자의 속성에 관

한 사회적 관념은 변하지 않았다. 어디까지나 빈곤은 당사자의 도덕적 결함에 그 원인이 있고, 빈민들은 원래 게으른 존재이기 때문에 최소한의 생활조건에서 노동하지 않으면 살 수 없는 정도의 생활을 하는 것이 당연하며, 그러므로 빈곤은 사회적 악이 아니라 오히려 국가의 이익에 합치한다는 것이 변하지 않은 지배층의 사고방식이었다(박광준, 2002: 111-112). 그뿐만 아니라 엘리자베스 빈민법은 오늘날의 사회복지 관련법과 같이 법의 대상자인 빈민의 사회적 욕구(social needs)를 고려하지 않았기 때문에 근대적인 사회복지는 아니었음을 인식할 필요가 있다.

엘리자베스 빈민법의 시행 이후 많은 빈민법이 제정되었는데, 그것은 빈곤 구제뿐만 아니라 노동법, 치안 유지법적인 포괄적인 성격에서부터 노동력의 확보 및 통제라는 문제의 성격에 이르기까지 많은 변화를 거듭하였다. 그 가운데 스핀햄랜드제도는 임금보조제도로서 주목할 만한 제도였다. 스핀햄랜 제도의 임금보조가 농촌 지역의 빈곤이나 임금, 생산성에 실제로 어떠한 영향을 주었는가에 대해서는 오늘날까지 경제역사가나 경제이론가의 다양한 해석이 이루어지고 있다. 첫째, 임금보조가 조혼이나 출생률 상승을 자극함으로써 시장의 자기조정 및 효율에 필요한 희소성을 침해하고 생산성 저하, 저임금, 빈곤 증가 등을 초래한다고 전면적으로 부정적인 평가를 내리는 입장(예를 들면, 다음 장에서 살펴볼 맬더스가 대표적)이 있는가 하면, 둘째, 임금보조는 고용주가 임금을 삭감하기 쉽게 만들어 생산성 저하와 저임금을 초래한다고 해석하는 입장(예를 들면, 마르크스, 엥겔스, 비아트리스웹부처 등)도 있다. 셋째, 빵 가격에 비례하는 임금보조는 널리 실시되지 않았으며, 농촌의 빈곤은 산업이 북부 지역으로 이동한 결과 일어났다는 가설을 제시하고, 구빈은 농촌의 빈민을 실업이나 소득 상실에서 보호하는 역할을 했다고 평가를 내리는 입장(Block and Somers, 2014)도 있다(와카모리 미도리 지음, 김영주 옮김, 2017: 278). 이처럼 스핀햄랜드제도의 임금보조에 대한 해석은 대립적이고 논쟁적이었다. 그러나 결과적으로 스핀햄랜드제도는 엄격한 사회복지역제의 구실을 제공하게 된다.

CHAPTER 04

빈민법 개혁: 1834년 신빈민법

1. 빈민법 개혁의 배경
2. 신빈민법의 성립과 시행
3. 신빈민법의 결과

CHAPTER

04 빈민법 개혁: 1834년 신빈민법

19세기에 들어서 자본주의가 발전함에 따라 임금문제, 실업문제, 노동시간 단축문제 등 자본제적 생산관계를 바탕으로 한 새로운 사회문제가 야기되었다. 빈민의 성격도 농촌부랑인에서 도시실업자로 변화되었으며, 빈곤문제의 원인과 시각은 물론 문제해결에 대한 접근방법도 달리할 수밖에 없는 상황에 놓이게 되었다. 그러나 영국은 자본가계급의 노동자계급에 대한 착취를 막는다거나 만성적인 농촌 일자리 부족의 해결을 위한 노력보다는 여전히 빈민법의 테두리 안에서 문제해결의 실마리를 찾고자 하였다. 영국의 휘그정부는 1832년 '빈민법 운영에 관한 왕립 조사위원회'를 설립하여 빈민법 개혁에 착수하게 되는데, 그 결과 만들어진 것이 1834년의 신빈민법이다. 이 장에서는 신빈민법의 배경과 내용 그리고 그 결과에 대해 살펴본다.

1. 빈민법 개혁의 배경

1) 사회경제적 배경

자본주의의 발전과 그 영향

18세기 말부터 본격적으로 자본주의에 접어들면서 유례없는 대량의 실업자가 발생하고 빈부의 격차가 확대되는 등 사회경제적 불평등과 빈곤이 가장 큰 사회문제로 대두되었다. 자본주의의 발전은 임금문제, 실업문제, 노동시간 단축문제 등 구조적인 문제를 초래하였고, 이는 임금인상, 실업구제, 노동시간 단축 등을 요구하는 노동운동의 고양으로 이어졌다.

자본주의의 발전은 빈민법에도 큰 영향을 미쳤는데, 무엇보다 빈민을 농촌부랑인에서 도시실업자로 바꾸어 놓았다. 구빈민법은 잠재적인 범법자로 간주된 방랑자(tramps), 침입자(poachers), 집시를 다스리기 위한 법이었다면, 18세기 유랑자들은 직업적인 걸인이 아니라 진정으로 일자리를 찾아 헤매는 실업자들이었다(원석조, 2019: 38). 이러한 도시실업자들 때문에 도시교구는 그들의 연고교구를 찾아내어 그곳으로 돌려보내느라 바빴으나(Jones, 1991: 2), 도시실업자는 계속해서 늘어만 갔다. 농촌지역에서 일자리를 찾아 도시로 몰려든 신규노동력 때문에 도시는 실업자들과 미숙련 노동자, 빈민들로 가득 찼다. 하수도나 상수도 등 위생시설이 갖춰져 있지 않고, 주거시설이 열악한 상황에서 도시인구가 급증하자 비좁은 대도시의 거리는 쓰레기와 악취로 가득했다. 공중보건은 엉망이었고, 일자리를 구하지 못한 미숙련 노동자와 실업자들은 굶주림으로 죽어갔다(오세영, 2021: 181).

구빈비용의 증가

스핀햄랜드제도가 시행되고 있던 시기, 특히 나폴레옹 전쟁(1793~1815) 이후, 영국은 심각한 불황에 직면했고, 설상가상으로 흉작이 겹치면서 곡물 가격이 폭등하자 빈민들은 생존위기에 처하게 되었다. 빈민들의 반응은 식량폭동으로 나타났다. 스핀햄랜드제도는 이와 같은 상황에 대한 임기응변 중 하나였다. 그 여파로 구빈비용이 크게 증가했다. 특히, 18세기 후반에서 19세기 초반에 걸쳐 구호를 받는 빈민의 수와 구빈비용의 지출은 지속적으로 증가했다. 구빈비용의 증가 상황은 당시 잉글랜드와 웨일즈 지역의 구빈비용

지출증가 상황을 보여주는 다음의 〈표 4-1〉에서 잘 나타난다.[1] 구제 대상자의 비율이 지속적으로 증가하는 가운데, 총 지출액은 물론이고 인구 1인당 평균 지출액이 꾸준히 증가하고 있음을 보여준다.

〈표 4-1〉 잉글랜드와 웨일즈 지역의 연간 구빈비용 지출

기간	총지출 (파운드)	인구 1인당 지출(실링)	잠재적 구제 대상자 비율(%)	국민소득 대비 지출(%)
1696	400,000	1.5	3.6	0.8
1748~50(평균)	689,971	2.3	7.9	1.0
1776	1,529,780	4.4	9.8	1.6
1783~5(평균)	2,004,238	5.3	10.9	2.0
1802~3	4,267,965	9.5	14.7	1.9

출처: 감정기 외(2007), p.139의 〈표 6-1〉 발췌.

한편, 1830년에 이르면, 구빈세 지출이 국가 지출의 5분의 1을 차지할 정도가 되었다. 1800년대 초에 구호 수급 빈민의 수는 영국 인구 전체의 10~12%에 달했고, 이 가운데 2/3는 근로능력이 있는 사람들로서 원외구호를 받고 있었다(김종일, 2016: 57-58). 게다가 1830~1831년에는 저임금과 높은 식료품 가격에 항의하는 농업노동자들의 폭동이 영국 남부를 휩쓸었다. 이것이 이른바 스윙폭동이다. 남부는 구빈 지출이 가장 높은 지역이었다. 스윙폭동은 빈민법의 질서유지 기능에 의문을 던졌고, 그것의 무용성을 주장하는 데 좋은 구실이 되었다.

---

1) 또 다른 연구의 데이터를 보면, 구빈 지출은 1750년에 국내 총생산(GDP)의 0.7%였다가 1803년에는 1.7%까지 급증했으며, 1인당 지출은 1780년대를 기준으로 프랑스보다 7.5배나 높았고, 1820년대에도 네덜란드보다 2.5배 높은 것으로 나타났다. 지출 총액도 1677년에 60만 파운드였으나, 1803년에는 400만 파운드를 넘었다. 구빈비 지출 증가의 최고조에 달한 1818년의 지출액은 무려 790만 파운드로 군사 지출을 뺀 나머지 정부 지출과 맞먹을 정도였다(김종일, 2016: 137).

[책갈피 4.1]

스윙폭동(Swing Riot)

1830년에 영국 남부의 농업노동자들이 벌인 탈곡기 파괴 운동을 말한다. 기계의 도입에 불만을 가진 농업노동자들이 지주나 탈곡기 소유자에게 먼저 'Captain Swing'이라는 이름으로 협박편지를 보낸 후 습격을 했기 때문에 붙여진 이름이다. 이 사건은 1829년의 흉작과 실업에 기인했는데, 1820년대에 보급되기 시작한 탈곡기는 겨울철 농업노동자의 중요한 일거리인 탈곡작업을 농민으로부터 빼앗아갔다. 그리하여 농업노동자들은 1830년 8월 켄트 동부지역에서 탈곡기를 파괴하기 시작했다. 1830년 8월 28일 처음으로 탈곡기가 파괴되는 일이 발생한 이후 10월 중순까지 켄트 동부에서 100대가 넘는 탈곡기가 파괴되었다. 실업과 빈곤에 항의해서 일으킨 스윙폭동은 기계를 파괴하는 것에서 더 나아가 농업노동자들의 삶을 위협하는 모든 것에 대한 분노의 표출로서 작업장 방화, 치안판사나 구빈감독관에 대한 공격, 전단 살포, 임금인상 요구 집회 등 다양한 항의 활동이 진개되었다. 1830년대에만 400대 이상의 기계파괴, 350건 이상의 방화, 350회 이상의 폭동이 일어날 정도로 14세기 농민폭동 이후 가장 큰 농민소요사태로 번져갔다. 스윙폭동에 대해 정부의 대응은 매우 강경하여 19명이 처형되었으며, 700명이 넘는 사람들이 투옥되었고, 500명가량이 오스트레일리아로 이송되었다. 스윙폭동은 영국 농촌의 실업과 빈곤화에 대한 저항이었으며, 십일조와 구빈감독관, 부유한 소작농(tenant farmer)들에 대한 항의였다. 그러나 스윙폭동은 휘그 정부에 영향을 미쳐 1834년 신빈민법 제정에 구실을 제공하게 된다.

구빈제도의 모순

홉스봄 등은 스윙폭동의 원인을 빈민법에서 찾고 있다. 즉, 이미 이 시기는 스핀햄랜드제도에 의한 구빈비 지출을 엄격하게 통제하기 시작한 시기여서 약간의 자존심이나 재산이 있는 사람이라면 빈민법에 의한 국가원조를 받기가 어려웠다. 봉기의 중심이었던 브리드(Brede) 등에서의 임금보조수당의 인하, 어떤 지역에서는 실업자의 탄압, 다른 지역에서는 현금급여를 현물로 전환시키는 것 등이 스윙폭동의 계기로 꼽히고 있다. 실제로 빈민법 관계자가 공격목표가 된 경우가 1,271개 교구에 달하였고, 그중 26개 교구에서는 직접적인 공격을 받았다(伊部英男, 1979: 62; 박광준, 2002: 120).

구빈비의 부담은 농업노동자의 주요 고용주인 대지주만이 진 것이 아니라 교구의 모든 주민이 지고 있었기 때문에 소규모의 소작농민과 영세토지 소유자는 저임금노동을 하면서 무거운 구빈세를 부담하였다. 그리고 경제적으로는 곤란했으나 자신의 토지가 없어지기 전까지는 국가의 보조금을 받을 수 없었다. 신빈민법의 성립에 직접적인 영향을 준 1830년의 스윙폭동이 스핀햄랜드제도가 시행되던 지역에 집중되었다는 것은 이 제도의 모순을 잘 말해주고 있다(Bruce, 1961: 92; 박광준, 2002: 120).

구빈비용 증가의 근본적 원인

그렇다면, 구빈비용의 증가를 가져온 근본적인 원인은 무엇일까? 일반적으로 구빈비용 증가의 원인으로 제도적 모순, 즉 스핀햄랜드제도나 구빈행정상의 결함 등이 거론되어 왔다.[2)]

스핀햄랜드제도는 가족의 수와 식량가격을 고려하여 표준생활비를 산출하고, 노동자의 소득이 거기에 미치지 못할 때, 그 부족분을 교구의 구빈세 재원에서 보전해 주는 제도였다. 오늘날의 관점에서 본다면, 이 제도는 세금에서 가족의 수와 물가상승률까지 고려하여 빈민들에게 생활보조금을 제공함으로써 빈민들의 생존권을 보장해 주는 제도였다(박병현, 2008: 54). 그러나 이 제도는 구빈세를 재원으로 하여 임금보조금을 지급하였기 때문에 결과적으로 고용주를 위한 제도가 되어버렸을 뿐만 아니라 구빈세 부담의 원인이 되었다.

또한, 구빈비용의 증가와 더불어 당시 빈민법이 가지고 있었던 또 다른 심각한 문제 중의 하나는 행정조직의 결함이었다. 극도의 교구 자치주의에 의

---

2) 후술하겠지만, 1834년 왕립빈민법위원회의 보고서에 당시의 빈민법 개혁론자들은 구빈 지출의 증가원인을 스핀햄랜드제도에 의한 임금보조와 구빈행정의 난맥상 탓으로 지적했었다. 당시의 빈민법 개혁론자들의 주장은 지금까지도 받아들여지고 있는 것이 현실이다.

한 빈민법 운영으로 인해 교구 간 격차문제와 비용부담의 형평성 문제가 심각하게 대두되었다. 교구의 규모가 작을수록 부담이 컸고, 산업지역보다 농어촌 교구의 부담이 상대적으로 컸다. 그리고 구빈세가 소득보다는 재산을 중심으로 부과되었기 때문에 산업자본가보다 토지나 가옥 등의 재산 소유자의 부담이 상대적으로 컸다.[3] 이러한 문제로 인해 상대적으로 부담이 큰 집단으로부터 불만이 제기된 것은 어찌 보면 당연한 결과였다(김동국, 1994: 146-147; 감정기 외, 2007: 139).

그러나 구빈비용 증가의 보다 근본적인 원인은 다른 데 있었다. 1960년대 이후에 나온 대부분의 연구에 따르면, 18세기 후반에서 19세기 초반에 걸친 구빈비용 증가의 원인은 사회경제적 변화의 필연적 결과였다. 즉, 의회 인클로저의 확산, 가내공업의 쇠퇴, 농촌 고용의 특수성, 지대와 조세 증가의 결과 등으로 요약된다(Blaug, 1963; Boyer, 1986; Digby, 1975; Green, 2010; 大前朔郎, 1961; 박광준, 2002: 120-121과 김종일, 2016: 139-134에서 재인용).

첫째, 의회 주도로 시행된 인클로저 움직임의 확산이다. 18세기 중반 영국에서는 제2차 인클로저가 합법적인 형태로 이루어지게 되는데, 이것이 이른바 의회 인클로저(parliamentary enclosure)이다. 의회 인클로저는 1750년에서 1830년에 걸쳐 시행되었는데, 과거와 다른 점은 인클로저 전반을 의회가 법적으로 뒷받침했다는 점이다. 당시의 의회는 대지주가 지배세력을 형성하고 있었다. 따라서 인클로저에 의한 많은 이익을 보장받는 그들의 입장으로 보면, 이것을 반대할 이유가 없었다. 반면, 인클로저에 대한 의회의 승인이 나면 토지의 법적 소유권을 증명하지 못하는 농민들은 해당 농지에서 퇴출당

---

3) 1760년에서 1834년까지 영국의 국부 증가는 주로 매뉴팩처와 그에 관련된 분야의 성장에 의한 것이었는데, 구빈세는 주로 주택소유자와 토지점유자들에게 부과되었기 때문에 불만이 클 수밖에 없었다(이준상 외, 2018: 127).

하였다. 퇴출당한 농민들은 공장이 있는 도시로 일할 기회를 찾아 떠날 수밖에 없었다. 이들을 기다리는 것은 도시의 열악한 주거 환경과 저임금 그리고 가난이었다. 의회 인클로저는 짧은 기간에 특히, 1760년대와 1770년대에 걸친 20년 동안에 18%의 인클로저가 집중되었다. 인클로저가 집중된 곳은 농업 의존도가 매우 높은 영국 남부와 동부에 걸친 내륙지대였다. 바로 이 지역에서 구빈비용 지출이 급증했던 것이다.

둘째, 농촌에서 농업 외 소득원으로 한몫을 하던 가내공업(cottage industry)의 쇠퇴도 구빈비용 증가의 주요 원인이었다. 가내공업은 농한기에 소득보충의 목적으로 18세기 초에 영국 농촌에서 발달하기 시작했다. 가내공업은 아이들을 포함한 모든 식구가 동원되는 가족사업이었다. 그러나 18세기 후반에 들어와 도시에 기계를 써서 직물을 생산하는 공장들이 생기면서 가내공업은 쇠퇴하기 시작했다. 가내공업의 쇠퇴로 여성과 아이들이 가구소득을 보충할 수 있는 기회가 크게 줄어들었다. 이들은 일자리를 얻기 위해 도시로 이주할 수밖에 없었다. 이들의 이주는 대부분 가족 단위로 이루어졌다. 농촌 빈민의 도시이주는 자연적으로 도시의 구빈지출을 증가시켰다. 한편, 근로 능력이 있는 사람들이 도시로 이주하면 할수록 농촌에는 구빈대상이 오히려 늘어나는 악순환을 가져왔다. 도시이주를 하지 못하고 농촌에 남는 사람들은 대부분 나이가 많거나 병에 걸려 일을 할 수 없는 사람들이었기 때문이다. 이들은 전형적인 구빈의 대상이었음은 말할 나위가 없다.

셋째, 농촌 고용의 특수성에서 구빈지출 증대의 원인을 찾을 수 있다. 농업지역인 남부에서는 노동자의 고용계약이 하루 내지는 한 주 단위로 이루어졌다. 농장주의 입장에서는 농번기에 대비해서 농업노동자들의 지역 이탈을 막을 필요가 있었다. 그런데 18세기 후반에 이르면 정주법은 이미 실효성을 잃어버린 상태여서 농업노동자의 지역 외 이동을 막을 방법이 없었다. 농장주들이 동원할 수 있는 가장 현실적인 방법은 교구의 구빈 재원을 이용해서 이들의 이동을 막는 길이었다. 즉, 농번기에는 이들을 싼 임금으로 고용했다가 농한기에는 구빈대상으로 지정해서 생계를 유지하도록 하는 방법이다. 이것이 가능했던 것은 농장주들이 교구의 구빈행정을 사실상 좌지우지하고 있었기 때문이었다. 이러한 농장주들의 관행은 남부 농업지역에서 구빈 지출 증가의 주요 원인이 되었다.

마지막으로 주목할 만한 구빈비용의 증가원인은 지대와 조세의 증가에서 찾을 수 있는데, 그것은 신빈민법이 성립될 당시 하원의원이었던 코베트(William Cobbet, 1763-1835)가 신빈민법 통과에 강하게 반대하면서 제기했던 주장이다. 그의 주장에 따르면, 지대가 44년 전의 2배가 되었기 때문에 구빈세가 지대와 같은 비율로 증가하는 것은 당연한 것이고, 지주의 수입이 증가했기 때문에 그만큼 구빈비의 지출이 가능함에도 불구하고 오히려 구빈비용의 증가비율이 세금의 증가비율보다 낮다는 논리였다.

2) 사상적 배경

빈민법 개혁에 영향을 미친 주요 변수 중 특별히 언급할 필요가 있는 것은 사상적 배경이다. 19세기에 들어서 유럽의 인구가 폭발적으로 증가하면서[4] 많은 인구가 곧 부의 원천이라는 중상주의적 사고방식에 변화가 생기기 시작했다. 빈민에 대한 사회적 인식과 태도 역시 변화하기 시작했다. 자본주의가 발전하면서 빈민에 대한 온정주의적 태도는 산업화의 걸림돌로 여겨지기

---

4) 유럽인구가 1800년에 1억 9,000만 명이었던 것이 1900년에는 4억 2,000만 명으로 증가한 것으로 알려져 있다.

시작했으며, 자유시장과 노동윤리가 새롭게 강조되기 시작하였다. 빈민법의 기반이 되었던 중상주의 사상이 점차 약화되고, 자유주의가 출현한 것이다. 자유주의자들은 중상주의적인 빈민법을 맹렬히 공격하고 나섰다.

(1) 애덤 스미스의 자유방임주의

자유방임시장의 '보이지 않는 손'

자유방임주의적 고전경제학의 창시자인 애덤 스미스(Adam Smith, 1723~1790)는 1776년 출간된 『국부의 성질과 원인에 관한 연구*(An Inquiry into the Nature and Causes of the Wealth of Nations)*』 일명, 『국부론*(Wealth of Nations)*』에서 중상주의를 근본적으로 비판하고, 자유방임 시장경제의 승리를 예언하였다. 애덤 스미스는 '중상주의는 자의적이고 불합리한 각종 법률과 규제를 통해 산업의 발전을 저해하고, 사회적 진보를 가로막는다'라고 비판하였다. 애덤 스미스는 『국부론』의 첫머리에서 다음과 같이 말하고 있다.

> 한 나라 국민의 연간 노동은 그들이 연간 소비하는 생활필수품과 편의품 전부를 공급하는 원천이며, 이 생활필수품과 편의품은 언제나 이 연간 노동의 직접 생산물로 구성되고 있거나, 이 생산물과의 교환으로 다른 나라로부터 구입해 온 생산물로 구성되고 있다(Adam Smith 지음, 김수행 옮김, 2014: 1).

부(富)는 곧 "모든 국민이 해마다 소비하는 생활필수품과 편의품의 양"이라고 규정하고 있는데, 이것은 중상주의에 대한 근본적인 비판이다. 중상주의에 의하면, 국부의 크기는 그 나라가 보유한 금과 은의 양에 의해 결정된다. 당시 유럽 여러 나라의 정부는 '국부를 증진시킨다'라는 명목으로 관세와 규제조치를 통해 수입을 억제하고, 장려금제도나 식민지 건설을 통해 수출을 촉진시켰다. 이러한 정책은 그 나라의 소비자를 희생시키면서 상인과 제조업자에게만 막대한 이득을 안겨주었다. 스미스는 국부를 "모든 국민이 해마다 소비하는 생활필수품과 편의품의 양"으로 규정함으로써 마치 금과 은의 축적이 생산의 목적인 양 간주하는 중상주의 사상의 근거를 무너뜨렸다(유시민, 2009: 24-25).

[책갈피 4.2]

애덤 스미스(A. Smith)

사진출처: 다음백과

- 1723년 스코틀랜드 커콜디 출신
- 1737~1740년 글래스고대학에서 라틴어·희랍어·도덕철학 수학
- 1740~1746년 옥스퍼드대학에서 언어학과 고전 연구
- 1748~1751년 글래스고대학 도덕철학 교수
- 1759년 인간성을 다룬 『도덕감정론』 출간
- 1776년 『국부론』 출간
- 1778년 에든버러의 관세위원으로 임명
- 1787년 글래스고대학의 총장 역임
- 1790년 병으로 사망

애덤 스미스의 자유방임시장은 정부의 계획이나 명령 없이도 사회가 필요로 하는 재화나 서비스를 생산하고 소비하는데, 이것이 가능한 것은 다름 아닌 '시장에서의 자유경쟁' 때문이라고 설명했다. 이것은 『국부론』에서 제시된 애덤 스미스의 사상 가운데 가장 단순하면서도 핵심적인 내용이다. 애덤 스미스는 『국부론』에서 다음과 같이 말하고 있다.

> 매일 식사를 마련할 수 있는 것은 푸줏간 주인과 양조장 주인, 그리고 빵집 주인의 자비심(慈悲心) 때문이 아니라, 그들 자신의 이익을 위한 그들의 고려 때문이다. 우리는 그들의 자비심에 호소하지 않고, 그들에게 우리 자신의 필요를 말하지 않고, 그들에게 유리함을 말한다. 거지 이외에는 아무도 전적으로 동포들의 자비심에만 의지해서 살아가려고 하지 않는다(Adam Smith 지음, 김수행 옮김, 2014: 19).

모든 사람이 애국심이나 박애정신보다 자기의 이익을 더 귀중하게 여긴다는 것은 의심할 여지가 없는 사실이다. 이렇게 되면 자칫, 자유방임시장은 욕심쟁이와 사기꾼들의 손아귀에 들어가고 말 것이다. 하지만 애덤 스미스의 자유방임시장은 '시장에서의 자유경쟁'의 원리가 기본질서를 유지시켜 준다. 또한, 자유방임시장은 상품의 가격뿐만 아니라 생산량까지도 한꺼번에 해결해 주는 해결사의 역할을 한다. 애덤 스미스는 한 걸음 더 나아가 개개인이 이익을 추구하는 행위가 '보이지 않는 손'에 의하여 자신들이 의도했던 것보다도 더 효율적으로 공공의 이익을 증진시킬 수 있다고 주장했다.[5] 즉, 모든 사람이 자유경쟁의 원칙에 입각하여 이기심을 합리적으로 추구한다면 개인에게 최선일 뿐만 아니라 사회 전체에도 이익이라고 보았던 것이다.

> 사실 그는 공공의 이익(public interest)을 증진시키려고 의도하지도 않고, 공공의 이익을 그가 얼마나 촉진하는지도 모른다. 외국 노동보다 본국 노동의 유지를 선호하는 것은 오로지 자기 자신의 안전을 위해서고, 노동생산물이 최대의 가치를 갖도록 그 노동을 이끈 것은 오로지 자기 자신의 이익(gain)을 위해서다. 이 경우 그는, 다른 많은 경우에서처럼, **보이지 않는 손(invisible hand)**에 이끌

---

5) 사실, '보이지 않는 손'은 『국부론』의 내용 중 고작 한 줄 언급되고 있다. 하지만, 오늘날 경제학 교과서에 인용될 정도로 자유방임주의의 대명사가 되고 있다.

려서 그가 전혀 의도하지 않았던 목적을 달성하게 된다. 그가 의도하지 않았던 것이라고 해서 반드시 사회에 좋지 않은 것은 아니다. 그가 자기 자신의 이익을 추구함으로써 흔히, 그 자신이 진실로 사회의 이익을 증진시키려고 의도하는 경우보다, 더욱 효과적으로 그것을 증진시킨다. 나는 공공이익을 위해서 사업한다고 떠드는 사람들이 좋은 일을 많이 하는 것을 본 적이 없다(Adam Smith 지음, 김수행 옮김, 2014: 552-553).

자유방임시장이 '보이지 않는 손'에 의해 개인의 이익추구를 '국부의 증진'이라는 사회 전체의 공동선(共同善)으로 이끈다는 것은 애덤 스미스의 신념이었다. 애덤 스미스의 핵심적인 사상은 개인주의를 바탕으로 자유경쟁을 추구하는 '자유방임(laissez faire)'이었던 것이다.

애덤 스미스의 빈민법 비판

애덤 스미스는 『국부론』에서 정부의 역할은 자유시장경제의 질서를 유지하는 최소한의 임무만을 담당해야 한다고 충고했다. 그가 제시한 정부의 역할은 국토방위, 사법행정, 공공사업의 유지, 이 세 가지뿐이다.

특혜를 주거나 제한을 가하는 모든 제도가 완전히 철폐되면 분명하고 단순한 자연적 자유(natural liberty)의 제도가 스스로 확립된다. 〈중략〉 자연적 자유의 제도하에서는 국왕은 오직 세 가지의 의무에 유의해야 하는데, 그 세 가지 의무란, 첫째 사회를 다른 독립사회의 폭력이나 침략으로부터 보호하는 의무, 둘째 사회의 각 구성원을 다른 구성원의 불의나 억압으로부터 가능한 한 보호하는 의무, 또는 엄정한 사법행정을 확립하는 의무, 셋째 일정한 공공사업과 공공시설을 세우고 유지하는 의무이다(Adam Smith 지음, 김수행 옮김, 2014: 848).

따라서 빈민법은 애덤 스미스에게는 비판의 대상이었다. 애덤 스미스는 빈민구제라는 인위적인 제도가 천부적인 자유를 침해한다고 보았다. 특히, 그는 정주법에 대해서 거세게 비판했는데, 그것은 거주지가 한정됨으로써 빈민의 자유행동이 금지되고, 따라서 그들이 직업을 찾아서 이동하는 것을 금지했다는 이유에서였다. 애덤 스미스는 『국부론』에서 다음과 같이 말하고 있다.

> 어떤 경범죄도 범하지 않은 사람을 그가 거주하려는 교구로부터 추방하는 것은 자연적 자유와 정의(natural liberty and justice)의 명백한 침해다. 그러나 잉글랜드의 보통 사람들은 자신들의 자유를 매우 소중히 여기면서도, 대부분의 다른 나라의 보통 사람들처럼 그 자유가 무엇인지를 제대로 이해하지 못했기 때문에, 그들은 지금까지 1세기 이상 이러한 억압을 아무런 대책 없이 감수해 온 것이다. 〈중략〉 잉글랜드에서 40세의 가난한 사람치고 자기 일생의 어느 부분에서 이 엉터리 같은 거주법에 의해 매우 비참하게 억압당했다고 느껴보지 않은 사람은 거의 없을 것이다(Adam Smith 지음, 김수행 옮김, 2014: 183-184).

애덤 스미스는 거주지 제한 때문에 잉글랜드의 노동가격이 극히 불균등하다고 보았고, 한 교구에서의 노동부족은 다른 교구에서의 노동과잉에 의해 반드시 해소되지 않는다고 지적하였다. 또한, 사람들이 감수하고 있지만, 정주법은 자연적 자유와 정의(natural liberty and justice)의 명백한 침해라고 비판했다.

(2) 맬더스주의[6)]

빈곤은 신의 섭리

19세기에 들어서 가장 영향력이 컸던 사상이 맬더스주의였다. 맬더스(Thomas Robert Malthus, 1766-1834)는 그의 주저 『인구의 원리에 관한 에세이*(Essay on the Principle of Population)*』(초판 1798년) 일명, 『인구론』에서 다음의 두 가지 주제를 제기하였다(김용조 · 이강복, 2011: 31).

첫째, 어떤 개혁가가 자본주의의 문제점들을 개선할 수 있다 할지라도 부유한 자본가계급과 가난한 노동자계급이라는 계급구조는 없어지지 않는다. 둘째, 비참한 빈곤과 고통은 모든 사회에 있어 대다수 사람의 운명이며, 빈곤과 고통을 완화시키는 어떠한 시도도 결코 성공할 수 없다.

맬더스는 빈곤과 악덕의 근원이 과잉인구에 있으며, 이는 사회제도의 개혁으로 해결할 수 없는 냉엄한 자연법칙의 결과라고 보았다. 빈곤의 원인이 사회제도에 있는 것이 아니고, 신의 섭리라고 생각했던 것이다.

맬더스가 『인구론』에서 내세운 가설은 "인구는 식량보다 폭발적으로 증가한다"였다. 즉, "인구는 기하급수적으로 증가하는 데 반하여, 식량 생산은 수확 체감의 법칙[7)]이 적용되기 때문에 산술급수적으로밖에 증가하지 못한다"라는 것이었다. 따라서 인구와 식량 사이의 불균형이 필연적으로 발생할 수밖에 없으며, 여기서 기근 · 빈곤 · 악덕이 발생한다고 보았다. 만약 자본가와 정부가 인구를 강력하게 억제하지 않는다면 인구는 최저임금이 상승함에 따라 함께 증가할 것이라고 주장하였다. 노동자들의 임금이 대폭 인상되면 노

---

6) 맬더스주의에 대해서는 오세영(2021), pp.181-186을 참고하여 서술하였다.

7) 수확 체감의 법칙이란 한정된 농지에 추가로 농부를 투입하더라도 오히려 생산량의 증가분은 줄어든다는 법칙을 의미한다.

동자들은 더 많은 자녀를 낳아 양육할 능력을 지니게 되고, 세월이 흘러 그 아이들은 노동시장에 나타나게 되며, 이는 결국, 노동의 공급을 늘려 임금을 낮추게 만든다. 과잉인구가 존재하는 한 임금은 계속 하락하여 마침내 최저생활 수준 이하로 떨어지고 만다. 결국, 노동자의 임금인상은 장차 더 큰 재앙으로 연결될 수밖에 없다는 것이 맬더스의 논리였다(김용조 · 이강복, 2011: 41-46).

[책갈피 4.3]

토마스 맬더스(Thomas Robert Malthus)

- 1766년 영국 출생, 영국국교회 목사
- 1788년 성직자서품수여
- 1798년 〈인구론〉 출간
- 1805년 동인도대학 경제학, 근대사학 교수
- 1820년 〈정치경제학원리〉 출간
- 1834년 심장마비로 사망

사진출처: 나무위키

따라서 인구는 최저생활수준에서 억제시켜야 하는데, 그 수단으로는 예방적 억제와 적극적 억제 두 가지 방법이 있다고 하였다. 예방적 억제란 인구의 증가를 사전에 억제하는 방법을 말한다. 예를 들면, 남녀가 결혼을 늦추는 것이다. 그러나 실제로 결혼을 늦게 해야 할 빈민층이 오히려 결혼을 빨리 하는 경향이 있어 효과가 없었다. 적극적 억제란 전쟁, 천재(天災), 기아, 역병 등을 방치해서 강제로 죽는 사람을 늘리는 방법을 말한다. 맬더스는 적극적 억제를 실효성 있는 인구증가의 억제방법으로 보았다. 『인구론』 제2판에서 맬더스는 이 '적극적 억제'를 권장하는 다음의 유명한 문장을 남겼는데, 그를 혐오하는 사람들은 후일 두고두고 이 대목을 써먹었다.

> 적어도 식량이 살아갈 수 있는 최소한의 몫으로 나누어진 후에는 생존 수단의 증가율이 어떠하든, 이것에 의해 인구 증가가 억제되어야 한다는 것은 분명한 사실이다. 이 수준을 넘어서 태어난 아이들은 성인의 사망에 의해 여유가 생기지 않는 한 반드시 죽어야 한다. 〈중략〉 그러므로 죽음을 가져오는 자연의 작용을 헛되고 어리석게 방해하기보다는 오히려 쉽게 이루어지도록 해야 한다. 기근이라는 무서운 형태의 재난을 두려워한다면 우리는 자연을 위해 다른 형태의 파멸을 부지런히 준비해 두어야 한다. 빈민에게는 청결함을 권고하지 말고 그 반대의 습관을 장려해야 한다. 도시의 거리는 더 좁게 만들고 집집마다 더 많은 사람이 북적거리게 하고 전염병이 잘 돌도록 유인해야 한다. 시골에서는 썩은 연못 근처에 마을을 만들고 특별히 불결한 늪지대에 정착하도록 해야 한다. 그러나 무엇보다도 인간을 황폐화시키는 질병을 특별히 퇴치하려는 것을 비난해야 한다. 또 무질서를 추방하는 계획을 추진함으로써 인류에 봉사하겠다는 자비롭지만 잘못된 생각에 사로잡힌 사람들을 비난해야 한다. 이렇게 해서 매년 죽는 사람이 늘어나면 〈중략〉 아마도 우리는 모두 사춘기에 결혼해도 되고 완전히 굶어 죽는 사람도 별로 없을 것이다(김용조 · 이강복, 2011: 105-106에서 재인용).

이 주장에 따르면, 인간은 성적 억제력을 갖추지 못해 스스로 부양할 수 없는 아이들을 낳고, 음주 · 도박 · 방탕으로 빈곤을 자초하고 있다는 것이다. 따라서 인간의 제도로는 이들을 구제할 수 없다는 것이고, 또한, 우리가 인위적인 대책을 마련하지 않더라도 신은 전염병, 전쟁, 천재지변, 기아 등 온갖 재앙을 통해 인구를 조절한다는 것이다. 물론 이런 냉혹하고 비극적인 인구 억제책이 작동하기 전에 인구를 조절할 수도 있다고 보았다. 『인구론』

제2판에서 맬더스는 인구의 억제책으로 '도덕적 억제'를 추가하였는데, 문명 사회에서 인구와 식량 간의 균형을 도모하는 가장 좋은 방법은 출생률을 감소시키는 도덕적 억제, 즉 경제적 능력을 얻을 때까지 결혼하지 않는 것 이외는 없다고 주장하였다. 그런데 그는 인위적인 산아제한에 찬성하지 않았으며, 성욕을 절제할 수 있는 것은 "도덕적으로 훌륭한 미덕을 갖춘" 사람들뿐이라고 생각했다.

맬더스의 빈민법 비판

맬더스는 빈민들의 생활수준이 좋아지면 자신들의 장래를 생각하지 않고 결혼하여 인구가 증가하기 때문에 적극적 억제의 방법으로 빈민법의 완전한 폐지를 주장하였다. 그는 『인구론』 제6장에서 빈민법이 빈곤과 빈민을 줄이는 것이 아니라 만들어내고 있다며, 다음과 같은 논리로 빈민법을 비판하였다.

> 영국의 빈민법은 빈민들의 일반적 조건을 두 가지 방식으로 억압하고 있다. 첫째는 부양을 위한 식품 생산을 증가시키지 않은 채 인구를 증가시키는 것이다. 빈민은 스스로 가족을 부양할 가능성이 거의 없는데 결혼을 하고 있다. 그러므로 빈민법은 그가 보호하고자 하는 빈민을 창출하는 셈이다. 따라서 인구증가로 인해 식량이 훨씬 더 적게 배분되어 교구로부터 보호받을 수 없는 노동자들은 식량을 전보다 더 적게 구입할 수밖에 없게 된다. 그 결과 점점 더 많은 노동자들이 구호를 신청하게 될 것이다. 둘째는 작업장에서 소비되는 식량의 양만큼 근면하고 가치 있는 구성원들에게 돌아갈 몫이 줄어들게 된다. 따라서 노동자들은 점점 더 의존적으로 되어간다. 작업장의 빈민들이 조금 더 나은 생활을 하게 된다면, 이 사회자원의 새로운 배분방식으로 식품가격이 올라서 작업장 외부 근로자들의 생활이 더욱 악화될 것이다(가스통 v. 림링거, 2009: 62에서 재인용).

이 인용문에서 맬더스는 빈민법이 빈곤을 증가시키는 두 가지 이유를 제시하고 있다. 첫째는 빈민법이 가족을 부양할 가능성이 없는 사람들의 결혼을 촉진하고, '번식'을 유발함으로써 빈민을 인위적으로 만들어내며, 둘째는 식량의 증산 없이 인구를 증가시키기 때문에 노동자들의 식량구입도 감소한다는 것이다. 맬더스는 이 두 가지 이유로 빈민법이 사람들을 구제하기보다는 오히려 구빈에 의존하는 사람들을 늘린다고 주장했다.

맬더스는 빈민법이 이와 같은 무서운 경제적 결과 이외에도 사회에 해악을 끼친다고 강조하였다. 그는 빈민구제가 개인의 자립정신을 해치고 근면정신을 파괴하였다고 주장했다. 맬더스는 빈민법을 폐지하는 것 외에는 대안이 없으며, 다른 모든 구제수단, 예를 들어 빈민들의 이주나 부자들의 사치생활의 절제 등은 기껏해야 단기적 효과를 갖는 미봉책에 불과하다고 보았다. 빈민법을 폐지함으로써 인구증가를 상당히 억제할 수 있고, 자유와 자립정신의 부패를 막을 수 있으며, 도덕적으로나 물질적으로 사회를 개선할 수 있다는 것이다(가스통 v. 림링거, 2009: 64).

맬더스의 주장은 자본주의 발전과정에서 성공한 자본가들로부터 전폭적인 지지를 받았다. 왜냐하면, 빈민의 불행은 본인의 나태와 의존심의 결과라는 그의 논리는 역으로 부자들의 성공은 부자들의 근검절약과 독립심의 성과물이란 논리를 정당화하기 때문이었다(가스통 v. 림링거, 2009: 65).

맬더스주의가 빈민법 개혁에 미친 영향

맬더스는 신빈민법의 아버지[8]라고 불릴 정도로 빈민법의 전폭적인 수정

---

8) 맬더스는 구체적으로 빈곤문제의 원인을 초역사적이며 어쩔 수 없는 인구 압력으로 돌려서, 구빈제도나 임금보조제도의 무용론으로 설득력 있게 주장하였고, 빈곤구제를 억제해야 한다는 여론의 형성뿐만 아니라 실제적인 구빈억제정책에도 결정적으로 중요한 역할을 하였기 때문에 '신빈민법의 아버지'로 불리고 있다(박광준, 2002: 125).

에 큰 영향을 미쳤다. 당시 농촌지역의 실업 및 빈곤 악화의 원인과 그에 대한 경제정책의 실패를 빈민의 도덕적 타락에 전가시킴으로써 '빈민법이 오히려 빈곤을 증가시킨다'라는 맬더스의 명제는 지식인과 정치가 그리고 여론을 통해 널리 침투하여 빈민법 철폐운동을 활성화시키는 데 크게 기여했다. 자연의 냉혹한 균형법칙으로 빈곤문제의 원인과 해결책을 해명하는 맬더스의 논법은 정치적 개입이나 인간의 이성으로 빈곤문제를 해결하려는 시도를 패배로 이끌었다. 그의 주장은 당대의 지식인이나 정치가, 성직자들에게 빈곤을 설명하는 전혀 다른 인식으로 받아들여지면서 빈민법 폐지와 시장사회의 약진에 절대적인 위력을 발휘했던 것이다. 맬더스의 빈민법 비판으로부터 영향을 받은 사조들은 산업혁명기 고전경제학파의 거시정책이 범한 치명적인 실패는 검증조차 하지 않으면서 가난한 사람들을 "도덕적으로 타락시켜왔다고 비난받는 스핀햄랜드제도의 책임"을 규탄하는 일련의 흐름을 만들어내기도 했다(Block & Somers, 2014).

또한, 맬더스의 주장과 그것을 인용한 (후술할) 왕립빈민법위원회 보고서에는 산업혁명의 진보 과정에서 주거가 파괴되고, 자존심을 잃고, 삶에 활력을 주는 문화마저 산산이 부서져 사회의 밑바닥으로 쫓겨난 사람들('빈민'은 그 상징이었다)의 곤경에 대한 사회적, 정치적, 윤리적 책임을 묻는 내용은 포함되지 않았다. 그리고 빈민법을 모든 악의 근원으로 만들어버린 여론에 힘입어 1834년에 신빈민법 제정이라는 결실을 맺었다(와카모리 미도리 지음, 김영주 옮김, 2017: 62-63, 65).

이처럼 맬더스의 『인구론』은 빈곤문제를 사회의 구조적 문제에서 자연법칙을 따르는 생물학적 문제로 전환시켰으며, 빈민구제에 대한 국가의 책임을 영국인들이 전적으로 재고하게 만들었다. 그리하여 1834년의 신빈민법이 제정되었으며, 신빈민법 이후부터는 노동능력이 있는 빈민이 구제를 받기 위해서는 원내구호와 열등처우라는 불명예를 감내해야 했다. 신빈민법의 핵심이자 맬더스의 반빈민법적 주의 주장을 가장 충실히 반영한 것이 이른바 열등처우의 원칙이었다. 열등처우의 원칙(the principle of less eligibility)이란 구제대상의 생활 수준은 최하층의 독립 노동자(lowest working poor)의 생활수준과 같아서는 안 되는 조건에서만 구제가 제공되어야 한다는 원칙을 말한다. 맬더스는 엘리자베스 시대 이후의 빈민법을 철폐하고 경쟁적 노동시장을 확립하는 것으로 빈곤문제를 대처하고자 했던 것이다.

이상 살펴본 바와 같이, 맬더스주의는 18세기의 가장 전형적이고 영향력이 컸던 자유주의 사회복지정책의 관념이었다. 아울러 자선은 재앙을 부를 정도로 잔인한 일이 될 수 있다고 주장한 맬더스의 사상은 토마스 칼라일이 지적한 것처럼 '음울한 과학(the dismal science)'이었다. 그럼에도 불구하고 맬더스주의는 빈민법을 대체하는 새로운 사회관으로 각광을 받았고, 이를 계기로 인간의 사고에 영향을 주는 한 시대의 사상으로서 지위를 획득했다.

(3) 벤담의 공리주의

쾌락은 선(善)이고 고통은 악(惡)이다

맬더스와 함께 빈민법 비판에 앞장선 인물은 제레미 벤담(Jeremy Bentham, 1748~1832)이었다. 벤담은 공리주의(Utilitarianism, 功利主義)[9]를 주창했다. 공리주의는 개인의 이익이나 쾌락을 선악의 판단기준으로 삼는 사상이다. 공리주의의 핵심은 간결한데, 도덕의 최고 원칙은 행복의 극대화, 즉 쾌락의 총량

---

9) 벤담의 공리주의는 한자의 의미를 잘 이해해야 한다. 즉, 공리(功利)의 의미는 공공의 이익을 의미하는 공리(公利)로 이해하면 안 되고, 개인의 이익이나 쾌락을 가져오고, 고통이나 불행을 막는 일체로 이해해야 한다.

이 고통의 총량보다 많게 하는 것이다. 벤담에 의하면, 공리를 극대화하는 행위는 무엇이든 옳다. 그가 말하는 '공리'란 쾌락이나 행복을 가져오고, 고통이나 불행을 막는 일체를 의미한다. 벤담은 다음과 같은 추론을 통해 자신의 원칙에 도달한다. "우리는 누구나 고통과 쾌락의 감정에 지배된다. 이 감정은 우리의 '통치권자'다. 이는 우리의 모든 행위를 지배할 뿐 아니라 무엇을 해야 하는지도 결정한다. 옳고 그름의 기준은 왕좌에 앉은 그들에게 달렸다"(마이클 샌델 지음, 김명철 옮김, 2014: 63). 벤담의 견해에 의하면, 개인의 행위는 따지고 보면 모두가 좀 더 큰 쾌락을 얻고 가능한 한 고통을 회피하려는 계산의 결과일 뿐이다.

벤담에 의하면, 무엇이 고통이고 무엇이 쾌락인지를 가장 잘 판단하는 주체는 각 개인이다. 따라서 개인이 얻으려고 하는 쾌락에 대해서 다른 사람이 가타부타하거나 제약하거나 의도적으로 장려하는 식의 외부적 간섭은 모두 부당한 것이다. 예를 들어, 독서를 함으로써 얻는 쾌락과 포도주를 마셔서 얻는 쾌락 사이에는 우열을 논할 근거가 없다. 술을 마시고자 하는 자는 술을 마시고 책을 읽고 싶은 자는 책을 읽도록 내버려 두는 것이 정당하다. "효용[10]이 같은 한 제도용 핀과 시(詩)는 똑같이 유익하다"라는 경제학적 표현은 이런 사고방식의 소산이다(유시민, 2009: 118).

공리의 극대화의 원칙은 개인적 차원에서뿐만 아니라 입법적 차원에서도 적용된다. 어떤 법이나 정책을 집행할 것인지 결정할 때, 정부는 공동체 전체의 행복을 극대화하는 일은 무엇이든 해야 한다. 사회의 행복이란 개인의 행복을 합친 것이므로 입법의 목적은 가능한 한 많은 사람이 큰 행복을 누리도록 하는 것, 다시 말해 '최대다수의 최대행복'을 도모하는 데 있다고 보는 것이다.

---

10) 벤담은 자신의 철학을 경제이론으로 구체화하기 위해 '행복'을 '효용'이라는 말로 바꾸었다.

[책갈피 4.4]

제레미 벤담(Jeremy Bentham)

사진출처: 다음백과

- 1748년 영국 런던에서 출생, 18세기 후반과 19세기 초반에 활동한 사회이론가이자 철학자·법학자
- 1760년 옥스퍼드 입학
- 1763년 링커스인 법학원에서 법률 공부
- 1776년 〈정치론 단편〉 출간
- 1789년 〈도덕과 입법 원리 입문〉에서 인간의 본성과 선악의 기준에 대한 사고방식 제시
- 1802년 뒤몽이 『도덕 및 입법의 원리 서설』 프랑스어로 번역. 파리의 명예시민이 됨
- 1809년 『의회개혁론』 집필
- 1832년 사망

최대다수의 최대행복

벤담의 공리주의 철학은 국가의 행복의 합은 전 국민의 행복을 합한 것이며, 그 합이 크면 클수록 국가의 행복도 그만큼 커진다고 하는 주의였다. 이것은 해석 그대로 전체의 합만을 강조한 나머지 국민 간에 존재하는 행복의 격차문제를 너무 가볍게 본 논리였다. 쉬운 예로, 많지도 않은 수의 빈민의 행복을 높이기 위해 많은 수의 일반 국민으로부터 많은 세금을 징수하여 일반 국민의 행복을 깎아내린다면 그것은 전체로서의 행복의 저하를 의미하며, 곧 사(邪)라고 하는 논리였다(박광준, 2002: 130). 공리주의 사회관에 따르면, 사회는 공공의 이익을 극대화하는 동시에 사적 이익의 사악성을 최소화하는 방향으로 재편되어야 한다. 벤담은 과학적 사회정책을 강조하면서 그 목적은 다중의 행복을 증진하는 행위를 장려하고, 그렇지 않은 행위를 억제하는 데 있다고 설파했다(김종일, 2016: 86).

따라서 당시의 인도주의적 구빈제도에 대한 벤담의 입장은 부정적이었다.

벤담은 빈곤에 대해 접근을 할 때, 개인적 결함과 같은 내적 요인과 사회경제적 환경과 같은 외적 요인으로 구분하여 접근할 것을 주장했는데, 그는 빈곤 발생의 내적 요인에 관심이 있었다. 내적 요인 가운데 심신장애가 아니라 노동의지가 없어서 빈민이 된 경우를 '게으른 손(lazy hands)'이라고 부르고, 그들이 구걸하는 것은 일하지 않으려는 나태와 게으름의 결과이고, 기존의 빈민법은 그들이 도덕적으로 타락하는 것을 조장한다고 보았다(심상용 외, 2016: 89).

벤담은 최대다수의 최대행복을 위해서 거리를 떠도는 거지를 작업장에 몰아넣자고까지 주장했는데, 그 이유를 다음과 같이 말했다.

> 거지와 마주치면 두 가지 측면에서 다수의 행복이 줄어든다. 인정이 많은 사람이라면 동정심이라는 고통이, 인정이 없는 사람이라면 혐오감이라는 고통이 생긴다. 그래서 어떤 경우든 거지와 마주치면 일반적으로 사람들의 공리가 줄어든다(Bentham, 1797; 박병현, 2016: 106에서 재인용).

한편으로 보면, 거지에게 부당한 처사라고 생각할 수 있지만, 벤담에게는 거지의 공리 측면도 계산에 넣은 제안이었다. 벤담은 작업장에서 일하는 것보다 구걸하는 것이 더 행복하다고 느끼는 거지도 있다는 것을 인정했다. 하지만 그는 구걸하며 행복해하는 거지보다 그들과 마주쳐 불행한 사람의 수가 훨씬 많음을 지적한다. 결국, 작업장으로 끌려가는 거지들이 어떤 불행을 느끼든, 그렇게 하지 않을 경우 일반 대중이 겪는 고통의 합이 그보다 크다고 벤담은 결론을 내렸다(마이클 샌델 지음, 김명철 옮김, 2014: 65).

행복의 전체의 합보다는 오히려 개인의 권리를 존중하고, 사회 성원 간의 삶의 질의 격차에 더욱 관심을 갖는 현대 사회복지의 입장에서 본다면 받아들여지기 힘든 논리이지만, 당시의 구빈제도의 개혁에 있어서는 그 교설이 큰 영향을 주었다.

벤담의 입장 변화

벤담은 자유주의의 원칙을 신봉하였고, 시장의 역할을 낙관적으로 보았다. 각 개인의 사적 이익추구는 시장에서 자연스럽게 조화로운 상태에 도달하게 되어 있다고 믿었는데, 이것은 어디까지나 정상적인 시장에서 가능하다고 보았다. 그래서 정부의 역할은 시장이 정상적으로 가동될 수 있도록 파수꾼 역할을 하는 것이라고 주장하였다. 그러나 정부의 역할이 그 수준에 머물러야 하며, 개인의 활동을 국가권력이 제약하고 고통을 주는 것은 공리주의 원칙에 어긋나는 것으로 생각하였다(허구생, 2002: 259; 이준상 외, 2018: 123).[11)]

그러나 벤담은 후에 자신의 철학에 중대한 수정을 가하였다. 놀랍게도 자유시장에 대한 정부의 간섭을 옹호한 것이다.[12)] 벤담은 정치 영역에 있어서 완전히 개인적인 노력에 맡겨둘 수 없는 빈민구제, 공중위생, 그리고 교육문제에 대하여는 정부의 개입을 찬성하였고, 정책을 총괄하고 국가정책에 대한 지방의 반대와 의견대립을 조정하기 위하여 중앙집권화된 정부조직의 필요성을 인식하고 있었다. 벤담은 구빈행정에 있어서 중앙과 지방의 관계조정에 관한 다음과 같은 견해를 가지고 있었다. 첫째, 중앙의 행정적 통제가 필요

---

11) 이런 점에서 벤담의 '공리주의적 쾌락주의'는 스미스가 주장한 '자유방임시장의 원리'와 맞닿아 있다. 자유방임시장에서 자신의 경제적 이익만을 추구하는 개인이 생활의 모든 영역에서 쾌락을 극대화하는데 몰두하는 것은 너무나 당연하다. 그러나 우리는 자신의 이익과 쾌락밖에 모르는 사람들을 두고 '속물'이라고 부른다. 칼 마르크스가 벤담을 "현대적 속물을 정상적 인간과 동일시한 속물주의의 시조"라고 비아냥거린 것은 이 때문이다(유시민, 2009: 119).

12) 벤담이 자유시장에 대한 정부의 간섭을 옹호한 이유는 자유방임시장이 경제공황에 빠질 가능성을 인정했기 때문이다. 그는 또 개인이 부유해질수록 화폐로부터 얻을 수 있는 효용이 감소할 것이라고 생각했다. 요즘 말로 "화폐의 한계효용이 체감"한다고 본 것이다. 따라서 그는 부자의 금고에서 화폐를 꺼내 가난한 사람들에게 나누어 주는 정부의 소득재분배정책이 사회 전체의 효용을 증대시킨다고 주장하였다(유시민, 2009: 120).

하며, 중앙은 지방에 대하여 감사를 실시하고 행정에 간섭한다. 둘째, 중앙 및 지방정부는 모두 민주적으로 운영되어야 한다. 셋째, 지방의 행정구역은 공리성 혹은 편의성의 원칙에 의해 분할되어야 한다. 넷째, 행정관은 경제성과 능률성에 지배되어야 하며, 기술적인 능력의 기준에 의해 임명되어야 한다(박광준, 2002: 129-131).

벤담은 구빈행정의 원칙을 크게 세 가지로 구분하였다. 첫째, 빈곤을 빈민과 극빈자(poor and pauper)로 구분하여 구제는 극빈자로 국한하였다. 둘째, 피구제자는 타인의 노동에 의해 부양되고 있는 자를 말하며, 그 구제 수준은 자립하고 있는 노동자보다 많아서는 안 된다는 것이다. 셋째, 빈민의 생활 유지와 열등처우의 원칙을 구체적으로 조화시키는 방책으로서 모든 구제는 국가가 운영하는 수용시설에서 시행되어야 한다는 것이다(이준상 외, 2018: 124).

벤담은 빈민의 권리로서 구제는 찬성하지 않았지만, 일하는 것이 행복을 가져다주기 때문에 빈민들이 일할 수 있도록 도와주기 위하여 빈민을 구제하는 것은 최대다수자에게도 이익이 된다고 생각하였다. 그가 빈곤구제를 위한 중앙기구를 제안했던 것에는 이러한 사상적 배경이 있었다. 그의 철학은 애덤 스미스와 마찬가지로 개인주의적이었지만, 그는 개인주의를 보호하기 위해서라도 국가의 간섭이 필요하다는 것을 인정하고 있었다.

벤담의 공리주의가 빈민법 개혁에 미친 영향

'최대다수의 최대행복'으로 대표되는 벤담의 공리주의는 빈민법 개혁에 영향을 미쳤다. 주로 중앙집권적인 구빈행정체계의 확립이라고 하는 국가개입이 강화되는 방향에서 영향을 주었는데, 지방정부가 '최대다수의 최대행복'을 실현하기 위해서 제안된 정책을 실시하고, 중앙정부는 지방정부의 활동을 지휘하고 통제하는 역할을 수행해야 한다는 사상이었다. 오늘날의 관점에서 본다면, 빈곤구제의 행정을 중앙정부가 담당하는 것은 보편적으로 받아들여지고 있지만, 당시의 시고로서는 매우 혁신적인 것이었다. 그리고 이것은 1834년 신빈민법의 기본 원칙이 된다(박광준, 2002: 131).

벤담은 본질적으로 개인주의자였지만 국가의 신중한 개입과 조정에 대한 신념을 가지고 있었다. 즉, 성년 남자의 보통선거권이나 의회 특권의 폐지 등 현명한 제도의 도입을 통해서 최대행복의 원리가 효과적으로 행사되도록 지도될 수 있다고 생각하였다. 따라서 그는 빈민구제에 대한 국가간섭에는 찬성하였으며, 정책을 총괄하고 지방의 반대와 의견 차이를 극복하기 위하여 중앙집권화된 기구의 필요성을 인정하였던 것이다. 그리고 이것은 구빈행정의 중앙집권화에 큰 영향을 주었다(박광준, 2002: 132).

한편, 벤담은 전국에 250개의 대형 작업장을 설치해 50만 명의 빈민을 수용하고 그 운영비를 빈민의 노동으로 조달하자는 개혁안을 내놓았다. 각 작업장은 일종의 원형감옥(panopticon)과 같은 구조로 지어 최소의 인력으로 운영할 수 있도록 하고, '전국자선회사(National Charity Company)'라는 이름의 민관 합작회사를 통해 운영한다는 것이었다. 아울러 그의 개혁안에는 작업장의 생활수준을 최하로 만들어 빈민들의 구빈신청을 원천적으로 억제하겠다는 발상도 포함되어 있었는데, 이것은 신빈민법에서 '열등처우의 원칙'으로 실현되었다(김종일, 2016: 59).

이와 같이 벤담의 공리주의는 맬더스의 자유주의와 마찬가지로 신빈민법의 성립에 영향을 미쳤다. 그런데 흥미로운 것은 벤담의 공리주의와 맬더스의 자유주의는 국가개입이라는 측면에서 볼 때 서로 다른 방향에서 신빈민법에 영향을 미쳤다. 즉, 맬더스의 자유주의는 신빈민법이 가능한 국가개입을 최소화하고, 국가원조를 받는 빈민의 수를 줄이는 데 직접적인 영향을 주었던 반면, 벤담의 공리주의는 주로 중앙집권적인 구빈행정체계의 확립이라고 하는 국가개입이 강화되는 방향에서 영향을 주었던 것이다.

2. 신빈민법의 성립과 시행

1) 왕립빈민법위원회

1832년 왕립빈민법위원회의 설치

당시의 빈빈법은 극도의 교구자치주의에 의한 운용으로 인하여 교구들 사이에 심각한 격차를 보이는 문제가 발생하였고, 무엇보다 빈민 수의 증가에 따른 구빈비용의 증가는 심각한 문제로 자리고 잡고 있었다. 이러한 문제를 해결하기 위하여 당시의 신흥계급을 대표하고 있던 자유당이 정권을 잡자, 제일 먼저 착수한 작업이 구빈비용을 억제하고 빈민법을 개혁하는 일이었다. 1832년에 기존의 구빈제도의 운영상황을 조사하고, 그 개선책을 보고하기 위하여 왕립빈민법위원회(Royal Commission on the Poor Laws and Relief of Distress)가 만들어졌다.

왕립빈민법위원회는 빈민법 체계를 개혁하는 데 있어 임금의 부족분을 보충하기 위한 수당지급제도를 폐지하는 데 매우 단호한 태도를 보였다. 왕립빈민법위원회는 즉시 조사에 착수했고, 이 조사는 2년간 계속되었다(Schweinitz 지음, 남찬섭 옮김, 2001: 207). 이 위원회에서 가장 중요한 책임과 역할을 담당한 사람은 자유방임주의 경제학자이자 빈민법위원회의 위원이었던 나소 시니어(Nassau Senior)였다. 시니어는 맬더스주의와는 달리 공리주의에 입각하여 사회경제적 진보라는 관점에서 빈민법 개혁을 주장하였다. 즉, 최대한의 사회적 행복의 실현을 향한 사회적 진보는 개인들이 자신의 이익을 추구할 자유를 가질 때 가능하다고 보았는데, 이러한 주장은 빈민법과는 대립되는 것이었다. 시니어는 빈민법이 "이성, 정의, 인간애와는 관계없이 노동계층을 농노(農奴)로 떨어뜨리며 교구에 붙잡아 두고 정해진 일과 임금을 받도록 하기 위해 수세기 동안 강행된 책략의 일부분"(가스통 v. 림링거, 2009: 67)에 지나지 않는다고 주장하였다. 시니어에게 있어 빈민법은 사회진보를 방해하는 것이며, 빈민들을 노예상태로 빠뜨리는 족쇄에 불과했던 것이다.

[책갈피 4.5]

나소 시니어(Nassau Senior)

- 1790년 잉글랜드 버크셔 출생
- 1812년 옥스퍼드대학 졸업
- 1819년 변호사 자격 취득
- 1825~1830년, 1847~1852년 옥스퍼드대학 정치경제학 교수, 고전파 경제학자
- 1832년 영국 빈민법위원회 위원
- 1836년 『정치경제학 개요』 출간
- 1837년 영국 공장개선위원회 위원
- 1841년 영국 수직공위원회 위원
- 1864년 사망

사진출처: 다음백과

그리고 빈민법위원회의 또 한 명의 영향력 있는 사람은 벤담의 제자이자 정치경제학자인 에드윈 채드윅(Edwin Chadwick)이었다. 채드윅은 후술할 신빈민법의 가장 핵심 원칙인 '열등처우의 원칙'을 만드는 역할을 맡았다. 그가 만든 열등처우의 원칙은 자유노동시장이 발달하고, 노동자들 간에 독립 및 근면 정신이 확산됨에 따라 노동 가능한 빈민을 구호하지 않아도 되는 이론적 근거를 제공한 것이었다(박병현, 2008: 60). 신빈민법의 핵심 내용 중의 하

나인 빈민의 처우를 전국적으로 통일하기 위하여 중앙통제기관을 설치한다는 것 등은 채드윅의 아이디어였다(박광준, 2002: 134).

[책갈피 4.6]

에드윈 채드윅(Edwin Chadwick)

- 1800년 영국 출생. 영국 위생 운동의 선구자
- 1831년 제러미 벤담의 비서 고용
- 1842년 「영국 노동인구 위생 상태보고서」 집필
- 1848~1846년 왕립빈민법위원회 비서관
- 1848~1854년 공중위생국 위원
- 1848년 공중보건법 제정에 큰 역할
- 1854년 공직에서 은퇴
- 1889년 기사 작위
- 1890년 사망

사진출처: 한겨레(nopil@hani.co.kr)

왕립빈민법위원회 보고서

무려 1만 3천 장에 이르는 1833년 보고서에는 직업, 계층, 이해관계, 교육 정도를 달리하는 각계각층의 사람들이 쏟아 낸 의견이 포함되었다. 위원회의 결론은 명확하였다. 이듬해 최종보고서가 만들어지는데, 이 보고서는 총 2부로 구성되었다. 제1부는 원내구호와 원외구호를 구분한 빈민법의 운영실태, 빈민법 개정에 대한 반대의견들, 빈민법 행정의 실태, 빈곤구제를 담당하는 인력들의 특성, 고려되었으나 권고하지 않은 입법 조치들로 구성되었다. 제2부는 빈민구제의 원칙, 입법의 원칙, 입법취지를 살리기 위한 행정기구, 빈민법 개정과 관련한 영역의 입법 개정으로 구성되었다(박광준, 2002: 135).

제1부는 실시 상황과 관련하여 수당제도, 정주법, 사생아 문제 등에 중점

을 두었던 62개 항목에 대한 조사결과를 수록했고, 빈곤이 노동자의 도덕적 결함으로 발생한다고 기록했다. 제2부의 다른 대책에서는 피구제민화(被救濟民化)라는 질병(the disease of pauperism)은 노동력이 있는 자 및 그 가족에 대한 모든 구제를 제한함으로써 근절될 수 있다고 기록하였다(김동국, 1994: 168; 이준상 외, 2018: 128). 그리고 보고서의 서두에 스핀햄랜드식의 빈민법 운영이 법 정신에 위배될 뿐만 아니라 노동자의 도덕과 사회 전체의 이익에 파괴적 역할을 하고 있다고 명시하였다(허구생, 2002: 265). 왕립빈민법위원회는 빈민법 운영의 사회구조적 원인에 대해서는 관심을 두지 않고, 오로지 빈민들의 도덕적 결함과 빈곤함정에 초점을 두고 문제를 부각시켰던 것이다. 말하자면, 이들의 주장은 빈민들에게 임금보조수당이 지급될 경우 빈민들은 빈곤으로부터 벗어나려는 노력을 하기보다는 수당에 의존하여 생계를 해결하려는 의존심이 생겨 결국 빈곤의 늪에 빠지고 말 것이라는 생각과 같았다.

빈민법 개정 방향

보고서에는 다음과 같은 빈민법 개정 방향이 제시되었다(허구생, 2002: 267-268). 첫째, 노동능력이 있는 자와 그들의 가족에 대한 구제는 작업장 내에서 이루어져야 한다. 단, 의료시술은 원외에서 행할 수 있다.

둘째, 작업장은 수용자들이 인간적인 삶의 조건을 유지하도록 하는 것이 목적이지만, 작업장 내의 조건(음식, 잠자리, 노동, 규율 등)을 독립 노동자에 비해 열악하게 유지되도록 통제해야 한다.

셋째, 작업장의 입소 심사는 신청인 스스로가 하는 것이다. 작업장 내의 조건이 다른 어떤 생활보다 열악하므로 이 조건을 감수한다는 자체가 신청자의 필요 상황, 즉 절대적 결핍상황을 증명하는 것이다.

넷째, 분리의 원칙은 독립 노동자와 복지수혜자 간에만 적용되는 것이 아니라 신체 무능력자(노인, 장애인), 어린이, 신체 건장한 남자, 신체 건장한 여자 사이에도 적용된다. 이들을 별도의 독립 건물에 분리 수용한다. 가족도 예외일 수 없으며 부부도 분리 수용한다.

다섯째, 작업장이 전국적인 통일성을 가지고 운영, 통제될 수 있도록 하기 위해 구제 방식, 예산, 수용자들의 노동행위에 대한 결정 등에 관한 업무를 맡는 중앙행정기구를 설립한다.

단, 보고서에서 정주법의 폐지는 거론되지 않았다.

2) 신빈민법의 성립

1834년 신빈민법의 탄생

지금까지 살펴본 바와 같이, 18세기 후반에서 19세기 초반에 걸친 구빈 비용 증가의 원인은 의회 인클로저의 확산, 가내공업의 쇠퇴, 농촌 고용의 특수성, 지대와 조세 증가의 결과 등 사회경제적 변화에 따른 필연적 결과였음에도 불구하고, 왕립빈민법위원회는 이를 외면하고 말았다. 왕립빈민법위원회는 2년간의 활동 끝에 1834년 2월 위원 9인의 전원 일치 서명으로 최종보고서[13]를 제출하는데, 보고서에서는 빈민법의 급여체계와 그것이 초래한 불행한 결과를 강조함으로써 근본문제는 빈곤이 아니라 거지근성(pauperism)이라는 결론을 내렸다. 경제적 곤경의 직접 원인은 노동계층 중에서 거렁뱅이가 된 사람들에게서 볼 수 있듯이 근면성, 장래 대비성, 검약성 등의 부족이다. 그러나 이런 성격적 결함들은 빈민법, 특히 급여체계가 만들어 낸 것이

---

13) 이 보고서의 정식 표제는 「Report from His Majesty's Commissioners for Inquiring into the Administration and Practical Operation of the Poor Laws」이다.

라고 보았다(가스통 v. 림링거, 2009: 81).

이리하여 1834년 4월 17일 왕립빈민법위원회의 최종보고서가 나온 지 두 달도 채 안 되어서 새로운 빈민법의 법률안이 의회에 상정되어, 같은 해 8월 13일 상하 양원을 모두 통과하였고, 다음 날 왕의 재가를 받았다(허구생, 2002: 271). 신빈민법(the new poor law)의 탄생이었다.[14] 신빈민법은 왕립빈민법위원회에서 제시한 보고서의 내용이 전반적으로 그대로 반영되었다. 신빈민법은 특별히 새로운 원칙이라고 할 만한 것을 확립한 것이 아니었다. 그것은 '억압 기제 속의 구제'라는 특징을 가지고 있던 엘리자베스 빈민법의 성립 이후 진행되었던 빈민법을 완화하거나 인간적인 요소를 완선히 없애고 엘리자베스 빈민법으로 다시 되돌아가는 원칙을 확립했던 것이다. 말하자면, 신빈민법은 억압정책으로 회귀하는 것을 의미했다.

신빈민법의 세 가지 기본 원칙

빈민법에 대한 충분한 조사 검토를 하지 못한 채 제출된 보고서에 근거하여 탄생한 신빈민법은 다음의 세 가지 기본 원칙을 핵심 내용으로 하고 있었는데, 이 원칙들은 영국의 사회보장제도가 확립되기까지 영국 공공부조의 원리로 남아 있었다(박광준, 2002: 137-140).

첫째, 전국적 균일처우의 원칙(the principle of national uniformity)이다.[15] 빈민법의 운영을 보다 효율적으로 의회의 감독하에 두기 위하여 채용된 원칙으로, 빈민의 처우를 전국적으로 통일하기 위하여 중앙정부에 구빈정책을

---

14) 1834년 신빈민법의 원래 이름은 '영국과 웨일즈의 빈민 대상 법과 행정을 위한 개정법(An Act for The Amendment and Better Administration of The Laws to The Poor in England and Wales)'이다.

15) 웹(Webbs)은 이것을 1834년 보고서의 '가장 혁명적인 원칙'으로 평가하고 있다(박광준, 2002: 137에서 재인용).

지도하고, 각종 규칙의 실시를 감독할 중앙통제기관을 설치한다는 것이었다. 이것은 빈민이 교구에서 교구로 보다 나은 구제를 찾아 돌아다니는 것을 방지하고자 하는 목적도 있었다. 이로 인해 처음으로 지방행정의 중앙집권화를 확립하게 되는데, 구빈제도의 행정을 담당할 중앙기구로 빈민법위원회(Poor Law Commission)를 두었다. 지방에는 교구연합(parish union) 소속의 구빈위원회와 단위 교구의 구빈감독관이 있었다. 중앙의 빈민법위원회는 지방의 구빈행정을 전국적으로 통제하며 통일된 행정을 실시하는 기능을 가졌으나, 한편으로는 지방조직에 부분적으로 재량권을 부여하기도 하였다(김동국, 1994: 188; 감정기 외, 2007: 144). 이러한 일련의 조치들은 구빈민법의 지역책임 원칙을 사실상 폐기한 것이나 다름없었다.

둘째, 열등처우의 원칙(the principle of less eligibility)이다. 이 원칙은 부조를 받는 자에 대한 처우는 국가부조를 받지 않고 자활하는 최하급 노동자에 대한 사회적 조건과 처우보다 열등해야 한다는 것이다. 이것의 목적은 노동능력자를 일하게 하고 수급억제를 도모하기 위한 것이었다. 그런데 여기에서 중요한 것은 열등처우의 원칙에 있어서 그 내용이 단순히 노동자보다도 낮은 급여수준을 유지해야 한다는 의미만으로 받아들여서는 안된다는 것이다. 다시 말해서, 작업장 내에서의 처우란 구체적으로는 제복의 착용, 열악한 식사와 식사 중 대화금지, 면회의 금지와 면회를 가는 것의 금지, 담배와 홍차의 금지 등이었고, 이 외에 무엇보다도 피구제빈민에게는 모든 선거권이 박탈되었는데, 이와 같은 열등한 사회적 처우가 열등처우의 원칙의 주된 내용이었던 것이다.

셋째, 작업장 수용의 원칙(the workhouse system)이다. '원외구호 금지의 원칙'이라고도 불리는 이것은 열등처우의 원칙을 실현하기 위한 것으로, 노동능력자 및 그 가족에 대한 구제는 잘 통제된 작업장 내에서만 가능하다는 원칙이다. 말하자면, 원외구호가 폐지되고 작업장 입소를 통한 시설구호만 허용한다는 것이다. 이를 위해 작업장 입소자격 조사가 시행되었는데, 신청자는 빈민구제의 조건에 동의하지 않으면 구제가 거절되며, 만약 구제조건에 동의한다면, 이는 곧 그가 가난하다는 사실을 증명하는 셈이 된다는 것이었다. 일하지 않는 노동 가능 빈민은 누구도 구제받을 수 없었다.[16)]

구빈민법과 신빈민법의 비교

신빈민법에서 가장 확실하게 달라진 점은 구빈의 조직과 운영체계였다. 공식적으로 원외구호가 폐지됨에 따라 각 교구는 작업장을 세워야 했다. 작업장은 건축과 유지 관리에 비용이 많이 들어가므로 새 법은 여러 교구가 합쳐서 '빈민법조합(poor law unions)'을 결성하도록 규정하였다. 개혁자들은 이렇게 구빈 행정의 단위를 키우면 구호 제공 여부의 결정 과정에서 사적인 영향을 줄이는 효과도 부수적으로 얻을 수 있을 것으로 기대하였다. 사실 구빈민법은 구빈 문제에 대해 치안판사에게 과도한 결정권을 부여해서 빈민들이 치안판사에게 사적인 호소를 하는 경우가 많았다. 그리고 이러한 호소는 대개 빈민에게 유리한 쪽으로 결정을 이끄는 경우가 허다해서 치안판사의 영향력을 제한하는 움직임이 심심치 않게 있어 왔다. 조직 및 운영체계 개혁의 핵심은 빈민법위원회(Poor Law Commission, 1848년 이후로는 Poor Law Board)의 수립이었다. 이 위원회는 빈민법 집행을 총괄하는 중앙기구가 되었다. 개혁작업을 지휘했던 나소 시니어(Nassau Senior)는 이것을 신빈민법의 핵심이자

---

16) 시설구호와 관련하여 도입된 개념이 이른바 유자격 빈민(the deserving poor)과 무자격 빈민(the undeserving poor)이라는 분류방식이다. 전자는 노인, 장애인, 병자, 실직자처럼 자신의 과오와 무관하게 빈민이 된 사람으로, 이들은 작업장에 입소해서 시설구호를 받을 자격이 주어졌다. 반면에 후자는 게으름, 알코올 문제 등 자신의 과오로 말미암아 빈민이 된 사람으로, 이들에게는 구호를 받을 자격이 주어지지 않았다(김종일, 2016: 63).

가장 혁신적인 조치라고 여겼다(김종일, 2016: 64).

신빈민법의 주요 내용을 구빈민법과 비교하면, 다음 〈표 4-1〉과 같다.

〈표 4-1〉 신빈민법과 구빈민법의 비교

비교기준	구빈민법	신빈민법
구빈 대상의 자격	빈민 (노동 능력자도 가능)	유자격 빈민 (the deserving poor)
구빈 재원	지역 주민의 구빈세	지역 주민의 구빈세
급여수준의 결정 주체	치안판사 (Justice of Peace)	빈민법 감독위원회 (Board of Guardians)
구빈 행정의 단위	교구 (parish)	빈민법조합 (poor law union)
구빈 방식	원외구호, 시설구호 등	작업장테스트를 거친 시설구호
열등처우의 원칙 적용	언급 없음	명문화

출처: 김종일(2016), p.65의 〈표 1.2.2〉에서 일부 수정 발췌.

3. 신빈민법의 결과

1) 신빈민법의 모순

신빈민법의 결과 빈민구제비용이 상당히 감축되었고,[17] 또 전국적으로 통일적 구빈행정체계가 수립될 수 있었다. 그러나 신빈민법은 시간이 지남에 따라 많은 문제점을 발생시켰다. 특히, 열등처우의 원칙은 근원적으로 문제점을 지니고 있었는데, 그것은 빈민법 당국자들이 가지고 있는 빈곤의 원인과

17) 1838년까지 절감된 구빈세는 230만 파운드에 달했다. 1834년부터 1839년까지 5년간의 구빈비 절감은 그 이전의 5년간의 구빈비와 비교해볼 때 193만 파운드가 절감되었다(박광준, 2002: 141).

빈민에 대한 관념이었다. 만약 빈민들이 구빈민법의 결함으로 생겨난 결과라면, 그 결함을 제거함으로써 빈민으로 전락할 것으로 예상되는 근로자에게 큰 영향을 미칠 수 있었을 것이다. 그러나 빈곤은 농업사회로부터 산업사회로의 급격한 이행에 수반된 경제적 · 사회적 혼란과 맞물려 발생한 문제였다. 결핍을 낳게 한 다른 중요한 원천들은 질병, 밀집된 비위생적 주거, 비위생적 작업조건, 위험한 작업조건, 긴 작업시간, 적절한 교육시설 및 여가시설 부족 등인데, 이런 것들은 급여체계가 유발한 성격상의 결함을 강조했던 빈민법 개혁가들에 의해서 철저하게 무시되었던 것이다(가스통 v. 림링거, 2009: 83).

한편, 열등처우의 원칙의 중심이 되었던 작업장은 보고서의 제안대로 입법화된 것은 아니었다. 왕립위원회 보고서의 관심은 노동능력이 있는 빈민들이었고, 빈곤의 원인은 도덕적 결함에 있다고 보았기 때문에 그들에 대해서는 작업장 입소자격 조사를 강조하였지만, 동시에 노인과 아동 등 무능력자에 대해서는 적절한 보호를 제공해야 한다고 제안하였다. 그러나 실제에 있어서 보고서의 취지는 완전히 무시된 채로 아동, 노인 할 것 없이 모든 빈민이 억압적이고 치욕적인 처우를 받게 되었던 것이다. 칼 폴라니(Karl Polanyi)는 신빈민법의 잔혹성을 다음과 같이 기술하고 있다.

> 1834년 신빈민법은 생존권을 폐기했다. 신빈민법의 과학적 잔혹성은 1830년대, 40년대의 대중적 정서에 큰 충격을 주었고, 당시의 맹렬한 저항은 후세의 눈에 비치는 상을 흐리게 할 정도였다. 원외구호가 폐지되어 더욱 곤궁해진 빈민의 대부분은 참혹한 상태로 방치되었고, 더욱 비참한 빈곤에 시달린 사람 중에는 이른바 '수급자격이 있는 빈민'이면서 자부심이 강해 굴욕적인 거처가 되어버린 작업장에 입소하는 것을 거부하는 사람들도 있었다. 아마도 근대사에서 이 이상 무자비한 사회개혁이 실행된 적은 없었을 것이다. 즉, 그것은 작업장 입소자격 조사라는 형태로 진정한 빈곤기준을 제공하는 체하면서 많은 사람들의 생

활을 파괴했던 것이다. 노동이라는 제분기의 톱니바퀴에 기름치는 격인 심리적 고문이 온건한 자선사업가들에 의해 냉정하게 변호되었고, 주저 없이 실행되었다(カール・ポラニー 著, 吉沢英成 外訳, 2002: 110).

브래드포드 아구스(Bradford Agus) 신문은 "신빈민법은 살인을 부추기고, 가난을 범죄시하고, 빈민을 굶어 죽게 하고, 빵과 물이 없이 살 수 있는지를 증명하려고 하고 있다"고 묘사했다. 당시의 신빈민법 항의 집회에는 '빌어먹을', '악마 같은', '신을 거역하는', '매우 사악하고 반기독교적인', '반사회적이고 지옥에 관한 설교' 등으로 신빈민법을 묘사하는 표현들이 등장했다(박병현, 2015: 111에서 재인용). 작업장은 공포의 장소가 되어버렸고, '빈민의 바스티유'로 불리는 오명을 쓰게 된다. 이는 빈곤이 곧 범죄로 취급되었음을 강하게 시사하는 대목이다.

2) 신빈민법의 특징

신빈민법의 특징을 정리하면 다음과 같다.

첫째, 억제정책의 전개기, 즉 신빈민법의 시대는 프랑스 혁명이 이루어지고 난 이후였고, 농민폭동이 일어났으며 계속되는 흉작이 이어지는 시기에 나타난 하나의 반응이었다는 것을 인식하는 것은 중요하다. 신빈민법은 직접적으로는 구빈비용의 증가에 대한 반응으로써 구빈비용을 획기적으로 절감하기 위하여 만들어졌다. 그러나 그 의도가 단순히 구빈비용의 절감에 머물지 않고 국가에 대한 의존은 죄악이라고 하는 지배이데올로기의 수단이기도 하였다.

둘째, 수급자격을 제한한 1834년의 신빈민법은 빈민법의 역사에서 시장사회로의 전환을 결정짓는 사건이었다. 시장사회 이전의 질서, 즉 스핀햄랜드제도를 포함한 전통적인 빈민법이 작동할 당시에는 고아도 병자도 미망인도 노인도 기독교 공동체의 구성원이었으며, 교구의 사회구성원은 빈자의 생존에 대한 책임을 받아들여야 한다는 도덕적이고 사회적인 규범이 기능하고 있었다. 한편으로 노동능력이 있는 사람에게는 노동을 해서 공동사회에 공헌하는 의무를 요구하고, 일을 할 수 없음에도 떠돌아다니는 사람에게는 엄중한 벌을 내렸다. 폴라니는 이러한 '기독교 정신에 의거한 상호부조의 원칙'이 해체되면서 '자조의 원칙'에 기반을 둔 시장사회로의 전환이 가능해졌다고 분석했다(와카모리 미도리 지음, 김영주 옮김, 2017: 69-72).

셋째, 억제정책의 상징물이 된 열등처우의 원칙은 이러한 시장사회에 대한 믿음을 기초로 오랫동안 지속될 수 있었다. 그러나 이러한 조치는 산업혁명기에 고용이 어느 정도 확보되어 있었기 때문에 가능한 것이었다. 자본주의의 구조적인 문제인 실업이 대량으로 발생하는 1880년대에 이르면 이러한 억제정책 일변도의 정책 기조는 한계를 드러내게 된다.

3) 신빈민법에 대한 반대운동

신빈민법은 다양한 반대에 직면하지 않을 수 없었다. 1830년대는 격동의 시대였는데, 그 당시 노동자들은 선거권을 부여받지 못한 상황이었고, 1833년의 공장법에 대한 불만은 '10시간 노동'을 확보하기 위한 노동자들의 조직적인 운동으로 전개되어 갔다.

신빈민법에 대한 반대는 지역에 따라 강도가 달랐는데, 농업지대인 남부보다 북부공업지대의 반대가 심했다. 특히, 원외구호 금지에 대한 저항이 심했다. 북부의 당면 과제는 경기변동에 따라 노동력 부족과 대량 실업이 반복되는 고질적 문제를 해결하는 것이었다. 구호 요청 빈민을 작업장에 입소시키는 것은 이 문제의 해결과 무관한 것이었다. 고용주들은 경기가 좋아지면 작업장은 텅텅 빌 것이고, 경기가 나빠지면 대량실업자를 수용할 만큼 충분히 큰 작업장을 찾기 어려울 것이기 때문에 작업장이 해결책이 아니라는 주장을 펼쳤다. 그들은 원외구호 제공이 숙련공의 다른 지역 이동을 막고 잠정적인 실업에 대처하는 가장 효과적인 방법이라고 보았다. 또한, 북부에는 여러 가지 노동자 단체가 설립 운영되고 있었는데, 이들을 중심으로 신빈민법에 대한 조직적 반대운동이 펼쳐졌다. 반대운동은 항의 시위는 물론 작업장 검거와 같은 과격한 행동도 불사했다(김종일, 206: 67).

이처럼 신빈민법은 공장지역의 일시적 실업자들에게는 부적절한 것이었고, 작업장과 원외구호의 중지는 노동자들의 반감을 사고 있었는데도 불구하고, 공장지역에도 신빈민법을 적용하려고 시도하였기 때문에, 이에 대한 불만은 공장법을 쟁취하려고 하던 노동운동과 쉽게 결합되었던 것이다.

하지만, 신빈민법 반대운동은 생명이 짧았다. 신빈민법 반대운동은 중심세력인 조직 노동자들이 선거권 획득을 요구하는 차티스트운동(the chartist movement)으로 관심을 돌리면서 1830년대 후반부터 급속히 약해졌기 때문이다. 하지만, 북부의 작업장은 남부와 달리 별다른 역할을 하지 못했다. 말하자면, 북부에서는 신빈민법이 뿌리내리지 못한 것이다(김종일, 2016: 68).

한편, 신빈민법은 노동자계급에 의한 반대만이 있었던 것은 아니다. 지주계급의 반대도 있었는데, 지역 지주들은 신빈민법이 중앙집권적 방식으로 운영되는 것에 대한 불만을 가지고 있었다. 이것은 매우 현실적인 불만이었다. 구빈시설이 중앙집권화되면, 자신들이 주도권을 가진 구빈시설이 중앙정부 통제 아래 들어갈 것이 확실했기 때문이다. 이들의 반대로 중앙의 방침이 지방에 제대로 전해지지 않아 구빈민법 제도가 거의 그대로 유지되었다. 교구연합도 신빈민법에 비협조적이었다. 신교구연합이 신속히 조직되었으나, 구빈감독관과 구제담당자는 이전 교구연합의 동일인이 맡았다. 신교구연합은 새로운 제도의 적용을 번번이 거부했다. 원외구호의 중지 원칙도 지켜지지 않았다. 결국, 중앙감독청은 일정한 일을 한 실업 노동자에게 원외구호를 제공하는 것을 인정하고 말았다(원석조, 2019: 70-71).

모든 빈민을 엄격한 규율이 강제되는 작업장에 수용한다고 하는 방식에 대해서는 《타임즈*(The Times)*》로 대표되는 보수 언론에서도 반대가 일어났다.[18] 1838년에 출간된 찰스 디킨스(Charles Dickens)의 『올리버 트위스트*(Oliver Twist)*』에 나타나 있는 작업장의 비인간적 처우에 대한 신랄한 비판에서 알 수 있듯이, 신빈민법의 비인간적인 측면을 여론에 호소하는 운동가들의 활동에 의해서 반대여론이 높아진 것도 사실이다.

[책갈피 4.7]

찰스 디킨스(Charles Dickens, 1812~1870)

사진출처: 다음백과

18) 일례로 아직 법이 통과되기 전인 4월 30일 《타임즈》지는 이 법률이 "법전을 더럽히게 될 것"이라고 주장하기도 했다(감정기 외, 2007: 144).

4) 신빈민법의 퇴장

이러한 일련의 움직임의 영향으로 10년만인 1844년에 부분적이나마 '제2차 빈민법 개정'이 있었고, 이어서 구빈행정이 의회에서 발언권을 가짐으로써 제도적으로 안정을 확보하기 위해 1847년에는 빈민법위원회(Poor Law Commission)는 해체되고 새로운 빈민법평의회(Poor Law Board)가 설치되었다. 이 빈민법평의회는 1871년에 '지방정부 평의회(Local Government Board)'로 대체되었다(감정기 외, 2007: 144-145).

빈민법은 무수히 많은 문제점을 안고 있었으나, 그 생명은 상당히 길었다. 1948년 노동당 정부가 국민부조법(부제: 기존의 빈민법을 종료시키는 법)을 제정하고 나서야 비로소 빈민법은 완전히 폐지되었다. 1601년 엘리자베스 빈민법 이후 실로 347년 만의 일이었다.

CHAPTER 05

민간사회복지의 출현

1. 민간사회복지의 시작을 무엇으로 볼 것인가
2. 자선조직협회
3. 인보운동
4. 민간사회복지 출현의 역사적 의미

CHAPTER

05 민간사회복지의 출현

사회복지는 운영주체에 따라 공공사회복지와 민간사회복지로 구분할 수 있다. 지금까지 살펴본 빈민법의 역사는 공공사회복지에 해당한다. 이 장에서는 민간사회복지에 대해서 살펴본다. 앞서 공공사회복지의 판단기준을 근거로 1601년 엘리자베스 빈민법을 사회복지의 시작으로 보고, 빈민법의 변화 과정을 살펴보았다. 마찬가지로 민간사회복지를 고찰하기 위해서는 우선, 무엇을 민간사회복지의 시작으로 볼 것인가에 대한 검토가 필요하다. 따라서 민간사회복지에 대한 판단기준을 제시하고, 그에 따른 역사적 사실들을 중심으로 검증한 후, 민간사회복지 출현의 의의와 특징을 고찰한다.

1. 민간사회복지의 시작을 무엇으로 볼 것인가

1) 민간사회복지의 개념

'민간사회복지의 시작을 무엇으로 볼 것인가' 하는 문제를 살펴보기 위해서는 역시 민간사회복지의 판단기준을 제시할 필요가 있으며, 이를 위해서는 민간사회복지의 개념 정의가 선행되어야 한다. 왜냐하면, 민간사회복지의 개념을 어떻게 정의하느냐에 따라 그 시작이 달라질 수 있기 때문이다. 물론 민간사회복지의 개념과 판단기준은 전적으로 논자가 결정해야 할 문제이다.

존슨(Johnson, 1981)은 다양한 민간사회복지(voluntary social services)의 정의들을 검토한 후, 민간복지조직의 정의를 다음과 같이 내리고 있다(박광준, 2002: 153에서 재인용).

첫째, 조직이 정부가 아닌 자발적으로 모여든 사람들의 집단에 의해서 구성된다. 둘째, 조직은 자주적으로 운영되고 조직의 규약이나 정책을 스스로 결정한다. 활동의 내용, 제공되는 서비스, 채택해야 할 방법 등을 결정하는 것은 조직의 구성원이다. 셋째, 조직의 자금 중 적어도 일부는 민간의 재원으로 조달되어야 한다. 넷째, 조직의 목적은 비영리적이어야 한다. 주목적이 이윤을 추구하는 조직은 여기에 포함되지 않는다.

이 정의에 의하면, 이러한 조직에 의해 조직적으로 행해지는 복지 활동이 민간사회복지 활동이라고 할 수 있다. 다만, 민간사회복지라는 개념은 오늘날의 공공사회복지에 대비되어 사용되고 있다는 점에 유의할 필요가 있다. 즉, 민간사회복지는 공공사회복지의 파트너로서 기능을 수행할 때 의의가 있는 것이다. 공공사회복지가 전혀 없는 상태에서 민간사회복지만이 존재한다면 그것은 '사회복지 이전의 상태'나 마찬가지이기 때문이다. 따라서 민간사회복지의 활동을 이해하기 위해서는 공공사회복지와의 기능과 역할분담의 형태를 살펴볼 필요가 있다(박광준, 2002: 56, 154).

한편, 오늘날의 관점에서는 민간사회복지의 개념을 규정할 때 '그것이 민간사회복지인가 아닌가'라는 이분법적 사고보다는 '그 활동의 민간성이 어느 정도인가'라는 연속적 개념으로 파악하는 것이 중요하다.

2) 민간사회복지의 판단기준

민간사회복지의 시작은 이런 민간복지조직이 발생하고 조직적 활동이 시작되는 시기를 그 시작으로 보아야 할 것인데, 어떤 시기를 민간사회복지의 시작이라고 규정하기 위해서는 다음의 두 가지 요소를 고려해야 한다.[1)]

첫째는 대상자 선정기준의 여부이다. 즉, 복지제공의 주체가 민간조직이기는 하지만 그 조직에서 제공하고자 하는 다양한 구제의 대상자를 선정하기 위한 일정한 기준을 가지고 있느냐 아니냐 하는 점을 고려해야 한다는 것이다. '어떤 활동이 사회복지 활동인가 아닌가'의 중요한 판단기준 중의 하나가 '대상자 선정을 어떻게 하는가'라는 것이기 때문이다.

두 번째의 기준은 역할분담의 여부이다. 이것은 민간사회복지라는 개념이 오늘날 공공사회복지에 대비되어 사용되고 있다는 사실과 관련된다. 즉, 민간사회복지는 공공사회복지의 파트너로서 기능을 수행할 때 그 의의가 있는 것이다. 그러므로 민간사회복지의 시작을 규정하기 위해서는 '그 활동들이 당시의 공공복지 활동과 어떤 관계 속에서 행해졌으며, 공공의 복지와 어떤 형태로 기능과 역할을 분담하고 있었는가'라는 사실을 고려해야 한다.

따라서 여기에서는 위와 같은 판단기준에 근거하여 민간사회복지의 시작을 자선조직협회(COS)의 활동에서 찾고자 한다. 자선조직협회의 활동은 구제의 대상자 선정기준을 가지고 있었고, 당시의 공공복지 활동과 파트너십을 맺으면서 행해졌으며, 공공의 복지와 역할을 분담하고 있었기 때문이다.

---

1) 박광준은 그의 저서 『사회복지의 사상과 역사』(2002)에서 이 두 가지 판단기준을 '민간사회복지의 시작'이라는 시대 구분의 논리적 근거로 삼고 있는데, 여기에서는 이를 따른 것이다.

2. 자선조직협회

1) 시민사회의 형성과 새로운 지배이데올로기

시민혁명은 부르주아와 민중의 힘이 봉건제를 무너뜨리고 자본제 사회를 탄생시킨 역사적 사건이었다. 시민혁명은 여러 나라에서 일어났는데, 그중 대표적인 것이 영국의 청교도 혁명(1642)과 명예혁명(1688), 프랑스 대혁명(1787), 미국 독립혁명(1783) 등이다. 이 가운데 프랑스 대혁명은 시민혁명의 대표격이라 일컬어지고 있다.

시민혁명으로 인해 많은 사회경제적 변화가 있었다. 우선 신체의 자유, 거주 이전의 자유를 보장함으로써 영주들이 농노들을 지배했던 근거인 경제외적 강제가 사라졌다. 그리고 농노들로부터 봉건지대를 거두어들이던 봉건적 토지 소유가 무너졌으며, 영업의 자유가 보장됨에 따라 절대주의 국가에서 봉건영주나 도시상인이 누리던 독점권이 무너졌다.

시민계급은 자신들을 가로막고 있는 벽, 절대주의 국가의 왕의 권력을 무너뜨리기 위하여 헌법을 만들었고, 이제까지는 왕이 차지하고 있던 입법권, 행정권, 사법권을 나누어(3권 분립) 국회, 행정부, 법원에 줌으로써 자신들의 자유가 피해를 입지 않도록 하였다. 그리고 개인의 소유권을 헌법을 통해 완전히 보장함으로써 자신들의 재산에 손해가 오는 것을 막았다.

봉건사회의 붕괴와 시민사회의 형성과정에서 봉건사회의 '신분'이라는 제약이 없어짐으로써 가장 큰 이익을 보았던 계층은 신흥자본가계급이었다. 신흥자본가계급들은 신분적 제약만 없다면 누구나 자유로운 활동을 통하여 부를 축적할 수 있고, 이상사회를 건설할 수 있다고 생각하였다. 그들이 생각하는 이상사회란 '시민사회에서 자유롭고 평등한 사회'였으며, 19세기 초는 이러한 이상사회를 실현하기 위한 노력의 시대였다. 그리고 그 구체적인 표현은 자유방임(laissez-faire)이었다.

2) 자조의 시대

빅토리아시대(Victorian Age)[2]라고 불리는 19세기는 시민사회, 즉 자본주의 사회 형성의 시기였고, 시민사회의 국가관은 야경국가(夜警國家)[3]였으며, 이념적으로는 '자조의 시대'였다. 다음의 말은 19세기 중반 영국의 의사출신 정치개혁가 겸 문필가 새무얼 스마일즈(S. Smiles, 1812~1904)가 지은 『자조론(*Self-Help*)』의 첫머리에 나오는 말이다.

> 하늘은 스스로 돕는 자를 돕는다(*Heaven helps those who help themselves*). 이 격언은 이미 검증을 충분히 거친 진리다. 이 작은 인생 나침반에는 무수히 많은 사람의 체험이 담겨 있다. '자조' 정신은 개개인에게 진정한 성장의 원동력이 된다. 더 나아가, 많은 사람이 자조 정신을 실천하면 그것이 곧 국력의 원천이 된다. 외부로부터 도움을 받으면 나약해지기 마련이지만, 내면으로부터의 도움은 언제나 활력을 불어넣는다. 어떤 사람, 어떤 계층이든 남에게 의지하면 스스로 노력하려는 동기와 필요성을 잃어버린다. 지도나 통치를 지나치게 받으면 무력해질 수밖에 없는 것이다(새무얼 스마일즈 지음, 김유신 옮김, 2013: 29).

스마일즈는 『자조론』에서 100명이 넘는 위인들의 생애와 업적을 증거로

---

2) 빅토리아시대라고 부르는 것은 공유된 가치관과 풍조가 그 시대를 지배하였기 때문이다. 공유된 가치관은 개인주의였고, 개인주의는 경쟁과 자조를 기반으로 하였다(이준상 외, 2018: 126).

3) 국가의 역할은 밤에 도둑으로부터 국민의 재산을 보호하는 것과 외적의 침입으로부터 국가를 방위하는 것에 한정되어야 하며, 그 외의 국민 생활에 국가가 개입해서는 안 된다는 것이었다.

제시하면서, 이 유명한 격언이 진리라는 사실을 입증하고자 하였다. 스마일즈는 개인의 행복과 안위는 국가나 제도 또는 출신 배경에 좌우되는 것이 아니라, 자기 자신을 스스로 도우려는 정신, 즉 자조(self-help) 정신에 달려있다는 점을 역설하였다. 또한, 자기 자신을 스스로 도와 개인적으로 성공하고 이웃과 사회에도 공헌하는 사람이 되려면 근면, 끈기, 인내심, 성실, 정직 등의 자질을 키우고, 전념, 검소, 검약, 시간 엄수 등의 습관을 길들이며, 정신 수양은 물론 신체단련을 통하여 건전한 몸과 마음을 유지해야 함을 일깨워 주고 있다.

[책갈피 5.1]

새무얼 스마일즈(Samuel Smiles)

- 1812년 영국 스코틀랜드 해딩턴 출생
- 1829년 에든버러 대학에서 의학전공
- 1832년 의대 졸업 후 병원 개원
- 1837년 〈리즈 타임스〉에 의회개혁에 관한 기사 기고
- 1838년 〈리즈 타임스〉 편집장
- 1840년 리즈의회개혁연합 사무총장
- 1859년 『자조론』 발간
- 1871년 『인격론』 발간
- 1875년 『검약론』 발간
- 1880년 『의무론』 발간
- 1904년 사망

사진출처: 다음백과

스마일즈는 자조의 정신이야말로 개인이 성공에 이르는 지름길일 뿐만 아니라 사회를 개혁할 수 있는 길이라고 주장하였다.

> 정부의 기능은 소극적이고 제한적인 것이지, 적극적이고 능동적인 것이 아니라는 사실이 점차 확연하게 드러나고 있다. 정부의 기능은 생명, 자유, 재산을 보호하는 것에 국한된다고 볼 수 있다. 법률을 슬기롭게 집행하면 정신노동을 하는 국민 개개인이 비교적 적은 희생을 치르고도 노고의 결실을 향유할 수 있게 할 수 있다. 하지만 아무리 엄격한 법률이라도 게으른 사람을 근면하게, 낭비벽이 있는 사람을 검소하게, 술주정뱅이를 절제하게 만들 수 없다. 그와 같은 개혁은 오로지 개개인의 실천과 절약, 자제를 통해서만 가능하다. 더 많은 권리를 갖는다고 해서 생활 여건이 바뀌지는 않는다. 습관을 개선해야 개혁을 달성할 수 있다(새무얼 스마일즈 지음, 김유신 옮김, 2013: 30).

스마일즈는 제도가 아무리 훌륭하다 해도 국민 개개인에게 도움을 충분히 줄 수가 없으며, 최선책은 각자 자기계발에 정진하고 자기 자신의 여건을 개선하도록 내버려 두는 것이라고 보고 있다. 즉, 국민의 복지향상은 제도 개선이나 사회개혁보다 개개인의 자기계발에 달려 있다고 강조하고 있는 것이다. 스마일즈는 세상을 이끄는 힘을 자조라고 보았다.

스마일즈의 자조론은 이 시대의 지배적인 이데올로기이자 신흥자본가계급의 이익을 대변하는 사회규범이 되었다. 자조의 가치를 신봉하는 사람들은 빈곤은 환경의 결과보다는 성격의 결과로, 경제적인 관점보다는 도덕적인 관점에서 보았다. 그들은 구걸하는 사람은 비도덕적이고 타락한 사람으로 보았으며, 실직한 사람은 일에 관심이 없는 사람으로 보았다(박병현, 2008: 62). 이들은 후견과 국가보조를 거부하고 개인의 독립, 의무, 자존심, 사회적 상승의 욕구 등을 강조하였고, 사회적 불평등과 개인적 비극을 모두 개인의 탓으로 돌리고 개인의 노력 여하로 사회적 진보가 이루어질 수 있다고 보았던 것이다(이준상 외, 2018: 126).

이처럼 19세기 중엽의 빅토리아 중기는 '자조의 시대'였으며, 이 시대의 지배적인 이데올로기는 신흥자본가계급의 이익을 대변하는 자유방임이었다.

3) 자선조직협회의 설립과 내용

자유방임사회의 모순과 지배계급의 딜레마

자유방임원리에 의하여 만들어진 사회의 모습은 그들이 상정했던 이상적인 모습과는 사뭇 다른 것이었다. 국가가 국민의 생활에 간섭하지 않는다면 모든 사람이 자신의 능력에 따라 자립하여 살 수 있을 것이라는 이상과는 달리, 엄청난 규모의 빈곤자가 발생하였고, 그들의 생활은 극도로 열악하였다. 그리고 그 지역 빈민의 생활이 사회조사나 언론기관을 통하여 알려지면서 자유방임 사회의 최대의 모순이 백일하에 드러나게 되었다.

이 시기의 정부는 매우 제한된 범위의 공적인 빈민구제사업을 시행하였는데, 빈민법이 그 근간을 이루고 있었다. 그러나 당시 빈민법은 빈민에 대하여 비인간적이고 치욕적인 처우를 하고 있었기 때문에 본래의 기능을 수행하지 못하고 있었다. 당시 이스트엔드(East End) 지역의 빈곤 해소나 경감이 시급히 요구되는 절박한 상황 속에서 빈민법으로는 이러한 문제를 해결할 수 없다는 것을 인식한 사람들은 빈민법과는 별개로 민간 차원에서의 빈곤구제 방법을 모색하게 된다. 특히, 산업혁명을 통해 가장 큰 이익을 본 계층인 신흥자본가들은 그들이 상정했던 이상적인 사회에 근본적인 모순이 존재하고, 그 모순이 대량빈곤을 양산한다는 사실을 부정하면서도 대량빈곤이 존재하는 현실 세계는 받아들일 수밖에 없었다. 그러나 자유방임을 표방했던 그들로서는 국가의 개입을 통한 빈곤정책의 실시는 용납할 수 없는 일이었다. 그것은 자신들이 지배계급으로서 급부상한 새로운 시민사회 원리의 기반을 뒤흔드는 것이기 때문이었다. 따라서 그들은 그들의 지배체제를 유지하기 위해서 직접 나설 수밖에 없었는데, 빈곤문제를 해결하기 위해 자신들이 축적한 부의 일부를 빈곤구제에 사용하는 등 자선활동에 참여하게 된다.

자선조직협회의 설립

그리하여 19세기 중기에는 많은 자선단체가 결성되었다. 특히, 산업혁명이 쌓아 올린 경제적인 부의 짙은 그늘이었던 이스트엔드 지역을 중심으로 빈곤의 구제, 구걸의 억제 등을 목적으로 하는 많은 자선단체가 만들어졌다. 1860년에서 1861년에 이르는 기간 동안 혹한이 있었는데, 당시의 빈민들에게는 혹독한 시련의 기간이었다. 당시의 혹한은 노동이 불가능할 정도였고, 이로 인해 피구호빈민이 증가하였다. 구호를 한 번도 신청해 본 적이 없던 사람들도 그 기간 동안에는 구빈지도관을 찾아 구호를 신청하여 피구호빈민이 4만명이나 증가했다. 로(Low, 1861)에 의하면, 1861년 런던에 640개의 자선단체가 있었는데, 그 중 279개는 1800~1850년에, 144개는 1850~1860년에 창립된 것이었다. 그 재정 규모도 엄청나서 연간 250만 파운드가 자선사업 명목으로 지출되었으며, 이 수치는 공적인 빈민법에 의한 지출을 상회하는 규모였다. 그러나 이러한 자선단체들은 공적인 구빈당국과의 협력이나 연대는 물론, 각 자선단체들 사이에도 자선활동 지역이나 활동내용에 있어서 협력과 조정이 이루어지지 않았다. 그로 인해 무분별한 자선이 도덕적인 타락을 유발한다거나 자원이 낭비되는 등의 많은 문제를 노출한 것이 사실이었다(박광준, 2002: 158-159).

[책갈피 5.2]

1867년 그린신부(Rev. John R. Green)가 기고한 글

이스트엔드 지역의 대다수의 성직자들은 이제 빈곤담당 공무원이나 다름없는 역할을 하고 있다. 매년 엄청난 돈이 모금되어 성직자들에 의해 가난한 사람들에게 직접적으로 또는 지역방문자들을 통해 간접적으로 배분되고 있다. 하지만 지역방문자들의 9/10는 여성들인데, 이 여성들 대다수는 모금된 돈의 합리적인 배분에는 전혀 무관심한 사람들이다. 이스트엔드 지역에는 100여 개에 이르는 서로 다른 기관들이 동일한 대상자들을 위해 구제활동을 벌이고 있지만 서로 간의 조화나 협력은 찾아볼 수 없으며 다른 기관이 어떤 활동을 하는가에 대한 최소한의 정보도 없는 실정이다. 이로 인해 구걸과 관련된 기만행위가 극에 달하고 있으며, 거지도 크게 늘어 결과적으로는 수치심이라고는 찾아볼 수 없는 뻔뻔한 구걸문화가 판을 치게 되었다.

출처: Schweinitz 지음, 남찬섭 옮김(2001), p.248에서 재인용.

이러한 상황에서 자선기관들이 상호협력과 정보의 교환이 필요하다는 인식이 생겨난 것은 당연한 일이었다. 그리하여 난립하고 있는 여러 자선기관들을 통합하고 조정하여 중복구빈을 방지하고, 적절한 환경조사와 원조 제공을 통해 빈민의 생활조건을 향상시키는 것을 목적[4]으로 하여 1869년에 탄생한 것이 바로 자선조직협회(Charity Organization Society: 이하, COS)이다.[5]

협력과 조직

COS의 조직은 중복구빈을 없애고 자선조직 간의 협력관계를 구축한다는 원칙에 따라 중앙협의회(The Council)와 그 산하의 지구위원회(District

4) 당시 COS의 지침에 나타난 COS의 목적은 첫째, 자선기관들 사이의 협력을 통하여, 둘째, 적절한 조사와 모든 사례에 알맞은 조치를 보장함으로써, 셋째, 구걸을 방지함으로써 빈민의 생활조건을 향상시키는 것이었다(Loch, 1892: 50; 박광준, 2002: 160에서 재인용).

5) 1869년 4월 23일 '자선구제의 조직화와 구걸억제를 위한 협회(The Society for Organizing Charitable Relief and Repressing Mendicity)'가 결성되었고, 이듬해 '자선조직협회(Charity Organization Society: COS)'로 개칭되었다.

Committee)로 조직되었다. 지구위원회는 40개의 지구에서 결성되었는데, 그것은 런던의 교구연합(Union)이나 교구에 맞추어서 결성된 것이었다. 인구가 많은 교구에는 두 개 이상의 COS 지구위원회가 설치되기도 하였다. 대도시 지역은 지역에 따라 빈부의 격차가 크기 때문에 지구위원회 역시 위치에 따라 재정에 격차가 많았다. 이 경우 부유한 지구위원회는 취약한 위원회에 재정적인 원조를 하기도 하고, 유능한 위원들을 파견하여 활동을 원조함으로써 각 지구위원회 간의 협력도 이루어졌다(박광준, 2002: 162-163).

COS 창설의 중요한 목적 중의 하나인 자선기관의 조직화[6]를 위한 활동은 각 지구위원회를 통해서 이루어졌다. 지구위원회에서 밝힌 자선조직의 구체적인 목표는 조직화를 통해 빈민에 대한 올바른 구제를 한다는 것이었다. 그리고 그 주체는 다섯 가지, 즉 국가의 구제를 운영하는 구빈법, 법정에서 독지가의 후원을 얻어서 임시적인 원조를 제공하는 치안판사, 교회자선을 행하는 종교단체, 특정 케이스에 대하여 원조를 제공하는 박애단체, 그리고 개인적으로 행해지는 사적 원조라고 밝히고 있다(박광준, 2002: 164).

대상자의 선정기준

COS는 '구제의 가치가 있는 빈민(deserving poor)'과 '구제의 가치가 없는 빈민(undeserving poor)'으로 엄격하게 구분하여 구제의 가치가 있는 빈민들에게만 구호를 제공했다. 매우 도덕적인 관점에서 자의적으로 설정된 대상자

---

6) COS 발족 후 중앙협의회 회장을 역임했던 리치필드 경(Lord Lichfield)은 1872년 협회 연설에서 "협회는 런던 각 지구의 자선단체가 그 지구 내에서 동일한 목적으로 일하는 다른 기관에 관한 정확하고 상세한 정보를 제공하는 것을 목적으로 설립되었다. 우리의 목적은 처음부터 어떤 구제를 제공하기 위한 협회를 만드는 것이 아니라 현재 존재하는 모든 자선기관이 모두 함께 협력하여 활동할 수 있도록 해 주는 기구를 만드는 것이었다"라고 COS의 목적에 대해 밝히고 있다(박광준, 2002: 163).

선정기준이었다. 각각의 지구위원회의 해석도 다양했다. 구제의 가치가 있는 빈민이란, 선량한 성격(good character), 존경받을 만한(respectable), 근검절약하는(thrift), 의존적이지 않은(independent), 자활 의지가 있는(self supporting) 등의 표현이 가능한 인물이었다. 그런데 이러한 평가는 당해 지역사회의 신뢰할 만한 사람(예를 들면, 목사, 집주인, 고용주 등)으로부터 증언을 받아야 했다. 반면, 구제의 가치가 없는 빈민이란, 일반적으로는 '사기 혹은 효과적인 원조를 불가능하게 할 것 같은 제멋대로의 행동(misconduct)의 증거가 있는 자'로 규정되어 있었다. 예컨대, 나쁜 품성(bad character), 근검할 줄 모르는(unthrift), 비양심적인(unscruplous), 음주벽(drunkness), 의존적(dependent) 등의 속성이었다(박광준, 2002: 165).

환경조사와 우애방문원

COS는 효과적이고 효율적인 구빈활동을 전개하기 위해 과학적 자선(scientific charity)을 내세웠다. 그에 대한 일환으로 철저한 환경조사를 실시하였다. 환경조사를 위해 실무자 우애방문원(friendly visitors)을 조직해 지구사무소에 배치했다. 우애방문원은 중산층 여성이 대부분인 무급자원봉사자였다. 이들은 빈민의 가정을 직접 방문해 생활환경을 조사했다. 이들이 작성한 사례조사(case investigation) 결과보고서는 지구사무소가 원조 여부를 결정하는 근거자료가 되었고, 적절한 지원방법을 찾는 데도 유용했다. 사례조사는 아주 세밀하고, 엄격했다. 우애방문원은 원조가 결정되면, 그것을 빈민에게 직접 전달했으며, 수혜자에게도 조언(상담)했다. 원조는 충분한 원조를 제공한다는 원칙하에 현금, 일자리, 대부 등이 제공되었다. 그러나 정작 빈민들은 COS에 대해 우호적이지 않았다. 아무것도 안 주든지 아니면 충분히 주든지 하는 양자택일과 사생활 간섭의 느낌을 준 환경조사는 빈민의 등을 돌리게 만들었다(원석조, 2019: 109-110).

공사의 역할분담

COS는 공적 구제기구인 빈민법과 대상자를 분담하고 있었다. 즉, COS의 입장에서 구제 가치가 있는 자는 COS가 담당하고, 구제 가치가 없는 자는 빈민법이 담당하도록 상정되었던 것이다. 빈민법과 협력하고 역할을 분담하는 체계는 1869년 당시 구빈행정기구였던 구빈청 장관 고센(G. S. Goschen)이 런던 각 구빈위원회에 보낸 업무지시, 소위 고센지침*(The Minute for the Relief to the Poor in the Metropolitan 1869. 11. 22.)*에 의해 촉진되었다. 즉, 이 지침에는 공적 조직인 각 구빈위원회가 사적인 자선기관과 적절한 협력관계를 맺도록 한 것이었다. 그 내용에는 구빈위원회가 원외구호를 받는 사람의 이름, 금액, 주소 리스트를 주 1회 발행하여 자선기관에 통보하는 것 등이 포함되어 있었다(박광준, 2002: 166).

COS는 공적 기구인 각 지역 구빈위원회와 자신들이 원조를 제공하고 있는 대상자 명단을 서로 교환하는 정보제공과 업무 협력관계를 맺었다. 여기서 구제 리스트를 교환하였다. 이러한 협력 활동은 장차 공 · 사 사회복지 관계 모델이 되었다(박광준, 2002: 166). COS는 영국 중산층의 폭넓은 지지를 받아 성공적으로 발전했다. 19세기 말 런던에만 40개 이상의 지구사무소가 있었다. 지방조직도 75개에 달했다(원석조, 2019: 111).

4) 자선조직협회의 이념과 빈곤관

COS는 빈민에 대한 중산계급의 여론을 주도했던 집단이었다. 말하자면, COS의 방법과 이념은 협회 고유의 것이기보다는 빅토리아시대 중산계급 대다수가 가지고 있던 것이다. 당시의 지배 관념은 자조(self-help)였다. 당연히 COS도 자조 윤리를 중시했다. 이것은 COS의 슬로건인 "빈민에게 물고기를 주지 말고, 물고기 잡는 방법을 가르쳐주자"에 잘 나타나 있다.

당시의 지배이데올로기였던 자유방임주의의 영향을 받은 COS는 빈곤을 발생시키는 사회적 요인들을 철저하게 무시하고, 빈곤의 원인을 개인의 성격이나 생활방식에서 찾았다. 즉, 게으름이나 음주 등 무책임한 행동의 결과가 빈곤이라고 보았던 것이다. 따라서 개인의 성격과 생활방식을 변화시키지 않는다면 문제의 해결은 불가능하다고 보았다.

이처럼 COS는 자조 윤리를 철저히 추종했으며, 개인주의적 빈곤관에 입각해 있었으므로 공공구빈정책에 대해서는 매우 부정적이었다. 반면, 사적 자선이나 기부, 자원봉사 활동과 같은 순수한 민간의 구제 노력에 대해서는 강력히 지지하는 입장을 보였다(Friedlander and Apte, 1974: 35). 빈곤구제의 핵심은 사회개혁이 아니라 빈민 개인의 변화에 있다는 것이 COS의 일관된 입장이었다.

5) 자선조직협회의 한계

COS를 창설한 주요 목적은 자선기관을 조직화하는 것이었다. 즉, 난립하고 있는 많은 자선기관을 통합하고 조정하여 자선이 중복되는 것을 방지하고, 빈곤한 사람들이 처해 있는 상황을 자세하게 조사하여 원조가 필요하다고 밝혀진 사람에게는 충분한 원조를 제공하여 자립시키는 것이었다. 그런데 이러한 본래 의도하고자 했던 목적은 달성하지 못했으며, COS 역시 또 다른 자선기관에 지나지 않았다. 자선가들이 자선기관들을 통합하는 데 협력하지 않았고, 빈민들은 빈민들대로 생활실태에 협력하지 않았기 때문에 큰 성과를 거두지 못했던 것이다(박광준, 2002: 160).

COS의 빈곤관과 과학적 자선도 비판받았다. COS는 빈곤의 사회경제적 요인을 무시했으며, 자조 윤리를 지나치게 강조함으로써 빈민에게 낙인을 가했다는 것이다(Fraser, 1984: 121; 원석조, 2019: 110-111).[7)]

한편, COS가 활동하던 시기는 선거권이 확대되고 사회주의 운동이 고양되던 시기였다. 또한, 사회주의 이론가와 운동가의 세력도 증가하던 시기였다. 따라서 가장 보수적인 단체였던 COS가 그들에게 비판을 받았던 것은 당연했다. 미국의 한 자선사업가는 COS가 행한 활동들에 관한 기록들은 '진지하게 열심히 읽어 낼 인내심이 없을 만큼'이라고 한탄하였고, 이스트엔드에서 빈민법 폐지를 위하여 일생을 싸우며 보냈던 란즈베리(Lansbery)는 COS를 '야만적(brutal)'이라고 표현하였다(박광준, 2002: 169).

그러나 빈민과 빈민의 문제에 대한 경직적인 태도에도 불구하고 COS는 가족문제를 다루는 상당한 수준의 기법을 발전시켰고, 이는 케이스워크(case work) 발전의 기초를 형성했다. 버밍엄대학교에서는 1908년부터 런던정치경제대학(London School of Economics)에서는 1913년부터 시작된 사회복지사(social worker) 교육훈련은 COS의 일선 기관들에 의하여 발전했으며, 초창기 현장경험에 크게 의존하고 있었다(Jones, 2000: 69; 임영진 · 이영찬, 2003: 107; 박병현, 2016: 96).

---

7) 한편, COS의 자선에 대한 문화적 관점에서의 비판도 있다. 박병현(2016: 94)은 "자선은 본래부터 중류계층과 하류계층 또는 노동자계층 간의 사회적 차별을 미리 가정하고 있었으며, 부자와 빈자 간의 불평등을 기정사실화하는 것이었다. 또한, 자선이란 사회개혁의 기운을 상쇄시키는 사회통제의 수단이었으며, 중류계층의 가치관을 하류계층 혹은 노동자계층에 전달하는 통로였으며, 자선의 방법으로서의 우호적인 방문(friendly visiting)은 하류계층의 생활방법에 대한 중류계층의 문화적인 공격이었다"고 지적하고 있다.

3. 인보운동

1) 인보운동의 기원

불황과 한파로 인한 빈곤의 심각성이 한층 더해가던 1860년대에 이스트엔드 지역에 거주하면서 구빈활동에 직접 나서는 사람들이 생겨났다.[8] 그들 대부분은 그 지역의 성직자들이었다. 속인의 신분으로서 이스트엔드에 현지 징칙을 한 최초의 인물은 데니슨(Edward Denison)이었다. 그는 1867년부터 빈민들과 같은 지역에 살아가면서 빈민의 생활환경을 개선하기 위한 독자적인 활동을 시작하였다. 즉, 지역의 교구학교에서 아동교육, 민원조사관 역할, 지방법령의 위반사례와 불성실한 의무이행을 보고, 지역구빈위원회의 운영상태 조사, 위생 불감증의 악습을 타파하기 위한 캠페인에 의사들을 참여시키는 일, 노동자의 성경교육 등이 그것이었다.

1868년에 데니슨은 하원에 출마하기 위해 현지 정착지인 이스트엔드를 떠났다. 하원의원에 당선된 그는 사회개혁을 위한 웅지를 품고 있었으나 불행히도 1870년 갑작스럽게 요절하고 만다. 그가 지역에 머문 기간은 9개월이라는 짧은 기간이었지만, 그의 활동은 인보운동의 기원으로 평가받을 만큼 역

8) 19세기 중엽은 빅토리아시대의 절정기이며 빅토리아시대의 대표적 가치인 '자조'가 중산계층 사람들의 대표적인 가치였다. 그들은 빈곤이 상당 부분 빈민들 자신의 도덕적인 결함에서 비롯되는 것이라고 스스로 위로하면서도, 자신이 누리는 안락한 생활이 빈곤층의 희생을 전제로 해서 만들어진 것이 아닌가, 자신들이 저들을 빈곤에 빠뜨린 죄를 저지른 것이 아닌가라는 고민 즉, '계급적 죄의식(class-consciousness of sin)'에 빠지게 되었다. 이러한 계급적 죄의식은 많은 중산층으로 하여금 빈민의 구제에 직접 뛰어들게 하거나 빈곤해결을 위한 사회개혁의 뜻을 전하는 일에 나서게 되었다. 죄의식에서 발로한 구빈활동은 COS 방식과는 상당히 동떨어진 방식, 즉 문제 원인을 자본주의사회 그 자체의 모순에서 찾으려는 경향이 강했다(박광준, 2002: 170-171).

사적으로 큰 의미를 지니는 것이었다(박광준, 2002: 172).

인보운동(隣保運動, settlement movement)이란 빈곤문제가 심각한 지역사회, 지리적으로는 지역사회에 편입되어 있지만 사회적으로는 고립된 취약한 지역사회의 문제를 해결하기 위해 지식인이 그 지역에 현지정착하여 함께 살아가면서 궁극적으로는 지역사회의 문제를 해결하고자 하는 운동이다.[9] 이 운동은 초기에 인보관(neighbourhood center)이라는 시설을 중심으로 하여 행해졌기 때문에 인보관운동으로도 불린다(박광준, 2002: 169-170).

데니슨의 인보운동을 계승하여 더욱 발전시킨 사람이 런던의 성공회 사제 새뮤얼 바네트(Samuel Barnett)였다. 그는 빈민가에서 생활 체험을 통해 빈곤은 경제의 문제라기보다는 정신의 문제라는 것을 깨달았다. 따라서 교육을 통해 빈민이 자신을 스스로 변화시켜야만 가난에서 벗어날 수 있다는 확신을 얻었다. 또한, 빈곤은 부자와 빈민 간 계급 대립의 표현이므로 인텔리 대학생들이 빈민과 결합함으로써 계급 간의 화해를 기할 수 있다고 생각했다. 그리하여 대학생들이 빈민가에 거주하면서 빈민의 인간적 성장을 돕도록 권장했다. 이에 공감한 많은 대학생이 실제로 빈민가에 들어가 인보활동을 전개했다(원석조, 2019: 119).

2) 토인비와 토인비홀

그들 중 하나가 옥스퍼드대 학생 아놀드 토인비(Arnold Toynbee, 1852~

9) 이 운동이 규정한 지역사회의 문제라는 것은 그 지역사회의 빈곤이나 비위생 등의 문제뿐만 아니라, 지역주민이 그것을 문제 상황으로 인식하지 못하고 있는 문제, 그 문제의 해결에 주민 자신들은 전혀 아무런 역할도 할 수 없다고 생각하는 등 주민의 주체성이나 조직화가 완전히 결여된 문제를 포함한다(박광준, 2002: 169-170).

1883)였다. 아마도 토인비만큼 소위 옥스퍼드학파의 영향과 은총을 입은 자는 없을 것이다. 옥스퍼드대학 베리올칼리지에 입학하였을 때, 입학과정에서부터 도움을 주었던 당시 학장인 벤자민 죠웨트(Benjamin Jowett)의 특별한 배려와 교육, 존 러스킨(John Ruskin)의 사상적 실천적 영향, 그리고 옥스퍼드학파의 가장 대표적인 학자라고 해야 할 그린(T. H. Green)의 지도를 친밀한 거리에서 받았기 때문이다. 그가 1875년 이스트엔드를 방문했을 때, 그곳에서 구빈사업에 관여하고 있던 바네트 신부와 인연을 맺은 이후 인보활동에 적극적으로 가담하게 되었다. 정작 이스트엔드에서 정착한 기간은 길지 않았지만, 그는 인보관운동에 대한 일반인들의 관심을 유도하는데 결정적으로 큰 영향을 끼쳤다.

사회개혁을 실천하고자 했던 토인비의 노력은 그의 타고난 병약한 체질을 혹사하게 만들었고, 결국 토인비는 불행하게도 서른 번째 생일을 며칠 앞둔 1883년에 폐렴으로 세상을 떠나고 만다. 당시 바네트는 지식인들의 현지정착을 위하여 인보관운동의 센터를 건립하고 있었는데, 1884년 초에 완공되자 토인비홀(Toynbee Hall)이라고 이름 붙여 토인비의 영전에 헌정하였다. 이것이 세계 최초의 지역사회복지관(community welfare center)이라는 타이틀을 얻게 된 인보관의 탄생 배경이다(박광준, 2002: 176).

토인비홀이 추구했던 목적은 첫째, 빈민들을 위한 교육과 문화개발, 둘째, 인보관 거주자들과 학생들에게 빈민들의 생활조건과 사회개혁의 필요성에 관한 정보제공, 그리고 셋째, 사회문제, 건강문제, 사회입법에 대한 관심을 불러일으키는 것이었다. 교육을 받은 사람들과 빈민과의 접촉을 늘림으로써 산업화로 인한 빈부의 격차를 좁히고자 했던 인보관은 토인비홀이 세워진 이후 다른 지역에도 설립되었는데, 19세기 말에 런던 외 맨체스터, 리버플, 버밍엄 등의 빈민가에 약 30여 개가 세워졌으며, 1911년에는 46개에 이르렀

[책갈피 5.3]

아놀드 토인비(Arnold Toynbee)

- 1852년 런던에서 내과의사의 아들로 태어남
- 1872년 옥스퍼드대학에서 정치경제학 전공
- 1878년 졸업 후 옥스퍼드대학에서 경제사 강의, 영국 산업혁명의 역사에 대해 관심을 가짐. 특히, 산업화가 노동자에게 미치는 영향에 관심을 가짐. 산업혁명이 빈곤을 양산한다고 주장. 학생들에게 빈민들과 함께 지내면서 그들의 문제를 해결하는 운동에 참여할 것을 독려. 그러던 중 바네트 목사를 만나 함께 인보운동 전개
- 1883년 폐렴으로 사망

사진출처: 다음백과

〈그림 5-1〉 1950년대의 토인비홀

사진출처: アサ·ブリッグス·アン·マッカート著, 阿部志郎 監訳(1987), p.236에서 촬영

다(박병현, 2008: 74; 2016: 97).

토인비홀은 많은 인재를 배출해 1900년대 초반 진행되었던 사회개혁은 물론 영국 복지국가 형성에도 많은 영향을 미쳤다. 영국 복지국가를 완성한 베버리지(W. Beveridge)와 애틀리(Clement Attlee) 수상도 토인비홀 출신이었다.

3) 인보운동의 사상적 배경

인보운동이 발생하기 위해서는 문제를 가진 지역사회가 존재해야 하고, 다른 한편 그 문제가 사회의 근본적인 모순에서 발생한다는 근본적인 문제의식과 사회의식을 가지고 있는 이상주의적이고, 아카데믹한 집단이 존재하고, 그들의 적극적인 참여가 있어야 한다는 것이 그 전제조건이었다. 이때 이상주의적이고 아카데믹한 집단은 이상주의학파였다. 이상주의학파(British Idealism)는 공리주의와 대립되는 철학으로서 19세기에 드러난 자본주의체제의 모순을 극복하기 위한 다양한 시도들 가운데 하나였다. 즉, 국민 생활에 대한 국가의 간섭을 확대함으로써 대중을 체제 속으로 흡수하면서 대중의 요구를 위에서부터 충족시키는 정책을 실현하고자 하는 사조였다. 이상주의학파는 주로 옥스퍼드대학을 중심으로 형성되었기 때문에 옥스퍼드학파(Oxford School)로 불린다.[10] 이들은 강의나 학생들과 개인적인 관계를 통하여 사회개혁의 필요성을 역설하면서 지식인들이 빈곤문제의 해결에 직접 나서도록 독려하였고, 그것은 인보관운동의 사상적 · 철학적 기반이 되었다(박

10) 옥스퍼드학파의 주요인물로는 옥스퍼드학파의 학자들에게 처음으로 사상적 · 인격적 감화를 준 죠웨트(Benjamin Jowett), 영국 이상주의의 대표적인 학자 그린(T. H. Green), 케어드(Edward Caird), 브레드리(Francis Herbert Bradly), 보잔케(Bernard Bosanquet), 아스퀴스(Herbert Henry Asquith), 그리고 토인비(Arnold Toynbee) 등이 있다(박광준, 2002: 173).

광준, 2002: 170-173).

인보운동의 시작을 이끌었던 데니슨도 토인비도 옥스퍼드 대학출신이었다. 이렇게 그 대학의 출신들이나 학생들이 이스트엔드에서 인보운동에 적극적으로 참여하게 된 데에는 옥스퍼드학파로 불리는 일단의 교수들에 의한 독려가 있었기 때문일 것이다.

4) 인보운동의 빈곤관

인보운동은 민간사회복지 활동이기는 하지만 COS 활동과는 다른, 사상적으로 진일보한 운동이었다. 인보운동은 빈곤의 원인에 관한 인식이나 국가의 역할에 관한 인식면에서 COS와 근본적으로 입장을 달리하였다. COS는 빈곤의 원인을 개인적 성격의 결함에서 찾는 데 반해, 인보관운동은 환경에서 찾으려고 했다. 즉, 빈곤은 개인의 성격이나 생활습관에 의해 발생하는 것이 아니라 사회적 문제이며, 따라서 사회개혁에 의해서만 그 해결이 가능하다고 보았다. 또한, 인보운동은 빈곤문제 해결을 위해서는 국가의 적극적인 개입이 강화되어야 한다는 입장이었다. 하지만, 국가개입에 의한 사회개혁이 이루어지기까지는 많은 시간이 걸리기 때문에 그 시간을 메우기 위해서 지식인이 빈곤지역에 정착해서 빈민들과 더불어 살면서 그 지역의 생활환경을 개선하는 것이 필요하다고 보았던 것이다(박광준, 2002: 177).

4. 민간사회복지 출현의 역사적 의미

1) 자선조직협회: 케이스워크의 기원

COS의 활동은 비록 자선의 조직화에 실패하기는 하였지만, 그것이 사회복지실천방법론, 특히 케이스워크(case work)의 발전에 초석을 마련하였다는 점에서 큰 의미가 있다. 우애방문원에 의한 면밀한 케이스(case) 조사와 대상자 선정의 결정을 위원회에서 행한 것, 그 결과 나오는 방대한 케이스의 축적은 케이스워크의 발전에 기틀을 마련한 것이었다.

COS의 방식에 의하면, 원조는 케이스 조사가 행해지고 난 후에 제공되어야 한다는 것이 제1의 원칙이었다. 조사의 목적은 원조를 필요로 하는 상황을 확인하고 대상 가족이 활용할 수 있는 물질적 · 정신적 자원을 사정하고, 가장 효과적인 해결 방법을 결정하여 대상자가 원조할 가치가 있는가 없는가를 결정하는 것이었다. 그리고 이런 모든 기록은 사례조사기록부에 기록되었다. 특히, COS 활동의 특징 중의 하나는 문제를 가족이라는 장에서 항시 고려했다는 점이다(박광준, 2002: 178).

또한, 빈민가족을 방문하는 우애방문원의 훈련지침서(C. B. P. Bosanquet, *A Handy Book for Visitor of Poor in London*, 1874)를 통해서도 COS가 케이스워크의 기원으로 평가받을 수 있는 내용을 엿볼 수 있다. 이 지침서에는 호별방문의 조건과 방문원의 자질, 그리고 방문시 유의사항 등이 자세하게 기술되어 있다. 예를 들어, 조직적인 호별방문의 성립 기초는 계급 간의 거리를 메우기 위한 조직적인 방법이어야 하며, 교사로서가 아닌 친구로서 커뮤니케이션을 유지하는 것이 필요하다는 점, 방문이 규칙적으로 이루어져야 한다는 점, 모든 지역주민 혹은 적어도 빈곤한 모든 주민을 대상으로 해야 한다는 점 등이 지침서에 강조되어 있다. 또한, 방문 시에 방문원이 취해야 할 행동 지침을 '방문원에 대한 일반적 조언'이라는 이름으로 33개의 항목을 제시하고 있는데, 그중에는 다음과 같은 항목이 포함되어 있다(박광준, 2002: 179-180).

① 최초에 방문했을 때, 자신을 소개할 때, 자신이 이웃의 한 사람으로서 걱정하고 있다는 우정의 말을 건넬 것
② 방문 상대에 대해서는 늘 존중하는 태도를 가질 것. 상대의 허락 없이는 실내에 들어갈 권리가 없다는 것을 명심할 것. 토요일 오후나 식사 시간 등 부적당한 시간에 방문하지 말 것
③ 상대방이 방문을 받아들이지 않을 때는 억지로 방문을 하지 말 것. 상대가 바라는 때 다시 방문할 용의가 있다는 것을 우정어린 태도로서 이야기할 것
④ 만약 당신이 이 일을 그만둘 때, 당신의 후임자에게 도움이 될 수 있도록 담당 지구의 정확한 가족명부를 보관하고 방문기록을 할 것
⑤ 방문 중에는 노트에 기록하지 말 것. 그것은 우정어린 방문이라는 인상에 전혀 도움이 안 된다.
⑧ 상대방이 자신에 대해서 이야기하면 관심을 표시할 것. 그러나 그로 인해 알게 된 사실을 상대의 이익을 위하는 경우를 제외하고는 다른 사람에게 누설을 해서는 안 된다.
⑪ 개인적인 불결함이나 환기가 잘 되어 있지 않다는 것을 느낄 때는 뭔가 개선을 하도록 부드럽게 충고할 기회를 포착할 것
⑮ 쓰레기 치우기 등 공중위생의 권리와 의무를 상대방에게 알려줄 것
⑳ 아이를 일터로 보내서 당면의 수입에 보탬이 되도록 하는 것보다 먼 장

래에 있어서 큰 이익을 얻을 수 있는 직업을 선택하는 것이 더욱 중요하다는 것을 양친에게 납득시킬 것

㉜ 원조를 받는 자에게 감사의 마음을 갖도록 요구하지 말 것. 또한, 감사의 표시가 없을 때도 그들이 감사의 마음을 갖고 있지 않다고 속단하지 말 것

㉝ 빈민에 대한 태도 중에 나쁜 인식(감정)을 갖고 있거나 인내가 부족하다는 등의 인식을 주지 말 것. 구제 신청 면접을 할 때는 인내와 정중함을 판별력과 정확함을 갖춘 태도에 연결시키도록 노력할 것

이러한 내용은 케이스워크의 기원으로서 손색이 없으며, 오늘날의 케이스워크 교과서로 활용해도 무방할 정도이다.

2) 인보운동: 지역사회복지의 기원

인보운동은 지역사회복지의 기원으로 평가되며, 다음의 몇 가지 점에서 중요한 의미를 지닌다(박광준, 2002: 180-181).

첫째, 지역사회 전체를 문제의 대상으로 보고, 지역사회에 기반을 두고 이루어진 사회복지사업의 효시가 바로 인보운동이라고 하는 점이다. 물론 COS의 활동이 특정한 지역을 대상으로 한 활동이었지만, 지역사회 그 자체를 활동의 기반으로 삼고, 지역사회 그 자체의 생활개선을 목적으로 활동을 시도했던 것은 이 인보관운동이 처음이라는 것이다.

둘째, 이 운동이 활동의 거점으로서의 센터, 즉 인보관(neighbourhood center)을 중심으로 지역사회의 문제해결 능력을 높이려 했다는 점이다. 더구나 센터의 운영방식은 항시 공공조직, 지역주민과의 관계 속에서 결정되었고,

그것은 시대변화에 부응하여 항시 개선해 나갔다. 즉, 초기에는 주민들의 자치적인 문제해결 능력이 부족했지만, 시대의 변화에 따라 지역주민의 문제해결 능력이 향상되면서 점차 이 센터를 중심으로 운영에 대해서도 주민을 참여시키는 방향으로 발전시켜 나갔던 것이다.

셋째, 인보운동이 지역사회복지의 기원으로 평가받을 수 있게 하는 중요한 요소는 그 운동이 지역사회와 지역주민을 바라보는 시각이다. 인보운동은 주는 자의 입장이 아니라 받는 자, 지역주민의 입장과 이익을 중시한 활동이었다. 또한, 인보관의 운영에 점차 지역주민을 참여시킴으로써 인보관이 가지고 있는 목적을 이루려고 했다는 점이 높이 평가되는 것이다. 인보관의 목적은 지역사회의 공동체적 성격을 고양하기 위해 모이는 장소, 지역주민으로 하여금 자신이 거주하고 있는 지역사회 문제에 대한 해결 능력을 높이고, 그 문제에 대한 책임감을 느끼도록 하는 장소로 만드는 것 등이었다.

공동체적인 정신이 충만한 지역사회와 공동체적인 생활양식이 구비된 지역주민이 전제될 때 진정한 지역사회복지가 실현된다고 볼 수 있다. 이런 점에서 볼 때, 인보운동은 매우 교훈적이며, 평가받을 가치가 높다. 사회개량운동의 센터로서 역할을 다한 인보관은 미국에 영향을 끼쳐 미국의 사회복지실천은 물론 사회개량의 근대화에도 공헌을 하게 된다.

CHAPTER 06

전문사회복지실천의 형성과 발전

1. 혁신주의와 사회개량의 시대
2. 사회복지실천의 태동
3. 사회복지실천의 전문직화
4. 사회복지실천의 이론적 발전

CHAPTER

06 전문사회복지실천의 형성과 발전

앞 장에서 민간사회복지에 대한 판단기준을 제시하고, 그에 따른 역사적 사실들을 중심으로 검증하여 민간사회복지의 시작을 영국의 COS와 인보운동에서 찾을 수 있었다. COS는 전문사회복지실천의 효시가 되었고, 인보운동은 지역사회복지의 기원을 이룬다는 점에서 사회복지역사에서 큰 의의를 지닌다. 그런데 COS와 인보운동은 그 탄생지인 영국보다도 미국에서 꽃을 피우고, 전문적인 사회복지실천으로 발전해 나간다. 이 장에서는 이러한 일련의 과정들을 탐구해 보기로 한다.

1. 혁신주의와 사회개량의 시대

영국에서 탄생한 COS와 인보운동은 미국으로 건너가 꽃을 피운다. 더 나아가 사회복지사의 양성과 사회복지실천의 전문화가 본격적으로 이루어진 것도 미국이었다. 미국은 유럽에서 이민 온 사람들에 의해 개척되어 세워진 나라였다. 그들은 유럽의 봉건적인 권력에 의한 종교적, 정치적 자유의 억압을 피해 건너왔으며, 종교는 노동과 생활의 자립을 강조하는 프로테스탄트였다. 봉건제 유산의 결여, 프론티어의 존재, 풍부한 자원과 상대적으로 적은 인구 등의 유리한 역사적, 사회적 조건으로 인해 자주독립의 정신과 개인주의적이고 자유주의적인 민주주의가 깊게 뿌리를 내리고 있었다. 프론티어는

1880년대에 소멸했지만, 대신에 개인주의적이고 자유주의적인 사상을 지탱했던 객관적 조건은 남북전쟁 후 산업혁명을 거쳐 자본주의 경제를 급속하게 발전시켰다. 미국은 제1차 세계대전 후 세계 자본주의 경제를 이끄는 나라가 되었다.

개인주의적이고 자유주의적인 사고는 정부의 간섭을 싫어하고, 사회보장을 지연시켰다. 빈곤에 대해서는 식민지시대부터 영국의 빈민법이 그대로 수용되어 기능을 발휘해왔다. 산업혁명의 진전에 이어 독점대자본의 형성이 진행된 19세기 말에서 20세기 초에 이르러서는 빈곤문제가 커지면서 새로운 움직임이 나타났다. 이 시기에 독점대자본의 형성과정에 필요한 미숙련노동자가 증가하였는데, 미숙련노동을 담당했던 사람들은 남북전쟁에서 해방된 아프리카계 미국인과 동구 · 남구와 아시아의 새로운 이민자들이었다. 노동조합은 숙련노동자의 직능별 조합이었지만, 1905년에는 이러한 빈곤에 시달리던 미숙련노동자를 조직한 국제노동자단체(International Workers of the World: IWW)가 결성되면서 격렬한 투쟁을 전개하였다. 독점대자본의 횡포에 대한 민중의 비판이 거셌고, 이러한 변화는 사회개량을 요구하는 것이었다(高島進, 1999: 84).

20세기 초는 '혁신주의(progressivism) 시대'로 불렸다. 시어도어 루스벨트(Theodore Roosevelt) 대통령에 의해 일정의 개혁이 이루어졌다. 1904년에는 반트러스트법[1], 1906년 고용주의무법과 연방정부 노동자 8시간제, 1913년에는 노동자의 단체교섭에 법적 기초를 부여한 클레이턴 독점금지법(Clayton Antitrust Act)이 성립되었다. 주(州)에서도 노동입법의 제정이 추진되었고, 1915년까지 25개 주가 노동시간제한법을, 아동 노동자의 최저연령과 최고 노

---

1) 기업인수 또는 합병 등 독점을 강화하는 행위나 소비자 및 다른 기업의 이익을 침해하는 각종 불공정행위를 금지하는 법을 말한다.

동시간을 제한하는 아동 노동법은 1912년까지 38개 주에 제정되었다. 최저임금법도 같은 해 매사추세츠주에서 제정되었고, 이듬해 8개 주가 그 뒤를 이었다. 이러한 움직임은 자선과 빈민법을 극복하고 사회복지실천으로 전환시키는 변화를 가져왔고, 그 과정은 영국과 마찬가지로 자선조직협회(이하, COS)와 인보운동 속에서 상징적으로 나타난다.

2. 사회복지실천의 태동

1) 미국의 자선조직협회

COS, 미국에서 꽃 피우다

1869년에 영국에서 처음으로 시작된 COS는 미국으로 건너가 꽃을 피우게 된다. 19세기 후반의 산업화로 인한 부의 증가와 함께 빈부 간의 격차가 커지면서 빈민들의 문제는 사회문제로 등장했다. 이러한 사회문제를 해결하기 위해 적극적으로 나선 것은 정부가 아닌 민간이었다. 그중 가장 적극적인 활동을 전개한 단체는 COS였다. 미국 COS는 영국 런던 자선조직협회의 자원봉사자로 일했던 적이 있는 거틴(Gurteen) 목사가 1877년 버팔로에 처음으로 창설한 이후 미국 전역에 퍼지기 시작하여 1890년대에는 100여 도시에 COS가 생겨났다(박병현, 2008: 97; 2016: 174). 특히, 중심적인 역할을 한 것은 1882년에 설립된 뉴욕자선조직협회였다. 1894년에는 COS 지부가 92개로 증가하였으며, 문을 닫을 때인 1904년에는 모두 150개 지부에 이르게 된다(원석조, 2019: 117).

미국 COS의 활동내용

미국의 COS 운동은 영국 COS와 마찬가지로 단순한 구호 활동을 넘어 합리적이고 효율적인 자선, 즉 과학적 자선(scientific charity)을 지향했다. 이러한 목적에 근거하여 COS는 세 가지의 가정을 수립했는데, 첫째, 빈곤의 원인은 빈민의 도덕적 혹은 성격적인 결함에 있다는 것이며, 둘째, 빈곤의 근절은 빈민들이 자신들의 성격적 결함을 인정하고 교정하려고 할 때 가능하다는 것이며, 셋째, 이런 목적의 달성은 다양한 자선단체들의 협력에 의해 가능하다는 것이었다(Boyer, 1978: 144; 박병현, 2008: 97; 2016: 174).

COS는 민간기관들의 참여를 통한 개인과 가족에게 직접서비스를 제공함으로써 케이스워크와 가족상담의 선두주자로 나서게 되었고, 도시의 사회문제에 대응하는 민간기관의 노력을 기획 · 조정함으로써 지역사회조직과 사회계획의 선구자가 되었다. COS는 서비스와 재정을 신청한 사람들을 철저히 조사했고, 중복구빈을 방지하기 위해 클라이언트를 한데로 등록시키는 시스템을 마련하였으며, 어려움에 처한 사람들과 함께 일하며 '우애방문원'으로 불렸던 자원봉사자를 활용하였다. 우애방문원들은 원래 '좋은 일을 하는 자'로 돈보다는 공감하는 데 관심을 가졌고, 가난한 자들이 절약하고 일자리를 찾도록 격려하는 데 중점을 두었다. 대부분의 우애방문원들은 여성이었다(찰스 자스트로, 2006: 32).

COS는 기본적으로 구빈행정의 적용을 받지 못하던 빈민들에게 관심을 가지되, 자조와 근면의 가치에 근거한 도덕적 판단기준에 따라 빈민을 '구제 가치가 있는 빈민(the deserving poor)'과 '구제 가치가 없는 빈민(the undeserving poor)'으로 구분하였다. 구제 가치가 있는 빈민은 저임금 노동자나 장애인 혹은 연소아동 등과 같이 본인으로서는 어쩔 수 없이 가난해진 사람들을 가리킨다. 구제가치가 없는 빈민은 노동능력이 있으면서도 나태하거나 도덕적 결함으로 인해 가난해진 사람들을 일컫는다. COS의 구제 대상은 전자에 한정되었던 것은 물론이며, 후자는 억압적 구빈행정에 의해 관리되었다(감정기 외, 2007: 177-178). 이것은 구제의 대상과 수준을 제한하려 했던 공공행정과 COS의 역할분담을 의미했다. 그러나 COS의 기본적인 입장은 구제 가치가 없는 빈민은 구호에서 배제하는 것이었다.

COS가 보기에 정부의 원외구호 수급자 중에는 구제 가치가 없는 빈민이 상당수 포함되어 있었는데, 이는 COS의 기본 방침에 배치되는 것이었다. 그리하여 COS는 정부의 공공부조 중 원외구호(outdoor relief)를 폐지하는 운동을 전개했다. COS의 원외구호 폐지운동은 영향력을 발휘해 많은 도시들이 원외구호를 폐지하거나 예산을 대폭 삭감했다(원석조, 2019: 117).

COS의 발전 배경

그렇다면 영국에서 태동한 COS가 왜 미국에서 꽃을 피웠을까? 그것은 COS의 기본 철학이 그 시대의 지배적인 이데올로기였던 자유주의와 기본 뿌리가 같았기 때문이다. 자유주의 사상을 배경으로 막강한 영향력을 행사했던 COS가 미국 사회복지의 기본 방향을 공적인 원외구호의 폐지와 민간주체의 빈민원조로 설정했기 때문에 중앙정부가 주체가 되는 사회보험이나 공공부조제도는 도입될 수가 없었다(박병현, 2008: 99).

COS가 경제적 격변기에 등장한 것도 우연이 아니었다. 남북전쟁 이후 급격한 사회변동으로 인해 빈곤, 실업, 범죄, 공중위생, 아동유기 등 각종 사회문제를 초래했기 때문에 이에 대한 대책이 필요하게 되었다. 또한, 대도시 지역의 각종 사회문제의 분출은 지배계층에게 불안요인으로 작용했다. 그리하여 지배계층은 사회적 불안과 유럽에서 일어나는 사회주의 혁명운동의 위험성을 제거하기 위해 민간복지사업 확충에 주력하게 되는데, 이런 상황에서 엘리트계층이 창설, 발전시킨 단체가 COS였던 것이다(오세영, 2022: 32).

2) 미국의 인보운동

인보운동, 역시 미국에서 꽃 피우다

COS와 마찬가지로 인보운동도 영국에서 탄생하여 미국에서 개화한다. 19세기 후반 미국의 대도시들은 유럽 이민자들로 인해 도시 과밀, 주택 부족, 주거 위생문제, 저임금 등 구조적이고 복합적인 사회문제가 만연했다. 1860~1900년까지 이민자는 약 1천4백만 명에 달했다. 주로 남동부 유럽에서 온 이들은 매우 가난한 농부들로서 도시에 소재한 공장의 비숙련 노동자로 또 도시 빈민으로 살아갈 수밖에 없었다(원석조, 2019: 120).

이러한 가운데 도시문제를 개선하기 위한 사회개혁 운동인 인보운동이 시작되었다. 미국의 인보운동은 COS에 대해 비판적인 인사들이 주도했다. 인보운동은 도시의 생활과 노동상태의 개선에 거의 기여하지 못했던 COS에 대한 반동의 성격을 다분히 지니고 있었고, 거기에서 일하는 사람들은 스스로를 자선사업가라고 생각하지 않았다. 그들은 '인정의 구호'에는 손을 대지 않고, 계급 간 또는 인종 간 마찰을 완화하고, 빈곤의 근원을 제거하며, 도시의 생활과 노동상태를 좋게 하는 것을 지향했다. COS가 자활하지 않고 구제에 의존하는 상태(pauperism)를 문제 삼은 것에 반해, 그들은 빈곤을 문제로 삼았으며, 빈곤의 원인으로서 사회적 · 경제적 상태를 강조했다(高島進, 1999: 86). 즉, 인보운동은 빈민을 가치 있는 빈민과 가치 없는 빈민으로 구별하는 전통을 거부하고, 빈곤문제를 사회환경적으로 접근하였으며, 그에 대한 실천으로 사회개량운동을 전개했던 것이다.

초기 인보관 직원 중 많은 사람들이 목사의 딸로 중 · 상류층이었다. 이들은 우애방문자들과 달리 가난한 이웃들과 함께 살았고, 주민들에게 도덕적 삶과 환경을 개선하는 방법을 가르쳤다. 이 직원들은 주거 · 건강 · 생활조건을 개선하고, 주민들의 일자리를 찾고, 영어 · 위생 · 직업기술을 가르치고, 협동을 통해 주변 환경을 개선하기 위해 노력하였다. 인보관들은 '환경개선'을 강조함과 동시에 가난한 자들에게 성공의 열쇠로서 일에 대한 중간계층의 가치와 근면과 절제를 가르치기 위해 끊임없이 애를 썼다. 아울러 지역문제를 해결하기 위해 조례를 만들고 사회정책과 입법에 영향을 줄 수 있는 조직을 만드는 데 중요한 역할을 수행하였다(찰스 자스트로, 2006: 32-33).

인보관은 1891년에는 6개밖에 되지 않았으나, 1896년에는 44개로 증가했고, 1897년 74개소, 1900년에는 413개소, 1915년에는 550개소로 증가하였다. 세계 최초 인보관이 설립된 영국은 1920년에 겨우 66개소로 증가한 것과 비교해 볼 때, 미국의 인보관이 양적으로 매우 증가한 것을 알 수 있다. 이렇게 인보관이 급격히 증가한 것은 미국이 영국에 비해 국토가 넓은 요인도 있지만, 당시 미국의 상황은 사회문제가 많이 증가하고 있었으며, 이러한 사회문제 해결에 인보관이 직간접적으로 참여한 결과 그 효과성이 증명되었기 때문이라는 지적이 있다(김범수 · 신원우, 2006: 67-68).

미국의 인보운동은 1886년에 뉴욕의 동부지역에서 코이트(S. Coit)에 의해 설립된 근린길드(Neighborhood Gild)에서 시작되지만, 인보운동 중에서 가장 영향을 미쳤던 것이 1889년에 창립된 헐하우스(Hull House)와 창립자인 제인 애덤스(Jane Adams)이다.

제인 애덤스의 『헐하우스에서 20년』[2)]

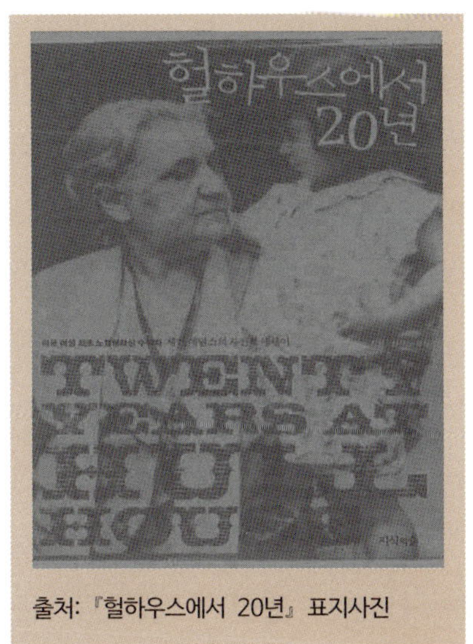

출처: 『헐하우스에서 20년』 표지사진

제인 애덤스는 1860년 9월 6일, 미국 일리노이주 시더빌에서 태어났다. 부친은 시더빌에서 제분업을 하는 존 애덤스(John Huy Adams)로 펜실베니아에서 일리노이로 이주한 퀘이커교도[3)]였다. 그는 제분업에서 출발해 철도, 은행업, 생명보험업으로 사업을 넓혔다. 링컨의 정치적 동지였던 그는 1854년에서 1870년까지 16년 동안 일리노이주 상원의원을 지냈다.

제인 애덤스의 어머니인 사라는 1862년 낙상으로 인해 조산을 하면서 세상을 떠났다. 사라는 아홉의 아이를 낳았는데, 그 가운데 제일 막내인 제인 애덤스를 포함해 다섯이 살아남았다.

애덤스 자신도 어린 시절에 여러 질병에 시달렸다. 질병 가운데 가장 심각했던 것이 척추결핵이었다. 척추결핵으로 애덤스는 굽은 등에 안짱다리를 하고 걸었고, 머리는 한쪽으로 젖혀진 모습을 하게 되었다. 애덤스는 이 장애

---

2) 제인 애덤스가 『헐하우스에서 20년』의 집필을 구상한 때는 45세가 되던 1905년이었다. 1910년에 『헐하우스에서 20년』이 발간되자 큰 성공을 거두었다. 평가는 호의적이었고, 일부는 극찬을 아끼지 않았다. 첫해에만 6쇄를 찍었다. 값싼 페이퍼백 보급판이 1961년에 출간되었고, 이후로 학자뿐만 아니라 일반 독자들도 꾸준하게 책을 찾고 있다(제인 애덤스 지음, 심재관 옮김, 2008: 7).

3) 퀘이커는 교회의 교리주의와 감동 없는 예식을 혐오하고, 종교적 자유와 사회적 평등을 지향하는 사람들이다. 더 나아가 퀘이커는 인간이 인간을 차별할 수 없을 뿐만 아니라, 인간적 평등성을 회복하려면 차별적인 세상에 저항하며 살아야 한다고 믿었다. 퀘이커는 펜실베니아주에서 시작되었는데, 필라델피아에 소재한 아이비리그 명문대학인 펜실베니아대학교의 닉네임이 퀘이커이다. 한국의 대표적인 퀘이커는 함석헌 목사이다(박병현, 2020: 55).

를 지나치게 의식하며 살았다.

애덤스는 1881년 일리노이주의 록포드여자신학교(Rockford Female Seminary, 지금의 Rockford University)를 졸업하였다. 애덤스는 록포드여자신학교에서 후일 헐하우스 설립의 주인공이 될 엘렌 스타(Ellen Starr)를 만났다. 록퍼드 여자신학교를 졸업한 애덤스는 그해 가을 스미스 칼리지에 입학할 생각이었다. 하지만 우울증과 심각한 요통을 비롯해 여러 정신적 질병과 육체적 질병으로 정상적인 생활이 불가능해졌고, 게다가 그해 여름 부친이 갑자기 세상을 떠나면서 계획은 수포로 돌아갔다. 애덤스는 슬픔을 이겨내기 위해 필라델피아로 가서 여성 의과대학에 입학했다. 하지만 몇 개월이 지나지 않아 척추결핵의 후유증으로 척추신경계에 이상이 생겨 학교를 그만두어야 했다. 애덤스는 고향인 시더빌로 돌아왔다. 시더빌에서 1년을 요양한 후에 애덤스는 1883년 8월 22일에 유럽여행을 떠났다. 여행은 거의 2년 동안 계속되었다. 영국 여행을 통해서 애덤스는 이스트엔드의 비참함을 보고 큰 충격을 받았는데, 그녀는 여행 도중 경험했던 기억 중 가장 참담한 기억으로 회상하고 있다(제인 애덤스 지음, 심재관 옮김, 2008: 9-12).

[책갈피 6.1]

이스트엔드 런던의 비참함

한밤중에 가난한 이들이 밀집해 사는 빈민촌을 처음 보았다. 여행객 몇몇이 어느 도시 선교사의 안내로 이스트엔드로 갔고, 그곳에서 썩어가는 야채와 과일을 파는 토요일 야간 경매시장을 본 것이다. 런던 시 조례에 따라 일요일에는 판매가 금지되기 때문에 보관이 쉽지 않은 청과물을 토요일 밤늦게까지 경매로 판매하고 있었다. 우리를 태운 합승마차는 가스등만이 간간이 불을 밝힌 어느 지저분한 거리 끝에 잠시 서 있었다. 청과물을 판매하는 두 대의 수레 주위에 남루한 행색을 한 두 무리의 사람들이 모여 있었고, 우리는 그 광경을 마차 안에서 바라보고 있었다. 사람들은 판매상이 들고 있는 배추 한 포기를 두고 값을 부르고 있었다. 마침내 판매상은 똥값이라고 투덜거리며 낙찰자에게 배추를 던져주었다. 배추 한 포기를 받아든 사람은 곧바로 보도 가장자리에 앉아 씻지도 않은 배추를 우쩍우쩍 씹어 먹기 시작했다. 거기 모여 있는 사람들은 영국의 최하층 계급이라고 안내자가 설명했다. 그런 사람들을 한 장소에서 다수 볼 수 있는 곳은 오직 토요일 밤 경매가 벌어지는 이곳뿐이라며, 값싼 식료품을 얻으려는 욕구만이 그들을 한곳으로 집결하게 하는 유일한 힘인 듯하다고 안내자는 덧붙였다. 그들의 옷차림은 그야말로 남루했다. 그런 행색은 오로지 이스트 런던에서만 볼 수 있다. 낙찰받지 못하면 밤새 굶어야 하는 창백한 그들의 얼굴에는 교활하고 심술궂은 표정이 어려 있었다. 하지만 최종적으로 내 뇌리에 남은 인상은 남루한 옷차림도 창백한 얼굴도 아니었다. 뇌리에 남은 것은 바로 수많은 손, 일을 많이 해 거친 손, 이미 먹기에 적당하지 않은 음식을 얻으려고 뻗은 손들이었다. 사람 손만큼 큰 의미를 담고 있는 것은 이 세상에 없다. 손을 사용함으로써 사람은 야만 상태에서 현재의 상태로 옮겨왔고 끊임없이 손으로 더듬어 앞으로 나아가고 있다. 이후로도 나는 겹겹이 위로 뻗쳐든 손들을 그렇게 많이 본 적이 없다. 집단 체조를 하며 위로 쳐든 손이나 선생님의 질문에 일제히 들어 올린 아이들의 손을 볼 때면 항상 그때 기억이 떠오른다. 그리고 그럴 때마다 당시 느꼈던 절망감과 분노가 다시금 가슴속에서 솟아오른다.

출처: 제인 에덤스 지음·심재관 옮김(2008), pp.66-67.

두 번째 여행은 1887년에서 1888년 사이에 이뤄졌다. 이 여행에서 록퍼드 여자신학교 동창생이자 평생 동료인 엘렌 스타와 동행했다. 1888년 6월 토인비홀을 방문했을 때, 가난한 사람들을 위해 헌신적으로 일하는 토인비홀의 사회복지사들에게 큰 감명을 받은 애덤스는 이때 헐하우스에 대한 생각을 구체화했다.

1889년 1월, 애덤스는 계획을 실행에 옮기기 위해 시카고에서 스타와 함께 장소를 물색하기 시작했다. 어느 이른 봄 일요일 오후, 중심가에서 꽤 떨어진 곳의 오래된 집을 우연히 지나가게 되었다. 넓은 베란다와 나무 기둥이 코린트 양식에 균형 잡힌 모습을 하고 있었다. 그 집이 마음에 들어 바로 다음날 다시 찾아 나섰지만, 여러 날이 지나도 그 집이 어디에 있는지 찾지 못했고, 마침내 포기하고 말았다.

3주 뒤, 시카고 토박이의 조언을 받아 할스테드 거리(Halsted Street)와 해리슨 거리(Harrison Street)가 교차하는 지역을 둘러보고 있었다. 그러던 중 그토록 찾고자 했지만 찾을 수 없어 포기한 그 집을 우연히 발견하고 놀라움과 함께 기쁨을 느꼈다. 물론 그 집은 다른 사람이 임대하고 있었다. 아래층은 뒤편에 있는 공장의 사무실 및 보관실로 사용하고 있었다. 하지만 2층과 예전에 응접실로 쓰던 1층의 일부는 세를 얻는 것이 가능했다.

그 집은 시카고 개척자 가운데 한 사람인 찰스 헐(Charles J. Hull) 소유의 주택이었다. 이 집은 1856년에 찰스 헐이 지었지만, 자신의 사촌 조카 헬렌 컬버(Helen Culver)가 관리하고 있었다. 찰스 헐이 1889년 사망하면서 오랫동안 비서로 일한 헬렌 컬버에게 4백만 달러 상당의 부동산을 물려주었다. 헐의 자선사업을 계승한 관대한 집주인 헬렌 컬버는 애덤스에게 그 주택과 부지를 기부하게 된다. 애덤스는 스타와 상의한 끝에 인보관 이름을 주택의 원 소유자 이름을 따서 '헐하우스(Hull House)'로 지었다.

[책갈피 6.2]

헐하우스(Hull House)

출처: 위키백과; 다음백과

리모델링을 통해 새롭게 재탄생한 헐하우스가 1889년 9월 18일 개관되었다. 느니어 유럽을 돌며 문화의 세례를 받고 돌아온 두 여성, 제인 애덤스와 그 친구 엘렌 스타가 '선한 이웃'이 되고자 시카고 빈민가 한가운데 위치한 낡은 저택에 입주하면서 헐하우스의 역사가 시작된 것이다(제인 애덤스 지음, 심재관 옮김, 2008: 85-86).

애덤스는 예를 들어 가르치고, 협동을 실천하며, 사회적 민주주의를 실천한다는 세 가지 윤리원칙을 세우고 헐하우스를 운영해 나갔다. 이 세 가지 원칙은 이타적이며, 민주적이고, 계층을 초월한 사회관계를 의미했다. 또한, 이 원칙들은 모든 사람은 인간으로 존중받아야 한다는 것에 근거했다. 헐하우스에서는 이 원칙에 따라 광범위한 문화교육 프로그램을 제공했다. 예컨대, 헐하우스의 시설은 성인을 위한 야간학교, 청년들을 위한 클럽, 공동으로 사용하는 부엌, 예술작품 전시회장, 체육관, 소녀들을 위한 클럽, 음악학교, 연극을 할 수 있는 공간 등으로 활용되었으며, 이민자 상담 및 교육, 보육원, 유치원, 도서관 등을 비롯하여 취업에 필요한 프로그램과 레크리에이션 및 문화 프로그램을 운영했고, 바느질, 요리, 양재, 직물교실 등 그야말로 다양했다(박병현, 2020: 66).

애덤스는 헐하우스 활동의 기본 방향을 '3R'로 표현했다. 그것은 거주(residence), 조사(research) 그리고 개혁(reform)이었다. 헐하우스의 3R 운동은 가난한 사람들과 같이 거주하며, 빈곤과 의존의 원인에 대해 과학적 조사활동을 하여 대중들에게 알리며, 도움이 필요한 사람들을 위해 입법 및 사회활동을 하면서 사회를 개혁한다는 것을 의미했다(박병현, 2020: 69).

헐하우스에서 일하는 사회복지사는 COS의 우애방문원처럼 빈민촌을 방문해서 일하는 사람이 아닌 빈민들과 함께 '거주하며 일하는 사람(resident)'이었다. 애덤스는 가난한 이웃을 클라이언트나 케이스(case)로 부르는 것을 싫

어했으며, 아침에 빈민촌을 방문했다가 저녁에 퇴근하는 젊은 사회복지사들을 진정한 사회복지사로 보지 않았다(박병현, 2020: 70).

초기의 헐하우스에서는 자선활동에서 엄격한 기준을 내세웠다. 그것은 새로운 일을 추진할 때 먼저 실태를 정확하게 파악해야 한다는 것이었다. 일례로 헐하우스 자원봉사자 입주자 가운데 한 사람이 미국 농무부의 요청으로 여러 이민자들의 유제품 영양섭취 상태를 조사했고, 그 뒤를 이어 또 다른 자원봉사 입주자가 이번에는 미국 노동부의 요청으로 이탈리아 이민자들의 식품섭취 실태를 조사했다(제인 애덤스 지음, 심재관 옮김, 2008: 100). 헐하우스의 조사활동은 규모가 큰 조직과 합쳐지는 형태를 취하기 시작했다. 1896년에 50인 위원회를 위해 실시한 선술집의 사회적 가치에 대한 조사부터 1909년 미국과학아카데미를 위해 실시한 유아 사망률 조사까지 모든 조사활동이 그러했다. 소규모 조사에서 벗어나 대규모 조사로 이어진 사례로는 시카고 대학교 세틀먼트의 미스 맥도웰을 비롯한 여러 사람들이 산업 현장에서 일하는 여성과 아동의 실태에 대해 특별 조사를 실시하도록 의회에 촉구한 일을 빼놓을 수 없다(제인 애덤스 지음, 심재관 옮김, 2008: 231). 이처럼 헐하우스는 조사에 기반한 복지활동을 추구했던 것이다.

한편, 헐하우스는 점차 사회개혁에 초점을 맞추고 사업을 운영해 나갔다. 사회개혁의 주요 사업은 노동자들의 노동환경 개선, 주거환경 개선, 여성들의 노동조합운동 지원, 노동시간 단축, 아동노동 반대, 직업훈련의 제공, 일자리 주선 등이었다. 제인 애덤스의 리더십 아래 헐하우스는 미국에서 인보관운동과 사회개혁 운동의 중심지가 되었다.

헐하우스는 사회개혁 활동의 범위가 확대되면서 각종 협회, 클럽, 정치운동, 예컨대 진보정당의 활동거점이 되기도 했다. 1901년부터 1909년까지 미국 제26대 대통령을 지냈던 시어도어 루스벨트(Theodore Roosevelt)가 공화당을 탈당하여 진보당(Progressive Party)을 창당하였는데, 애덤스는 진보당 창당작업에 주도적인 역할을 하였다. 애덤스는 진보당을 통해서 사회개혁을 실현하고자 했다.[4] 그녀는 1909년에 여성으로서는 처음으로 전국자선교정회의(National Conference of Charities and Correction: 이하, NCCC)의 회장에 당선되었다. 회장 취임 이후 직업기준위원회와 산업기준위원을 만들어 일주일에 6일 일하고, 하루 8시간 일을 하는 직업기준, 주택개선, 16세 이하 아동의 노동 금지 등을 규정하는 정책, 산업재해, 노령연금, 실업보험제도의 도입 등의 정책을 진보당에 제시하기도 하였다(박병현, 2008: 112). 그러나 시어도어 루스벨트가 1912년 대통령 선거에서 패배함으로써 사회개혁은 완전히 실현되지 못했다. 이로 인해 COS로부터 거센 비판을 받았다. 하지만 애덤스는 여전히 영향력을 지니고 있었다.

애덤스의 대중적 인기는 1909년에서 1915년에 이르는 기간 동안 최고에 달했다. 애덤스는 전체 국민들을 대상으로 하는 여론조사에서 '미국에서 가장 도움이 되는 시민'이자 '세상에서 가장 훌륭한 여성'으로 꼽혔을 뿐만 아니라 진보세력의 상징적 인물이었다. 그녀는 1909년에 예일대학으로부터 미국에서 여성으로는 처음으로 명예박사학위를 수여했다. 제1차 세계대전이 일어나기 전 제인 애덤스는 미국에서 가장 존경받았던 여성이었다(박병현, 2008: 113). 애덤스는 반전운동, 국제여성평화운동 등을 전개해 나갔는데, 이러한 공로를 인정받아 그녀가 세상을 떠나기 4년 전이었던 1931년 12월, 미국 여성으로는 최초로 노벨평화상을 수상했다. FBI는 애덤스를 미국에서 가

---

4) 사실 애덤스로 하여금 사회개혁 활동에 앞장서게 만든 헐하우스의 또 다른 유명인사가 있었다. 바로 플로렌스 켈리(Florence Kelly)였다. 사회주의자였던 켈리는 1891년 헐하우스에 합류해 헐하우스는 사회개혁의 중심지가 되어야 한다고 역설하고, 노동운동과 정치개혁운동을 전개해 나갔다. 말하자면, 애덤스를 자선가에서 개혁가로 변신시킨 것이 바로 켈리였던 것이다(박병현, 2020: 82).

장 위험한 인물로 간주했지만, 많은 미국인들은 그녀를 '성녀 제인'으로 추앙했다. 애덤스는 1935년 5월 세상을 떠났다.

미국 인보운동의 한계와 변신

인보관은 1910년경 미국 전역(주로 동부와 중서부 도시들)으로 퍼져나갈 정도로 발전했으나 제1차 세계대전을 거치면서 쇠퇴하기 시작했다.

제인 애덤스는 전쟁을 반대하면서 사회복지실천의 전문직화에도 반대했는데, 이러한 태도로 인해 그녀의 대중적 인기는 쇠퇴해 갔다. 더불어 인보관에 대한 시민의 지지도 약해져 갔다. 자연히 시민으로부터 재정적 지원을 받기가 점점 더 어려워졌다. 종전 후 사회가 보수화되고, 우경화되면서 개혁지향적인 인보관의 입지는 더욱 좁아졌다. 그리고 도시의 중산층이 도시 외곽으로 이사를 하고 그 자리에 흑인을 비롯한 여러 인종이 슬럼을 형성하자 백인으로부터 이들 유색인종 도시빈민을 위한 모금도 어려워졌다. 또한, 20세기 초에 사회복지실천이 전문화를 지향하자(후술하겠지만), 전문적인 기술을 보유하지 못한 인보관 활동가는 구식의 비전문적 활동가로 비춰졌다. 1920년대 들어 인보관은 교육 및 레크리에이션 프로그램과 그룹워크를 중시하고, 도시민을 변화시키는 것이 아니라 도시민에게 봉사하는 조직으로 변신했다(원석조, 2019: 123).

3. 사회복지실천의 전문직화

1) 사회복지실천의 전문화 추구

COS, 전문사회복지실천기관으로의 변신

19세기 후반에서 20세기 초에 걸쳐 미국에서 추구된 직업의 전문화의 영향을 받아 자선사업에서도 전문화를 추구하는 경향이 나타났다. 급격한 산업화, 자본주의의 심화, 대규모 이민 등으로 인한 가종 사회문제를 다룰 수 있는 전문가가 요구되었다. 이에 사회문제의 해결 방법에 관한 전문적인 지식과 기술을 충분히 갖추지 못한 자선사업가(charity workers)들은 전문가로서 지위를 얻기 위한 노력을 하게 된다. 전문가로서 인정을 받기 위해서는 자선업무에 대한 과학적 지식과 윤리적 기초가 필요하다고 인식한 자선사업가들은 사회복지사 양성을 위한 학교를 설립하는 한편 조직을 결정하였다. 이런 노력을 통해 자신들이 특별한 기술을 보유한 전문가집단이란 사실을 인정받으려 했다(원석조, 2019: 124).

그리하여 20세기에 접어들면서 COS는 가족을 원조하는 일에 주력하면서 가족복지기관(family welfare agency)으로 변모했고, COS의 우애방문원이 유급워커로 대체되었으며, COS에서 세운 자선학교(school of Philanthropy)가 사회복지실천대학원(graduate schools of social work)으로 변화되었다.[5] 수많은 복지전문가들이 자선단체에 지원하여 이사로 활동하고 있는 사람들의 협력을 얻어서 지역사회의 복지욕구에 합리적이고 체계적으로 접근하고자 하

---

5) 자선사업 관련 용어도 바뀌었다. 1900년대부터 자선(charity)과 우애방문(friendly visiting) 대신 사회복지(social welfare)와 사회복지실천(social work)이, 자선사업가 대신 사회복지사(social worker)란 용어가 사용되기 시작했다(원석조, 2019: 124-125).

였고, 지역사회서비스 간의 부족을 보완하고자 하였으며, 지역사회가 당면한 문제와 앞으로의 욕구를 미리 찾아내려 하였다(오세영, 2022: 33).

한편, 1905년 미국 매사추세츠 병원에서 의사인 카보트(Richard C. Cabot)가 의료사회복지사를 정식으로 채용함으로써 최초로 전문사회복지사(professional social workers)로서 활동하게 되었다. 그 후 아동상담소, 학교, 법원 등에 사회복지사가 유급으로 채용되면서 점차 전문가로서 공공의 역할을 다지는 계기가 되었다. 이후로 켈리(Florence Kelley)와 같은 학자에 의해 중개자(broker)나 옹호자(advocator)와 같은 용어가 사회복지사의 역할과 기능에 대하여 사용되었고, 1912년에는 전미자선교정회의에서 지역사회조직사업이라는 용어가 처음 사용되었다(양정남 · 최선령, 2005: 36).

사회복지실천의 전문직 논쟁: 플렉스너 논쟁과 그 영향

이런 와중에 1915년 볼티모어에서 개최된 전국자선교정회의 총회에서 전문직으로서의 사회복지실천에 대한 주제 발표자로 선정된 플렉스너(Abraham Flexner)가 "사회복지실천이 전문직인가?"(Is Social Work a Profession?)라는 문제를 제기하여 사회복지실천의 전문성 논쟁을 불러일으켰다. 전문직 평론가로 유명하며, 전문적인 교육에 대한 권위자인 플렉스너는 자신의 질문에 대해 사회복지실천은 전문직이 아니며, 따라서 사회복지사도 전문가가 아니라고 대답했다. 그는 그 이유로 다섯 가지를 들었다. 첫째, 사회복지실천은 사회과학적 기초가 결여되어 있다. 둘째, 독자적이고 명확한 지식체계와 전수 가능한 전문기술이 없다. 셋째, 국가가 관리하는 교육제도와 전문자격시험 제도가 없다. 넷째, 전문적 조직체계가 없다. 다섯째, 전문적 실천의 윤리강령이 없다.

부연하면, 플렉스너는 병원에 다른 의료진들과 함께 일하는 사회복지사들을 보면서, 이들이 의사와 같이 특수한 기술(specific skills)을 갖춘 전문가적 기능을 담당하기에는 부족하므로 전문직이라 부를 수 없다고 주장한 것이다. 더욱이 사회복지사들의 업무는 수없이 많고 다양하므로 매우 의미 있고, 조직화된 교육적 훈련을 구체화할 수 없다고 말했다. 바꾸어 말하면, 사회복지사가 전문직이 되고자 한다면 단순한 클라이언트의 조정자 역할을 뛰어넘어 체계적인 지식을 갖추고 사회과학적 지식에 기초한 교육을 통해 특수한 전문적 기술을 확보해야 한다는 것이었다.

[책갈피 6.3]

에이브러햄 플렉스너(Abraham Flexner)

- 1866년 미국 켄터키 주 루이스빌 출생, 의료 및 고등교육 평론가
- 1886년 존스 홉킨스 대학 졸업(고전학 전공)
- 1905년 하버드 대학과 베를린 대학의 심리학 대학원 과정 수료
- 1910년 〈플렉스너 보고서〉 작성
- 1930~1939년 프린스턴 고등연구소 설립, 초대소장 역임
- 1959년 92세의 나이로 버지니아 주 폴스 처치에서 사망

사진출처: 위키백과

플렉스너의 이러한 비판은 사회복지계에 전문기술 향상이라는 과제를 해결하는 노력을 하게 만들었다.[6] 사회복지계는 전문직의 기본틀에 맞는 환경

6) 물론 플렉스너의 비판이 있기 전에 사회복지실천에 대한 전문직화 움직임이 전혀 없었던 것은 아니다. 사회복지 교육과정이 개설되는 등 사회복지를 전문직으로 발전시키려는 노력은 행해지고 있었다. 예컨대, 미국 최초의 사회복지 전문인력 훈련과정이 1898년 뉴욕 COS의 여름 자선학교 6주 프로그램 개설로 시작되어 1904년에 1년 과정으로, 1910년에 2년 프로그램으로

조성과 전문직으로서 인정받을 수 있는 기술을 갖추기 위해 노력했다. 예컨대, 교육 및 훈련을 담당하는 학교를 세우고, 공식적인 책을 발간하고, 전문가협회[7]를 구성한 것이 대표적이다. 사회복지계는 실천 대상 영역을 좁혀서 정신의학 중심의 케이스워크를 실천하면서 전문직화를 촉진했다. 특히, 후술할 메리 리치몬드(Mary Richmond)는 플렉스가 제기한 문제를 해결하기 위해 사회복지실천의 전문화에 크게 기여했다. 리치몬드에 의해 1917년에 출간된 『사회진단(*Social Diagnosis*)』은 사회복지실천에 관한 이론과 방법을 과학적으로 체계화하기 위한 노력의 절정을 이루게 된다. 이러한 노력은 전문기술인 케이스워크의 발전에 상당한 영향을 미치게 된다. 이후 사회복지실천의 발전과정은 플렉스너의 비판을 보완해 가는 과정이었다고 해도 과언이 아니다.

2) 사회복지실천 전문화의 기수: 메리 리치몬드

19세기 말에 이르러 빈곤문제가 점점 심각해짐에 따라 COS에 대한 인보운동과 사회주의자들의 비판이 거세지면서 COS도 새로운 방향을 모색하게 된다. 그 중심에 있던 사람이 메리 리치몬드(Mary Richmond, 1861~ 1928)였다.[8]

확대된 바 있다. 사회복지실천 교육 및 훈련제도의 발전과정에 대해서는 뒤에서 자세하게 기술하기로 한다.

7) 1918년 미국 병원사회복지실천협회, 1921년에는 미국 사회복지사협회, 1922년에 미국 방문교사협회, 그리고 1924년에 미국 정신의학사회복지사협회를 구성했고, 이들 협회는 자신들의 전문직 수준을 발전시켰다(러셀 에이 돌프만, 1991: 34).

8) 이하 메리 리치몬드의 생애와 업적에 관해서는 小松源助, 「ソーシャル・ワークの成立ーリッチモンドの貢献」, 右田紀久恵・高澤武司・古川孝順 編著, 『社会福祉の歴史』, 有斐閣(2001)을 참조하였다.

메리 리치몬드와 자선조직운동

메리 리치몬드는 미국 역사에서 하나의 중요한 전환을 가져온 남북전쟁이 시작된 1861년, 일리노이주의 벨리빌(Belleville)에서 태어났다. 머지않아 볼티모어로 이사를 했는데, 부모님이 결핵으로 젊은 나이에 사망했기 때문에 그다지 유복하지 않은 할머니와 숙모에게 맡겨져 고독한 유년시절을 보냈다.

사진출처: 네이버 지식백과

1878년 16세에 고등학교를 졸업한 메리 리치몬드는 뉴욕시에서 교정 일을 하던 숙모와 함께 살며 거기에서 서무사무원으로 일했다. 그리고 1881년경부터 볼티모어의 역점(驛店)에서 회계 일을 했고, 1888년부터는 친척이 경영하던 호텔에서 회계 및 사무보조원으로 일했다. 그러던 중 1889년 볼티모어 자선조직협회(charity organization society of Baltimore)의 회계보조원 모집 광고를 보고 응모하게 된다. 거기에서 그녀는 처음으로 사회복지실천의 선구자들과 접촉했는데, 그중에서도 당시 총대표이기 이전에 케이스워크의 지도적 인물이었던 스미스(Z. D. Smith)의 가르침을 받게 된다.

메리 리치몬드는 볼티모어 자선조직협회에서 일을 시작하고 나서 9개월간에 걸쳐 여러 단체에서 30회의 강연을 했고, 지구(地區) 사례회의에 참석하기도 하였으며, 우애방문원이 되기도 했다. 그 능력을 인정받아 1891년에 협회의 대표로 선출되었다.

리치몬드는 교육에 대한 열정이 남달랐다. 전문가로서 인정을 받기 위해서는 자선업무에 대한 과학적 지식과 윤리적 기초가 필요하다는 것을 인식한 그녀는 1897년 런던의 전국자선교정회의에서 '훈련학교의 필요성'을 역설했다. 그녀의 주장은 이듬해인 1898년에 뉴욕자선조직협회가 6주간의 여름자선학교(the Summer School of Philanthropy)의 응용박애사업(applied philanthropy) 과정을 개설함으로써 실현되었다.[9] 그녀가 설립 계획을 세우고 뉴욕자선조직협회의 사무총장인 드바인(Edward T. Devine)과 회장인 포리스트(Robert de Forest)의 지원을 받아 개교했다.[10] 1899년에는 자신도 강좌를 담당했다. 같은 해 그녀는 볼티모어에서 배우고 경험한 것을 토대로 쓴 책『빈민들 속에서의 우애방문*(Friendly Visiting Among the Poor)*』을 출간했다.[11] 이로 인해 그녀는 사회복지실천의 지도적 인물로서 넓게 인정받기에 이르렀다.

한편, 리치몬드는 1900년 말에 필라델피아 자선조직협회 대표로 취임하게 된다. 1878년에 조직된 필라델피아 자선조직협회(Philadelphia Society for Organizing Charity)는 처음 10년간은 발전했지만, 점차 협회를 해산시키자는 논의가 나올 정도로 조직운영이 어려워지자, 이 곤란한 상태를 수습하기 위해 당시 전국적으로 평판이 높아진 리치몬드가 요청된 것이다.

필라델피아 자선조직협회의 재조직은 결코 쉬운 일은 아니었지만, 그녀는 놀랄 정도로 급속히 그리고 철저하게 재조직해 나갔다. 리치몬드의 필라델피

---

9) 미국 최초의 사회복지교육기관으로 평가받고 있다.

10) 이 과정은 1901년 뉴욕박애학교(the New York School of Philanthropy)로 발전했으며, 대상도 사회복지를 전공하려는 일반 학생으로 개방했고, 교육기간도 1년으로 늘어났다. 1910년에는 2년 과정이 더 확대되었으며, 1919년에는 뉴욕사회복지실천학교(the New York School of Social Work)로 명칭이 바뀌었고, 1940년에는 콜롬비아 대학과의 제휴를 통해 콜럼비아 대학교 사회복지실천대학원(the Columbia University Graduate School of Social Work)으로 성장했다(원석조, 2019: 126).

11) 리치몬드는 자선조직운동에서 가장 중요한 역할을 하는 것이 우애방문이라고 보았다. 그것은 자선조직운동의 근본이념을 살려가는 것이며, 자선조직화와 관련된 협력 · 조사 및 등록 등의 모든 것은 우애방문에 귀착시켜가야 한다고 생각하고 있었다. 더욱이, 이 우애방문의 중요성은 그녀에게 있어 '진보적인 일반적 사회이념보다도 작은 부분을 참고 견디어 연구하고, 실제의 조건에 대응해 원칙을 고쳐가면서 적용하는 것만이 진보를 가져올 수 있다'는 확신에 근거한 것이었다.

아에서의 활동을 지탱한 것은 볼티모어의 경험에서 배운 자선조직사업의 이념에 기초를 둔 것이었는데, 그중에서도 중심이 된 것은 '자선의 협력(charitable co-operation)'의 개념이었다. 이것은 자선조직사업의 근본이 된 것으로 자신이 볼티모어 때부터 자주 강조해 왔던 것이다.

1906년 「자선의 협력」이라는 논문에서 '협력'이라는 개념을 단순히 자선단체 상호관계에서 중요한 것으로 파악하는 것만이 아니라 자선사업가의 모든 활동에 적용할 수 있는 근본적인 원칙으로서 이해하고, 그것을 넓은 시야에서 분석하고자 했다. 그녀는 이 논문에서 "자선의 협력 분야는 자선단체에만 국한된 것이 아니라 빈민의 생활에 영향을 미치는 모든 것에 해당한다"라고 지적하고, "자선의 협력은 빈민의 욕구를 자세하게 아는 것, 그리고 그들의 욕구를 충족시키기 위해 인내심 있게 노력하는 것으로 시작되고 또 끝나는 것이다"라는 것을 강조했다. 즉, 그것은 현대 자선사업가가 곤궁에 처한 가족을 도와주기 위해 노력하는 경우에 자원을 알고, 그것을 협력태세로 가져가는 데 있다는 것이었다. 그녀는 자선의 자원을 다음 〈그림 6-1〉과 같이 원으로 나타내고 있다.

그녀는 다음과 같이 설명하고 있다. 모든 가족이 이 원안에 표시된 힘에 둘러싸여 있고, 4개의 집단의 힘 — 즉, 가족, 개인, 이웃, 시(市) — 이 아래 방향으로 끌어당기려고 하는 힘에 저항할 수 없게 된 경우에 가족은 구제를 받을 수밖에 없게 된다. 바꾸어 말하면, 자선의 보호를 요청하는 가족은 자연적 자원이 빈약하므로 그 성원은 B, C, D의 원을 지나서 사적 자선의 원인 E에 떠맡겨졌다고 생각했다. 따라서 그녀에게 자선의 문제는 빈곤가족이 다시 A에 복귀하도록 원조하는 것에 있었던 것이다. 이와 같은 관점은 그녀의 케이스워크에 관한 기초가 되었다.

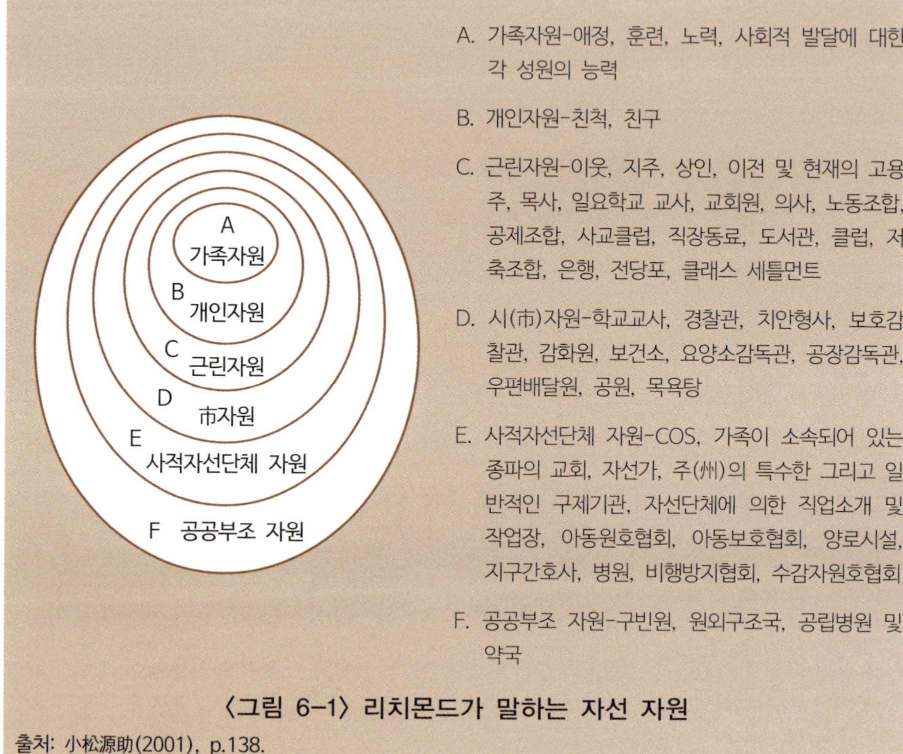

〈그림 6-1〉 리치몬드가 말하는 자선 자원

출처: 小松源助(2001), p.138.

사회복지실천(social work) 교육에 대한 열정

리치몬드는 1909년 가을, 필라델피아협회를 떠나 뉴욕으로 이사했다. 뉴욕에서의 활동은 러셀 세이지 재단(Russell Sage Foundation)의 자선조직부(Charity Organization Department)를 통해서 이루어졌다. 자선조직부는 1911년의 전국자선교정회의에서 전국자선조직협회연합회(National Association Societies for Organizing Charities)를 발족했다. 자선조직부의 부장이 된 리치몬드는 바쁜 조직 활동에서 벗어나 연구, 지도 및 출판 활동에 전념하게 되었다. 1917년까지 출판된 그녀의 저서는 『사회진단』을 포함해 4권, 팸플릿은 12개에 이른다. 리치몬드의 활동이 얼마나 넓었는가를 알 수 있다.

자선조직부는 그 주요한 관심을 사회복지실천에 대한 교육과 훈련에 두었다. 자선조직부에 의해 1918년까지 계속해서 발행된 『자선조직회보(Charity Organization Bulletin)』는 리치몬드에 의한 케이스 기록을 특별기고란에 게재해서 케이스워크 연구에 상당한 공헌을 했다. 또한 자선조직부는 뉴욕자선조직협회의 클린턴 지구에 보조금을 지급해서 케이스워크(case work)에 관한 실험적 방법을 시도하게 하였고, 학생을 위한 실습기관으로 활용하기도 했다. 리치몬드도 뉴욕과 함께 보스턴, 시카고에서 케이스워크의 방법에 관해서 강좌를 담당하여 교육에 전념했다.

리치몬드의 교육에 대한 열정은 학교에만 멈추지 않았나. 그녀는 1910년부터 1922년까지 매년 자선조직부의 기획으로 '자선조직강습회(charity organization Institute)'를 개최하였고, 여름의 1개월간, 자선조직운동 분야의 케이스워커에 대해서 케이스워크 훈련을 실시했다. 1915년부터는 '슈퍼바이저회의(supervisor's conference)'라는 명칭으로 경험이 있는 케이스워크 지도자에 대한 단기 강습회를 열기도 했다. 이러한 학교 및 강습회를 통해서 케이스워크를 실제로 실시하고 있는 사람과 접촉할 수 있었고, 또한 현실에서 진전되고 있는 케이스워크의 과정에 관해서도 직접 알게 되었다. 게다가 뉴욕자선조직협회의 지구위원회에 참가하거나 각종 위원회에 참가함으로써 케이스워크의 실제에 관여하고 있었다.

『사회진단』과 social work의 체계화

러셀 세이지재단에서 리치몬드의 뚜렷한 업적은 뭐니 뭐니 해도 1917년에 출판된 『사회진단』이었다. 그녀가 이 책에서 목적한 것은 케이스워커가 공통으로 소유할 수 있는 지식과 방법을 확립함으로써 케이스워크를 전문적인 수준으로 끌어올리는 것이었다. 이를 위해서는 무엇보다도 공통된 전문적 지식의 기준이 필요하다고 보았다. 그녀는 케이스워크의 첫 단계인 사회진단 과정의 체계를 세우고, 기초를 마련함으로써 그 목적을 달성하려고 했다. 즉, 클라이언트가 처한 상황을 체계적으로 진단하는 기술을 ① 정보를 수집하여 사례를 연구 · 조사하는 단계, ② 수집된 정보를 통해 문제의 원인을 진단하는 단계, ③ 문제상황을 어떻게 변화시킬 것인지 계획을 수립하는 단계, ④ 실행단계로 구분하여 제시했다.[12)]

이 책의 출간은 플렉스너에 대한 대답이었다. 사회진단은 사회복지사들이 사회적인 병리(social ills)는 환경에 대한 개입을 통해서 개인을 변화시킴으로써 개선시킬 수 있다는 아이디어를 그들 스스로 밝혀냄으로써 사회복지계 내부와 외부에서 갈채를 받게 되었다.[13)] 이러한 관점을 수용함으로써 사회복지실천이 전문직의 지위를 얻게 되었으며, 이로 인해 리치몬드는 이 분야를 이끌어가는 지도자가 되었다(러셀 에이 돌프만, 1991: 34).

미국에서 케이스워크의 성립

1914년에 시작된 제1차 세계대전에 미국은 1917년부터 참전했는데, 리치몬드는 일관되게 전쟁에 찬성하는 입장을 보였다. 그녀는 케이스워크 분야에서 발달을 보인 특수기술을 병사가족의 보호에 최대한으로 활용해야 한다고

12) 이러한 과정은 오늘날의 사회복지실천과정에 영향을 미쳤다.

13) 『사회진단』은 출판되자마자 빠른 속도로 '하나의 신기원을 이룬' 것으로 평가받고, 전문가 기술에 관한 고전으로 꼽히기에 이르렀다. 미국이 제1차 세계대전에 돌입하고, 모두가 거기에 정신을 빼앗기고 있어서 출판에 부적당한 시기였음에도 불구하고, 초판 1,500부에 이어서 1개월 이내에 제2판이 출판되었고, 게다가 제3판이 5개월 내에 필요할 정도였다. 이후, 1921년 스미스대학이 리치몬드의 '새로운 직업의 과학적 기초를 확립한' 것에 대해 문학석사 학위를 수여할 때 특히, 『사회진단』의 공적을 중시한 것을 보더라도 『사회진단』이 얼마나 높은 평가를 받았는가를 알 수 있다(小松源助, 2001: 150). 사회복지실천에 관한 방법을 사례중심으로 정리한 『사회진단』은 오늘날까지 사회복지실천에 관한 이론과 방법을 최초로 체계화한 책으로 평가받는다.

주장했다. 그녀의 전쟁서비스(war service)에의 공헌은 그녀가 이름 붙인 적십자사의 '가정봉사사업(red cross home service)'을 통해 이루어져 갔다. 이로 인해 그녀는 케이스워크의 개념과 방법을 넓혀가는 기회를 잡을 수 있었다. 그녀는 1922년 『케이스워크란 무엇인가*(What is Social Case Work?)*』를 출간했다. 이 저서를 통해 자원봉사뿐만 아니라 일반 대중에게 케이스워크의 새로운 역점을 제시하면서 케이스워크의 정의와 필요성에 대해 설명하려고 노력했다. 그녀는 다음과 같이 문제를 제기한다.

> 케이스워커는 독자의 전문화된 기술을 가지고 있다. 하지만 그 배경에는 이념이 존재해야 한다. 만약 우리가 케이스워크란 무엇인가를 이해하려고 한다면, 그것이 왜 존재하는가를 알고, 그것이 왜 필요한지를 명확히 알아야 한다. 만약 케이스워크가 아무리 중요하더라도 일시적인 역할이 아니라 이 사회생활을 보다 나은 것으로 만드는 불변의 역할을 지닌다고 한다면, 그 역할은 무엇인가? 그리고 그 존재가치는 무엇인가?(小松源助, 2001: 156에서 재인용).

이 문제에 대답하기 위해서 그녀는 케이스워크의 기저를 이루는 이념을 다음과 같이 들고 있다(小松源助, 2001: 158-163).

첫째, 인간의 상호의존성(human interdependence)이다. 이것은 인간 정신을 고정불변적인 것으로서가 아니라 가변적이며 성장 발달하는 것으로 본다는 것, 게다가 그것을 사회관계의 총체로서 파악한다는 것을 의미했다. 케이스워크는 어디까지나 사회관계를 중심으로 해서 전개해 나가는 것이었다.

둘째, 개인차(individual differences)이다. 이것은 같은 환경에 있는 사람도 겉으로 보이는 만큼 결코 똑같지 않다는 것을 의미한다. 또한, '개인차'를 인정하는 것이 민주주의의 이념이라고 보았는데, 케이스워크도 같은 기반에서 생겨나고 있다고 보았다.

셋째, 인간활동의 목적성(the base of purposeful action)이다. 인간은 의존적인 동물이 아니라 인간의 정신적 활동의 특질로부터 생겨난 것이다. 케이스워크는 동물과는 다른 인간의 진보에 대한 의욕을 획득할 수 있는 자질을 충분히 고려해야 한다는 것이다.

이러한 이념을 바탕으로 리치몬드는 케이스워크를 "개인과 개인, 인간과 환경 간의 의식적인 적응을 통해서 퍼스낼리티를 발달시키는 과정"(小松源助, 2001: 163에서 재인용)이라고 정의했다.

리치몬드의 말년

『케이스워크란 무엇인가』를 쓴 이후, 리치몬드의 관심은 미국에서의 혼인법 문제의 연구에 몰두했다. 이 연구는 이미 1919년경부터 시작했는데, 리치몬드 생애의 마지막 10년간 그녀의 시간 대부분을 빼앗았다.

그녀가 마지막으로 한 일은 미국 자선조직운동의 50주년 기념제 개최를 추진하는 것이었다. 이 기간 그녀는 긴장된 생활을 보내고 있었는데, 정확히 알 수 없는 병마가 이미 그녀의 활동을 무너뜨리기 시작하고 있었다.

그녀는 신체가 허약해졌음에도 불구하고 1927년 버팔로에서 개최된 대회에 참가하여 '혼인과 지역사회의 관계'를 주제로 한 마지막 강연을 하였다. 이듬해 암 진단을 받았는데, 이미 외과수술은 불가능한 상태였다.

그 후, 그녀는 『혼인과 국가』를 완성하고, 일시적으로 병원에 입원하기도 하고, 매사추세츠주의 브릿구톤의 요양원에서 지내기도 하였다. 마지막 여름에, 심해지는 고통과 쇠약에도 불구하고 유고작이 된 『혼인과 국가』의 교정을 계속하고 있었다. 그녀는 마지막까지 기력을 잃지 않고 정신이 무디어지는 기색을 보이지 않았다. 사회복지실천의 전문직을 위한 과학적 기초를 다진 그녀는 1928년 9월 12일, 뉴욕의 자택에서 생애를 마감하고, 그녀가 사랑한 볼티모어에 묻혔다.

4. 사회복지실천의 이론적 발전

1) 케이스워크의 발전

프로이트 범람의 시대: 1920년대

제1차 세계대전 이후 케이스워크는 리치몬드의 사회학적 시점에서 심리학, 정신의학으로 역점이 옮겨갔다. 즉, 이 시기에 소위 '환경 속의 인간'이라는 틀 속에서 환경에 대한 이해와 환경의 변화를 통한 인간의 성장, 발달 및 변화와 적응을 강조했던 사회복지실천의 중심은 개인 내부 문제에 대한 초점으로 옮겨가게 된 것이다. 이런 시기에 프로이트의 정신분석은 미국 전역을 열광케 만들었다. 정신분석은 사회복지실천에 대해 비판적이었던 플렉스너까지도 만족시키기에 충분한 이론적 기반을 제공하였다. 사회복지사들이 퍼스낼리티 이론과 인간행동에 대한 이해에 심취해 있었던 정신의학자나 심리학자들의 위치를 자선워커들이 동일시함으로써 그들의 지위가 향상되었다고 느꼈다(러셀 에이 돌프만, 1991: 35).

사회복지사들의 관심은 사회적 환경에서 개인적 · 정서적 환경으로, 빈곤과 경제적 문제에서 성격과 정서적 문제로, 사회개혁에서 개인의 적응으로 완전히 옮겨갔다. 사회복지사들은 자신을 사회문제를 해결하는 십자군이 아니라 클라이언트의 문제를 해결해 줄 책임이 있는 기술자로 자부했다. 사회복지사들은 이른바 3Ps, 즉 전문가주의(professionalism), 정신의학(psychiatry), 정신분석학(psychoanalysis)을 중시했다. 1920년대의 이런 상황은 '프로이트의 범람(a Freudian deluge)'으로 불렸다(원석조, 2019: 129).

[책갈피 6.4]

환경 속의 인간(person in environment)

- 사회복지에서는 다양한 특성과 욕구를 가진 인간의 본성에 관심을 두고 있는데, 특히 인간은 내면의 특성과 함께 성장하면서 주변의 타인과 환경에 의해 중요한 영향을 받는 존재로 보기 때문에 '환경 속의 인간(person in environment)'이라는 측면을 강조한다.
- 환경 속의 인간이란 인간이 지니는 문제는 그 개인의 내부 요인으로만 이해될 수 있는 것이 아니며 그 개인이 처해 있는 상황, 즉 환경에 의해 설명되고 또 이들 환경을 활용한 문제해결이 개인이 겪는 문제를 적절히 해결하는 방법이라고 보는 관점으로서 사회복지 전반에서의 개인을 보는 관점의 대표적인 방법을 말한다.
- 인간은 환경의 영향을 받기만 하는 수동적인 존재가 아니라 이들 환경에 적극적으로 대처하면서 주도적으로 환경을 변화시킬 수 있는 능력을 동시에 갖추고 있다.
- 인간을 과거의 경험에 의해서 결정되는 존재가 아니라 인간은 성장 및 발달에의 가능성과 능력을 소유하고 있으며, 개인의 의지에 따라 환경을 조정하며 자신 및 환경을 변화시킬 수 있는 창조적 존재로 보는 것이다.

출처: 김영화 외(2011), pp.14-27.

진단주의 학파

1920년대의 사회복지실천은 의료와 정신보건 분야에 많은 노력을 기울였고, 케이스워크를 전문화하는 데 관심이 있었다. 프로이트의 정신분석학이 사회복지실천에 지대한 영향을 미침에 따라 사회복지실천에서 문제를 가진 개인의 내부, 즉 성격에 관심을 집중하게 되었다. 이 시기의 케이스워크는 클라이언트의 아동기의 문제와 발달과정, 그리고 진단을 강조하는 정신분석적 접근과 동일시되었다. 이 접근은 클라이언트의 생활력에 대한 탐구를 기초로 한 진단과 정신분석적 치료를 시도했다. 이처럼 1920년대 초기 프로이트의 정신분석이론에 영향을 받은 학파를 진단주의 학파(diagnostic school)라고 불렀다.

진단주의 학파는 인간을 기계적론적 · 결정론적 관점에서 바라보고, 인간은 무의식의 힘에 의해 좌우되며, 유년기의 내면화된 부모의 영향력에서 벗어나지 못한다고 보았다. 클라이언트 유년기의 문제를 이해하는 데 초점을 둔 치료와 클라이언트의 생육사에 대한 탐구를 토대로 진단을 강조했다. 기본 전제는 성격구조에서 자아(ego)의 힘이 사회복지실천과정에 의해 강화될 수 있다고 보았다. 그러므로 클라이언트의 성격구조를 과거에서 현재까지의 생활을 통해 분석하고, 현재의 자아기능을 해명하며, 자아를 강화시켜 사회환경에 대한 성격의 적응력을 강화하고자 했다(김경호, 2010: 42-43). 진단주의 학파가 인간성을 이해하는 관점을 '질병의 심리학(psychology of illness)'이라고도 한다. 진단주의를 주장한 대표적 인물로는 해밀턴(Gordon Hamilton), 홀리스(Florence Hollis), 오스틴(Lucille Austin) 등이 있다. 진단주의 학파는 이후 홀리스의 심리사회모델로 발전했다.

1929년 밀포드 회의

한편, 1920년대에 의료현장, 학교, 법정 등 다양한 영역으로 사회복지사의 역할이 넓어짐에 따라 공통된 지식기반이 필요해졌고, 사회복지실천의 정체성 확립에 관심이 고조되었다. 각 영역별로 특수화된 전문지식과 기술도 필요하지만, 각 영역별 발전이 앞서게 되면 사회복지 전문직이 채 발전하기도 전에 정체성을 상실할 것에 대한 우려가 있었다. 이에 몇몇 전문가들에 의해 케이스워크 방법론을 기본으로 하여 사회복지실천을 전문직으로 하는 사회복지사가 갖추어야 할 기본적인 지식과 방법론에 대한 공통의 요소를 정리하는 작업이 진행되었다. 그 노력의 결과는 1929년 밀포드(Milford) 회의에서 발표되었다(NASW, 1974). 그 내용은 사회복지실천에서 케이스워크를 바탕으로 하여 사회치료를 기본 기능으로 하고, 사회 규범적 행동 범위를 중요시하면서 지역사회의 자원 활용을 강조하는 것이었다.

[책갈피 6.5]

1929년 밀포드 회의에서 발표한 공통의 8개 영역

① 사회에서 받아들여지는 규범적 행동으로부터 벗어난 행동에 관한 지식
② 인간관계 규범의 활용도
③ 클라이언트 사회력의 중요성
④ 클라이언트 치료를 위한 방법론
⑤ 사회치료에 지역사회자원의 활용
⑥ 개별사회복지실천이 요구하는 과학적 지식과 경험 적용
⑦ 개별사회복지실천의 목적, 윤리, 의무를 결정하는 철학적 배경 이해
⑧ 이상 모든 것을 사회치료에 융합하는 것

그리하여 사회복지실천은 통합적인 기법을 토대로 케이스워크를 중심으로 이루어졌다. 이후에는 케이스워크뿐만 아니라 그룹워크(group work), 지역사회조직(community organization)의 방법론이 추가되어 분화 발전했다. 이 세 영역을 사회복지실천의 3대 방법론이라고 부른다.

그룹워크가 케이스워크와 함께 사회복지실천방법으로 인식된 것은 1930년대 이후였다. 1935년 미국사회복지사 전국대회에서 그룹워크 부문이 생겨났으며, 제2차 세계대전 이후 참전용사를 대상으로 정신분석의 집단치료방법이 활용되었다. 그리고 군대나 사회복지관에 집단지도자가 고용됨으로써 그룹워크가 많이 활용되었다. 1946년에는 그룹워크가 미국에서 공식적으로 사회복지실천기술로 인정받기에 이른다.

지역사회조직은 1920년대부터 주 차원에서 공공사회복지기관이 설치되면서 활성화되었다. 1929년의 대공황으로 국가가 공공사회복지기관을 설립하

면서 거기에서 활동하는 사회복지사의 수가 증가하였고, 사회복지사는 뉴딜 정책의 추진과 공공기관의 지역사회조직사업에 개입하게 되었다. 이로 인해 지역사회조직이 발달하고 전문화되어 사회복지실천의 한 분야로 정착되었다.[14)]

2) 경제 대공황과 새로운 접근방법의 모색

기능주의 학파의 등장

개인의 내적 요인을 강조하던 사회복지실천의 경향은 1929년 대공황[15)]을 맞이하면서 개인과 환경을 연결하려는 노력으로 이어졌다. 미국의 대공황은 엄청난 실업률, 빈부격차, 계층갈등 등으로 인해 많은 사회문제를 야기했고, 1920년대를 지배해 왔던 프로이트의 정신분석이론을 근간으로 한 케이스워크는 이러한 사회문제 해결에 한계를 드러낼 수밖에 없었다. 따라서 사회복지실천은 사회복지문제의 근원을 개인 자신의 요인에 두는 관점에서 사회적 요인으로 눈을 돌려 새로운 접근방법을 모색하게 된다.

전통적인 사회복지실천 전문직이 정부차원의 공공복지를 경원시하는 것을 비판하는 새로운 사회복지실천의 접근방법이 소개되었는데, 그 시발점은 1930년에 출판된 펜실베니아 사회복지실천대학원(Pennsylvania School of

14) 이때 지역사회조직의 이론화에 크게 공헌한 것이 『레인(R. P. Raine)보고서』였다. 전미사회복지실천회의에 제출된 레인보고서는 첫째, 지역사회조직사업의 개념, 방법, 활동, 분야, 자격, 교육훈련 등을 체계화하는 데 기여하였고, 둘째, 지역사회조직사업의 주된 기능을 욕구와 자원의 조정으로 규정하고 지역사회의 욕구를 중심으로 했다는 점과 셋째, 주민참가의 중요성을 강조하였으며, 넷째, 욕구조사에 대한 기술을 발달시키는 계기가 되었다. 이러한 레인보고서를 계기로 지역사회조직사업은 사회복지실천방법론의 하나로 정착하게 되었다(양정남 · 최선령, 2005: 40).

15) 대공황에 대한 자세한 내용은 제9장을 참조하기 바란다.

Social Work) 교수였던 버지니아 로빈슨(Virginia Robinson)의 『사회복지실천에 있어서 변화하는 심리학(*A Changing Psychology in Social Work*)』이었다. 오토 랭크(Otto Rank) 심리학을 이론적 배경으로 하여 개인의 성격과 사회환경을 종합적으로 다룬 로빈슨의 저서에 대해 기존의 사회복지실천 접근방법에 만족하지 못하던 많은 사회복지사들이 관심을 갖기 시작했다. 로빈슨은 새로운 접근방법에서 클라이언트가 케이스워크의 중심에 있어야 한다고 주장하면서 클라이언트와 사회복지사 사이의 관계, 클라이언트의 객관적 사회복지보다는 정서적 적응을 중요시했다. 로빈슨의 접근방법에서는 구체적 서비스, 가정방문, 환경조정보다는 클라이언트가 자신이 원하는 서비스를 제공하는 기관을 자유롭게 방문하는 것을 강조했다. 이 접근방법에서 사회복지사의 역할은 클라이언트가 기관을 효과적으로 이용할 수 있도록 돕는 것이었다. 따라서 기관의 기능이 매우 강조되었다. 이러한 점에서 로빈슨의 접근방법은 기능주의 학파(Functional School)로 불리게 되었다. 기관의 기능을 강조하는 접근방법은 공공기관에서 일하는 사회복지사들을 재빨리 양성시키는 데 기여했다(박병현, 2008: 152).

진단주의 학파와 기능주의 학파의 논쟁

대공황 이후 1930년대에 진단주의 학파를 비판하면서 등장한 기능주의 학파는 당연히 프로이트의 인간관, 즉 기계론적 · 결정론적 관점을 반대했다. 기능주의 학파는 인간은 내부에 건설적인 방향을 향해 나가고자 하는 힘을 가지고 있고, 이 힘은 건전한 성장을 위한 의지를 형성한다고 했다. 즉, 과거에 얽매이지 않는 개인의 성장 가능성과 의지에 초점을 두고, 인간을 창의적이고 의지적인 존재로 보아야 한다고 주장했다. 그래서 기능주의 학파를 '성장의 심리학(psychology of growth)'이라고도 한다.

기능주의 학파의 초점은 사회복지사와 클라이언트 간의 관계에 있었다. 이론화된 그 관계는 성장과 선택은 촉진될 수 있고, 해방되기 위한 클라이언트 내부의 힘이라는 것이었다. 이것은 치료를 위한 책임이 사회복지사에게 있는 것이 아니고, 클라이언트에게 있음을 의미하였다. 실제 기능주의 학파는 치료라는 용어를 사용하지 않았다. 대신에 원조과정(helping process)이라는 용어를 사용했다. 시간적으로 제한된 범위 안에서 원조과정은 클라이언트의 급한 문제에만 참여하게 된다. 거기에서는 클라이언트의 과거의 설명, 해석, 치료목표의 설정 등은 존재하지 않는다. 가장 중요한 것은 어떠한 진단적 표시도 하지 않는다는 점이다. 사회복지사는 클라이언트의 성장은 예측할 수 없는 것이기 때문에 원조과정의 맥락 안에서 특정한 결과와는 관계하지 않았다(러셀 에이 돌프만, 1991: 38).

기능주의 학파는 클라이언트가 자신이 원하는 서비스를 제공하는 기관을 자유롭게 방문하여 기관의 기능을 활용함으로써 문제를 해결할 수 있도록 원조하는 것을 사회복지실천이라고 정의했기 때문에 사회복지사의 역할은 클라이언트가 기관을 효율적으로 이용할 수 있도록 돕는 것이었다. 다른 한편, 진단주의 학파는 복지국가와 정부에서 위임된 기관들의 기능이 향상되었는데도 불구하고 사회복지사들은 그들의 활동을 자율적으로 수행해야 하는 전문직이라는 것을 강조했다. 따라서 그들에게 기관의 기능은 단지 실천에서 이차적인 요인이었다.

1930년대에 프로이트의 정신분석이론을 중심으로 사회복지실천을 행하는 진단주의 학파에 반기를 들고나온 기능주의 학파 사이의 논쟁은 1950년대까지 지속되었다. 그리하여 기능주의 학파의 졸업생들은 진단주의적인 사회복지기관 취업이 곤란하게 되었고, 반대의 경우도 마찬가지였다(러셀 에이 돌프만, 1991: 39; 김융일 외, 1998: 49).

진단주의 학파와 기능주의 학파 간의 논쟁은 겉으로 보기에는 두 학파 간의 접근방법의 차이나 이론적 배경의 차이(프로이트 심리학 대 프로이트의 제자였다가 반대자로 전환한 랭크의 심리학)에서 초래되었다고 볼 수 있다. 그러나 두 학파 간 논쟁의 핵심에는 사람들의 문제를 어떻게 볼 것이냐 하는 것과 대공황 시기에 이루어진 국가개입이 사회복지실천에 미치는 영향을 어떻게 볼 것이냐 하는 것에 있었다. 사실 로빈슨을 이어받아 기능주의 학파를 완성한 제시 태프트(Jessie Taft)는 새로운 사회 · 정치 환경의 관점에서 사회복지실천을 재정의하고자 노력했다. 그들에 의하면, 사회복지실천의 본질은 정부의 사회정책에 기초한 실천이었다. 또한, 사회복지사는 기관의 행정가였다. 이것은 전통적 사회복지실천 접근방법에서 말하는 기술과 지식을 겸비하면서 클라이언트와의 관계에서 우월적인 자치권을 보유한 사회복지사와는 거리가 있는 것이었다. 이것은 전통적인 개인주의 문화 아래서 성장해 온 사회복지실천 접근방법을 부정하는 하나의 일탈이었으며, 이러한 일탈은 대공황 시기였기 때문에 가능했다.

그러나 대공황을 극복하기 위한 뉴딜정책은 1937년과 1938년에 이르러서는 더이상 추진되지 않았으며, 1960년대의 '빈곤과의 전쟁' 시기 이전까지는 새로운 구호 프로그램이 도입되지 않았다. 이러한 상황에서 기능주의 학파의 주장은 힘을 잃어가기 시작했다. 사회복지실천 접근방법에서 대공황으로 인해 잠시 주춤했던 전통적인 개별치료 접근방법이 다시 주도권을 되찾게 된다(박병현, 2008: 153-154).

3) 치료적 접근방법으로의 재전환과 통합방법론의 등장

대공황 극복 이후 제2차 세계대전을 거치면서 사회복지실천은 또 한 차례 변화를 겪게 되는데, 이것은 치료적 접근방법으로의 재전환과 통합방법론의 등장이다.

치료적 접근방법의 회생

전쟁으로 인해 여러 형태의 상실, 가족의 붕괴로 인한 청소년 문제의 야기, 산업화 및 도시화로 인한 가족의 분리 등의 문제가 발생했고, 도움이 필요한 클라이언트도 다양하고 문제도 복잡해졌다. 이는 가족치료의 발전을 가져왔고, 개업사회복지사(private practice)가 생겨나기도 했다. 또한, 복잡한 문제를 가진 클라이언트를 대하기 위한 새로운 형태의 방법론이 개발되었는데, 그중 가장 독특한 형태의 개입방법이 아웃리치(outreach)였다. 아웃리치는 상담실에서 클라이언트를 기다리기보다 클라이언트가 있는 곳으로 접근해 나가는 방법이었다. 이러한 시도는 1960~1970년대에 붐을 이루었다. 또한, 지역사회를 하나의 단위로 보고 접근하고자 노력하였다. 따라서 문제영역별로는 빈곤뿐만 아니라 비행, 장애, 보건, 정신건강 등 다양한 개인별 문제를 두루 섭렵하게 되었다(양옥경 외, 2005: 65). 이처럼 치료적 접근이 다시 주류를 이루게 된 데는 전쟁의 영향이 매우 컸다.

통합적 방법론의 등장

앞서 언급한 것처럼, 1920년대 전후에서 1950년대 전후까지만 하더라도 사회복지실천은 케이스워크, 그룹워크, 지역사회조직으로 분화되어 발전해 왔다. 그러다가 1950년대 후반에서 1970년대 전후에 사회복지실천의 방법에 있어서 통합적 접근이 이루어지면서 사회복지실천에 중요한 변화를 가져오게 된다.[16] 사회복지실천의 통합적 접근이란 전통적 사회복지실천의 3대 방법론에서 벗어나 개인과 집단, 지역사회를 구분하지 않고, 이들 방법을 총괄하여 개입하는 사회복지실천방법이다. 달리 말하면, 사회복지실천의 대상이 개인이든, 집단이든, 지역사회든 관계없이 사회복지실천과정에서 도출되는 공통된 원리와 방법을 하나로 통합하여 클라이언트를 돕는 방법을 말한다.

통합적 접근방법이 등장하게 된 배경은 전통적 방법론의 한계에서 찾을 수 있다(김융일 외, 1999: 121-122).

첫째, 전통적 방법은 클라이언트를 개인, 집단, 지역사회로 구분하여 각 클라이언트의 특성에 따라 각기 다른 방법으로 문제를 해결하려고 하는 것인데, 이러한 제한된 특정 문제나 대상 중심의 개입으로는 복잡해지고 중첩되어 있는 문제 상황을 해결하기 어려운 한계에 직면했다.

둘째, 전통적 사회복지실천방법은 지나친 분화, 전문화로 서비스의 파편화 현상을 초래하였다. 다양한 문제와 욕구를 지닌 클라이언트가 여러 기관이나 사회복지사를 찾아다녀야 하는 부담감을 야기한 것이다.

셋째, 전통적 사회복지실천방법은 전문화 중심의 교육이었는데, 이것은 사회복지사의 분야별 직장 이동에 도움을 주지 못했다.

넷째, 공통기반을 전제하지 않는 분화와 전문화는 각각 별개의 사고와 언어 및 과정을 보여줌으로써 사회복지 전문직의 정체성 확립에 장애가 되었다.

다섯째, 클라이언트의 문제와 욕구가 복잡하고 다원화되었다. 현대사회의 급속한 변화, 다양화, 복잡성으로 인해 증가하고 있는 클라이언트와 개인과 가족, 그리고 지역사회의 기능을 회복하고 삶의 질을 향상시키기 위해서 개인과 환경을 중요시하게 되었다.

이처럼 전통적 사회복지실천방법은 사회의 변화에 따라 발생하는 복합적

---

16) 물론, 사회복지실천 통합노력의 기원은 1929년 밀포드회의에서 찾을 수 있다. 앞서 언급한 바와 같이, 밀포드회의에서 케이스워크를 기본으로 하되, 다양한 영역 간에 존재하는 공통요소 8가지를 발표했다. 이는 사회복지실천을 전문직으로 하는 사회복지사가 갖추어야 할 기본적인 지식 및 방법에 대한 공통요소이다.

인 문제에 적용할 수 없게 되었고, 이에 따라 사회복지실천의 본질적인 개념, 기술, 과업 및 활동에 공통적인 기반을 찾으려는 노력이 활발해지면서 새로운 방법론으로서 통합적 접근방법론이 등장하게 된 것이다.[17)]

한편, 사회복지실천방법론의 통합과 더불어 사회복지실천기술도 통합되어 가는데, 3대 방법론을 절충적으로 사용하면서 사회행동, 조사, 사회계획, 정책, 행정을 포함한 거시적인 관점으로 시각이 확대되었다. 또한, 사회복지실천 단체들도 통합되었다. 1955년 미국사회복지협회(NASW)가 의료사회복지사협회(1918), 학교사회복지사협회(1919), 미국사회복지사협회(1921), 정신의료사회복지사협회(1926), 집단사회복지사협회(1946)의 다섯 전문직 단체와 지역사회조직사업(CO)과 사회복지실천조사에 관한 두 연구단체를 합하여 단일 전문직 단체로 출범하였다.

이처럼 사회복지실천의 통합화가 진행되는 한편 전통적 실천기술, 즉 케이스워크, 그룹워크, 지역사회조직도 새로운 이론을 도입 및 형성하고 확장해 가면서 발전하게 된다.

---

17) 통합방법론에는 펄먼(Perlman)의 문제해결모델(1957), 핀커스와 미나한(Pincus & Minahan)의 4체계 모델(1973), 콤튼과 갤러웨이(Compton & Galaway)의 6체계 모델(1979)과 5체계 모델(1999), 골드스타인(Goldstein)의 단일화 모델(1973), 저매인과 기터만(Germain & Gitterman)의 생활모델(1980) 등이 해당한다. 각 이론의 내용에 대해서는 김융일 외(1998), pp.124-128을 참조하기 바란다.

CHAPTER 07

사회보험의 탄생: 독일 비스마르크 사회보험입법

CHAPTER

07 사회보험의 탄생: 독일 비스마르크 사회보험입법

오늘날 사회보험은 복지국가의 척도라 할 수 있다. 복지국가의 개념을 형성하는 가장 중요한 요소가 사회보장인데, 그 사회보장의 핵심을 이루는 것이 사회보험이기 때문이다. 사회보험은 전형적인 자본주의적 사회복지정책이다. 그런데 사회보험은 19세기 말 당시 가장 선진적인 자본주의 국가인 영국과 프랑스보다 산업화가 늦은 독일에서 탄생했다. 독일은 세계 최초로 사회보험을 도입한 이후 강제적 사회보험을 중심으로 국가사회복지를 발전시켜 왔다. 그렇다면 사회보험이 왜 독일에서 탄생했는가? 이 장에서는 최초의 사회보험으로 평가받는 독일 비스마르크 사회보험입법의 도입배경과 내용의 탐구를 통해 그 본질을 탐색해 본다.

1. 사회보험의 기원: 공제조합

사회복지정책의 핵심인 사회보험은 공제조합에 기원을 두고 있다. 공제조합(friendly society)이란 조합원 상호 간의 부조와 복지를 위해 조합원이 갹출한 일정의 부금을 재원으로 하여 조합원이 노령, 재해, 실업, 질병, 사망 등의 사고를 당했을 경우 급여를 지급하는 상호부조조직을 말한다(원석조, 2004: 14). 19세기 말까지는 오늘날과 같이 국가가 시행하는 사회보장제도가 없었다. 노동자 가족들의 생계문제는 전적으로 스스로 해결할 수밖에 없었다. 이때까지 노동자들의 복지를 위한 유일하고도 유력한 사회조직이 바로 공제조합이었다.

유럽의 다른 국가들과 마찬가지로 독일의 산업중심지에도 공제조합이 존재하고 있었다. 공제조합은 상호부조의 수단이었을 뿐만 아니라 공장주나 국가에 대하여 노동자의 이익을 대변하는 수단이기도 했다(박광준, 2002: 260). 공제조합은 원래 노동자들의 자주적인 공제제였지만, 독일에서는 법률로 제도화되었다. 모든 독일 지역에서 공제조합의 설립과 사용자 및 노동자의 조합비 지출이 법률에 의해 강제적으로 이루어졌던 것이다. 예를 들어, 프로이센에서는 1845년 공장주에 대하여 각 공장의 부조금고에 대한 갹출의무를 부과하였고, 1854년 자치단체가 조례에 의해 노동자들이 금고를 설치하도록 하였다. 그리고 같은 해, 광업노동자 공제조합법을 제정하여 모든 광업노동자의 보험강제와 광산 소유주의 갹출분담 의무가 부과되었던 것이다(柴田嘉彦, 1996: 112).

1876년의 부조금고법에 의해 정부는 가입을 강제하는 조합은 모두 등록하도록 하여 그 내용을 정비하였고, 영업조례를 만들어 지방당국에 16세 이상의 노동자를 조합에 강제적으로 가입시킬 수 있는 권한을 부여하였다. 또한, 가입을 강제하지 않는 조합에 대해서도 다양한 급여지급을 인정하였다. 독일에서는 임의가입의 조합 이외에 강제가입의 조합이 존재하였고, 그것이 오히려 더 주류를 형성하였다는 특징이 있다. 1876년 기준으로 독일에는 약 12,000개의 공제조합이 있었고, 조합원 수가 200만 명에 달했는데, 이것이 1880년대의 사회보험의 성립에 토대가 되었음을 시사해 준다(박광준, 2002: 261).

독일은 1883년에 질병보험을 도입하면서 중앙집중식 관리기구를 새롭게 창설하는 대신에 기존의 공제조합을 활용하여 질병금고를 만들었다.[1] 이처

---

1) 영국도 1911년 국민보험법의 일환인 건강보험을 도입하면서 별도의 관리운영기구 신설 대신에 기존의 공제조합을 활용했고, 프랑스 역시 1930년에 공적연금을 도입할 때 기존의 공제조

럼 공제조합은 사회보험의 일선 조직으로 변화해 갔다.

2. 사회보험의 도입배경

사회보험은 19세기 말 선진자본주의 국가인 영국이 아니라 후발 공업국인 독일제국에서 탄생하였다. 1883년의 질병보험(오늘날의 건강보험), 1884년의 산업재해보험(오늘날의 산재보험), 1889년의 노령폐질보험(오늘날의 연금)이 그것이다. 그렇다면 왜 전형적인 자본주의적 사회복지정책인 사회보험이 산업화가 뒤늦은 독일에서 도입되었는가?

영국과 독일의 사회보험입법 과정을 비교 연구한 리터(Gerhard Ritter)는 그 원인을 인구증가, 산업화, 도시화 그리고 인구이동으로 인한 사회경제적 변화과정에서 찾고 있다. 구체적으로 그 변화를 세분화하여 다음과 같이 열거하고 있다(Ritter, 2005: 2-3). 즉, ① 계급사회와 중세 이래 존재했던 동업조합의 해체, ② 오랫동안 보장의 주체였던 촌락공동체로부터의 주민의 이탈, ③ 일찍이 거의 강요되었던 하층민의 독신생활의 종결, ④ 전통적인 생산공동체이기도 했던 가족의 붕괴, ⑤ 그리고 생존 배려기능을 수행했던 가족공동체의 기능 상실, ⑥ 수공업과 농촌에 특유했던 사용자와 피용자 간의 가족적 공동체의 해체, ⑦ 자본주의 노동시장의 발전과 시장원리에 의해서 결정되는 임금수준, ⑧ 산업무산계급의 출현, ⑨ 기계공업에 부수하는 산업재해위험의 증가, ⑩ 산업에서 노령노동력에 대한 무배려와 점차적으로 경기변동에 종속되어 가는 고용기회 등이다. 리터에 따르면, 이 모든 현상이 필연적

합을 일선 금고로 활용했다.

전조였다는 것이다.

이러한 요인들은 비단 사회보험 성립의 이해뿐만 아니라 모든 사회복지제도를 이해하기 위해서는 반드시 고찰되어야 할 요인들이다. 그러나 사회보험이 왜 19세기 말에 독일에서 탄생했는가를 이해하기 위해서는 이러한 요인만으로는 그 본질을 파악할 수가 없다. 리터 자신도 인정하고 있듯이, 이러한 가정을 따를 경우 독일에 앞서 영국과 벨기에, 스위스와 프랑스의 순서로 국가 주도의 사회보험제도가 형성되어야 했기 때문이다. 결국, 독일 사회보험 도입의 본질은 19세기 말 독일의 사회 · 경제 · 정치구조 및 계급 역관계에서 찾아야 한다.

1) 독일의 통일과 융커계급의 정치적 헤게모니 장악

독일 사회보험의 도입배경을 사회경제사적으로 살펴보기에 앞서 잠시 독일의 역사 속으로 거슬러 올라가 보기로 하자. 즉, 독일의 기원을 살펴보고, 독일의 통일에 이르기까지의 과정에서 융커계급이 정치적으로 헤게모니를 장악하게 되는 경위를 살펴보기로 한다.

독일의 기원과 프로이센의 부상

오늘날 독일의 역사는 481년 클로비스 1세가 문을 연 프랑크왕국의 메로빙거왕조에서 시작되었다. 프랑크왕국은 843년에 베르됭 조약에 의해서 프랑크 · 중 프랑크 · 동 프랑크로 삼분되었다. 이들은 각각 프랑스 · 이탈리아 · 독일의 기원이 되었다.

962년 동 프랑크왕국의 오토 1세가 로마 교황으로부터 황제의 칭호를 받아 신성로마제국의 문을 열었다. 신성로마제국은 17세기에 이르러 30년 전쟁

(1618~1648) 후 체결된 베스트팔렌 조약으로 인해, 결국 300여 개의 독자적인 영방국가[2]로 분열되었다. 그중 브란덴부르크 마르크[3]에서 출발한 호엔촐레른왕가는 1701년 선제후에서 프로이센왕국으로 승격하였는데, 이때 첫 국왕으로 프리드리히 1세가 즉위하였다. 그 뒤 신성로마제국의 중심은 프로이센(호엔촐레른왕가)과 오스트리아(함부르크왕가)로 이원화되었다. 이로써 프로이센은 신성로마제국의 중심이었던 오스트리아에 맞서 대립하였다. 프로이센은 프리드리히 2세 때 절대왕정을 수립하고, 오스트리아 왕위 계승 전쟁(1740~1748)과 7년 전쟁(1756년~1763)에서 주도권을 장악하고, 유럽 최대의 군사력을 지닌 강대국으로 부상하였다.[4] 프로이센은 독일 근대화의 주도권을 잡았을 뿐 아니라, 유럽의 새로운 강대국으로서의 지위까지 확보하게 된다(정미선, 2009).

빈 체제의 성립

한편, 프랑스 혁명(1787~1799) 이후 1804년에 황제에 오른 나폴레옹 1세는 유럽을 전쟁의 소용돌이 속으로 몰아넣었다. 이 전쟁에서 승리한 뒤, 오스트리아와 프로이센을 제외한 모든 영방국가들을 통합하여 라인 연방을 결성하였다. 그 결과 그동안 명목만 유지해 오던 신성로마제국은 1806년 프란츠 2세 시대를 끝으로 영원히 역사 속으로 사라지게 되었다. 한편, 여러 차례의

---

2) 각각의 제후들이 독립된 나라로서 주권을 행사하는 나라를 말한다.

3) 마르크(Mark)는 프랑크왕국과 신성로마제국에서 군사상 중요한 변경지역에 설치하던 행정구역을 말한다. 식민 통치가 이루어졌으며, 마르크의 통치자에게는 자유로운 군사지휘권이 주어졌다. 그뿐만 아니라 통치자는 행정 · 사법상의 최고 권력까지 누리고, 작위가 대를 이어 세습되기 때문에 후에 강력한 영방군주로 성장하게 된다(정미선, 2009: 253).

4) 오스트리아 왕위 계승 전쟁과 7년 전쟁은 슐레지엔을 노린 프리드리히 2세와 상속받은 권한을 지키기 위한 마리아 테레지아 여제와의 싸움에, 왕위 계승에 관련된 독일 영방국가들과 해외 식민지를 두고 싸우던 영국 · 프랑스가 서로 동맹을 맺고 참여한 전쟁이었다.

대불동맹에 참여한 프로이센은 나폴레옹 1세와의 전쟁에서 패한 뒤 틸지트 조약(1807년)[5]에 의해 영토의 반을 잃고, 엄청난 배상금을 지불해야 했을 뿐만 아니라 나폴레옹의 지배를 받았다.

1812년 나폴레옹이 러시아 원정에 실패하자, 프로이센을 비롯한 유럽의 여러 나라는 동맹을 맺고 나폴레옹 해방 전쟁을 선포하였다. 그 결과 나폴레옹은 퇴각하게 되었고, 유럽을 프랑스 혁명 이전으로 되돌려 놓으려는 빈 체제(오스트리아의 재상 메테르니히 중심)가 성립되었다. 이로써 프로이센은 대국으로서의 지위를 회복하고 새로이 개혁을 시도하게 되었다.

빈 체제는 각국의 자유주의와 민족주의 운동을 억압하는 보수반동(진보적이거나 발전적인 움직임을 반대하여 강압적으로 가로막음) 체제였기 때문에 영국과 프랑스와는 달리, 프로이센에서는 자유주의가 후퇴하는 결과가 나타났다. 그 결과 1817년 독일 지역의 학생과 지식인들은 빈 체제를 반대하면서 자유주의적 통일을 열망하는 운동을 전개하였다. 그렇지만 메테르니히의 탄압에 의해 무산되고 말았다(정미선, 2009: 254-255).

1848년 독일 혁명과 그 영향

1848년 프랑스에서 일어난 2월 혁명의 영향으로 베를린과 빈을 비롯한 독일 지역의 모든 영방에서도 자유주의 민족 국가를 쟁취하려는 3월 혁명이 일어났다. 원래 1848년의 독일 혁명은 지배계급으로서의 위치를 고수하기 위해 반동적인 입장을 취했던 봉건귀족계급과 자본주의의 진전으로 힘을 강화시킨 신흥 부르주아지 간의 계급전쟁으로 시작되었다. 부르주아지들은 자본주

---

5) 틸지트 조약은 1807년 당시 러시아 제국 영토였던 현재의 소베츠크(독일어: Tilsit)에서 7월 7일 맺은 프랑스제국과 러시아제국 간, 그리고 7월 9일 프로이센왕국과 러시아제국 간의 강화조약이다.

의로 변화하는 토대에 조응하는 정치적 상부구조, 즉 부르주아 민주주의와 자본주의적 생산관계의 발전에 자유로운 영역[6]을 보장해 줄 것을 요구하였다(소련과학아카데미, 1989: 125; 원석조, 2004: 24). 그리고 혁명의 초기에는 피지배계급 중 주로 수공업직인과 농민들의 사회적 요구가 강력하게 표출되었으며, 프롤레타리아트인 공장노동자들의 활동이 뚜렷한 것은 아니었다. 그러나 혁명이 진행되면서 비록 당시의 혁명이 부르주아 혁명이었지만, 프롤레타리아트는 그 어느 계급보다 혁명에 전투적이고도 헌신적으로 가담하였으며, 1848년 6월부터는 혁명적인 인민운동을 전개하였다. 그러자 프롤레타리아트의 혁명적 열기에 공포를 느낀 부르주아지는 프롤레타리아트를 배신하여 봉건귀족계급과 연합을 해버린다. 그후 혁명은 유산계급(토지소유계급과 부르주아지) 대 무산계급 간의 투쟁으로 양상이 변하였으며, 유산계급은 폭력으로 무산계급을 억압하여 혁명을 잠재웠다. 부르주아지의 배신으로 1848년의 부르주아 혁명은 실패하고 어제까지만 해도 반봉건적이었던 부르주아지의 손에 의해 봉건제는 회복되었다(프리드리히 엥겔스, 1988: 22-23).

혁명의 좌절 후 전통적으로 프로이센 국가를 지배해 왔으며, 국가 지배의 두 근간인 군대와 관료제를 장악한 융커계급은 국가 내에서 독점적인 지위를 차지하였다. 이에 비해 신흥 부르주아지는 자유주의 이념으로 무장하고 프로이센 의회를 장악하여 헌법투쟁을 통해서 특권계급의 독점적 지배에 제동을 걸려고 하였다(강철구, 1983: 51). 이처럼 봉건적 사회질서의 잔재가 부르주아 혁명을 통해 완전히 제거되지 않음으로써 봉건적 사회관계인 피지배계급에 대한 지배계급의 보호전통이 유지되었으며, 독일은 군국주의의 길로 나아갔다.

---

6) 자유로운 영역은 예를 들면, 상업활동의 자유, 소작농에게도 자유를 부여함으로써 공장으로 올 수 있는 선택의 자유, 농업노동자의 산업노동자화를 위한 거주이전의 자유 등을 말한다.

철혈재상 비스마르크의 등장과 독일 통일

1861년 프로이센에서는 빌헬름 1세가 새로운 국왕으로 즉위하였다. 직업군인 출신이었던 그는 상비군 병력을 증강하고, 민병대를 폐지하려 했다. 그러나 의회에 다수파를 이루던 자유진보주의자들이 반대하자, 빌헬름 1세는 1862년에 전형적인 융커(Junker)[7] 출신인 비스마르크를 재상으로 임명하였다.

[책갈피 7.1]

비스마르크(Otto von Bismarck)

사진출처: 다음백과

- 1815년 프로이센 알트마르크 쇤하우젠 출생
- 1862년 프로이센 재상 취임
- 독일 통일과 근대화의 주역
- 1880년대 말 부강한 국력을 바탕으로 현상 유지정책에서 탈피, 세계로 진출하려 한 젊은 빌헬름 2세와 대립
- 1878년 사회부의자탄압법 발효
- 1883년 질병보험법 제정
- 1884년 산업재해보험법 제정
- 1889년 폐질 및 노령연금법 제정
- 1890년 사임
- 1898년 사망

7) 융커(Junker)는 '지방 호족'이라는 뜻이다. 프로이센과 동부 독일의 지주 계층으로, 독일제국(1871~1918)과 바이마르공화국(1919~1933) 시대에 상당한 권력을 행사했다. 정치적으로 융커는 극단적인 보수주의를 대변하며, 군주제를 옹호하고 농업보호주의 정책을 지지했다. 융커는 프로이센 군대의 간부직을 차지하고 있었기 때문에 반자유주의적인 헌법(1850~1918)이 존속하던 프로이센에서 특히 막강한 영향력을 행사했다. 바이마르공화국 시대에도 융커는 공화국에 적대적인 태도를 보였는데, 결국 이 공화국의 붕괴가 히틀러 등장의 원인이 되었다(정미선, 2009: 257).

강력한 군주정치를 내세운 비스마르크는 수상 자리에 오르자, "지금 당면한 현실적인 문제는 언론이나 다수결로 해결할 수 있는 것이 아니라, 오직 철과 피로써만 해결될 수 있다"라고 주장하였다. 그러면서 그는 의회의 기능을 정지시키고 언론을 통제하기 시작했다. 그리고 정부 단독으로 군제[8]를 개혁하여 강력한 군사력을 바탕으로 하는 무력 통일정책(철혈정책)을 추진하였다.

프로이센은 1866년 6월부터 7주 동안 벌어진 오스트리아와의 전쟁에서 승리하였다. 오스트리아를 제압한 프로이센은 마인강(독일 라인강의 가장 큰 지류) 이북지역을 장악하고 독일 연방의 주도권을 거머쥐었다.

[책갈피 7.2]

7주 전쟁: 프로이센·오스트리아 전쟁

슐레스비히 홀스타인 문제로 프로이센과 오스트리아가 벌인 전쟁이다. 슐레스비히와 홀스타인은 모두 공작이 다스리던 땅으로, 덴마크와 독일을 잇는 접경 지역에 위치하고 있었다. 그렇기 때문에 프로이센과 오스트리아는 모두 덴마크와 비교적 원만한 관계를 유지하고 있었다. 그런데 1863년 덴마크의 새로운 국왕 크리스티안 9세가 독일 연방과 아무런 협의도 없이 슐레스비히와 홀스타인을 자기 나라 영토로 병합해버렸다. 그러자 비스마르크는 오스트리아와 연합하여 두 지역을 장악하였다. 이후 두 나라는 이들 지역을 공동으로 관리하였다. 하지만 오스트리아가 두 지역의 분할을 요구하고 나서자, 1865년 8월 13일 가스타인 조약을 맺고 슐레스비히는 프로이센에, 홀스타인은 오스트리아에 편입시키기로 결정하였다. 독일 연방에서 영향력을 확대하려는 프로이센의 시도가 오스트리아에 의해 계속 저지당하자, 1866년 봄 비스마르크는 마침내 오스트리아와 전쟁을 결심하고 준비에 나섰다. 같은 해 6월 17일, 오스트리아가 먼저 선전포고를 하고, 다음 날 바로 프로이센이 대응하면서 마침내 전쟁은 시작되었다. 프로이센·오스트리아 전쟁은 8월 23일, 오스트리아가 항복하기까지 걸린 기간이 7주라고 해서 '7주 전쟁'이라고도 부른다.

출처: 정민선(2009), pp.260-261.

8) 군을 건설 · 유지 · 운용하는 데 필요한 모든 제도를 말한다.

그뿐만 아니라 프로이센은 보불전쟁(普佛戰爭)이라 불리는 프랑스와의 전쟁에서 승리함으로써 유럽의 판도를 바꾸어 놓았다. 1866년의 오스트리아와의 전쟁과 1870년 프랑스와의 전쟁에서 승리한 비스마르크는 무력으로 독일을 통일하게 된다. 독일제국건설의 1등 공신이었던 비스마르크는 그대로 통일된 독일제국의 재상이 되어, 정치적 헤게모니를 장악하게 된다. 그는 정치, 문화, 종교 등 모든 분야에서 강력한 통제력을 발휘하였고, 방대한 관료조직과 군비를 확충하여 강력한 상비군을 만들어 군주-관료적 국가체제를 형성해 갔다.

[책갈피 7.3]

보불전쟁(普佛戰爭, 1870.7~1871.5)

오스트리아를 제압하고 독일 연방의 주도권을 거머쥔 프로이센에 민감하게 반응한 나라는 프랑스였다. 프랑스의 나폴레옹 3세는 더이상 유럽에서 프로이센의 입김이 세지는 것을 두고 볼 수 없다고 판단하고 전쟁의 구실을 찾기 시작했다. 그때 에스파냐에서 혁명이 일어났다. 1868년 부르봉 왕가(프랑스 측)의 이사벨라 여왕을 쫓아낸 혁명 지도자들은 프로이센 빌헬름 1세의 사촌인 레오폴트 대공에게 새로운 왕위를 제안하였다. 이 소식을 들은 비스마르크가 레오폴트 대공을 설득하여 왕위를 받아들이게 했다. 완전한 독일 통일을 위해서는 프랑스를 눌러야 한다고 생각하던 비스마르크도 프랑스를 자극하기 위해 에스파냐 왕위 계승 문제에 적극적으로 관여한 것이다.

1870년 6월 21일에 에스파냐가 그 사실을 발표하자 프랑스는 크게 반발하였고, 프로이센과의 전쟁도 불사하겠다면서 레오폴트의 사퇴를 요구하고 나섰다. 그러자 처음부터 왕위 수락을 반대했던 빌헬름 1세는 비스마르크의 반대에도 불구하고 에스파냐 왕위 수락을 접고 말았다.

이 무렵 프랑스의 프로이센 주재 베네데티 대사가 레오폴트 대공의 에스파냐 왕위 포기에 대해 확답을 받기 위해 엠스 온천에서 휴양 중인 빌헬름 1세를 방문했다. 이때 그들이 나눈 회담의 내용은 베를린에 머물고 있던 비스마르크에게 전보로 전달되었다. 비스마르크는 프랑스를 전쟁에 나서게 하기 위해 그 전보 내용을 프랑스 대사가 프로이센 국왕을 모욕했다고 바꾸어 7월 14일에 영국 신문에 발표해 버렸다. 또 베네데티가 벨기에 병합을 거론한 문서까지 몰래 《런던타임즈》에 제공했다(엠스 전보사건). 그 결과 비스마르크의 예상대로 프로이센 국민들의 프랑스에 대한 반감이 급속도록 커졌고, 프랑스 국민들 역시 프로이센에 대해 격분하게 되었다.

전쟁을 원하는 비스마르크의 의도를 읽은 나폴레옹 3세는 1870년 7월 19일에 먼저 선전포고를 하고 나섰다. 그러자 프로이센도 방어전쟁이라는 것을 강조하면서 프랑스를 향해 전쟁을 선언했다. 이때부터 1871년 5월까지 두 나라 사이에 일어난 전쟁을 '프로이센·프랑스 전쟁'(보불전쟁)이라고 한다. 프로이센·프랑스 전쟁을 보불전쟁이라고 부르는 이유는 한자로 프로이센을 보로사(普魯斯)라고 부르고, 프랑스는 불란서(佛蘭西)라 부르기 때문에 보불전쟁이라고 한다. 참고로 프러시아(Prussia)는 프로이센을 영어로 부르는 명칭이다.

전쟁의 결과는 프로이센의 승리로 끝났다. 1871년 5월 18일 프로이센은 티에르가 주도하는 프랑스 임시정부와 프랑크푸르트 조약을 맺고 전쟁을 종결지었다. 파리가 함락되기 전 1871년 1월 18일에 프로이센 왕 빌헬름 1세는 베르사유 궁전에 있는 거울의 방에서, 독일제국의 초대 황제로서 즉위식을 갖고 독일제국을 선포하였다. 이때 신성로마제국 시대부터 나뉘어 있던 왕국과 대공국, 공국, 자유 도시들이 하나로 통일된 최초의 단일국가가 등장하게 되었는데, 그 이름이 바로 도이치랜드(독일)이다.

출처: 정민선(2009), pp.261-266.

2) 뒤늦은 산업화와 융커귀족의 지배체제

개혁을 통한 자본주의적 농업형태로의 전환

독일은 영국이나 프랑스보다 훨씬 늦게 산업화의 길로 들어섰다. 프랑스나 영국과는 달리 독일은 시민혁명이 아닌 개혁을 통해 봉건제로부터 자본주의로의 이행을 개시하였다. 19세기 초 농업개혁이 이루어졌는데, 이를 통해 봉건적 토지 귀족계급인 융커계급은 농업자본가(자본주의적 대농장경영자)로 발전할 수 있었다(한국복지연구회, 1985: 137). 예컨대, 1816년 동부지역에서 이루어진 하르덴베르크의 농업개혁은 전체 곡물경제를 급속도로 발전시켰다. 토지시장을 개방시킨 그의 개혁은 점차적으로 무능하고 빚이 많은 융커들을 농촌에서 걸러내어 버렸다. 이에 따라 토지에 투자하는 부르주아들의 수가 증대하였으며, 부유한 농민층 또는 대농(Grossbauern)이 나타나면서 농업경영의 합리화 경향도 눈에 띄게 나타났다. 동시에 농촌에 남게 된 융커들은 이후 더욱 규모가 크고 생산적인 농장의 사업주가 되었다. 이들은 동료 귀족의 농장을 구입하거나, 농민을 공유지나 소작지로부터 추방하여 그 규모를 더욱 확대했던 것이다. 1880년대, 1,000헥타르 이상의 거대 농장의 70%는 그 소유주가 귀족이었다. 농업 전 분야가 팽창과 번영의 단계에 들어섰다(페리 앤더슨, 1993: 295).

이리하여 융커귀족의 지배체제는 성공적으로 자본주의적 농업형태로의 누적적인 전환을 성취할 수 있었다. 그리고 지킬 수 있는 한도 내에서 기존의 모든 특권을 이용하였다. '귀족들은 장원적 농업형태에서 자본주의적 농업형태로 쉽게 이행하였으나, 반면 수많은 농민은 경제적 자유라는 세탁물에 빠져 익사하는 것을 허락받았다'(페리 앤더슨, 1993: 296).

제1계급으로서의 봉건귀족

독일에서는 1830년대부터 산업혁명이 전개되었으나 여전히 봉건제의 유제들이 광범위하게 존재하고 있었다. 봉건귀족은 그들의 옛날 특권의 상당 부분을 차지하고 있었다. 봉건적 토지소유제도는 거의 모든 곳에서 우세하였다. 심지어 영주는 그의 소작인에 대한 재판권도 유지하고 있었다. 영주는 그들의 정치적 특권과 제후를 통제할 수 있는 권리가 박탈되었어도, 면세권뿐만 아니라 그들의 영지 내에 있는 농민에 대한 거의 모든 중세기적 주권을 유지해 왔다. 이러한 봉건귀족은 당시 그 수가 매우 많았고, 그중에서는 부유한 자도 있어서 공식적으로 이 나라에서 제1계급(Order)이라고 인식되었다. 이 귀족 중에서 정부 고위관리가 나왔으며, 군대의 장교도 귀족이 거의 독점했다(프리드리히 엥겔스, 1988: 144).

이러한 역사적 상황으로 인해 독일에서는 보수주의 세력(귀족세력)이 매우 강했고, 자유주의 세력은 취약했다. 산업화를 지지하는 자유주의자들은 근대산업을 반대하는 보수주의자들에 의해 수세에 몰렸을 뿐만 아니라, 곧바로 자본주의를 근본적으로 배격하는 사회주의자들의 공격에도 직면하게 되었다(가스통 v. 림링거, 2009: 124-125). 그러나 자유주의자들의 세력이 아직 쇠퇴한 것은 아니었다. 19세기의 3/4분기 동안에 경제적 자유주의는 다시 회복되었으며, 산업사회의 전개 과정에서 개인의 사회적 권리를 규정짓는 요인에서 제외될 수 없었다(가스통 v. 림링거, 2009: 140).

불황의 충격과 새로운 국면

독일은 1873년 유럽을 강타한 불황을 함께 경험하였다. 이 불황은 독일 경제에 공전의 타격을 주었다. 국가통일과 대불전쟁의 승리의 결과로 생겨난 수많은 기업이 갑작스럽게 붕괴되었다. 철강(iron)과 강철(steel) 산업은 타격이 가장 심각했던 산업 중의 하나였다. 1873년과 1874년 사이에 제철 산업의 고용은 40%가 하락하였다. 1876년에는 독일 용광로의 절반이 놀고 있었다. 불황은 국제적인 현상이었지만, 1871년과 1873년의 번영기에 전개되었던 위험스러운 팽창으로 인해 위기가 크게 증폭되었다(가스통 v. 림링거, 2009: 124-148).

대도시에서는 건축투기와 만성적 주택난으로 인하여 사회적 및 경제적 대립이 첨예화되었다. 이는 1869년과 1874년 사이의 수많은 파업으로 더욱 가중되었다. 시민계급과 국가에게 이러한 사태는 기존의 사회경제질서에 대한 위협으로 간주되었다. 이에 겹쳐 1873~1874년에 그 증후를 나타낸 경제위기가 1879년에 정점에 달했다. 이 여파로 대량실업과 악성 빈곤이 만연하였다. 이러한 상황 전개는 시민계급의 진보에 대한 믿음에 찬물을 끼얹었고, 사회문제는 또다시 첨예한 공공의 관심사가 되어 사회개혁 이념에 관한 격렬한 논의를 유발하였다(Ritter, 2005: 27).

심각한 경제불황의 충격에서 중공업과 대농업가들은 사회혁명에 대한 두려움으로 인해 결속되고, 이것이 '위로부터의 혁명'이라는 새로운 국면의 기반이 되었다. 대불황의 경기변동 과정에서 1882년 두 번째 경기침체가 심화하자, 비스마르크는 기존 질서를 유지하기 위하여 해외팽창을 꾀하고, 시장을 확대하여 성장을 지속함으로써 사회혁명을 방지하고자 했다. 이러한 제국주의적 경향은 새로운 국가개입의 차원을 마련하게 된다(문기상, 1983: 69).

3) 노동자계급의 세력 확대와 정치적 진출

노동자계급의 형성과 정치적 조직화

빠른 속도로, 위로부터 강요된 산업화는 독일사회에 깊은 계급적 갈등과 긴장 관계를 초래했다. 여기에 억압적 관헌국가나 강력한 관료제는 노동자계급으로 하여금 국가에 대한 적대감을 갖게 했다. 그뿐만 아니라 정치무대에서 강력한 세력으로 자리를 잡지 못한 시민계급은 노동자들에게 설득력 있는 대안을 제시하지 못하였다. 바로 이러한 외적 조건 아래에서 독일의 경우 산업화가 시작된 지 겨우 30여 년이 지난 1870년대에 이미 정치적 계급으로서의 노동계급이 형성되었다(정현백, 1989: 202).

독일 노동자계급의 정치적 조직결성은 1848~1849년 혁명 이전에 있었던 기존 조직들로부터 일정한 영향을 받았다. 대표적인 기존 조직은 크게 세 가지 범주, 즉 상호부조금고, 수공업자협회나 노동자교육협회 그리고 해외에 망명한 직인이나 지식인 단체로 구분된다(정현백, 1989: 198).

상호부조금고는 직종별로 이루어진 것으로서 건강이나 생명보험 혹은 방랑 중의 직인들을 위한 부조가 그 주종을 이루었다. 수공업자협회나 노동자교육협회는 한 직종이나 계급에만 제한된 것이 아니라 시민계급에게도 열려 있었다. 자유주의적 시민계급의 독서회를 근간으로 발전한 이 단체는 자조나 사회적 진보의 중요한 수단을 교육으로 간주하였다. 그러나 전체적으로 볼 때 이 단체들의 정치적 입장들은 매우 다양했다. 1840년대에 들어서면서 그 중 일부가 원래의 주도 세력의 의지와는 상관없이 과격화되는 양상을 보였다. 또한, 벨기에 · 프랑스 · 스위스 · 영국과 같은 비교적 자유주의적인 법률 제도를 가진 국가에 모인 일단의 망명 지식인이나 직인들이 1830~1840년대에 직종 특유의 혹은 노동자에게만 제한된 것이 아닌 협회들을 만들어서 사회주의적 · 공산주의적 목표를 추구하였다. 1836년 창설된 의인동맹(義人同盟)과 1846~1847년에 만들어진 공산주의자 동맹이 그 대표적인 단체인데, 특히 후자는 마르크스와 엥겔스가 지도적 역할을 담당하였다.

1848년 혁명을 겪으면서, 앞선 세 범주의 단체들을 중심으로 그때까지 막연하게 혼재되어 있던 자유주의 좌파, 민주주의, 사회주의, 그리고 사회민주주의적 조류들이 분화되기 시작하였다. 그뿐만 아니라 프랑크푸르트 국민회의가 계급에 따라 분열되면서 소수의 직인들은 국민회의를 퇴장하여, 별도로 전독일노동자대회를 조직하기도 하였다. 1848년 혁명의 좌절과 그에 뒤이은 정치적 반동화에 직면하여 노동자 조직들은 일시적으로 자기 해체를 하거나 비정치적인 자조단체로 역행하기도 했다. 그러나 1860년대 초에서 1870년대 초 사이에 파업이 빈번하게 일어났고, 노동조합이 설립되었으며, 노동자교육협회나 수공업자협회로부터 노동자정당의 맹아가 싹트기 시작하였다(정현백, 1989: 199).

노동조합은 신속하게 지역적 혹은 국가적 차원의 연합으로 발전하였다. 독일의 노동조합 결성은 영국과 비교해 시기적으로 훨씬 늦었다는 사실 이외에도 몇 가지 차이점을 보여준다. 우선 독일노조는 빨리 진행된 산업화에 못지않게 직장 중심의 길드에 대한 거부감으로 인해 수공업적 전통의 영향에서 빨리 벗어났고, 그와 더불어 영국과 같은 직종별 세분화 경향도 덜하였으므로 비교적 산업별 노조로 발전하기 수월하였다.[9] 그러나 무엇보다도 중요한 독일노조의 차이점이자 특징은 정치적 노선에 따른 노조의 결성이 이루어졌다는 것이다. 사회민주당 계열의 노조, 자유주의 노조 그리고 가톨릭 노조라는 세 개의 경쟁하는 조직 중에서 보불전쟁 이후 결정적으로 그 세력을 장악한 것은 사회주의적인 노조였다.[10]

독일 노동조합운동은 사회민주당의 영향력을 벗어나지 못했다. 그 이유는 첫째, 사회민주당 가까이에 있는 노조들은 사회주의자탄압법이 발표되는 1878년까지 그 조직률이 5% 미만일 정도로 약해서 당의 지원을 필요로 했고, 둘째, 독일의 경우에 노조의 발전에 비해 정당결성의 속도가 너무 빨랐고, 셋째, 사회민주당 역시도 그 세력이 안정되지 못하였으므로 노조의 지원을 필요로 했기 때문이다. 이런 이유로 인해 독일 노동조합의 발전에서 노동자정당이 핵심적인 역할을 하였다(정현백, 1989: 200).

라살레의 국가사회주의와 의회주의적 실천

독일의 노동자정당은 1860년대부터 자립적인 정치활동의 형태를 갖는다. 그 최초의 조직형태는 1863년 5월 라살레(Lassallee)에 의해 창설된 전독일노동자연맹(Allgemeiner Deutscher Arbeiter Verein: ADAV)이었다.

---

9) 1860년대 말, 1870년 초 사이에 독일은 중앙화된 75개의 전국적 직종·부문별 연맹이 존재하였다. 이에 비해 영국은 1861년에 2,000개의 조직으로 나뉘어져 있었다(정현백, 1989: 200).

10) 5만 명이 사회주의, 2만~2만 5천 명이 자유주의 그리고 1만 명이 가톨릭 노동운동에 참여하였다(정현백, 1989: 200).

[책갈피 7.4]

라살레(Ferdinand Lassalle)

- 1825년 프로이센 왕국 브레슬라우 출생
- 베를린대학에서 헤겔철학 전공
- 국가사회주의 사상가
- 1848년 3월 혁명을 계기로 체포·투옥 이후 사회주의 운동의 지도자로 부상
- 1863년 5월 전독일노동자연맹 창설
- 1864년 스위스 제네바에서 요양 중 외교관 딸과의 연애사건으로 인한 무모한 권총결투로 사망

사진출처: 나무위키

ADAV는 사회주의혁명, 국가에 의해 지원을 받는 생산조합, 그리고 민주적 선거권을 실천과제로 내세웠다(김수행 외, 2009: 126-132).

첫째, 라살레는 사회주의 실현을 노동자계급의 역사적 과제로 규정했다. 개인들의 자유로운 노동자결사체가 이러한 과제를 수행해야 하는데, 이때 국가의 역할이 강조된다. 즉, 노동자결사체가 이러한 과제를 자신의 수중에서 실현할 수 있도록 하는 것은 국가의 의무이자 과제라고 라살레는 설파했다. 다시 말해 개인들의 자유로운 노동자결사체는 '국가의 지원과 원조'에 의해 가능하며, 이러한 결사체가 바로 노동자들이 처한 상태인 '황무지로부터 벗어나는 유일한 길'이 된다는 것이다.

[책갈피 7.5]

라살레의 이중적 국가관

라살레의 국가사회주의는 그의 이중적 국가관에서 드러난다. 헤겔과 마르크스의 영향을 받은 그의 국가관은 '인간의 자유를 향한 발전'을 위한 '절대이성'으로서의 국가와 '계급지배의 도구'로서의 국가라는 이중적 측면을 갖고 있다. 역사적 존재로서의 국가는 윤리적 성격과 권력적 성격을 동시에 지닌다. 라살레에 의하면, 노동자계급은 역사에서 이해관계와 공동성(共同性) 및 호혜주의의 연대라는 윤리적 이념을 관철시킨다. 따라서 국가의 윤리적 성격과 권력적 성격은 노동자계급에 의해 지배되는 국가에서만 비로소 조화를 이룰 수 있으며, 그 뒤에야 국가는 일정하게 사라진다. 라살레에 의하면, 국가는 공산주의 사회의 실현을 위해 봉사하는 도구이며, 높은 차원의 사회적 공동체를 건설하기 위한 수단이며 최종지점에 가면 사라지는 것이다. 그러나 권력으로서의 국가는 사라지되, '윤리적 총체 속에서 개인들의 통일된 존재'라는 순수한 의미의 국가는 지속된다. 이러한 점에서 라살레적 의미의 국가는 지배계급의 도구로 파악됨으로써 계급 모순의 지양을 통해 전체적으로 소멸하는 마르크스적 의미의 국가와는 엄격히 구별된다.

출처: 김수행 외(2009), p.127.

라살레가 제시한 두 번째 실천과제는 노동자생산조합에 대한 국가의 지원이었다. 라살레는 임금철칙[11]과 자본의 이윤[12]을 지양하는 유일한 방법은

11) 라살레는 임금의 '경제적 철칙'을 언급하고 있는데, 이 철칙이란 노동에 대한 수요와 공급의 법칙이 지배하는 자본주의적 관계에서 평균임금은 생존과 재생산에 필요한 최저생계비 수준으로 항상 수렴하는 경향이 있다는 것이다. 곧 평균 최저생계비를 초과하는 임금인상이 이루어진다면 결혼과 출산이 증가하여 노동인구, 즉 노동력 공급이 증가할 것이며, 그 결과 임금은 다시 하락한다는 것이다. 이때 임금하락은 일시적으로 최저생계비 이하로 떨어질 수 있으나 이러한 상황이 결코 지속될 수는 없는데, 그것은 노동자들의 빈곤화가 초래됨으로써 출산이 다시 감소하고 유랑(流浪)이 증가하여 노동인력 공급이 감소하며 이에 따라 임금이 다시 상승하기 때문이라고 한다(김수행 외, 2009: 128-129).

12) 자본의 이윤은 소비자가 지불하는 생산품가격과 기업가가 지불하는 임금 간의 차이, 즉 노동자들의 노동기여소득과 노동임금 간의 차이로 형성된다고 한다. 라살레는 소비자가 지불하는 상품가격을 생산에 대한 노동기여소득과 일치시켰는데, 이는 마르크스의 노동가치론의 시장의 수요를 가미한 그의 가치론에 근거한다. 물론 여기에서 기업가의 경영활동에 대한 대가인 기업가소득 역시 정신노동에 대한 노동임금으로서 노동기여소득에 들어간다. 따라서 자본의 이윤은 정신노동을 포함하여 생산활동에 투여된 일체의 노동기여에 따른 총소득과 노동자들

노동임금을 노동기여소득으로 대체해 생산에 기여한 노동의 가치를 온전하게 보상받거나 노동자계급이 스스로 기업가가 되는 것이라고 주장했다. 이는 곧 생산수단이 노동자계급에게 전유(專有)되는 것이며, 그렇게 되어야만 비로소 노동임금과 이윤이 모두 노동자에게 귀속하게 된다는 것을 의미했다. 라살레에게 노동임금과 자본가이윤은 노동자들이 생산하는 노동기여소득의 두 요소이기 때문이다. 이를 달성하기 위해 가장 쉽고도 필요한 수단으로써 라살레가 제시한 것은 국가가 지원하는 노동자생산조합이었다. 라살레가 구상한 생산조합에 대한 국가의 기능은 생산조합의 규약 승인뿐만 아니라 사업 운영상 이해관계의 안정을 위한 통제까지도 포함되었다.

마지막 실천과제는 민주적 선거권의 획득이다. 라살레는 노동자층의 독립적인 정치조직을 건설해야 한다고 주장했다. 그는 노동자들이 의회로 진출하는 것이 노동자들의 정치적 동등권과 자유를 인정받는 것임과 동시에 계급으로서의 이해관계를 인간으로서의 이해관계와 동일화시킨 특정 계급의 지배를 이룩하는 길이라고 보았다. 라살레는 보통 · 직접 선거권 획득을 "국가개입을 통한 노동자계급의 사회적 상태 개선"이라는 노동자운동의 목적을 달성하기 위한 '노동자정당의 깃발'로 삼을 것을 선언하였다.

이상의 내용을 요약하자면, 라살레의 사상은 사회주의가 정부의 보조금을 받는 경제적 협동조합이라는 수단을 통하여 도달할 수 있으며, 이를 위해서 노동자는 선거권을 획득해야 한다는 것이었다. 그의 사상은 결국 사회주의 계급혁명을 거부하고 기존의 절대주의 국가와 타협을 통해 사회주의를 달성하고자 했던 것이다.

이 받는 노동임금 사이의 차이를 말하는 것이다(김수행 외, 2009: 131).

혁명적 노동자정당의 탄생

독일 노동자의 정치조직은 1860년대 중반 온건한 노동조합주의자인 라살레에 의해 ADAV가 결성된 이후 그의 영향 아래 점진적으로 성장하였다. 그러나 독일의 통일방식에 대한 ADAV의 정책, 특히 프로이센과의 정치적 타협을 지향하던 정책은 마르크스와 엥겔스의 격렬한 분노를 자아내었고, 마르크스와 엥겔스로 하여금 ADAV에 대한 비판의 포문을 열게 하였다.[13)] 그 결과 독일 사회주의 노동운동 내에서는 ADAV의 기존 이념체계에 반대하고 마르크스, 엥겔스의 이념체계를 추종하는 새로운 노동운동 진영이 결집하게 되고, 이들은 1869년 8월 아이제나하(Eisenach)에서 개최된 전독일 사회민주주의 노동자대회에서 사회민주노동당(Sozialdemokratische Arbeiterpartei: SDAP)을 결성하게 된다. 이것이 최초의 자립적인 혁명적 독일 노동자정당이다(강신준, 1991: 50). 라살레적 노동운동과는 성격이 다른 과학적 사회주의 즉, 마르크스주의에 입각한 혁명적 노동운동(아이제나하파)의 등장이었다.

아이제나하 분파는 그 창립 발기문에서, 이 새로운 노동자정당의 창설이 기존의 ADAV와는 구별되는 “국제적 토대 위에서의 올바른 노동운동의 승리를 이끌어 내기 위한 것”임을 밝히고 있다. 그리하여 아이제나하 창립총회는 프로이센의 독일 통일방식과 그에 동조하는 라살레주의를 반대하는 투쟁을 마르크스주의에 입각하여 전개해나갈 것을 다짐하였으며, 마르크스주의 이념체계 아래로 통일된 국제노동자연맹(제1인터내셔널)의 제 원칙들을 지지

13) 특히, 엥겔스는 국가권력을 장악한 융커계급의 역사적 위상에 대해 라살레 분파가 잘못 이해하고 있다고 비판했다. 즉, 당시의 독일 융커계급은 봉건제의 잔재로서 남아 있었을 뿐만 아니라 위로부터의 개혁에 의해 스스로 자본제로의 이행에 적응하여 자본주의적 착취방식을 채택함으로써 모든 노동계급에 대한 착취계급으로서의 위치를 굳히고 있었다는 것이다. 따라서 라살레 분파의 융커계급과의 동맹은 융커계급의 반부르주아 투쟁에 이용되기만 할 뿐 노동자계급의 이해 증대와는 아무런 관련을 가질 수 없는 상황이었던 것이다(강신준, 1991: 53).

한다고 표명하였다(강신준, 1991: 58).[14)]

이러한 강하고 독립적인 노동계급 정당의 빠른 결성은 독일 노동계급 형성과정에서 '정치화'의 중요성을 부각시켰다(정현백, 1989: 201-202). 유럽 어느 나라의 노동자보다 빠른 정치화의 길을 걸었던 독일노동계급 사이에서는 역시 유럽 어느 나라의 경우보다도 마르크스주의의 과격한 구호가 폭넓게 수용되었다.

고타통합과 사회주의노동당의 탄생

1871년 독일이 통일되자 원래 표면적으로는 독일 통일방식에 대한 노선의 차이를 보였던 독일 노동운동의 두 개 분파는 상당 부분 서로의 차별적 근거를 상실하게 되면서 통합의 계기를 맞게 된다.

1875년 5월 라살레 분파와 아이제나하 분파는 고타(Gotha)에서 '사회주의노동당'으로의 통합을 결의하고 새로운 강령인 이른바 '고타강령'을 발표하였다. 고타강령의 제1부 원칙강령 부분은 "현재의 사회 내에서 노동수단은 자본가계급에 독점되어 있다. 그로 인한 노동자계급의 의존성은 모든 형태의 빈곤과 예속의 원인이 되고 있다"로 시작하고 있다.[15)]

---

14) 그러나 사회민주노동당에 대한 라살레의 영향이 완전히 배제된 것은 아니었다. 마르크스주의를 중심으로 작성된 사회민주노동당 강령도 실제로는 라살레주의적인 표현을 지니고 있었다. 예컨대, 보통 · 평등 · 직접 · 비밀 선거권이 이 강령의 첫 번째 요구사항으로 올라 있었을 뿐만 아니라, '조합설립에 대한 국가 차원의 요구'와 '민주적 보장을 담보하는 선에서 자유로운 생산조합을 위한 국가의 자금 지원'을 10대 요구의 마지막 항목으로 설정했었다(김수행 외, 2009: 134-135).

15) 그러나 마르크스가 지적한 바와 같이 "현재의 사회 내에는 토지소유주…와 자본가에 의한 노동수단의 독점이 있으며…토지소유의 독점은 자본독점의 토대이기도 한 것"으로 고타강령의 이 구절은 명백히 동엘베 지역의 융커계급과 그들이 지배하는 프로이센 국가에 대한 타협적 입장을 가진 라살레주의적 반영이었다. 그래서 마르크스는 "라살레가…자본가계급만을 공격하고 토지소유주계급은 공격하지 않으려고 하고 있기 때문에 이 구절은 수정되어야 한다"고

그리고 고타강령 제1부의 마지막 부분은 "노동의 해방은 노동자계급의 과업이어야 하며, 노동자계급 이외의 모든 다른 계급은 단지 하나의 반동적인 무리들일 뿐이다"라고 함으로써 노동자계급 이외의 계급으로서 농민계급도 반동적인 계급으로 규정하고 있다.[16)]

또한, 강령은 라살레의 이념을 받아들여 국가의 역할을 강조하고, 실천적 요구 부분인 제2부에서 "독일사회주의노동당은 사회문제의 해결을 위해서 노동대중의 민주적 통제하에 국가의 도움을 받아 사회주의적 생산자조합[17)]의 설립을 요구한다"라고 규정하였다(강신준, 1991: 69-71). 이들의 구체적인 요구를 열거하면 다음과 같다: ① 정치적 권리와 시민적 자유의 가능한 한의 확대를 통한 국가의 점진적인 민주화, ② 간접세의 폐지와 누진소득세를 통한 재정개혁, ③ 노동자보호입법에 의한 사회개혁, ④ 노동자의 무제한적인 결사권, ⑤ 사회적 요구에 적합한 정상 노동일수(노동일 단축), ⑥ 소년노동 및 부인노동의 금지, ⑦ 노동자의 생활과 건강을 위한 보호법, ⑧ 노동자 주거의 위생관리, ⑨ 노동자에 의해 선출된 관리의 광산 및 공장의 감독, ⑩ 실질적인 배상책임법, ⑪ 노동기금과 부조기금의 완전한 자치 등(강철구, 1983: 49).

고타통합을 통해서 독일 사회주의 노동운동은 그 세력의 대폭적인 확대를 위한 토대를 마련하게 되었다. 고타에서의 라살레주의자들과 마르크스주의

지적하였다. 그것은 융커계급과 관련된 농업문제를 의도적으로 배제한 구절이었던 것이다(강신준, 1991: 69-70).

16) 그러나 마르크스는 이 구절에 대해서도 그가 엥겔스와 인식을 같이 했던 『공산당선언』에서 농민계급은 보수적이며 반동적이기도 하지만 동시에 혁명적 성향도 가지고 있다는 점을 분명히 지적했음을 상기시켰다(강신준, 1991: 70).

17) 사회주의노동자당의 고타강령은 라살레주의의 영향을 받아 보통 · 평등 · 직접 · 비밀 선거권의 획득뿐만 아니라 국가지원에 의한 생산조합의 건설이 뚜렷이 나타났다. 그러나 다른 한편으로는 '사회주의적'이라는 표현과 '노동하는 인민들의 민주적 통제 아래'라는 수식어가 붙어, 라살레의 생산조합 요구는 "노동하는 인민들의 민주적 통제 아래 국가가 지원하는 사회주의적 생산조합"의 건설로 변경되었다(김수행 외, 2009: 137).

자들의 통합은 지배계급인 융커와 부르주아지를 위협하기에 충분했다. 더욱이 비스마르크의 이른바 '채찍과 당근' 정책의 한 축으로 전개될 혁명적 사회주의자들에 대한 대대적인 탄압이 예상되는 시점에서 이들의 통합은 결코 무시할 수 없는 것이었다.

비스마르크의 탄압정책: 사회주의자탄압법

1877년 제국의회 선거는 사회주의노동당에게 성공적인 선거였다. 이 선거에서 사회주의노동당은 고타강령에서 밝힌 대로 도시 노동자계급을 주요 공략대상으로 삼았고, 그 결과 175개 선거구에서 의석을 확보하였으며, 총 493,288표를 획득함으로써 9.1%의 득표율을 기록하였다. 이 득표율은 통합 이전의 1874년 1월의 선거에 비해서는 36%의 증가세를 보인 것이었다(강신준, 1991: 71-72).[18]

그러나 사회주의노동당의 이런 성공은 사회주의노동당에 대한 탄압을 불러일으켰다(강신준, 1991: 71). 첫째, 사회주의노동당의 선거에서의 성공은 독일 내의 지배계급에게 혁명에 대한 큰 두려움을 안겨주기에 충분했다. 지배계급들은 사회주의노동당을 곧바로 정부를 전복시키는 운동집단으로 보았고, 당원을 파리코뮌 전사나 러시아의 테러리스트들과 동일시하고 있었다. 따라서 비스마르크는 사회주의노동당을 국가와 사회에 대항하도록 '부정의 복음'을 전파하는 '제국의 적'으로 규정하였다.

둘째, 1880년대로 들어서면서 독일 자본주의는 급속한 생산력 발전과 함

18) 산업화가 평균 이상으로 진행된 작센지방에서는 유효투표의 38%와 전체 23의석에서 7석을 차지하여 제1당이 되었다. 또 베를린과 함부르크에서도 39.2%와 40.0%를 획득하여 괄목할 만한 성장을 보였다. 이로써 사회민주주의가 경제적으로 낙후된 가내공업중심지역에서 기반을 대폭 확장시켰고, 나아가서 개신교 대도시와 산업중심지에서 지배적인 정치세력으로 등장하였다(Ritter, 2005: 35).

께 이미 제국주의 단계로 접어들고 있었다. 제국주의로의 이행이 지배계급에 의해 가장 극명하게 표현된 것은 1878년 이후 발효된 보호관세정책이었다. 그런데 보호관세정책에 의한 일차적인 부담은 노동자계급에게 전가되었고, 이는 노동자의 저항을 증가시킬 수밖에 없었다.

따라서 지배계급은 사회주의노동당의 성장에 대한 위협에 대처하기 위해서, 또 제국주의로의 이행에 대한 노동자의 저항 증가에 대처하기 위해서 사회주의노동당에 대한 직접적 탄압을 시도하기에 이르렀다. 그 결과 빌헬름 1세에 대한 두 번의 암살기도 사건[19)]을 이용하여 비스마르크는 1878년 10월 19일 사회주의사탄압법을 발효시켰다.

비스마르크의 회유정책: 사회보험

사회주의자탄압법에 의한 탄압에도 불구하고 사회주의노동당에 대한 지지율은 더욱 높아졌다. 사회주의자탄압법이 발효된 1878년의 선거에서도 사회주의노동당은 6.1%의 지지율을 획득하였으며, 1890년 선거에서는 급성장하여 19.7%의 지지율을 얻었다(원석조, 1993: 150). 1878년에서 1890년에 이르는 기간 동안 사회주의자탄압법에 의한 탄압이 강하면 강할수록 역설적이지만, 노동자운동에서 마르크스주의의 영향도 일정하게 강화되었다(김수행 외, 2009: 138).

비스마르크는 탄압만으로는 노동자들의 소외문제를 해결할 수 없음을 잘

---

19) 1878년에 황제의 목숨을 노리는 두 가지 사건이 발생하자 비스마르크는 그것이 사회주의자들의 소행이 아니었음에도 불구하고 흥분한 여론을 이용하여 사회주의자탄압법을 제정하였다. 그 주된 내용은 사회주의운동을 지지하는 인쇄문서의 금지, 집회결사의 해산권을 인정하는 것 등이었다(박광준, 2002: 270). 이 법에 저촉되는 모든 것은 형법의 적용을 받았다. 그리하여 사회주의자탄압법이 철폐된 1890년까지 이 법에 의해 1,300종의 인쇄물과 332개의 노동자조직이 불법화되었으며, 1,500명이 체포, 구금되었다(강신준, 1991: 73).

알고 있었다. 사회주의자탄압법과 같은 직접적인 탄압책뿐만 아니라 일정한 회유책이 필요했다. 그래서 그가 선택한 것이 바로 사회보험이었다. 비스마르크는 제국의 내적 통합을 위해서는 단순히 노동자들의 불만을 해소하는 것 그 이상이 필요하다고 생각했다. 그는 충성스럽고 복종적인 동맹자로서의 노동자를 원하였으며, 이를 위해서는 노동자들의 이해관계가 국가와 밀접히 연결되어야 했다. 따라서 국가는 노동자들의 보호자가 되어야 했다. 이러한 목적을 달성하는 주요한 수단들, 즉 공장법과 노동법, 사회보장 중에서 비스마르크가 커다란 매력을 발견한 것은 사회보험뿐이었다. 사회보험만이 자신의 의도, 즉 노동자계급을 국가 내로 통합시키는 데 가장 적합하다고 생각했다(가스통 v. 림링거, 2009: 160).

사회보험법이 사회주의탄압법을 적극적으로 보충하는 기능이 있다는 견해가 공식 석상에서 계속 반복 · 강조되었다. 예컨대, 1881년 11월 17일 비스마르크 자신이 함께 작성한 유명한 황제 교서에서는 2월의 황제 교서를 다시 거론하면서 "사회적 폐단은, 한편으로는 사회민주주의의 과격 행동을 탄압하고, 다른 한편으로는 근로자 복지를 적극적으로 향상시키면서 극복되어야 한다"라고 표현되었다(Ritter, 2005: 37).

사회보험법은 아직 사회민주주의의 선전에 포섭되지 않은 근로자에게는 사회민주주의에 대한 면역의 역할을 해야 하고, 이미 이에 감염된 근로자에 대해서는 비스마르크의 표현에 의하면, "그 사상이 구제 불능인 지도세력으로부터 분리 · 치유하여 노동자계급을 국가와 밀접히 하는 데 이바지해야 한다"는 것이었다. 예컨대, 1881년 3월 8일 산재보험법 제1 초안의 이유 설명에는 다음과 같은 구절이 보인다.

눈에 띄는 직접 이익을 부여함으로써 다수의 저학력 무산계층에게 '국가가 단순히 필요한' 혹은 '단지 유산계급의 보호를 위해서만 창안된 것이 아니고, 무산계급의 필요와 이익에 봉사하는 복지기구'라는 사실을 주지시키는 것은, '인도주의적 · 기독교적 의무일 뿐 아니라, 국가의 존립을 위한 정책적 과제'이기도 하다(Ritter, 2005: 37-38).

이처럼 비스마르크 사회보험입법은 점차 혁명적 열기를 띠어가는 노동운동과 노동자계급의 정치적 진출에 따른 무산계급의 혁명적 위협에 대한 지배계급의 대응이었다. 그 대응 방법은 사회주의자탄압법을 통해 마르크스주의적 사회주의를 차단하는 한편, 사회보험을 통해 노동자를 회유하는 것이었다.

4) '적의 적'으로서의 부르주아

한편, 비스마르크는 새롭게 부상하던 신흥자본가계급을 의식하지 않을 수 없었다. 당시 신흥자본가계급은 경제적인 측면에서는 막강한 세력을 형성하였으나, 정치적인 지배세력으로 성장하지는 못하고 있었다. 비스마르크로 대변되는 융커계급은 독일 통일을 통하여 부르주아보다 우월한 정치적 권력을 확보하는 데에 성공하였으나, 여전히 신흥자본가계급은 견제하지 않으면 안 되는 세력이었다. 비스마르크의 입장에서는 사회주의적 성향을 띠는 노동자는 사회체제를 위협한 '적'일 뿐만 아니라, 국가 지배권력의 유지라는 측면에서 볼 때, 자신의 정치적인 경쟁자인 부르주아의 '적'이기도 하였다. 따라서 비스마르크에게는 노동자들에게 권력을 부여해 주는 것은 노동자세력을 보호한다는 명목으로 노동자의 국가에 대한 충성심을 확보한다는 본래의 입법 의도 이외에, 부르주아를 견제한다는 정치적인 계산이 있었던 것이다(박광준, 2002: 262).

3. 사회보험의 도입과정

비스마르크가 사회보험을 도입하고자 하였을 때, 사회보험의 도입이나 노동자보호의 정당성에 관해서는 이미 어느 정도의 합의가 있었다. 노동자보호의 정당성에 대해서는 정치권에서는 광범위한 공감을 하고 있었고, 사회정책학회의 지도자들도 사회보험 도입의 필요성을 주장하였으며,[20] 그것은 설득력을 얻고 있었다. 다만, 사회보험의 도입에 관련하여 의견의 대립이 있었던 것은 그 사회보험을 어떻게 운영하느냐, 즉 사회보험의 운영방식에 관한 것이었다.

1) 1883년 질병보험법

비스마르크가 제일 먼저 제출한 법안은 산재보험법안이었다. 비스마르크의 원래 계획은 산재보험을 통해서 보다 폭넓은 사회보험을 확대 구축하는 데 있었다. 그러므로 산재보험의 정비는 새로운 사회보험체제의 시금석이었다고 할 수 있다(문기상, 1983: 64). 그러나 비스마르크와 의회 간의 논쟁으로 산재보험법 통과가 지연되자, 1883년 5월 31일 질병보험법(오늘날의 건강보험법)이 의회를 먼저 통과하였다. 사실 비스마르크는 질병보험에 대해서는 별반 큰 관심을 두지 않았다. 그 이유는 질병보험은 국가와의 연대를 강화하는

---

20) 쉬몰러(G. Schmoller) 등의 강단사회주의는 비스마르크 사회보험입법의 이론적 기초가 되었다. 쉬몰러는 국가의 역할을 강조하였는데, 국가는 이기적인 계급 이해를 넘어서 입법과 공정한 행정을 행하며, 약자를 보호하고 하층계급을 도와야 한다는 것이었다. 강단사회주의자들은 기본적으로 기존 질서를 동요시키려고 하지 않고 다만, 국가의 간섭으로 기존 질서의 폐해를 하나하나 시정함으로써 안정을 유지하려고 했다(강철구, 1983: 46-47).

데 별 효과가 없다고 보았기 때문이다. 이 법에 의해 중앙집중식 관리기구를 만드는 대신, 이미 질병급여를 제공하고 있던 기존의 길드, 공장, 기업 및 상호부조조직을 중심으로 질병금고(sickness funds, 직장 및 직종 건강보험조합)를 만들었고, 이와 별도로 소매업자를 위한 지역 질병금고(local sickness funds, 자영업자 건강보험조합)와 여기에 가입되지 않는 사람들을 위한 교구금고(parochial funds, 지역건강보험조합)가 만들어졌다. 보험료는 통상 노동자가 2/3, 사용자가 1/3을 부담했다. 그리고 모든 금고는 해당 조합원의 대표자가 통제하도록 했는데, 노동자와 사용자는 분담 비율만큼의 대표를, 교구금고는 지역에서 선출된 대표를 파견하여 관리하도록 했다. 급여는 13주 실병 기간 이후로부터 26주에 이르는 기간 중에 노동이 불가능한 상태일 경우 의료처방, 투약, 질병급여가 제공되었다(문기상, 1983: 66-67; 원석조, 2004: 20).

1883년의 질병보험법은 의회가 원하는 대로 별 마찰 없이 의회를 통과함으로써 논의가 먼저 시작된 산재보험을 제치고 세계 최초의 사회보험이 되었다.[21]

2) 1884년 산업재해보험법

산재보험법안이 제국의회에서 통과된 것은 1884년 8월 6일이었다. 비스마르크는 1880년 제국 상무장관에게 명하여 산재보험법의 초안을 작성하게 하고, 그 수행기관으로 '제국보험공단'을 설립하게 하였다. 비스마르크는 강제

21) 1883년 질병보험법이란 오랜 전통을 지닌 노동자의 직인의 자조적인 공제금고, 국가 및 고용주의 통제하에 있었던 광부금고, 기업복지시설로서의 경영질병금고 등 기존의 임의조직이나 자조조직을 차용해서 각 금고의 급여조건도 통일시키지 못한 채로 국가적인 감독하의 보험제도로 편성한 것에 불과하다는 지적도 있다(大陽寺順一, 1977: 33).

보험, '제국보험공단'의 중앙집중식 통제, 민간보험회사의 배제, 국가보조금의 지급 등의 분명한 방침을 세웠다. 비스마르크는 "제국보조금 없이는 아무런 가치가 없는 법안"이라고 말할 정도로 제국보조기금을 사회보험의 핵심으로 간주하고 있었다. 이 같은 방침에는 사회보험에서 민간보험회사를 제외시키고, 국가적인 강제보험으로 통합하려는 그의 의지가 담겨 있었다. 이를 통해 노동자들로 하여금 항상 국가가 그들의 경제적 궁핍을 지원하고 있다는 것을 알려주고자 했던 것이다. 그래야만 국가에 통합된다고 보았다(문기상, 1983: 59).

산재보험안이 의회에 제출된 것은 1881년 3월 8일이었다. 초안의 내용은 연소득 2000마르크 미만의 노동자는 제국보험공단에 강제로 가입되고, 그 중 연소득 750마르크 미만의 노동자는 보험료가 면제였다. 그리고 연소득 750~1,500마르크의 노동자들은 보험료의 1/3, 그리고 그 이상의 소득을 가진 노동자들은 보험료의 1/2을 납부하도록 하는 것이 주요 골자였다(가스통 v. 림링거, 2009: 161).

그러나 비스마르크의 산재보험안은 좌우 양쪽으로부터 격렬한 비난에 봉착하였다. 노동조합이나 좌파 자유주의자들로부터 산재보험법안은 '노동운동의 자유에 족쇄를 채우려는 의도', '노동자를 국가복지의 사슬에 묶어 국가의 노예로 만들려는 병영사회주의'라는 신랄한 비난이 이어졌고, 대부분의 정당들은 국가보조에 대한 반대입장을 보였다. 특히, 보수당과 가톨릭당은 국가보조가 그만큼 노동자들의 부담을 줄이는 대신 자본가의 부담을 늘리는 것이기 때문에 노동자들이 자기 몫을 지불해야 한다는 점에서 반대하였다. 결국, 산재보험법안은 1881년 보수당과 가톨릭당의 연합으로 구성된 제국의회를 통과하는 데 실패하였고, 비스마르크는 중앙집중식 통제와 국가보조를 포기할 수밖에 없었다(가스통 v. 림링거, 2009: 162-163).

산재보험 초안은 의회심의 과정에서 수정되어, 비스마르크가 요구한 제국보조금, 제국보험공단이 거부되고, 공법적인 강제보험만이 인정되었다. 중앙집권적인 제국보험공단이야말로 비스마르크가 조직적인 보험수행기관으로서 구축하려던 것이었고, 제국보조금제도야말로 국가보조의 재정적 급여를 통해 노동자들에게 국가의 존재를 새롭게 하고 그들을 국가체제 내에 안주케 하려는 것이었다(문기상, 1983: 64-65).

1884년의 산재보험법은 비스마르크가 원했던 사회적 변혁을 이루는 수단에는 훨씬 못 미치는 것이었다. 중앙집중적인 제국보험공단을 통해 노동자를 국가에 직접 연결시킨다는 구상은 선출된 의원들과의 첫 번째 논쟁을 거친 후 포기되어야만 했다. 그러자 비스마르크는 국가가 직접 통제하고 모든 생산적인 계급들이 참여하는 조합주의적 조직(corporative organizations)을 통한 간접적 연결에 희망을 걸었다. 그는 이 조직을 점진적으로 의회를 대신하거나 의회와 함께 입법권을 공유하는 대의기구로 발전시켜 손쉽게 모든 계급을 통제하고자 했다. 사실상 그는 조합주의적 조직의 정치적 잠재력을 너무 과도하게 기대했다. 그는 1883년 이렇게 말한 바 있다.

> 산재보험은 나에게 부차적인 문제이다. 중요한 것은 조합주의적 기구를 창설하는 것이다. 이 기구는 점차 확장되어 모든 생산적인 사회계급들을 포괄함으로써, 궁극적으로 의회를 대신하는 또는 의회와 함께 입법권을 공유하는 민중적 대표기구의 기초를 제공할 것이다(가스통 v. 림링거, 2009: 164).

당연히 의회는 비스마르크의 계획에 반대하였다. 조합주의적 산재보험 기구로부터 노동자들이 소외됨에 따라 1884년의 법은 조합주의 국가건설을 향한 전진이라고 할 수가 없었다. 그 기구는 경제적인 이익집단들을 효과적으로 대표하지 못했고, 따라서 국가를 그들 사이의 조정자로 위치 짓지도 못했다. 긴장과 갈등이 가득 차 있는 정치적 환경 속에서는 강력한 재상도 자신의 목적에 가장 잘 부합되는 사회통제의 도구를 만들어 낼 수가 없었다(가스통 v. 림링거, 2009: 164). 그리하여 1884년에 제국의회를 통과한 산재보험법은 노동자들을 완전히 배제한 채 사용자들이 산재보험의 조직을 장악할 수 있도록 만들어졌다. 국가보조금 폐지와 국가의 보험공단 대신 직역별 공적 법인으로 설치한 동업조합(Berufsgenossenschaften)에서 운영하게 되었다. 단, 개별 사업주 차원의 사적 배상책임이 아니라 사업주 공동의 연대 책임으로 하였다. 결국, 사용자들은 관리통제권을 장악했다. 그 대신 보험료를 전액 부담하는 방식으로 했다. 산업재해가 발생하면 책임 여부와 관계없이 14주째부터 산재보험사에서 보상했다. 기업가 동업조합에서 운영하는 산재보험은 완전장애에는 치료비나 급여의 2/3를 연금으로 부담하도록 했다. 특히 산업재해로 사망하면 유족에게 연금이 돌아가는 방식을 취했다. 따라서 미망인은 남편 수입의 20%를 받을 수 있었는데, 처음에는 공장, 광산, 채석장 등 위험이 큰 직종에만 적용되다가, 임업과 농업 근로자에게까지 확대되었다(이준우 · 김광선, 2023: 341-342).

3) 1889년 폐질 및 노령연금법

한편, 노동자들을 국가에 결합시키는 수단으로서 연금의 가치가 다시 한번 전면에 부각되었다. 비스마르크는 노령폐질연금이 장기보험이기 때문에 노동자들을 국가에 통합시키는데 효과가 크다고 판단하여 다시 한번 자신의 의도를 관철시키고자 했다. 비스마르크는 연금이 국가적 강제보험방식으로 제정된다면 조국에 충성할 노동자를 영구적으로 육성할 수 있다고 믿었던 것이다(박광준, 2002: 270).

그러나 비스마르크의 원래 의도와는 달리 조직적인 면에서 실패했다. 비스마르크의 의도는 제국보험공단을 통해 모든 사회보험을 구축하려는 것이었으나, 제국의회에서 거부당하고 말았다. 결국, 다양한 사회보험을 통일적인 조직에 의하여 정비하려던 비스마르크는 자신의 의지를 완전히 담아내지 못했다. 그리하여 노령폐질보험은 주보험공단의 설치로 대체하였다. 노령폐질보험은 폐질의 경우 혹은 70세 이상의 경우 보험료 납부 기간에 따라 근로소득의 15~40%에 상당하는 연금을 지급하는 것이었다(박광준, 2002: 257). 그리고 재정은 노사 양측이 각각 반씩 부담하는 것으로 정해졌다. 그러나 노령폐질보험 시행의 첫 출발은 국가보조금이 해당 노동자에게 지급되고 각 수마다 보험관리가 위임되었다. 그러므로 비스마르크가 의도했던 피보험자의 무부담원칙은 좌절되었으나 수급자의 제공자에 대한 예속감이 완전히 불식되었다고 보기는 어려운 것이었다(문기상, 1883: 68). 노령폐질보험은 1889년 6월 22일에 공포되었다.

4. 사회보험에 대한 사회계급 간 입장

1) 자본가계급의 입장

비스마르크의 사회보험입법에 대해 가장 분명하게 찬성을 표한 세력은 대부르주아지[22)]였다. 대부르주아지들은 전통적인 자조와 독자적인 협동조합의

---

22) 중공업을 대표하는 '독일철강업자협회' 및 '독일산업가중앙협회'와 같은 부르주아지들을 일컫는다.

전통에 입각하여 자체적으로 복지사업을 시행해왔기 때문에 처음에는 국가 개입에 의한 사회보험의 도입을 환영하지 않았다. 그러나 노동자계급의 혁명적 위협에 공포를 느꼈던 부르주아지들은 국가와 함께 공동으로 대처하고자 했다. 물론 그 대처는 강압책이 아닌 비스마르크가 추진한 사회보험이었다(강철구, 1983: 52). 그리고 대부르주아지들은 기업복지가 노동자에 대한 사회통제적 기능을 수행한다고 보았으며, 이런 점에서 사회보험이란 노동자복지를 공장에서 국가로 이관하는 것이라고 간주하였다. 게다가 중공업분야는 산업재해율이 다른 기업보다 높고, 국가 강제보험 자체는 국내시장 경쟁력에서는 아무런 영향을 미치지 않는 것이었기 때문에 사회보험의 도입을 찬성하였다(문기상, 1983: 79; 원석조, 2004: 35). 대부르주아지의 입장에서 사회보험의 도입은 거시적인 차원에서 보면 산업평화를 위한 새로운 전략이기도 했다.

반면에 자유주의 원칙에 동조했던 중소부르주아지들, 이른바 자유주의적 자본가들은 반대하였다. 이들은 사회보험이 임금상승을 초래하고 결국 자신들에게 그 부담이 전가될 것이라고 생각하였으며, 국가보험을 기존 법체제로부터의 급진적 일탈이자 사회주의 사상의 함입으로 간주하였다. 그리고 국가보험의 비용이 국내시장에는 경쟁 중립적으로 작용하나 세계시장에서는 경쟁력을 둔화시키는 악영향을 초래한다고 판단한 수출지향 산업들도 사회보험의 도입에 반대하였다(문기상, 1983: 80; 원석조, 2004: 34).

2) 노동자계급 및 사회주의자들의 입장

비스마르크의 의도가 사회주의혁명을 방지하는 것이었다면 사회보험이라는 무기를 통하여 상대하고자 한 상대는 사회민주당이었을 것이다. 사회민주주의자들이 사회보험에 대하여 가지고 있는 신조는 다음과 같이 요약될 수 있다(가스통 v. 림링거, 2009: 168).

첫째, 자본주의의 틀 내에서 노동자의 경제적 지위를 개선하는 일은 불가능하다. 둘째, 자본가는 노동을 착취하며, 그 도구가 국가이다. 셋째, 독점과 착취는 장차 강화될 것이며, 궁핍화도 또한 진전될 것이다.

1880년대의 사회민주당은 이와 같은 교리에 매우 집착하여 고지식하게 해석하는 경향이 있었다. 그들은 사회보험은 환상이며, 노동자가 그를 위해 기여금을 지불해야 한다는 것만 제외하면 또 다른 형태의 구빈제도에 불과하다고 비판했다. 그것은 사회보험이 노동자의 희생을 통하여 지방의 구빈비용 부담을 경감시키려는 수단이라는 것이었다. 또한, 그들은 노동자들이 저임금이나 실업 그 자체로부터 보호받지 못한다면 사회보험은 효과가 없을 것이라고 주장하였다(가스통 v. 림링거, 2009: 169).

또한, 사회민주당은 사회보험입법이 사회주의자탄압법이라는 억압정책과 밀접한 연관성을 가졌으며, 많은 국민이 수혜의 대상에서 제외되었고, 급여수준도 충분하지 않을 뿐만 아니라 노동자가 관리운영에 참여하는 기회가 충분히 보장되지도 않았다는 이유로 반대하였다(Ritter, 2005: 83-84).

그리고 무엇보다 중요한 점은 노동자들마저 사회보험에 호의적이지 않았다는 사실이다. 당시의 노동자들은 사회보험이 그들을 사회적 위험으로부터 보호해 준다는 장점을 미처 인식하지 못했다. 노동자들의 관심은 국가의 보호에 있는 것이 아니라 완전고용, 높은 임금, 정치권력의 분점에 있었고, 그것은 사회보험이라는 국가의 미끼를 거부함으로써 얻을 수 있는 것이었다. 그러나 이렇게 부정적인 태도를 보이던 노동자와 사회주의자들도 시간이 지남에 따라 사회보험이 자신들에게 이익이 된다는 점을 이해하게 되었고, 사회보험 확충에 대한 적극적 요구와 보험관리 운영에 참여함으로써 자본주의 체제 내에서의 개혁 가능성을 발견하게 된다(박광준, 2002: 267-268).

기본적으로 사회보험법에 부정적이었지만, 사회민주당은 제국의회에서의 입법과정에 깊숙이 참여하였다. 예컨대, 사회민주당은 1884년 5월 26일자 제국의회에서의 비스마르크의 신중치 못한 연설[23]이 있고 나서 사회민주주의자를 배제하고는 사회개혁이 결코 성공할 수 없다고 주장하였다. 이러한 주장이 틀린 것은 아니었다. 따라서 국가주도의 구호조치가 노동자 진영에서 받아들여졌으며, 이로써 노동자들은 정치적 반대를 포기했던 것이다(Ritter, 2005: 85-86).

5. 비스마르크 사회보험입법의 평가

독일의 사회보험입법 성립에는 여러 서로 다른 세력의 영향력과 동기가 작용하였다. 물론 과대평가되어서도 과소평가되어서도 안 되지만, 비스마르크의 역할은 매우 컸다. 그러나 중요한 것은 비스마르크가 왜 사회보험을 도입하고자 했는가 하는 그 의도이다.

지금까지 살펴본 바와 같이 비스마르크 사회보험입법은 노동운동의 혁명적 열기와 노동자계급의 정치적 진출에 따른 위협에 대한 지배계급의 대응이었다. 그 대응 방법은 탄압과 회유였다. 즉, 사회주의자탄압법을 만들어 노동운동의 마르크스주의적 사회주의화를 막으면서, 다른 한편으로는 그러한

23) "사회민주당의 존재 자체가 유산계급에게는 변혁과 개선을 시도하게 하고, 또 그러한 의미에서 반대당에 지극히 유용하다. 사회민주당이 존재하지 않았더라면, 그리고 사회민주당을 두려워하는 사람들이 그렇게 많지 않았더라면 우리가 사회개혁이라는 이름하에 이룩한 점진적인 발전은 이루지 못했을 것이다. 이러한 의미에서 사회민주당에 대한 우려는 사회적 약자인 동시대인에 아무런 감정도 갖지 않았을 사람들에게는 대단히 효과적인 영향을 미쳤다. 이 점에 대해서 우리 모두는 일치하고 있다"(Ritter, 2005: 85-86).

통제에 대한 양보책으로서 사회보험을 통해 노동자를 회유하는 것이었다. 또 한편으로는 정치적으로 급부상하고 있었던 부르주아를 견제한다는 정치적 계산도 깔려 있었다. 이렇듯 비스마르크의 사회보험입법은 노동운동의 개혁 요구에 의해 도입된 것이 아니라, 국가의 지배 엘리트에 의한 합법화 전략에 의해 도입된 것이었다.

노동자보호라는 인도주의적 동기보다 정략적인 동기가 더 크게 작용한 사회보험안은 비스마르크가 원래 의도했던 정치적 목적을 달성하는 데에는 실패했다. 우선, 입법화 과정에서 지방분권적 조직화와 노사에 의한 자주적 관리가 강조됨에 따라 원안과는 달리 보험의 조직과 운영에 국가가 개입할 수 있는 여지가 크게 줄어들었다. 또한, 단일화가 아닌 분립된 보험체계는 노동자보험을 통해 국가와 사회의 연대성을 달성해 보려던 비스마르크의 의도를 실현 불가능하게 만들었다(박광준, 2002: 267).

비스마르크의 사회정책이 소기의 목적을 달성하지 못했다고 해서 사회적 갈등을 평정하지 못했다고 단정하는 것은 오류이다. 사회보험이 금세기 초에 혁명적인 열정을 누그러뜨리는 중요한 요인이었다는 것은 의심할 여지가 없다. 사회보험은 정부와 사회민주당의 협력을 증진시키는 데 기여했다. 또한, 많은 노동운동 지도자들과 사용자들에게 공통의 문제에 대한 협력이 불가능하지 않다는 교훈도 남겨 주었다.

CHAPTER 08

19세기 말 20세기 초 영국의 대량빈곤과 사회개혁

CHAPTER

08 19세기 말 20세기 초 영국의 대량빈곤과 사회개혁

영국은 19세기 말에 이르러 여러 분야에서 커다란 전환을 맞이한다. 무엇보다 가장 큰 의의를 가지는 것은 빈곤관의 전환이다. 빈곤관의 전환이란 자유방임주의적 빈곤관으로부터 복지국가적 빈곤관으로의 전환을 의미한다. 이러한 빈곤관의 전환에 중요한 역할을 한 것이 빈곤조사였다. 당시 사회조사는 다양했지만, 이들 가운데 상대적으로 영향력이 컸던 것이 찰스 부스와 시봄 라운트리의 빈곤조사이다. 빈곤조사를 통해 빈곤이 개인의 결함과 같은 도덕적 차원의 문제가 아닌 사회경제적 구조와 결부된 사회적 문제로 널리 인식되었고, 이는 곧 국가개입을 불러왔다. 이 시기에 사회개혁의 첫 시도라 할 수 있는 공장법이 제정되었고, 시대전환을 위한 마지막 전장(戰場)으로 불리는 왕립빈민법위원회의 활동과 소수파 보고서의 이념은 훗날 복지국가 형성에 귀중한 자료가 된다. 한편, 1906년 집권에 성공한 자유당은 독자적인 사회개혁을 추진하게 되고, 사회개혁에 의해 제정된 사회입법들은 영국 복지국가의 초석이 된다. 이 장에서는 이러한 일련의 과정들을 탐구한다.

1. 19세기 말 사회경제적 상황

대량실업으로 인한 대량빈곤 발생

영국은 최초로 산업혁명을 경험한 선진국으로서, 19세기에 세계의 공장으로 불릴 정도로 세계시장을 독점적으로 지배했다. 그러나 1870년대에 들어서면서 불황에 직면하게 되었다. 실업이라는 문제가 산발적이고, 일시적인 것이 아니라 광범위하게 장기간 지속되는 문제로 탈바꿈되었다.

1878~1879년에 이르러서는 불황이 극에 달해 영국의 산업은 최악의 불경기를 맞았다. 1879년에는 실업률이 10.7%까지 상승하였다. 또한, 국내 총생산 성장의 둔화가 눈에 띄게 두드러졌다. 1865~1873년의 국내 총생산성장률은 2.4%였으나, 1873~1882년의 평균 성장률은 1.9%에 그쳤다. 모든 산업부문에서 실업자가 증가하였고, 최악의 경우 실업자 수는 전 노동조합원 수의 25%까지 달했다(박광준, 2002: 187-188).

대규모의 실업은 당연 대량빈곤을 수반했다. 당시에는 빈민법이 모든 종류의 빈곤에 대처하는 유일한 제도였지만, 빈민법만으로는 대규모화된 실업과 그로 인한 빈곤문제를 처리하는 데 한계가 있었다. 빈민법은 빈곤구제의 책임이 국가에 있음을 인정하기는 했지만, 근본적으로 개인주의적 빈곤관에 입각해 있었기 때문에 빈곤문제의 해결을 위한 사회개혁의 조치가 필요하다는 인식은 없었다. 빈곤의 예방에 대한 관심도 전혀 없었다.

빈곤관의 전환

그러나 19세기 말에 이르러 빈곤이 사회문제라는 인식과 더불어 빈곤문제의 해결 및 예방을 위해서는 사회의 근본적인 개혁이 불가피하다는 인식이 점차 수용되기 시작했다. 그에 따라 적극적인 국가개입이 요청되었다(George, 1973: 16). 이것은 19세기 말에 영국에서 발생한 자유방임주의적 빈곤관으로부터 복지국가적 빈곤관으로의 전환이었다(박광준, 2002: 190).

자유방임주의적 빈곤관(the laissez-faire standard toward poverty)은 ① 빈곤은 인간 생활에서 불가피한 조건이며, ② 인간의 생활상태(생활조건)는 도덕성의 반영이며, ③ 정당하다고 인정받을 수 있는 빈민에 대해서는 사적 자선

(private voluntary charity)이 최상의 수단이며, 그것이 원칙에서 빈민법보다 우선하고 실제로도 효과적이라고 보는 관점이다.

반면, 복지국가적 빈곤관은 ① 빈곤은 경제적 현상이며 해소될 수 있고, 해소되어야 할 것이며, ② 빈곤을 야기하는 요인들에 대처할 수 있는 유일한 사회제도는 국가이고, ③ 따라서 빈곤을 해소할 책임은 국가가 짐과 동시에 국가는 이 목적을 달성하기 위하여 노력해야 한다고 보는 관점이다.

19세기 말 자유방임주의적 빈곤관으로부터 복지국가적 빈곤관으로의 전환이란 빈곤이 개인에 그 원인이 있고, 당사자의 도덕적 성격을 반영하는 문제가 아니라 사회 구조적인데 그 원인이 있으며, 따라서 국가의 적극적인 개입에 의해서만 해결이 가능하다는 인식의 전환이었다. 이러한 빈곤관의 전환에 큰 역할을 한 것이 바로 빈곤조사였다.[1] 당시 사회조사는 다양하였지만,[2] 이들 가운데 상대적으로 영향력이 컸던 것이 과학적이고 실증적인 조사를 통해 빈곤의 실상을 영국 사회에 알린 찰스 부스와 시봄 라운트리의 빈곤조사였다.

---

1) 물론, 빈곤관의 전환 배경에는 선거권의 확대, 사회주의 사상의 보급 등 다양한 요인이 있는데, 자유방임주의에 대한 강력한 비판을 가한 여러 문헌과 함께 빈곤의 범위와 그 원인을 수량화한 사회조사도 그 주요한 요인이었다(박광준, 2002: 190).

2) 소개할 찰스 부스와 시봄 라운트리의 빈곤조사 외에도 1842년 채드윅(Chadwick)의 《영국 노동인구의 위생상태 보고서》(The Report on the Sanitary Condition of the Labouring Population of Great Britain), 1851년에 3권으로 발간된 메이휴(Henry Mayhew)의 폭넓은 인터뷰 자료집인 《런던의 노동자와 런던의 빈민》(London Labour and the London Poor), 1886년의 구세군 창시자 윌리엄 부스(William Booth)의 《극빈지역 연구》 등이 있었다(감정기 외, 2007: 149).

2. 빈곤조사

1) 찰스 부스의 런던시 빈곤조사

리버플의 선박회사 소유자인 찰스 부스(Charles Booth)는 런던시 빈민의 생활실태를 실증적으로 조사하였다. 찰스 부스의 조사는 1886년 4월부터 시작하여 1903년까지 행해졌다. 조사대상은 1886년 처음 조사 당시 런던의 이스트엔드 지역을 중심으로 빈곤조사를 시작하여 점차 조사대상 지역을 확대해 나갔으며, 최종적으로는 런던의 전 지역, 400만 명 이상의 인구, 100만 세대에 달하는 주민을 대상으로 하였다. 이것은 당시 런던 거주 세대의 거의 전수였다.

조사비용은 전액 자비로 충당했다. 조사에 들어간 비용은 무려 33,000파운드에 달했다. 연구 보조원 중에는 그의 사촌이자 후에 시드니 웹의 부인이 된 포터(Beatrice Potter)[3]와, 주택개량 운동가로서 자선조직협회(COS)의 열렬한 후원자였던 옥타비아 힐(Octavia Hill) 등이 포함되어 있었다. 조사활동의 본거지는 토인비홀(Toynbee Hall)이었다(감정기 외, 2007: 150).

조사결과는 1889년 『런던 시민의 생활과 노동*(Life and Labour of the People in London)*』이란 책으로 발표되었고, 이후 1903년에 걸쳐서 모두 17권의 책으로 출간되었다. 그런데 당시의 사회에 무엇보다도 충격적인 내용은 런던 인구의 30.7%가 빈곤 상태로 살고 있다는 사실이었다(박광준, 1994: 76).

---

3) 훗날 시드니 웹(Sidney Webb)과 결혼한 비어트리스 웹이다.

[책갈피 8.1]

찰스 부스(Charles Booth)

- 1840년 잉글랜드 리버풀에서 출생
- 선박회사의 소유자로서 성공한 사업가
- 빈곤조사의 새로운 지평을 연 사회조사자
- 빈곤문제 해결을 위한 운동을 행한 사회개혁가
- 1866년 Booth Steamship Company 설립
- 1886년 런던시 빈곤조사 시행
- 1905년~1909년의 왕립위원회 위원, 건강상의 이유로 끝까지 참여하지 못하고 사퇴
- 1916년 사망

사진출처: 위키디피아

부스는 런던 시민을 〈표 8-1〉과 같이 8개 계급으로 분류하였다. A계급은 사회의 최저계층으로서 부랑인, 주정뱅이, 준범죄자 등에 해당하는 생계수단이 거의 없는 극빈층이다. B계급은 부정기적으로 하루 벌어 먹고 사는 임시 노동자이다. C계급은 계절적 또는 일시적인 정규 소득자이다. D계급은 정규직 노동을 하는 사람들이지만 소득이 낮은 사람들이다. 런던의 전 지역에 계급 A에서 계급 D까지가 빈민인데, 부스는 이러한 기준에 의하여 빈민이 전체 인구의 30.7%로 1,292,737명에 이르고 있음을 증명하였다(Jones, 1991: 60-61). 부스의 조사를 통해 빈곤의 원인이 빈민의 나태가 아니라 저임금과 불안정한 일자리에 있음이 밝혀졌다.

〈표 8-1〉 찰스 부스의 런던 인구 등급 구분

범주	분류명	백분율(%)	
A	부랑인, 주정뱅이, 준범죄자		0.9
B	임시노동자-극빈자		7.5
C	계절적 또는 일시적 정규 소득자	C+D	22.3
D	정규적이지만 저소득자		
E	정규직의 상당수준 소득자	E+F	51.5
F	상층노동자		
G	중하층 계급	G+H	17.8
H	중상층 계급		

출처: Jones, Kathleen(1991), p.61의 〈표 5-1〉 발췌.

부스 이전에도 빈곤에 관한 조사가 공적, 사적으로 이루어져서 점차 빈곤에 관한 정보가 많아졌지만, 런던에 얼마만큼의 빈곤이 존재하고 있는가 하는 의문을 제기하고 그에 대해서 과학적으로 해명하려고 한 것은 부스가 최초였다. 부스의 빈곤조사는 그 결과뿐만 아니라 그 조사방법에서도 큰 의의를 지니는 것이었다. 즉, 그는 과학적인 조사방법을 시도하였다. 그는 자료수집에 있어서 1881년과 1891년의 센서스를 이용하였으나 자세한 정보가 필요할 때에는 해당 지역의 사정에 밝은 학교의 교직원들을 상대로 자신과 보조원들이 수 시간 동안 질문하여 자료를 수집하는 방법을 택했다(박광준, 1994: 77).

이 조사는 특정 신조나 이념에 구애되지 않은 과학적 방법으로 사실 파악을 통한 기초자료 제공에 주력하였다는 점에서 그 가치를 인정받는다(감정기 외, 2007: 150). 그러나 빈곤조사의 방법보다 런던 인구의 30.7%가 빈곤하게 살고 있다는 사실이 영향력이 컸다. 빈곤문제는 더이상 개인의 문제가 아니므로 국가가 개입해야만 한다는 인식으로 이어졌다. 사실상 국가의 개입을 실현하는 큰 압력으로 작용했다. 어떤 연구자도 그 빈곤조사가, 빈곤은 광범위하게 존재하는 현상이라는 것, 그리고 빈곤이 개인 결함의 결과가 아니고 사회의 구조적인 결함의 결과라는 것을 명백히 밝혔다는 점에서 그 의의를 의심하지는 않는다(박광준, 1994: 77-78).

2) 시봄 라운트리의 요크시 빈곤조사

찰스 부스의 빈곤조사 결과가 발표되었을 때 그것에 매료된 인물이 있었다. 시봄 라운트리(Seebohm Rowntree)였다. 라운트리는 제과사업을 하는 사업가 집안에서 태어나서 퀘이커교도의 가정 분위기 속에서 자랐다. 부친의 영향을 받은 그는 사회문제에 대한 관심이 남달랐는데, 특히 노동자의 생활이나 빈곤문제에 관심이 많았다. 라운트리는 부스의 빈곤조사방법에 매료되었다. 그는 런던과 같은 대도시의 빈곤 실상이 자신이 사는 인구 7만 명의 요크시의 경우에도 그대로 적용되는가에 대한 의문을 가지게 되었다. 그리하여 1897년부터 조사계획과 준비를 시작으로 1899년부터 본격적으로 요크시의 모든 노동자가구를 대상으로 한 대규모의 빈곤조사에 착수하게 된다. 그의 나이 28세였다.

라운트리는 부스와 같이 최신의 양적 접근방법을 사용했다. 그러나 부스와 달리 상층계급(부스의 H계급, 적어도 1명 이상의 하인을 둔 사람)은 조사대상에서 제외했다. 그리하여 당시 요크시 총인구 75,812명 중 상층계급을 제외한 46,754명을 대상으로 삼았다. 그는 두 명의 유급 보조원만 두고 직접 작성한 질문지로 전수조사를 통해 자료를 수집하였다(원석조, 2019: 77).

[책갈피 8.2]

시봄 라운트리(Seebohm Rowntree)

- 1871년 영국 요크셔 요크 출생
- 초콜릿 제조업자 집안에서 태어남
- 1889년부터 라운트리 초콜릿회사 근무
- 1899년 요크시 제1회 빈곤조사 착수
- 1901년 『빈곤: 도시생활의 연구』 발표
- 1923~1941년 라운트리회사 회장
- 1936년 요크시 제2회 빈곤조사 실시
- 1941년 『빈곤과 진보』 발표
- 1950년 요크시 제3회 빈곤조사 실시
- 1954년 사망

사진출처: 네이버 이미지

라운트리는 빈곤을 1차 빈곤과 2차 빈곤으로 구분하여 규정하였다. 1차 빈곤(primary poverty)은 한 가구의 소득이 단순한 신체적 효율의 유지에 필요한 최저수준에 미치지 못하는 상태라고 정의하였다. 라운트리는 음식, 연료, 거처, 피복의 네 가지 기초필수품을 최저한의 필수품으로 정의하고, 이 필수품을 구입할 능력이 안 되는 수준을 1차 빈곤으로 보았다. 2차 빈곤(secondary poverty)은 네 가지 필수품의 구입 능력은 있지만, 소득의 일부를 다른 용도(예컨대, 음주 · 도박, 부주의, 무계획적 지출 등)로 사용함으로써 최저수준에 미치지 못하는 상태라고 정의하였다. 말하자면, 음주 · 도박 등 개인적 낭비가 없었다면 1차 빈곤을 벗어날 수 있는 상태인 것이다.

라운트리의 조사결과는 1901년 『빈곤: 도시생활의 연구*(Poverty: A Study of Town Life)*』라는 책자로 발표되었다. 조사결과, 요크시의 미숙련 노동자의 임금이 평균적인 가족이 신체적 효율성을 유지하는 데 필요한 돈보다 부족하다는 것이 밝혀졌다. 그의 계산에 의하면, 요크시 인구의 9.91%가 제1차 빈곤상태에 있었고, 17.93%가 제2차 빈곤상태에 있었다. 1차 · 2차 빈곤을 합하면 27.84%가 되는데, 부스의 수치에는 조금 못 미치지만, 이 수치는 임금노동자 인구의 43.4%를 나타내고 있었다. 라운트리에 의한 빈곤원인 분석에 의하면, 당사자의 개성, 성격 혹은 약한 자제심 등으로 인한 빈곤은 전혀 존재하지 않았으며, 빈곤 원인의 약 52%가 저임금으로 나타났다. 이것은 노동자 인구의 절반이 빈곤자라는 것을 나타낸 것이었다(박광준, 2002: 198). 이러한 결과는 부스의 경우와 마찬가지로 엄청난 규모의 빈곤이 사회에 존재함을 사회에 알리는 것이었다.[4)]

라운트리는 이후 1936년 두 번째의 요크시 빈곤조사에 착수하였고, 조사결과는 1941년 『빈곤과 진보*(Poverty and Progress)*』라는 이름으로 출간되었다. 그는 여기서 멈추지 않고 1950년에 80이 넘은 고령에도 불구하고 세 번째의 요크시 빈곤조사를 행하여 이듬해 그 결과보고서를 『빈곤과 복지국가*(Poverty and Welfare State)*』라는 이름으로 출간하였다.

3) 빈곤조사의 역사적 의의

부스와 라운트리의 빈곤조사에 의해 영국에 엄청난 규모의 빈곤이 존재한다는 것과 그 빈곤의 주된 원인이 개인의 성격적, 도덕적 결함에 있는 것이 아니라 노령, 질병, 낮은 교육수준, 저임금, 실업 등 사회경제적 구조의 결함에 있다는 것이 밝혀졌다. 이 두 빈곤조사는 오늘날 사회과학적 조사방법론의 효시가 되었다는 점에서도 의의가 있지만, 무엇보다 가장 큰 의의는 사회경제적

---

4) 그의 조사결과는 20세기 초 사회개혁의 주역이었던 로이드 조지와 처칠에게 영향을 주었고, 특히 로이드 조지와는 생애 동안 친밀함을 유지하여 빈곤에 대처하는 개혁적 조치의 개발에 영향력을 행사하였다(박광준, 2002: 196).

구조의 결함이 빈곤의 주된 원인임을 과학적으로 증명해 보임으로써 자유방임주의에 의한 개인주의적 빈곤관을 잠재우고 빈곤문제에 대한 국가개입을 요구하는 복지국가적 빈곤관으로 전환하는 계기를 마련하였다는 데 있다.

3. 왕립빈민법위원회: 1905~1909년

1) 페이비언사회주의의 등장

19세기 말은 크게는 자본주의사회의 모순, 그리고 작게는 빈민법의 모순과 한계가 현실로 드러난 시기이기 때문에 이 양자를 극복하기 위한 새로운 대처방식이 시도된 시기였다. 이 시기에 영국에서 점진주의적, 의회주의적 사회개혁 사상이 탄생하였는데, 바로 페이비언협회를 중심으로 한 페이비언사회주의이다. 페이비언협회(Fabian Society)가 설립된 것은 1884년의 일인데, 이것은 정당이 아니라 몇몇 사람들의 지식인집단으로서 영국노동당의 정책에 이론적 배경을 제공하면서 그것에 크나큰 영향을 끼쳐왔다.[5] 이것은 사회주의를 표방하면서도 그 실현방법으로서 마르크스주의자들의 폭력혁명을 거부하고 점진주의적인 개혁과 침투 및 설득을 강조하였다(박광준, 1990: 7-8).

페이비언이란 이름은 포드모어(Podmore)에 의해 창안되었다. 포에니전쟁[6]에서 로마가 카르타고에 공격당하고 있을 때 한니발(Hannibal)의 대군을 지구전으로 격파한 로마의 장군 퀸투스 파비우스 막시무스(Quintus Fabius

---

5) 페이비언사회주의는 버나드 쇼(Bernard Show), 시드니(Sydney)와 비아트리스 웹(Beatrice Webb) 부부, 토니(Tawney) 등 개명한 인텔리들이 주도하였다.

6) 기원전 2~3세기에 걸친 로마와 카르타고의 세 차례 전쟁이다.

Maximus)의 이름을 따서 만든 것이다. 당시 파비우스는 쿤크타토르(cunctator)라는 별명을 얻었는데, 쿤크타토르는 '꾸물거리는 사람(the delayer)'을 의미한다.[7] 이처럼 협회의 명칭을 파비우스의 이름에서 딴 것은 올바른 방법 및 정책을 성취하는 데는 시간이 걸린다고 하는 '의지'를 나타낸 것이었다(박광준, 1990: 65).

페이비언협회가 탄생한 1880년대의 영국은 극도의 사회불안상태에 있었다. 소위 사회주의의 부활기로 일컬어지는 이 시기에는 데모나 폭동이 끊이지 않고 일어났다. 다른 마르크스주의 단체들이 데모를 조직하거나 직접 가담하여 지지하였던 데에 반해, 페이비언협회는 직접 참가하지 않고, 책상 앞에서 그 문제와 해결책을 생각하였다. 즉, 실업문제를 조사하기 위하여 위원회를 설치하고, 그 보고서를 출간하여 영국의 지식인 그룹이 개혁의 정당성을 인식하도록 설득하였다(박광준, 1990: 8).

페이비언사회주의자들은 평등, 자유, 우애, 민주주의, 인본주의의 가치를 강조했는데, 특히 평등을 가장 강조했다.[8] 또한, 그들은 자유시장체계에 대해서 매우 비판적이었는데, 그 이유는 자유시장체계가 비윤리적이며, 정의롭지 못하며, 비민주적이며, 비효율적이라는 것이었다(빅 조지 · 폴 윌딩, 1994: 140-141). 따라서 페이비언사회주의자들은 자유시장체계의 불의를 수정하는

---

7) 포드모어가 제시한 문구는 다음과 같은 것이었다.
"이 인간-파비우스-의 장기간에 걸친 신중한 태도와 수많은 로마시민이 너무 지체한다고 생각하고 있던 그의 접전의 회피가 많은 병사들, 로마시민 그리고 로마공화국을 구해냈다고 하는 것은 부정할 수 없는 사실이다."
"한니발에 대항해서 싸웠을 때, 시민들의 빗발치는 비난에도 불구하고, 파비우스가 취했던 행동과 같이 우리도 호기가 올 때까지 기다리지 않으면 안 된다. 그러나 그 좋은 기회가 온다면 전력을 기울여 싸우지 않으면 안 된다. 파비우스가 그랬던 것처럼. 그렇지 않으면 오랫동안 기다리고 있던 것이 헛수고로, 무익의 결과로 끝나고 말 것이므로."(박광준, 1990: 64).

8) 이에 대한 자세한 설명은 빅 조지 · 폴 윌딩(1994), pp.123-126을 참조하기 바란다.

일이 정부의 역할이라고 보았다. 권력의 시장집중을 수정하고, 권력을 대중에게로 확산시키기 위해서는 정부의 역할이 중요하다고 보았던 것이다. 그들은 자산조사에 근거한 선별주의를 반대하고, 보편주의적 복지국가를 선호했다. 그들에게 있어 복지국가는 사회주의로 가는 길의 중간 정착지였다(빅 조지 · 폴 윌딩, 1994: 161).

2) 다수파 보고서 · 소수파 보고서

1905년 왕립빈민법위원회

1834년 신빈민법은 농촌사회를 주 대상으로 하였기 때문에 자본주의가 진전된 19세기 말에 이르러서는 심각한 위기에 봉착할 수밖에 없었다. 특히, 농촌 빈민과는 질적으로 다른 실업자의 문제를 해결하는 데는 한계가 있었다.[9)] 이러한 상황에서 정부는 지방행정의 재정을 근본적으로 개혁하여 빈부 지역의 불균형을 개선함으로써 일반적 복지수준을 관철시키거나, 혹은 빈민구호의 수행이 완전히 지방정부에 위임되었던 기존의 행정형태를 바꾸어 중앙정부가 적극적으로 개입해야 하는 양자택일의 기로에 서 있었다. 지방정부 차원에서 빈민법의 개혁은 부유한 지방자치단체가 재정조정을 반대하였고, 또 지역주민인 비전문가에 의한 행정의 전통이 강해서 실현될 수 없었다. 따라

9) 특히, 런던에서 계속된 혹독한 겨울은 대량 실업자를 비참한 상태에 빠지게 하였다. 빈곤문제는 런던에서는 여러 국민계층이 주거지별로 분할됨으로써 더욱 어려운 과제가 되었다. 이로써 지금까지 빈민보호를 담당했던 지역단체가 기능하기 위한 조건이던 빈부의 균형이 깨졌다. 동시에 다양한 사적 보호기관 사이의 상호협조도 제대로 이루어지지 않았다. 사적 기관의 지출규모는 1860년대 말 런던에서 법적 빈민구호의 3.5배 이상이었고, 이는 거의 당시 영국 해군예산에 해당하였다. 그러나 보호의 남용이 부분적으로 나타났고, 그 결과 빈민 중 일부는 여러 단체로부터 당시 노동자임금 이상의 보호를 받았고, 이에 따라 많은 빈민이 전혀 수혜를 받지 못하였다(Ritter, 2005: 159-160).

서 정부는 결국 두 번째 방법을 채택할 수밖에 없었다(Ritter, 2005: 166-167).

빈민법 개혁 검토를 위해 1905년 왕립빈민법위원회(Royal Commission on the Poor Laws and Relief of Distress)가 구성되었다. 이 위원회의 연구과제는 빈민법의 빈민구제 효과와 심각한 산업불황기의 고용부족 현상 때문에 겪어야 했던 고통을 해결하기 위해 빈민법 범위 밖에서 추진되었던 다양한 대책들을 분석하는 일이었다. 이를 통하여 당면한 문제해결을 위해 구빈 법률들의 개정이나 행정 절차상의 수정 혹은 새로운 입법이 필요한지를 판단하고, 필요하다면 어떻게 해야 할 것인지에 대해 검토하고 보고하도록 한 것이었다(감정기 외, 2007: 145).

큰 기대 속에 진행된 왕립빈민법위원회의 작업은 오래지 않아 자선조직협회와 구빈국으로 구성된 집단과 페비언사회주의자들과 노동자들로 구성된 집단으로 나누어져 대립하기 시작했다. 구빈국 측 위원들과 입장을 같이 한 자선조직협회에서는 찰스 로크(Charles S. Loch), 보상케 부인(Mrs. Bosanquet), 자선조직협회의 철학에 동의하면서 주택정책에 관심이 많았던 옥타비아 힐(Octavia Hill), 그리고 핸콕 넌(Hancock Nunn) 등이 왕립빈민법위원회에 참여했다. 구빈국과 자선조직협회를 대표한 위원은 왕립빈민법위원회 전체 위원 18명에서 14명으로 다수파를 구성했는데, 여러 사안에 대해 협조했다.

반면, 왕립빈민법위원회의 소수파는 페이비언사회주의자인 비아트리스 웹(Beatrice Webb), 사회주의 개혁론자인 란스베리(George Lansbury), 노동조합주의자인 프란시스 챈들러(Francis Chandler), 그리고 당시에는 신부였으나 후에 주교가 된 러셀 웨이크필드(Russell Wakefield), 이렇게 4명으로 구성되었다. 왕립빈민법위원회의 소수파는 남편인 시드니 웹의 조언을 받은 비아트리스 웹에 의해 주도되었다(박병현, 2010: 102).

1905~1909년 왕립빈민법위원회는 조사활동이 종료될 때까지 두 집단 간

에 입장차이를 좁히지 못하고 결국 두 개의 보고서를 출간하게 되었다. 14명의 위원들이 제출한 보고서를 다수파 보고서(majority report)라 부르고, 비아트리스 웹이 주도하는 나머지 4명의 위원들이 제출한 보고서를 소수파 보고서(minority report)라 부른다.

[책갈피 8.3]

시드니 · 비어트리스 웹 부부(Sidney James Webb & Beatrice Webb)

사진출처: 다음백과

- 1858년 비이트리스 출생
- 1859년 시드니 출생
- 1884년 페이비언협회 초기 멤버
- 1895년 런던경제대학 창설
- 1905년~1909년 비어트리스, 왕립빈민위원회 위원으로 참여
- 1922년 시드니, 총선에서 하원의원으로 당선
- 1943년 비어트리스 사망
- 1947년 시드니 사망

다수파 보고서·소수파 보고서

다수파 보고서는 빈곤의 원인과 책임을 개인적 특성과 연관시켰다. 따라서 만성적 빈곤 상태에 있는 사람들의 빈곤 탈출 가능성에 대해 회의적 입장을 표했다. 그들은 성격상의 결함을 지녔기 때문에 그것을 극복하지 않는 한 정상적인 시민 생활은 보장받을 수 없는 것으로 보았다. 그리고 종전의 작업장은 아동, 노인, 실업자, 정신질환자 등의 각 분야별로 별도의 전문화된 서비스를 제공하는 시설로 전환하고, 대신 각 주 혹은 자치시별로 새로운 구빈기구를 설치할 것을 제안했다. 그리고 국가는 빈곤문제 해결에 있어서 마지막

수단이 되어야 하며, 원외구호는 자원봉사기관에 의해 제공되어야 한다고 주장했다. 다수파들이 이와 같은 건의를 한 이유는 자선조직협회에 빈민에 대한 통제권을 주기 위한 것이었다(함세남 외, 1996: 86-87; 감정기 외, 2007: 145-146; 박병현, 2010: 103).

그러나 소수파의 견해는 달랐다. 그들은 빈곤이 개인의 성격 결함 때문에 생겨난 것이 아니며, 자본주의체제의 구조적 모순에서 파생된 것으로 보았다. 그들은 계급으로 빈민의 개념을 파악하거나 거지근성(pauperism)을 문제로 보는 것은 시정되어야 하며, 빈민법은 보완되기보다는 완전 폐지되어야 한다고 주장했다. 소수파는 능력 없는 빈민과 능력 있는 빈민을 구분해서 처우할 것을 건의했다. 능력 없는 빈민은 지방정부가 책임을 지고 전문성이 있는 직원을 가진 해당 분야 위원회에서 보호해야 한다고 주장했다. 즉, 아동은 교육위원회에 책임을 져야 하며, 질병 또는 장애가 있는 아동은 보건위원회, 정신질환자나 정신지체자는 정신병위원회에서 보호해야 한다고 주장했다. 능력 있는 빈민은 다른 방식으로 처우해야 하는데, 개인이 스스로 직업을 찾는 개인 책임보다는 국가가 직장을 제공해 주는 책임이 더 강조되어야 한다고 주장했다(박병현, 2010: 104에서 재인용).

빈민법을 폐지하고 다양한 집단에 대한 보호를 다른 기구에 이양해야 한다고 주장한 것은 빈곤의 구제가 아닌 예방을 강조한 것이었다. 소수파는 빈곤의 원인을 사회적 요인에서 찾으려 했다는 점에서 다수파와 달랐다. 그렇기 때문에 빈곤의 예방은 사회책임으로 이해되었던 것이다. 다수파는 빈곤을 일시적이고 개인적 현상으로 본 반면, 소수파는 불합리하고 불건전한 사회질서의 결과로 보았다. 따라서 빈곤구제를 위한 가능한 수단을 긴급히 마련하고, 빈곤을 예방할 근본적 대응책 마련을 주장한 것도 소수파였다(함세남 외, 1996: 87; 감정기 외, 2007: 146).

두 보고서의 주요 차이점을 정리하면 다음 〈표 8-2〉과 같다.

〈표 8-2〉 다수파·소수파 보고서의 주요 차이점

주제	다수파 보고서	소수파 보고서
조직	구빈감독청을 지방정부의 공공부조청으로 대치한다.	빈민법 폐지에 따라 구빈감독관도 없어지며, 이를 지방정부의 신설 공공부조청 전문가위원회가 대신한다. 전문가위원회의 관할 대상자 1. 취학 아동 2. 시설보호가 필요한 질환자, 노령자 등 3. 정신이상자 4. 연금수급 노인
시설보호	종합 작업장을 폐지하고 이를 대상자 분류화 시설로 대치한다.	대상자별로 시설을 분류한다.
거택보호	민간원조위원회와의 협력 아래 거택보호를 실시하고 거택보호를 제도적으로 통일한다.	전문가위원회가 협력하고 공공부조청이 감독하는 거택보호를 실시한다.
아동	작업장에서 퇴소시키고, 1906년에 제정된 학교급식법의 대상으로 삼으며, 민간 원조자와 공공부조청의 도움을 받도록 한다.	교육위원회의 책임으로 한다.
노인	신체조건, 전력, 행태 등을 감안하여 분류화된 시설에 입소시키고, 가능하다면 노인홈에 보호한다. 공공부조청의 거택보호로 지원할 수도 있다.	연금위원회의 책임으로 한다.
의료구호	민간 및 공공 기관과 공조체제를 맺은 공공부조위원회의 도움을 받도록 한다.	보건위원회가 보건서비스를 제공한다. 공공부조청이 비용의 일부를 지원한다.
고용과 실업	직업소개소, 직업훈련, 실업보험 등을 통해 보호한다.	노동성이 전국적인 노동시장을 조직하여 실업을 예방 또는 최소화한다. 국가가 지원하는 노동조합 실업보험을 실시한다. 직업훈련 및 재훈련을 실시하고, 청년 노동자를 대상으로 파트타임 재교육을 실시한다.

출처: Bruce(1961), pp.151-152; 원석조(2009), p.88의 〈표 9-1〉에서 발췌.

이러한 차이에도 불구하고, 두 보고서 사이에는 공통점도 있었다. 양 보고서는 기존의 빈민법에 대한 개혁이 필요하고, 개혁의 방향은 빈곤에 대하여 예방적이고 치료적인 것이어야 하며, 그 비용은 공공지출로 충당해야 한다는 점에서 의견일치를 보고 있었다(김동국, 1994: 298-299). 결정적 차이는 다수파 보고서가 빈민법의 확충과 강화, 그리고 인도주의적 개선을 통해 예방적 치료적 효과를 높이려고 했던 것에 반하여, 소수파 보고서는 빈민법을 해체하여 그 기능을 각각의 공공위원회 당국에 이관함으로써 문제가 해결되어야 한다고 주장한 데에 있었다(박광준, 2002: 246).

그러나 집권당인 자유당정부는 다수파 보고서의 제안도, 그리고 소수파 보고서의 제안도 채택하지 않았다. 우여곡절 끝에 발표된 양 보고서는 모두 선반 위로 올라가 수십 년 동안 먼지가 쌓였다. 다수파 보고서는 20년이 지난 후에 정책에 반영되기 시작했다. 예컨대, 1930년 빈민법은 지방정부 내에 공공부조위원회를 만들었으며, 개혁적인 전문화된 공공부조서비스를 만들었다. 반면, 소수파 보고서의 이념은 제2차 세계대전 이후까지 그 실현을 기다려야 했다.

4. 영국 자유당의 사회개혁입법: 1906~1914년

1) 자유당 사회개혁입법의 배경

집권당인 자유당정부는 다수파 보고서 · 소수파 보고서의 권고 어느 하나도 법제화 노력을 하지 않았다. 보고서가 제출된 1909년의 상황은 왕립위원회가 발족할 당시와 비교할 때 상당한 변화가 이미 이루어지고 있었다. 1906년의 자유당정부는 이미 독자적인 노선에 따라 사회개혁을 추진하고 있었다. 사회입법들이 마련된 일을 통상 자유주의적 개혁(liberal reform)이라 부른다.

이러한 자유주의적 개혁의 배경은 사상적 · 정치적 배경을 통해 살펴볼 필요가 있다.

사상적 배경: 신자유주의(New Liberalism)

19세기 말 고전적 자유주의에 근거하여 형성된 자본주의사회가 만들어 낸 폐해와 근본적 모순들이 드러나기 시작하면서 고전적 자유주의는 도전을 받기 시작하였다. 자유를 빙자한 자본의 횡포와 독점이 발생하고 빈부의 격차가 커짐에 따라 서민의 구매력이 감소하여 경기가 침체하는 등 많은 부작용이 발생한 것이다. 결국, 자유주의에 수정을 가하여 새로운 사회에 적합한 자유주의로 재구성하자는 시도들이 나타났는데, 대표적인 것이 19세기 말의 신자유주의이다. 여기서 말하는 19세기 말의 신자유주의는 'New-Liberalism'으로 표기되는데, 이것은 자유방임적 자유주의를 수정하여 사회적 약자를 보호하기 위한 국가개입의 확대를 주장하는 사조를 말한다. 홉하우스(L. T. Hobhouse), 홉슨(J. A. Hobson), 그린(T. H. Green) 등이 대표적인 사상가들이다(박광준, 2002: 273).[10]

홉하우스의 신자유주의(new liberalism)는 개인의 자유는 기본적으로 유지하면서 국가의 개입을 통하여 19세기의 자유주의를 20세기의 사회개량으로 전향시키고자 한 사조였다. 홉하우스는 경제는 기본적으로 사회주의 원리를

---

10) 여기서 주의해야 할 것은 이 신자유주의가 1980년대 소위 복지국가 위기론 이후 등장하여 오늘날 득세하고 있는 신자유주의와는 전혀 다른 의미라는 점이다. 후술할 신자유주의는 'Neo-Liberalism'으로 표현되는데, 고전파 경제학자들의 자유주의 사상을 이어받은 오스트리아학파의 거두 하이예크와 그의 제자 프리드먼(Friedman) 등을 사상적 지주로 하는 사조이다. 'Neo-Liberalism'은 고전적 자유주의의 문제점을 해결하기 위한 이론들이 다각도로 모색되는 가운데 대표적인 대안으로 부상한 케인즈주의에 대한 비판논리로 등장한 것이다(박광준, 2002: 274). 그 내용이 고전적 자유주의와 동일한 것은 아니고 더구나 케인즈주의와는 더욱 다르기 때문에 이론가들 스스로나 주위에서 '신자유주의'라는 말을 쓰기 시작한 것이다.

도입하여 운용하면서 개인주의의 본질을 보존하고자 하는 사회철학, 즉 자유주의적 사회주의(liberal socialism)를 추구했다. 그는 한편으로는 자유방임주의 자유주의를 배척하고, 다른 한편에서는 교조적인 사회주의를 피하는 입장을 취했다. 그의 사상은 자신이 주장한 지 50년이 지난 후에 영미에서 실현되었는데, 그 핵심은 '국가와 개인과의 관계'에 관한 부분이었다(박광준, 2002: 274-275).

[책갈피 8.4]

홉하우스(Leonard Trelawny Hobhouse)

- 1864년 잉글랜드 콘월주 세인트아이브스 출생
- 영국의 경제학자이자 사회학자
- 1887년 옥스퍼드대학 수학
- 1894년 옥스퍼드대학 철학교수
- 1897년 〈가디언 Guardian〉지 기자
- 1905년 〈트리뷴 Tribune〉지의 정치주필
- 1907~1929년 런던대학 경제학부 사회학교수
- 1929년 사망

사진출처: 위키백과

홉하우스에 의하면, 국가는 개인과 대립하는 존재가 아니라 개인의 자유와 다양성이 발전할 수 있도록 외적 조건을 확보하고, 개인의 정신과 인격이 최고로 발달할 수 있도록 지원해 줄 의무를 지닌 사회적 도구로 간주된다(Hobhouse, 1901: 63; 오인영, 2001: 46에서 재인용). 이러한 주장은 개인의 자유에 국가가 간섭할 수 있는 근거가 되었다.

한편, 홉슨(J. A. Hobson)은 사회문제의 핵심에는 빈곤 · 실업 · 독점 등과 같은 경제적 문제가 놓여 있다고 보았다. 또한, 그런 사회경제적 문제들은 불공정하고 잘못된 정책과 입법에 의해서 더욱 악화되는 만큼,11) 효과적으로 그 문제들을 해결하기 위해서는 우선적으로 정치적 차원의 노력이 필요하다고 강조했다(오인영, 2001: 47). 홉슨은 소득의 불평등이 경제에 방해가 된다고 보았다. 그 이유는 상품구매력이 많아야 경제가 활성화되는데, 소득의 불평등은 이미 필요한 것을 소유한 소수에게 경제적 잉여를 집중시키기 때문이었다. 그는 소득 불평등의 원인을 불로소득에서 찾았고, 불로소득의 근본적인 원인이 바로 토지에 있다고 보았다. 따라서 특권계급의 독점물인 토지로부터 생기는 불로소득에 대해 과세하는 것은 너무나도 당연한 생각이었다(Pugh, 1993: 116-117; 원석조, 2004: 82에서 재인용). 따라서 그는 일부의 고소득 계층과 불로소득 계층이 독점하고 있는 부가 보다 평등하게 분배될 수 있도록 국가는 누진세를 도입하는 등 적극적인 조세정책을 수립해야 한다고 주장했다. 특히, 토지 보유에 따른 불로소득에 대한 중과세와 토지의 자유로운 이용을 핵심적 내용으로 하는 토지개혁이 필요하다고 제안했다(오인영, 2001: 47-48).

11) 홉슨에 의하면, 가난한 사람이 개인적 능력을 갖추지 못하도록 방해하고, 그들이 노동력을 팔려고 할 때나 토지나 자본 혹은 기술이나 지식을 획득하는 것을 억압하는 유해한 상황은 국가의 물질적 · 지적 자원의 소유권 및 사용과 관련된 법률에 의해 가속화된다(오인영, 2001: 47에서 재인용).

[책갈피 8.5]

흡슨(John Atkinson Hobson)

- 1858년 영국 출생
- 1880~1887년 옥스퍼드대학에서 고전학 전공, 경제학을 연구한 사회경제학자
- 1902년 『제국주의론』 출간, 영국 등 서구 열강의 제국주의를 신랄히 비판
- 1922년 『실업의 경제학』 출간, 소득분배의 불균형이 과잉저축과 과소소비를 초래하여 경기후퇴와 실업을 초래한다고 주장
- 1940년 사망

사진출처: 위키백과

한편, 옥스퍼드학파의 가장 대표적인 학자인 그린(T. H. Green)은 국가의 역할 확대에 관한 이론적 배경을 제공하였다. 그린은 공공의 복지를 위해서는 개인의 자유도 어느 정도 제한될 수 있다는 관념에 기초한 적극적 국가론을 주장하였다. 그에 의하면, 자유에는 소극적 자유와 적극적 자유 두 가지가 있는데, 소극적 자유(negative freedom)란 외적 강제가 없는 상태를 의미하며, 언론과 사상의 자유, 종교의 자유 등이 이에 해당한다. 적극적 자유(positive freedom)란 자주적으로 혹은 타인과의 협동에 의해 인격의 성장에 노력하는 자유를 의미한다. 그린은 적극적 자유를 강조했는데, 그것은 정부의 적극적 기능을 정당화하기 위한 것이었다. 국가의 적극적 기능이란 인격의 성장에 장애가 되는 것을 제거하는 것이었다. 국가의 기능은 개인의 권리행사나 자아의 실현을 보장하는 것인데, 그 실현을 방해하는 장애를 제거하지 않는다면 인격의 성장을 촉진할 수 없다고 보았던 것이다(박광준, 2002: 276-278).

[책갈피 8.6]

토머스 힐 그린(Thomas Hill Green)

- 1836년 요크셔주에서 목사의 아들로 출생
- 옥스퍼드대학 베리올 칼리지(Ballio College)에서 그리스철학에 몰두하여 모교의 도덕철학 교수가 됨
- 근대 자유주의의 수정을 이론적, 실제적으로 성취하였으며, 자유당 사회개혁에 직접적으로 개입하여 사회개혁 조치를 이끌어 낸 인물
- 1882년 사망

사진출처: 위키백과

그린은 노동자들의 인간다운 생활의 실현을 방해하는 모든 영역에서 적극적인 국가의 간섭을 주장했다. 그의 적극적 국가론은 자유당 사회개혁입법에 영향을 미치게 된다. 당시의 자유당은 개혁정당이었는데, 자유인가 간섭인가라는 양자택일의 딜레마에 빠져 있던 자유당에게 그린의 이론은 절호의 탈출구의 계기가 된다. 자유당은 1891년의 '뉴카슬대회'에서, 노동입법이나 사회보장정책을 적극적으로 도입한다는 목표를 명시한 소위 뉴카슬강령(New Castle Program)을 채택하였다. 이 강령은 결국, 자유당 사회정책의 근거가 된다(박광준, 2002: 279-280).

신자유주의(new liberalism)는 19세기에서 20세기로의 전환기에 등장한 사조로서 빅토리아시대의 자유방임주의와는 전혀 다른 새로운 자유주의였다. 비록 그 기조는 자유주의적이지만, 인간관 및 사회경제적 문제에 대한 처방, 그리고 개인과 사회의 관계 설정에 있어서 국가의 역할을 강조하는 이념이었다. 신자유주의자들은 국가개입을 통한 전면적인 사회개혁으로 빈곤, 실업, 독점 등과 같은 개인적 자유의 실현을 방해하는 사회문제들을 해결하려고 하였다. 사회문제의 해결방안은 분배의 정의를 확립하는 것이었으며, 그 구체적인 실천 방안은 진보적인 사회개혁 정책을 법제화하는 것이었다.

정치적 배경: 1906년 총선과 그 영향

한편, 1906년 1월 총선에서 자유당은 집권 보수당에 압승을 거둠으로써 정권교체에 성공했다. 총선의 결과, 자유당은 총 670 의석 중 397석을 확보하였고, 보수당연합은 156석, 노동당 29석, 기타 88석을 차지하였다(위키백과). 켐벨 배너맨(Henry Campbell-Bannerman)이 수상에 취임하면서 자유당 정권이 출범하였다. 자유당이 집권에 성공한 것은 노동자계급과 전략적 제휴를 맺은 결과였다. 당시 자유당과 보수당의 세력은 백중세였다. 이러한 상황에서 자유당이 집권하기 위해서는 노동자계급과 손을 잡아야만 했다.

노동자계급도 노동자대표를 의회에 진출시키기 위해서는 다른 정당과의 제휴가 불가피했고, 그 대상이 자유당이었다. 노동조합회의(TUC)는 자유당을 지지했고, 노동자 독자 후보를 내기 위해 노력하였다. 노동자 독자 세력화를 위해 1900년 노동자대표위원회가 결성되었다. 그 결과 1906년 총선에서 29명의 노동자대표위원회의 후보가 하원에서 당선되었다. 노동자계급이 정치적으로 진출하는 순간이었다. 노동자대표위원회는 노동당으로 개명했다. 노동당은 의회 내 유력한 세력으로 급부상했다. 노동조합의 힘도 강화되었다. 노동당과 노동자들은 사회개혁을 강하게 요구하였다.

[책갈피 8.7]

켐밸 배너맨 (Henry Campbell-Bannerman) — 영국 제51대 총리

핸리 애스퀴스 (Henrey Asquith) — 영국 제52대 총리

사진출처: 다음백과

한편, 전통적인 자유주의의 원칙에 충실했으며, 국가개입에 의한 사회개혁에 회의적이었던 켐밸 배너맨이 1908년 수상직을 건강상의 이유로 사임하면서 핸리 애스퀴스(Henery Asquith)가 수상직을 이어받게 되는데(Ritter, 2005: 186-187), 이때 자유당 사회개혁의 주도자들이 개혁의 제1선으로 부상하였다. 수상에 취임하기 전 애스퀴스의 전직은 재무장관이었는데, 사회개혁에 매우 중요한 자리인 이 자리를 차지하게 된 것이 당시 상무장관으로 있던 로이드 조지(David Lloyd George)였고, 로이드 조지의 전직이었던 상무장관 자리에 취임한 것이 33세의 윈스턴 처칠(Winston Churchill)이었다(박광준, 1990: 269). 이 두 사람은 자유당정부에서 진보적인 사회정책의 견인차가 되었다. 그리고 그동안 신자유주의 주창자들이 영향력을 강화하였다.

자유당을 개혁정당으로 만들고자 했던 신자유주의자들은 한편으로는 중간계층을 자발적으로 진보적 사회개혁 운동에 참여하도록 유도하고, 다른 한편으로는 다양한 사회개혁 정책을 입안하고 실천함으로써 노동계의 지지와 연대를 확보하고자 하였다. 특히, 그들은 당의 중간계급적 속성을 극복하기 위해서는 노동계급과 노동당의 지원이 필수적이고, 그들의 지지를 얻지 못한다면 당에는 비전이 없다고 보았다(오인영, 2001: 49-50).[12)]

신자유주의(new liberalism)를 당의 이념으로 삼은 자유당은 1906년 총선에서 노동당과의 제휴를 위해 제시한 많은 진보적인 공약을 실천해 나갔다.

사회개혁입법의 개괄

자유당정부의 사회개혁입법을 개괄하면 다음과 같다(박광준, 1993: 344-345; 2002: 284).

1906년에는 노동쟁의법(Trade Disputers Act)이 도입되어 노동자의 파업이 합법화되었고, 교육법(Education-Provision of Meals-Act)이 도입되어 초등학교의 학교급식이 제공되었다.

1907년에는 보호관찰법(the Probation Offender Act, 1907)이 제정되어 법원의 보호관찰관과 사후보호서비스가 제소자에게 주어졌다. 같은 해, 학교에서의 신체검사를 의무화한 교육행정법(Education-Administrative Provisions-Act)이 도입되었다. 학교아동보건법으로도 불린다. 이 법은 빈민법의 원리를 벗어난 최초의 건강 관련 제도로서 후에 국민보건서비스(NHS)의 출발이 되었다고 볼 수 있다.[13)]

---

12) 자유당정부의 개혁입법을 성공시키기 위해서는 노조의 협조가 반드시 필요했는데, 로이드 조지나 윈스턴 처칠은 이런 사실을 잘 알고 있었다. 자유당정부는 노조의 지지를 얻기 위해서 노조 지도자들을 대거 공직에 임명했다. 공장감독관, 상무부, 내무부, 국민보험청 등의 정부기구에 상당수의 노조 지도자들을 임직원으로 임명했는데, 1912년 말 한 조사에 의하면, 그 수가 4백 명에 달했다고 한다(원석조, 2019: 96).

1908년에는 아동의 생명보호와 학대 예방 및 청소년 비행에 관한 조치 등을 규정하여 아동의 권리를 인정한 아동법(Children Act)이 제정되었다. 아동법에 따라 16세 이하의 비행소년의 성인형무소 수감금지와 비행소년법원이 제도화되었다. 또한, 저소득층 노인에 대한 무갹출 원칙의 노령연금법(Old Age Pensions Act)이 제정되어 70세 이상의 노령자에 대한 연금이 지급되기 시작하였다. 탄광 노동자의 8시간 노동을 규정한 탄광규제법(Eight Hours Act)도 1908년에 만들어졌다.

〈표 8-3〉 자유당정부의 사회입법

사회입법	년도	내용
노동쟁의법	1906	• 노동자의 파업 합법화
학교아동급식법	1906	• 지방행정 당국에 의한 초등학교 아동 급식제공
학교아동보건법	1907	• 아동들의 신체검사와 치료 제공
보호관찰법	1907	• 범죄자가 일정한 보호관찰 조치에 따라 지역사회에 거주하면서 도움을 받을 수 있도록 규정
아동법	1908	• 아동의 생명보호와 학대예방 및 청소년 비행에 관한 조치 등 규정
노령연금법	1908	• 저소득 노인에 대한 무갹출 연금
탄광규제법	1908	• 탄광 노동자의 8시간 노동 규정
직업소개법	1909	• 구직자들에게 직업 관련 정보를 제공할 전국 네트워크 구성을 규정
최저임금법	1909	• 노동조건이 열악한 산업을 지정하여 임금위원회 설치 • 임금위원회에 의해 결정된 최저임금의 법적 구속력 보장
국민보험법	1911	• 제1부 국민건강보험 • 제2부 실업보험

---

13) 1906년과 1907년에 도입된 학교급식제도와 검진제도는 사회적 약자에 대한 국가적 보호라는 새로운 구상에 따른 것이었다. 이러한 새로운 제도를 도입한 이유 중의 하나는 보어전쟁 중 병력을 충원하는 과정에서 사회적 계층에 따라 청년의 건강상태에 차이가 있다는 사실이 밝혀졌기 때문이다. 이밖에도 당시 출생률이 감소함에 따라 아동의 생명이 보다 중시되었다(Ritter, 2005: 177).

1909년에는 구직자들에게 직업 관련 정보를 제공할 전국 네트워크 구성을 규정한 직업소개소법(Labour Exchanges Act)이 도입되었고, 노동조건이 열악한 산업을 지정하여 임금위원회를 설치하게 하고, 그것이 정한 최저임금이 법적 구속력을 갖게 한 최저임금법(Trade Boards Act)이 도입되었다.

1911년에는 국민보험법이 제정되었는데, 무갹출 노령연금과 더불어 자유당 사회개혁의 가장 대표적인 입법으로 평가된다. 따라서 여기에서는 노령연금과 국민보험을 중심으로 살펴본다.

2) 1908년 노령연금법

도입과정

영국에서 연금제도가 논의된 것은 자유당 집권 시기가 처음은 아니었다. 영국에서 노령문제가 처음으로 이슈가 된 것은 1878년 블랙클리(William Blackley) 목사가 전 국민을 대상으로 하는 노령연금을 제안했을 때였다. 그가 제안한 연금제도는 강제가입을 원칙으로 하면서 노동자는 질병과 노령에 대비해 보험에 가입하며, 우체국이 행정을 관리하는 것이었다(박병현, 2010: 107-108). 그러나 이 제안은 실현되지 못했다.

1891년 찰스 부스와 조셉 챔벌린(Joseph Chamberlain)도 빈민법 체계를 전혀 달리하는 노령연금을 제안했다. 찰스 부스는 빈곤조사를 통해 빈곤의 원인을 노인빈곤에서 찾았는데,[14] 국가 재정으로 연금을 지급(일명, 조세방식)하

14) 찰스 부스는 65세 이상 사망자들 중에서 40% 이상이 생의 마지막 몇 년간 어떠한 형태로든 빈민보호에 의존하지만, 이들 중 1/9이 되지 않는 비율이 60세 이전에 빈민구호의 혜택을 받는다고 계산했다. 따라서 65세 이상의 모든 국민에 대해서 국가 재정에서 연금을 지급해야 한다고 주장했다(Ritter, 2005: 178).

게 되면 노인빈곤문제가 해결될 것이며, 이것은 또 구빈제도의 부담을 줄일 수 있다고 주장했다. 자유당과 결별하고 나서도 영국에서 지도적인 사회개혁가의 한 사람으로서 명망을 유지할 수 있었던 조셉 챔벌린은 부스와는 달리 노령연금 수급자가 재정을 부담하고 국가가 보조금을 지급하는 방식의 임의 노령보험의 도입을 주장했다(Ritter, 2005: 178-179).

그러나 이 모든 제안에 대해 민간복지단체들이 강력하게 반대하였고,[15)] 당시 의회에 대한 영향력이 매우 컸던 공제조합(friendly society)은 노령연금 제도 자체를 반대했다.[16)] 노령연금제도는 공제조합의 영업적 이해를 침해하는 것으로 간주되었다. 공제조합은 연금이 갹출제로 운용될 경우 노동자의 임금에서 보험료를 강제적으로 갹출하게 되므로 결국, 강제갹출이 공제조합 운동을 파괴할 것이라고 우려했다(박광준, 2002: 285). 결국, 블랙클리가 처음 제안했던 노령연금은 공제조합의 반대로 입법화되지 못했다.

그러나 19세기 후반에 와서 노령연금의 중요성은 더해갔고, 부스의 계획이 드디어 영국 노동조합의 지지를 받게 되었다. 노동조합의 대표자들이 선도적으로 '노령연금 도입을 위한 전국노동자위원회(National Committee of Organized for Promoting Old-Age Pensions)'의 창설에 가담하는 등 적극적인 모습을 보이자, 공제조합도 무갹출제 연금제도에 대한 내부에서의 논란 끝에 서서히 반대 의사를 철회하였다(Ritter, 2005: 179-180). 이 배경에는 공제조합의 심각한 재정난이 자리하고 있었다. 공제조합 구성원의 사망률 감소로 재정상의 문제가 발생하자 생각이 바뀌기 시작했다. 만일 정부가 무갹출제 연금제도를 시행한다면 공제조합의 운영에 도움이 될 것이라고 인식하기 시작

15) 늘 그랬듯이 자조를 강조하며 국가복지에 반대한 자선조직협회는 정부가 추진하는 노령연금 제도의 도입을 반대했다.

16) 당시 가장 강력한 이해집단이었던 공제조합의 동의 없이는 어떤 제도도 도입될 수 없을 정도였다고 한다.

했던 것이다. 사실상 당시의 공제조합의 내부는 연금에 대한 지지 여부로 크게 분열되어 있었으며, 점차적으로 정부의 무갹출제 연금안을 지지하는 쪽으로 의견이 모아져 갔다. 그래서 전국공제조합협의회는 검소한 자, 연금을 받을 가치가 있는 자로 제한한다는 조건 아래 무갹출제 연금에 대해 동의했다. 그러나 공제조합은 노령연금제도 입안에 관한 논의에는 거의 참여하지 않았다(박병현, 2010: 109-110).

다양한 사회개혁을 공약으로 내건 자유당이 1906년 총선에서 집권에 성공하자 노령연금 도입이 다시 추진되었다. 자유당은 1908년 무갹출 노령연금법안을 의회에 제출하였다. 정부는 무갹출제로 하되 그 대상자의 범위를 제한하면, 정부 부담을 최소화할 수 있다고 판단했다. 그리고 노령연금 수급자는 빈민법 대상에서 제외되기 때문에 그만큼 빈민법의 재정부담을 줄일 수 있다고 생각했다. 노령연금 법안은 하원의원 다수의 지지를 얻어 의회를 통과했다(원석조, 2019: 77).

노령연금법안의 내용

노령연금의 수급 대상자는 영국에 거주한 지 20년 이상의 남녀 70세 이상인 자 중에서 연간소득 31파운드 10실링 이하의 빈곤자였다. 단, 자산조사를 통해 수급자로 선정되었다 하더라도 ① 수급신청 전 10년 동안 술주정을 포함한 범죄로 인해 형무소에 수용된 적이 있는 자, ② 외국인 혹은 외국인의 처, ③ 자신과 법정 부양자를 위하여 능력과 기회와 필요가 있었음에도 직장을 가지는 것을 상습적으로 게을리 한 자,[17] ④ 빈민법에 의한 구호 수급자(의료는 제외), ⑤ 정신이상자 등은 수급 대상자에서 제외되었다(박광준, 1993:

17) 단, 이 중 60세 이전의 10년 동안 공제조합이나 노동조합을 통하여 보험에 가입한 자는 제외되었다. 이 조항은 1919년 실제 적용의 어려움으로 폐지되었다.

349; 2002: 287).

연금급여는 1주일에 1실링에서 5실링까지 지급되었다. 연소득 21파운드 이하의 소득을 가진 자는 연금 전액을 받을 수 있었다. 연소득 21파운드 이상의 자는 31파운드 10실링까지 그 소득에 따라 5단계로 나누어 주 1실링에서 5실링까지 차등 지급되었다. 남녀 모두 동일한 액수의 연금을 받았으며, 노인부부의 경우에는 10실링이 지급되었다. 연금은 우체국을 통해 지급되었다. 1909년 1월 최초의 연금이 지급되었을 때의 유자격자는 49만 명이었으며, 정부지출은 800만 파운드를 상회하였다(박광준, 1993: 349).

이 법안에는 다음과 같은 몇 가지 점에서 신자유주의(new liberalism)의 주장과 부합되는 내용이 담겨 있었다(Pearson & Williams, 1984: 164-165; 오인영, 2001: 55). 첫째, 연금대상자인 개인들이 기금을 적립하는 것이 아니라 국가가 일반조세를 통해 재원을 마련하는 방식을 취했다는 점에서 사회적으로 창출된 부의 재분배를 주장하는 신자유주의자들의 요구와 부합했다. 둘째, 개인이 일종의 권리 차원에서 연금을 받는다는 점에서 빈곤이 개인의 책임이 아닌 잘못된 사회적, 경제적 체제의 결과라는 신자유주의자들의 주장을 인정한 것이었다. 셋째, 사회적 약자에게 최저한의 생계수준을 보장해 주려는 시도였다는 점에서 사회적 빈곤을 해결하기 위한 국가의 역할을 강조해 온 신자유주의자들의 주장에 부합하는 것이었다.

노령연금법의 평가

1908년 노령연금법은 1834년 신빈민법의 원칙으로부터 최초로 벗어난 매우 의미 있는 것으로 평가되고 있다. 림링거는 “빈곤노인이 연금 수급자격에 필요한 기여금을 지불하지 않고서도 연금을 받게 됨에 따라 경멸적인 빈민법의 오욕으로부터 벗어나게 되었으며, 빈민법에 대한 급격한 반동으로 영국 시민은 새로운 사회권을 가지게 되었다"(가스통 v. 림링거, 2009: 88-89)고 평가했다.

브루스(Bruce, 1961: 155-156)도 "노령연금은 원내구호에 초점을 둔 기존의 빈민법을 넘어 가난한 노인들에게 중앙정부가 조세를 통해 생계비를 지급함으로써 거택보호의 전기를 마련한 최초의 전국적 사회복지제도였다"라는 평가를 내렸다(원석조, 2009: 91에서 재인용).

이러한 긍정적 평가에도 불구하고, 1908년의 노령연금법은 "제한성과 보수성의 성격을 강하게 지니고 있었다"(박광준, 1993: 365)는 비판으로부터 자유로울 수 없었다. 노령연금법은 수급자격 제한 규정에서 알 수 있듯이, 특정범주의 사람들에 대한 급여의 보장이라는 측면보다는 특정범주의 사람들을 그 수급대상에서 제외시키는 제도의 성격이 강했던 것이다. 그리고 노령연금제도에 자산조사가 존재하였고, 수급의 조건이 빈곤에 있었다는 점에서 보수적이었다. 노령연금제도는 권리로서의 연금수급이라는 측면보다는 구제의 가치가 있는 빈민(deserving poor)에 대한 빈곤수당의 성격이 강했으며, 무엇보다, 최저생활을 유지하기에는 턱없이 모자랄 정도로 매우 낮은 수준이었다.

3) 1911년 국민보험법

1911년에 성립된 국민보험법(National Insurance Act)은 1부와 2부로 나누어져 있고, 제1부는 건강보험(National Health Insurance), 제2부는 실업보험(Unemployment Insurance)으로 구성되었다. 건강보험은 로이드 조지(David Lloyd George)가, 실업보험은 윈스턴 처칠(Winston Churchill)이 주도했다.

제1부 건강보험

로이드 조지가 국민보험 도입에 의지를 밝힌 것은 1908년의 일이었다. 그는 독일의 사회보험에 대한 열의를 가지고 있었다. 당시 양국 간에는 대립감정이 격화일로에 있었고, 독일과 해군 군비경쟁을 하기 위한 재원도 필요한 상황이었다. 하지만 독일에 대한 경쟁의식은 단순히 군비뿐만 아니라 사회제도의 면에서도 이루어졌는데, 건강보험이 바로 그것이다(박광준, 1993: 357; 2002: 288).

로이드 조지는 1908년 여름, 독일을 방문하여 독일 사회보험의 운용을 조사하였다. 조사 도중 얼마 되지 않는 국가의 재정부담으로 국민의 생활상태에 개선을 보여준 독일의 사회보험에 매력을 느끼고 열렬한 사회보험주의자가 되었다. 독일 견학을 마치고 돌아온 그는 사회보험의 도입에 착수한다.[18]

그러나 건강보험은 공제조합, 보험회사, 의사 등과 같은 강력한 기득권 집단들과의 장시간 협상을 거쳐야만 했다. 공제조합은 국가의 건강보험이 자신들의 사업 영역을 침해한다 하여 극구 반대했다. 공제조합은 이미 조합원들에게 의료급여를 제공하고 있었기 때문에 반대하는 것은 어찌 보면 당연한 일이었다. 결국, 정부는 공제조합에게 건강보험 운영권을 넘기고자 했다. 그러자 경쟁업체인 보험회사가 반발했다. 운영권을 가진 공제조합이 사업 영역을 확장하면 보험시장이 줄어들게 뻔했기 때문이다. 게다가 보험회사들은 실업보험의 미망인급여와 고아급여가 자신들의 사망보험과 경쟁하게 될 것을 우려하여 두 가지 급여를 폐지해 달라고 요구했다. 결국, 로이드 조지는 이를 수용함으로써 보험회사의 반대를 달랠 수 있었다.

---

18) 독일에서 그는 독일 정부위원과 공무원뿐만 아니라 사회민주당 및 노동조합의 지도자, 사용자와 대화를 가졌다. 로이드 조지가 독일 사회보험제도를 긍정적으로 평가한 것은 독일에서 면담대상자들이 하나같이 일관되게 노동자보험을 산업화된 독일의 가장 훌륭한 제도로 보았기 때문이었다(Ritter, 2005: 188).

[책갈피 8.8]

로이드 조지(David Lloyd George)

사진출처: 다음백과

- 1863년 맨체스터에서 출생
- 1884년 법학전공
- 1890년 자유당 하원의원으로 정계입문
- 1905년 상무장관 역임
- 1908년 재무장관 역임
- 1909년 인민예산안 제출
- 1911년 국민보험법 제정 주도
- 1916년 연립내각 수반으로 전쟁 주도
- 1916~1922년 영국 총리
- 1922년 정계 은퇴
- 1945년 사망

한편, 건강보험의 성공을 위해서는 의사의 협력이 결정적으로 필요했다. 당시 의사들은 공제조합에 대한 불만을 가지고 있었다. 의사들은 대부분 공제조합과 계약하에 진료서비스를 제공하고 있었는데, 항상 공제조합은 진료비를 깎으려 했기 때문이다. 의사들은 국가의 의료서비스가 안정적으로 자신들의 높은 소득을 보장해 줄 것으로 기대했다. 그래서 영국의학협회는 건강보험제도의 적용을 연간 100파운드 소득 이하인 사람으로 할 것을 요구했다. 로이드 조지는 상한선을 160파운드로 올리는 대신 진료비를 인상하는 등의 양보 조치를 통해 의사들을 설득하게 된다(원석조, 2019: 81-83). 이처럼 건강보험은 기득권 집단과의 대타협과정에서 보여준 로이드 조지의 큰 정치적 역량의 결과였다고 해도 과언이 아니다.

협상 끝에 고용계약에 기초하여 노동에 종사하는 16~65세의 모든 육체노동자와 16~65세의 비육체노동자로서 연소득이 160파운드에 미치지 못하는 사람이 건강보험의 대상자가 되었다. 가입은 의무적이었다. 보험료는 총 9펜스 중 노동자, 고용주, 국가의 부담비율은 각각 4 : 3 : 2(주당)였다. 급여는 의료급여, 요양치료, 질병급여 주당 10실링, 폐질급여 5실링, 출산급여 30실링이었다. 운영은 공제조합 중 정부가 인정한 공인된 조합(approved societies)이 맡고, 피보험자에게 조합 선택권을 부여했다. 국가는 감독권을 행사했다(박광준, 1993: 358-360).

제2부 실업보험

국민보험의 제2부는 실업보험이었다. 실업보험은 윈스턴 처칠이 주도했다. 처칠 역시 독일 비스마르크 사회정책에 상당히 공감했다. 그는 사회보험이 자본주의체제에 도전하는 사회주의를 막을 수 있는 유일한 수단이 된다고 확신했다. 그리하여 독일식 사회정책이 자유당 정권을 더욱 공고히 할 것으로 믿었다(원석조, 2019: 79-80).

처칠은 당시 실업문제 전문가로 인정받고 있던 베버리지와 상무성 스미스(Llewellyn Smith)의 도움을 받아 실업보험을 입안하였다. 상무성에서의 실업보험법안 작성은 1908년 가을부터 시작되어 익년 여름에 그 골격이 거의 완성되었다. 그 후 예산문제 등에 기인한 의회 내부의 분규로 말미암아 법안의 제출이 크게 늦어져서, 건강보험과 함께 실업보험이 의회에 상정된 것은 1911년 5월이었다. 한편, 의회의 심의는 건강보험에 집중되어 실업보험은 큰 관심을 받지 않고 원안 거의 그대로 성립되었다.

실업보험의 수급대상은 저임금으로 매우 불안정한 고용형태로 알려진 직종들, 예컨대, 건축, 토목, 조선, 기계, 제철, 차량제조 업종의 종사자들이었다. 비교적 높은 임금의 숙련노동조합들은 조합원들에게 실업급여를 제공하고 있었으므로, 강제적 실업보험의 대상은 저임금노동자들이었다.

보험료 부담은 3자 부담방식이었다. 노동자와 고용주가 각각 주 2.5펜스,

이 합계의 1/3을 국가가 보조하였다. 강제적용에 포함되지는 않지만, 국가적 실업보험과 동일한 사업을 수행하는 모든 조직체(노동조합)에게는 국가에서 보조금을 지불하도록 규정하였다. 따라서 임의적인 실업수당을 지급하던 노동조합은 국가의 보조를 받게 되었다.

실업급여는 기본이 주당 7실링이었다. 실업의 첫 주에는 지급하지 않았고, 둘째 주부터 급여가 주어졌다. 다만, 급여기간의 상한은 연간 15주였다. 실업급여는 직업소개소를 통해 지급되었다(박광준, 1993: 360-364).

[책갈피 8.9]

윈스턴 처칠(Winston Churchill)

- 1874년 잉글랜드 옥스퍼드셔 블렌엄궁 출생
- 1900년 보수당 하원의원 정계입문, 자유당 이적
- 1906년 자유당정부 상무장관
- 1910년 내무장관
- 1911년 해군장관
- 1919년 공군장관 겸 육군장관
- 1924년 재무장관
- 1940~1945년 제61대 총리
- 1951~1955년 제63대 총리
- 1965년 사망

사진출처: 나무위키

실업보험은 거의 전례를 찾아볼 수 없는 영국의 독창적인 시도였다. 이것은 종래의 빈민법이나 노령연금법에 대체할 새로운 소득보장원칙을 세운 것으로 영국 사회보장의 새로운 흐름을 이루었다.

1909년 인민예산

한편, 국민보험을 성립시키기 위해서는 막대한 예산이 필요했다. 로이드 조지는 그 막대한 예산을 소위 인민예산(the People's Budget)을 통해 마련하고자 했다. 그는 세입을 증가시키기 위한 특별한 조치로서 주로 토지소유자들에 대한 과세를 구상하고 있었다. 일찍이 1908년 6월 로이드 조지는 의회에 다음과 같은 결의를 나타낸 바 있다. 즉, "나는 수중에 계란을 가지고 있지 않다. 나는 내년에 누군가의 닭장에 가서 계란을 훔쳐오기로 하였다. 나는 가장 수중에 넣기 쉽고 내가 훔쳐 오더라도 가장 손해의 타격을 적게 받을 곳을 보아 두었다. 그 장소는 가장 많은 계란을 얻을 수 있는 곳일 뿐만 아니라 가장 값싸게 얻을 수 있는 곳이다." 로이드 조지가 이미 물색해 둔 곳은 바로 토지소유자들의 집이었던 것이다(박광준, 1993: 352).

로이드 조지가 제출한 인민예산의 내용은 〈표 8-4〉와 같다.

〈표 8-4〉 인민예산의 재원 내용

대상자	세제	내용
고소득자	• 기본세율 인상 • 누진부가세 • 상속세 증액 • 토지세	• 파운드당 1실링 2펜스로 인상(기존 1실링) • 연간 3천파운드 이상의 소득에 부과 • 5천만 파운드 이상의 재산에 증액부과 • 토지매각 시 매매대금의 2%
저소득자	• 기본 세율 인하 • 아동수당 • 개발기금(20만 파운드)	• 파운드당 9펜스로 인하(기존 1실링) • 연소득 500파운드 이하 가족의 경우, 16세 미만 아동 1인당 10파운드 수당(1914년에 20파운드) • 식림, 자작농지공급에 의한 취업기회를 증대하기 위한 조치에 사용

주: 간접세 부문에서 세율이 인상된 것은 맥주, 주류, 자동차, 담배, 가솔린에 대한 세금
출처: 박광준(1993), p.353.

예산안은 기본적으로 토지소유자들의 불로소득과 고소득에 대한 누진과세를 부과하고, 저소득자에게 세금을 감면해주는 것을 골자로 하고 있었다.

가장 핵심적인 내용은 바로 토지가치세의 신설이었다. 토지가치세는 토지가격의 상승으로 인한 불로소득에 대한 20%의 자본이득세, 이용되지 않는 공한지에 대한 토지세, 토지 임차가 만료되었을 때 부과되는 토지임대세를 포함했다. 로이드 조지는 지가상승으로 엄청난 이득(불로소득)을 본 지주에게 도시 인프라(도로, 철도, 전기, 상하수도 등)의 구축에 필요한 비용을 부과한다는 명분을 내걸고 오랫동안 세금면제의 특혜를 누려온 지주계급을 경제적으로 타격하고자 했던 것이다(Fraser, 1984: 156-157; 원석조, 2019: 90).[19]

예상할 수 있는 일이지만, 지주계급과 보수당은 강하게 반대했다. 지주계급은 예산반대동맹(Budget Protest League)을 결성하여 이 예산안의 저지 운동을 전개하였고, 이후 이 동맹과 치열한 공방이 이루어졌다. 로이드 조지는 이 예산을 "수백만 명의 고통을 경감시키기 위하여 소수인의 쾌락에 과세함으로써 빈곤에 대한 타협 없는 전쟁을 완수하기 위한 예산"이라고 규정했다(Bruce, 1968: 212). 하지만, 이 새로운 과세제도에 반대하는 지주계급의 세력 역시 강대하였다. 로이드 조지의 지지자들은 이것을 '인민의 예산'으로 불렀지만, 그 반대자들은 이것을 사회주의적이라고 비난하였다(박광준, 1993: 354).

이 예산의 성립에 가장 걸림돌이 된 것은 상원의 반대였다. 세습으로 운영되고 있던 상원은 그 기반이 지주계급으로 이루어져 있었기 때문에 예산에

---

19) 로이드 조지는 웨일즈 지방에서 태어나 지주들의 횡포를 겪으며 성장하였는데, 사회개혁 추진과정에서 보여지는 그의 열정은 빈민에 대한 동기보다는 기득권 세력에 대한 분노가 그 원동력이었음을 알 수 있다. 그는 토지소유주들의 부류와 기타의 부류라고 하는 단 두 개의 계급만을 인식하며 성장하였기 때문에 그의 주의 주장은 토지 독점의 타파에 있었고, 그의 정치활동은 토지소유주들에 대한 공격으로 시작되었다는 지적(Gilbert, 1976: 1061-1062; Bruce, 1968: 170-171)도 이러한 맥락에서 이해될 수 있는 것이다. 인민의 예산을 통과시키기 위한 활동의 일환으로 카나본에서 행한 그의 대중 연설에서, 폭풍우 뒤에 난방을 위한 나뭇가지를 주우러 다녔던 자신의 어린시절을 회상하며, "이 폭풍우가 지나고 나면 노인이나 가난한 사람들의 방을 따뜻하게 해줄 많은 나뭇가지가 남게 될 것"이라고 한 말은 너무나도 유명하다(박광준, 1993: 355, 2002: 291).

반대하는 것은 당연한 일이었다. 따라서 궁극적으로는 자유당의 개혁주도세력과 상원(귀족원)과의 대결이 예산성립의 관건이 되었던 것이다. 결국, 예산안은 상원에서 부결된다. 하원은 상원의 예산안 부결이 위헌이라는 결의를 하고 1909년 말 휴회에 들어가 이듬해 1월 하원을 해산하여 민의를 묻게 되었다. 총선거의 결과, 노동당과 제휴하여 선거에 임한 자유당의 의석은 전보다 조금 줄긴 했지만, 정부 여당의 승리로 끝나 상원은 어쩔 수 없이 예산안을 가결함으로써 인민의 예산은 성립되었다. 상원에서 다수당이 된 자유당은 상원 개혁에 착수하여 1911년 의회법(Parliament Act)을 쟁취했다. 이 법률에 의해서 재정법안에 대한 상원의 거부권이 폐지되었고, 또한 여타의 거부권도 단지 그 실시를 최대 2년간 지연시킬 수 있는 권한만 갖게 되었다. 이로써 로이드 조지는 그의 원대한 계획인 국민보험의 도입에 박차를 가할 수 있게 되었던 것이다(박광준, 1993: 355-356).

인민의 예산은 단순히 사회개혁, 즉 사회보험의 도입에 필요한 재원을 마련하기 위한 재원조달의 수단이라는 차원을 넘어서, 세제개혁과 나아가서는 의회의 개혁이라는 차원에서 논의될 수 있는 성질의 것이었다. 다시 말하면, 인민의 예산은 사회개혁에 필요한 재원을 충당하는 수단일 뿐 아니라 그 자체가 하나의 사회개혁이었다(박광준, 2002: 291-292).

4) 자유당 사회개혁입법의 의의와 한계

영국 자유당의 사회개혁입법은 전근대적인 구빈제도로부터 근대적 사회보장제도로 전환해가는 과도기에 교량적 역할을 하였다는 점에서 사회복지역사상의 의미를 갖는다. 자유당정부는 이전의 억압적인 빈민법과는 질적으로 다른 일련의 사회개혁입법을 도입함으로써 영국 복지국가의 초석을 놓았다.

그중에서 자유당 사회개혁입법을 가장 대표하는 법은 1908년의 노령연금법과 1911년의 국민보험법이었다.

노령연금법은 1834년의 신빈민법의 굴레에서 벗어나 새로운 사회권을 획득하게 됨으로써 새로운 지평을 열게 되었다. 그리고 자유당정부 사회개혁의 킹핀이라 할 수 있는 국민보험법의 도입에 따라 질병 및 실업 문제가 개인적 결함에서 비롯된 문제가 아닌 전체 사회가 책임을 분담해서 해결해야 할 문제로 인식되었다는 점에서 의의가 매우 컸다. 그러나 광범위한 제도개혁에 따른 사회보험의 도입과 사회서비스의 새로운 접근이 이루어졌음에도 불구하고 자유당의 사회개혁입법은 제한성과 보수성의 성격을 강하게 띠고 있었다. 이러한 성격이 가장 잘 드러난 것이 노령연금의 수급자격 제한 규정이었다.

국민보험법의 경우, 특히 건강보험은 보험료부담의 형평성의 문제와 낮은 급여수준의 문제가 남아 있었다. 국민건강보험법은 저임금 노동자에게는 보험료 부담이 매우 컸고, 고소득자에게는 부담이 매우 적었다.[20] 이것은 사회개혁이 평등 지향적인 성격이 희박했음을 나타내 주는 것이다(박광준, 2002: 294).

또한, 보험급여는 낮은 수령액과 한정적인 급여 기간으로 인해서 피보험자에게 실질적인 혜택을 주기엔 미흡한 것이었다. 특히, 실업보험은 건설업이나 선박제조업 같은 특정 산업의 노동자들로 그 범위가 제한되어 있었기 때문에 실업 문제의 근본적인 해결과는 거리가 있었다(오인영, 2001: 58).

20) 주 18실링의 소득자가 간접세와 보험료로 지출하는 비율은 10.25%인데 반해, 그 약 2배 소득의 35실링 소득자의 경우는 그 절반에 가까운 5.27%에 불과하였다(Harris 1984: 380; 박광준, 2002: 294에서 재인용).

CHAPTER 09

미국의 뉴딜정책과 1935년 사회보장법

1. 1920년대의 미국
2. 대공황
3. 타운젠드운동과 런딘법안
4. 루즈벨트의 경제위기극복정책: 제1차 뉴딜
5. 루즈벨트의 제2차 뉴딜정책
6. 사회보장법 도입의 본질과 의의

CHAPTER

09 미국의 뉴딜정책과 1935년 사회보장법

개인주의와 자유주의에 대한 강한 가치를 지닌 미국은 다른 선진자본주의국가에 비해 국가개입이 늦었다. 국가개입을 싫어하는 미국이 빈곤에 대한 국가의 책임을 어쩔 수 없이 인정할 수밖에 없었던 것은 바로 1929년의 대공황 때문이었다. 미국경제를 붕괴시킨 대공황으로 인한 국가개입은 미국 경제사에서 중요한 전환이자 사회복지의 역사에 있어서도 분수령이 되었다. 이 장에서는 1929년 미국 대공황의 원인과 상황을 살펴보고, 이를 극복하기 위한 루즈벨트의 경제위기극복정책인 뉴딜정책의 과정을 검토한다. 그리고 뉴딜정책의 일환으로 제정된 1935년 사회보장법의 배경과 내용을 살펴보고, 사회보장법제정이 지니는 의의와 한계를 고찰할 것이다.

1. 1920년대의 미국

1920년대의 미국은 소비가 미덕이라고 외칠 정도로 번영을 구가하였다. 그러나 그 번영 뒤에는 고질적인 가난이 드리워져 있었다. 그럼에도 불구하고 정부의 개입 노력은 이루어지지 않았다. 복지는 정부가 개입하는 것이 아니라 민간부문에서 떠맡아야 하는 것으로 인식되었다.

정부의 적극적인 간섭을 가로막아왔던 이유는 바로 자유방임주의 전통에서 찾을 수 있다. 미국의 자유방임주의는 정부 권력의 제한과 경제활동의 자유를 핵심으로 삼고 있었다. 미국인들에게는 "자유경쟁과 국가간섭의 거부는 그들의 교리였으며, 경제적 자유는 그들의 구호"(배영수, 1983: 246)였다. 자유방임주의는 미국의 정신적 풍토인 개인주의의 기풍 위에서 확고히 뿌리내렸다. 개인주의 기풍이 제한된 정부 이념 및 자유방임주의 원리와 결합하여 19세기 미국 특유의 자유방임주의를 형성했던 것이다.

미국 특유의 자유방임주의는 19세기 후반 전체보다도 개체를 중시하는 사회진화론(social darwinism)[1)]의 영향으로 더욱 공고한 위치를 차지하게 되었다. 사회진화론은 자유방임주의와 같이 개인주의의 경쟁 원리에 근거한 것이었지만, 경쟁의 중요성과 사회 내부의 불평등의 정당화, 불간섭의 원칙이 더욱 강조된 것이었다. 이러한 사상적 원칙이 국가의 사회보호에 대한 저항으로 나타났으며, 미국이 사회보장을 지연시킨 원인이었다(원용찬, 1998: 74-75).

자유방임주의 사상이 지배하는 미국에서 정부가 빈곤문제에 개입할 수 있는 여지는 없었다. 빈곤은 어디까지나 개인의 문제였다. 왜냐하면, 빈곤의 원인은 사회경제적 구조에 있는 것이 아니라 나태와 같은 개인의 도덕적 결함에 있는 것으로 간주되었기 때문이다. 따라서 사회가 할 수 있는 일은 그러

---

1) 사회진화론(Social Darwinism)은 생물진화론의 적자생존과 자연선택을 사회학에 적용하여 사회, 경제, 정치를 해석하는 다양한 이론과 견해를 말한다. 19세기 찰스 다윈이 발표한 생물진화론에 입각하여 허버트 스펜서가 처음 확립하였고, 그 후 19세기 말부터 유행하였다. 1870년부터는 미국에도 사회진화론이 알려졌는데, 윌리엄 그레이엄 섬너(Wiliam G. Sumner) 같은 경제학자들이 유명하다(위키백과). 섬너는 사회의 진보란 자연에 대한 인간의 투쟁으로 이루어지며, 그 투쟁에서 결정적인 역할을 떠맡고 있는 것은 자본가들, 특히 독점자본가들이라고 주장하였다. 그럼으로써 섬너는 기존의 사회질서를 인간의 생존 투쟁의 결과로 보고, 사회개혁의 가능성을 부정하고 나아가 독점자본의 영향력을 옹호하였다. 이러한 주장은 19세기 후반에 미국을 지배하던 자본가들과 그들의 부에 압도당한 교회 그리고 자유방임주의에 집착하던 법조계 심지어 일반 대중에게서도 풍미하였다. 그들에게 자유방임주의는 과학적 발견이라는 철갑을 둘러쓴 진리인 듯이 보였다(배영수, 1983: 246에서 재인용).

한 결함을 교정하여 빈민으로 하여금 스스로 생계를 유지할 수 있는 능력을 계발하는 것뿐이었다. 그러나 1930년대에 사정이 크게 바뀌었다. 1929년 대공황이 발생하자 미국 사회는 전례 없이 격심한 사회경제적 위기에 직면하게 된다.

2. 대공황

1) 대공황의 원인

공황의 원론적 원인

대공황(Great Depression)은 무엇이고, 왜 일어나는가? 대공황은 식량이나 공업제품이 부족해서 발생하는 것이 아니다. 오히려 물자가 너무 많은 것이 문제이다. 물자가 풍부한데도 사람들은 먹을 것, 입을 것이 없어서 힘들어하는 것이다. 왜 이런 일들이 발생하는가?

경제학자들은 과잉상품이 공황의 원인이라고 대답한다. 그런데 여기서 주의할 것은 '과잉'의 의미이다. 과잉이라는 말에는 모든 인간이 먹고, 입고, 쓰고도 남는다는 의미의 절대적 과잉과, 돈을 주고 그 상품을 살 수 있는 수요에 비해서 많다는 뜻의 상대적 과잉, 두 가지의 의미가 있다. 공황은 상대적 과잉의 문제이다. 즉, 사람들은 돈을 주고 상품을 구입할 수 있는 능력이 안 되는데, 상품을 너무 많이 생산하는 데서 비롯되는 문제이다. 자본주의의 공황은 물자가 남아도는 나머지 바다에 버려짐에도 불구하고, 많은 사람이 헐벗고 굶주리는 그야말로 '풍요 속의 빈곤'인 것이다.

자본주의적 생산은 정부의 계획 없이 이루어진다는 것(생산의 무정부성)과

생산과 소비가 일치하지 않는다는 특징을 지니고 있다. 이러한 특징은 자본주의의 모순, 즉 생산의 사회적 성격과 소유의 사적 성격의 모순에 의한 것이다. 자본주의가 발달함에 따라 자본의 규모는 커지고 동시에 독점화가 이루어져서 생산이 사회에 미치는 영향이 커진다. 그런데 생산수단은 자본가가 개인적으로 소유하고 있으므로 사회적으로 커다란 영향을 미치는 생산이 자본가 개인의 계획과 이익에 의해 이루어진다. 공황은 이러한 모순에 의해 발생한다.

그렇다면 노동자들의 수요는 왜 적은가? 달리 말하면, 노동자들은 왜 빈곤한가? 그것은 자본구성의 고도화 때문이다. 자본은 공장, 기계, 원료 등에 쓰이는 고정자본과 노동력을 사기 위해 쓰이는 유동자본으로 구성된다. 자본주의가 발달함에 따라 고정자본은 유동자본에 비해 점점 커지는 경향이 있는데, 이것을 '자본구성의 고도화'라고 한다. 자본주의 생산에 점점 생산성이 높은 기계가 사용되고, 이에 따라 그 기계에 필요한 노동력이 감소하는 경향인 것이다. 이것은 사회에서 만들어지는 전체 생산물 중 노동자에게 돌아가는 몫의 비율이 점점 줄어든다는 것을 의미한다. 자본구성이 고도화한다는 것은 결국 임금으로 나가는 비율이 줄어든다는 것을 뜻한다. 따라서 노동자는 상대적으로 점점 빈곤해지는 것이다(조성오, 2006: 209-215).

1929년 대공황의 원인

1930년대는 미국의 경제사에서 중요한 전환기였다. '암흑의 목요일'이라 불리는 1929년 10월 24일 미국 뉴욕 월스트리트의 증권시장에서 주식값이 엄청나게 떨어진 것을 시작으로 대공황이 발생하였다.[2] 1929년 대공황은 그

2) 1년간 다우지수가 381포인트에서 1909포인트로 하락하였고, 1933년까지 41포인트로 폭락했다. 증시는 -90% 하락, 공식 실업률 27%, 경제성장률 -13%, 소비자물가지수 -74%의 최악의 불황

이전에 있었던 어떤 공황보다도 심한 것이었고, 그 규모도 전 세계에 걸쳐 엄청난 것이었다.

그렇다면 1929년 대공황은 왜 일어났는가? 그 원인은 미국의 내적 요인과 외적 요인으로 구분하여 생각해볼 필요가 있다(김근홍 외, 2007: 160-162).

우선, 내적 요인으로는 농업부문의 만성적 불황, 공업부문의 생산과잉, 금융산업의 방만한 운영 등을 들 수 있다. 미국 정부의 계획성 없는 자유방임적 경제정책은 엄청난 빈부의 격차를 초래하였고, 많은 국민의 소득 저하로 인해 구매력이 감소했으며, 제조업의 기반을 흔들어 놓았다. 1920년대를 통하여 농촌경제가 가장 심각한 타격을 받았다. 초과생산과 농산물 가격 하락, 증가하는 부채, 파산 등의 악순환이 계속되었다. 소비가 이루어지지 않자 공급이 수요를 능가했고, 이것은 불경기로 이어졌다. 저소비의 가장 큰 문제는 바로 노동자와 농민의 실질임금이 감소했기 때문이었다. 상류층은 그들의 부를 재분배하기보다는 화려한 물건이나 사치 생활, 증권투기 같은 것에 소비함으로써 사실상 국가의 부가 재분배되지 않은 채 불균형을 심화시키고 있었다.

미국의 경우 소수의 독점기업이 전체 기업 이익의 절반 이상을 차지하고 있었다. 특히, 지주회사를 중심으로 한 독점과 합병의 횡포는 갈수록 커졌으며, 많은 기업체는 여러모로 대기업의 수중에 장악되었다. 이러한 상황에서 지주회사가 무너지면 그 여파로 수많은 기업이 문을 닫게 되었고, 그에 따라 많은 노동자가 실직의 운명에 놓이게 되었다. 실직으로 인하여 수입이 상실되거나 중단됨에 따라 수요가 줄어들게 되고, 이에 따라 경제가 침체되었다. 그러자 기업들은 생산보다는 증권시장에 투자했고, 1929년 증권이 폭락하자 수많은 기업이 파산하기 시작했다. 기업체들의 파산은 그들 회사와 관련이

에 접어들었다.

있는 중소기업체들의 연쇄적 폐업으로 이어졌다. 그러나 미국 정부는 이를 심각하게 생각하지 않았다.

한편, 미국 대공황의 외적인 요인은 국제적인 문제였다. 즉, 제1차 세계대전 패전국들의 구매력 격감, 승전국의 높은 관세장벽으로 인한 국제질서 파괴 등이 미국 주식시장의 붕괴요인으로 작용했다.

미국은 제1차 세계대전 이후 세계 제1의 채권국가, 교역국가로서 엄청난 달러를 유럽에 집중투자했다. 1929년 말 미국의 국내 증권시장이 성황을 이루자, 미국 투자가들은 유럽보다는 국내 증권에 투자하기 시작했다. 이로 인해 유럽경제는 흔들리게 되었다. 또한, 미국의 높은 관세로 인해 그들의 상품을 미국에 팔 수 없게 되자 유럽의 많은 국가들은 보복의 일환으로 그들의 관세를 올리게 된다. 그 결과는 국제무역의 정체였다. 유럽의 국가들은 미국에 투자한 자산을 전격적으로 회수하였다. 공황이 발생했다. 뉴욕시장의 주가가 폭락하고 실업자 수가 증가하기 시작했다.

이러한 상황에도 불구하고 후버정부는 아무런 문제의식이 없었다. 후버(Herbert Hoover)[3]에게 있어 자선은 경제적인 문제가 아니라 단순한 도덕적인 문제로 인식되었을 뿐이었다. 상황은 악화일로로 치닫고 있었다.

---

3) 허버트 후버(Herbert Hoover, 1874~1964)는 제1차 세계대전 때 연합국의 구제활동을 담당하는 주요관리를 역임하여 박애주의자라는 평판을 얻었지만, 대통령 재임시에는 대공황의 경제적 고통을 감소시키지 못했다는 평가를 받은 인물이다. 아이오와주에서 태어났지만 9세 이전에 고아가 되어 오리건주에서 자랐다. 광산기사로 사회생활을 시작한 후 중국과 영국에서의 구제활동에 참여하게 되었다. 이 활동은 미국의 제1차 세계대전 참전 이후에는 미국 식량담당관 임명으로 이어졌다. 이후 상무장관을 역임했고, 1928년에는 공화당 대통령 후보로 지명되어 31대 대통령에 당선되었다. 취임 직후 대공황에 직면했으나 적절한 정책구현에 실패하면서 최악의 대통령 중의 하나라는 평판을 얻었다. 대통령 재임시에 후버댐을 건설했다(다음백과).

1929년 10월 24일 증권시장의 갑작스런 붕괴로 충격을 받은 많은 사람들이 뉴욕금융가인 월스트리트에 운집해 있다.
사진출처: http://lancasteronline.com.

2) 대공황의 충격

절망의 안개로 뒤덮인 미국

1929년 대공황은 미국이 산업사회에 내재된 경제적 불안정의 위험에 대처할 수 있는 준비가 전혀 없었음을 입증했다. 1930년 미국의 인구는 약 1억 2천 3백만 명이었다. 이 중 4천 9백만 명이 노동인구였으며, 65세 이상의 노인은 약 650만 명 정도였다. 대공황으로 실업자는 1929년의 155만 명에서 1933년에 이르면 1천 5백만 명에 육박하는 규모로 증가했다. 1933년 실업률은 전체 노동인구의 약 29%로 가장 높았다. 1930년대의 10년간 평균 실업률은 노동인구의 18%였다(가스통 v. 림링거, 2009: 259-262). 1920년대 번영기의 연평균 실업률(1922~1929)은 3.7%에 불과했다(양신호, 2000: 207)는 사실에 비추어볼 때, 대공황이 야기한 엄청난 변화의 규모를 가늠할 수 있다.

대공황으로 인해 미국 국민들은 이제까지 경험해 보지 못한 빈곤에 직면하였다. 한 연구자는 당시의 상황을 이렇게 적고 있다.

> 공황은 수많은 남녀 실업자를 거리에서 헤매게 했으며 그들은 지나가는 자동차를 얻어 타거나 화물 자동차에 매달려 여기저기를 떠돌아다녔다. 그리하여 국도는 부랑민들로 줄을 이었다. 건장한 남자도 공장이 문을 닫았기 때문에 할 일 없이 빈둥거렸고, 겨우 일자리에 남아 있는 노동자들의 임금도 30~50%나 깎였나. 이보나 너 가슴 아픈 것은 어린 소년, 소녀들이 떼를 지어 방황하는 모습이었다. 12~16세쯤 되는 소녀들이 어둠침침하고 불결한 곳에서 지독히 낮은 임금을 받고 10~12시간씩 일을 했다. 기업주들은 실업을 구실삼아 미성년자들을 오랜 시간 동안 낮은 임금으로 고용하였다. 산업혁명 때에나 있었던 어린 소년, 소녀의 노동이 공황으로 다시 생긴 것이다. 배고픔과 절망에 빠진 나머지 자식들을 죽이고 부모 자신도 자살하는 사태가 여기저기서 일어났다(조성오, 2006: 208).

대공황의 폐해는 무엇보다도 실업자들이 겪는 궁핍과 고통에 의해 가장 극명하게 나타났다. 도심 곳곳에 무허가 판자촌(Hooverville)[4]이 들어서고, 채무와 기아에 시달리다 못해 거주지를 떠나 방랑하는 사람들이 급증했다.

---

4) 미국인들은 대공황 이후 급격하게 늘어난 무허가 판자촌을 후버빌(Hooverville)이라고 불렀다. 이는 후버 대통령의 실정을 조롱 삼아 노숙자들의 집단 판자촌에 그의 이름을 붙인 것이다.

판자촌 후버빌의 모습.
사진출처: 프레시안

새뮤얼 엘리엇 모리슨(Samuel Eliot Morison)은 미국을 사로잡은 마비 상태를 이렇게 묘사했다. "뉴욕의 아파트는 1년 치 임대료로 5년을 빌려주었고, 고급 침대차인 풀먼(Pullman)기차는 승객을 한 명만 태운 채 운행했으며, 호텔과 마이애미비치 같은 리조트는 텅 비었다"(윌리엄 클라인크넥트, 2012: 153).

런던의 일간지 더 타임스 논설위원 아른트(H. W. Arndt)의 말대로 "실업은 전쟁 다음으로 우리 세대에 가장 널리 전염된 잠행성 · 부식성 질병이었다: 그것은 우리 시대 서구 문명 특유의 사회적 병폐"였다(양동휴, 2000: 1에서 재인용). 미국은 "절망의 안개로 대지가 뒤덮여 있었다"(Schlesinger, 1937: 3; 양동휴, 2000: 1에서 재인용).

1930년 11월 16일. 시카고에서 악명을 날리던 마피아 두목 알카포네는 직장을 잃은 사람들에게 무료급식소를 통해서 구제의 손길을 내밀었다.

사진출처: 다음백과

국가개입의 필요성 대두

대공황으로 인해 절망의 안개로 뒤덮인 미국에서 '국가의 적극적 개입'이라는 사회적, 시대적 요청이 생겨나기 시작했다. 경쟁적 개인주의는 지탱될 수 없었고, 대량실업에 의한 빈곤문제는 민간이나 지방정부에 의해서 해결될 수 없는 것이었다. 또한, 빈곤의 구조적이고도 광범위한 발견으로 영구적인 연방정부의 사회복지프로그램이 필요하게 되었다. 정부의 개입만이 빈곤을 완화시킬 수 있는 유일한 방법이었던 것이다.

국가의 개입은 사회경제적 위기극복과 좌우익 급진운동의 정치적 위협에 대한 대응이라는 두 가지 과제를 안고 있었다(배영수, 1983: 250).

실업자들은 이미 대공황 초기부터 식량폭동 등 산발적인 소요사태를 일으키고 있었다. 이러한 움직임은 점차 조직화되어 실업자협의회(Unemployed Council)나 실업자동맹(Unemployed League)과 같은 여러 실업자 단체가 생겨났다. 이런 단체들은 주로 공산주의자나 급진주의자들이 주도했다.

1932년 가을부터 미국실업노동자동맹연합체(Federation of Unemployed Workers Leagues of America) 등 전국적인 조직체가 결성되었다. 이 조직체는 구호사업의 확대, 실업보험제도와 노령보험제도의 수립 등을 요구했다. 이러한 움직임은 기존 사회경제질서에 대한 심각한 위협으로 인식되었다.

3. 타운젠드운동과 런딘법안

이러한 가운데 두 개의 급진적인 제안이 이루어진다. 의사인 타운젠드(Dr. Francis E. Townsend)가 주도한 노령연금운동과 1934년부터 미네소타 노동당 소속 하원의원 런딘(Ernest Lundeen)이 제안한 실업과 사회보험을 위한 노동자 법안이 그것이다.

1) 타운젠드운동

타운젠드운동은 의사인 타운젠드가 1933년 9월 30일, 롱비치 텔레그램 신문(Long Beach Press Telegram)에 투고함으로써 시작되었다. 투고 내용은 '정부가 60세 이상의 모든 노인들에게 즉시 소비를 조건으로 매월 150달러를 지급(재정은 기업체 부담)해야 한다'는 것이었다. 이 제안의 기본적인 아이디어는 연금을 통해 소비자의 구매력을 회복시키고, 경제활동을 회복시켜 전국을 공황에서 호황으로 전환시킨다는 것이었다. 그의 글은 시민들의 폭발적인 호응을 얻었다. 연일 신문들이 대서특필했고, 전국적으로 타운젠드클럽이 결성되기까지 했다. 회원의 수도 1936년에는 대략 220만 명에 달했다고 한다. 상당수의 노조와 노동자들도 호응을 했다. 타운젠드회원과 그 지지자 수는 어떤 선거라도 세력 균형을 기울일 수 있을 것처럼 보이기에 충분했다(가스통 v. 림링거, 2009: 268-269).

1935년 타운젠드법안이 의회에 상정되었다. 그러나 이 법안은 435대 50으로 부결되어 입법화에 실패하고 말았다. 루즈벨트정부는 이 법안이 비현실적이라고 판단했다. 하지만 정부는 타운젠드법안을 대신할 만한 대안을 제시해야 할 입장에 놓였다.

타운젠드운동은 부자가 가난한 이를 돕는 소득재분배 또는 노인에 대한 사회적 부양책임을 지향한 것은 아니었다. 이 운동의 목표는 노인의 연금소비를 통해 사회를 부양하는 것에 있었다. 이런 점에서 이 운동은 수요진작책으로서 원시케인즈주의에 가까웠다. 이 운동은 비록 입법화에 실패했지만, 사회보장법에 노령연금이 포함되는 데 커다란 기여를 했다(가스통 v. 림링거, 2009: 270-271).

2) 런딘법안

노동당 소속 하원의원 런딘은 1934년 2월, 실업과 사회보험을 위한 노동자법안(the Worker's Bill for Unemployment and Social Insurance, 일명 런딘법안)을 의회에 제출했다. 런딘법안은 실업상태에 있는 노동자와 농민을 실업, 장애, 노령으로부터 보호하는 데 목적을 두고, 소득이 중단되면 수급자격을 즉시 발생시키고, 실업급여는 주당 10달러(피부양자 1인당 3달러) 이상의 정액제로 하며, 재정은 정부와 고용주가 전액 부담하고, 노동자와 농민의 대표로 구성된 위원회가 운영한다는 것을 주요 골자로 하고 있었다.

초기에는 전국실업자연맹, 전국실업자평의회, 공산당, 진보적 노동운동회의 등 급진적 조직이 찬성하였고, 나중에는 노동자조직(AFL의 일부 지방조직)과 많은 사회복지사 및 일부 경제학자와 같은 비정치적 집단도 지지했다. 그러나 이 법안에 대한 대중적 지지는 타운젠드계획보다 그리 광범위하지는 못했다(가스통 v. 림링거, 2009: 272-273).

그럼에도 불구하고, 런딘법안은 단지 노령연금의 도입만을 원한 타운젠드 운동과는 달리 소득의 재분배와 사회개혁의 의지를 담고 있었다. 런딘법안은 비록 대중의 관심을 크게 끌지는 못했지만, 미국의 사회보장 역사상 유일한 좌파적 입법운동으로서 기존의 복지정책의 폭을 확대하고 부의 재분배를 강조했다는 점에서 의의가 있었다(원석조, 2004: 156).

4. 루즈벨트의 경제위기극복정책: 제1차 뉴딜

1932년 대선에서 대공황에 대한 대응책으로서 뉴딜정책을 내걸고 집권에 성공한 루즈벨트는 전문자문단을 구성하여 구제(Relief), 부흥(Recovery), 개혁(Reform)이라는 세 가지 정책과업(일명, 3R 정책)을 목표로 하는 뉴딜정책을 발표했다.[5] 뉴딜정책의 기조는 경제의 운행을 시장에 맡겨둘 것이 아니라 정부가 직접 개입해야 한다는 것이었다. 이것은 자유주의 이데올로기에서 탈피하여 공공복지에 더 많은 투자를 해야 한다는 것을 의미했다. 경제위기

5) 뉴딜은 카드를 다시 섞어 분배한다는 뜻으로 새로운 정책을 의미한다.

와 사회불안의 해소를 위한 새로운 접근의 시도였다.

[책갈피 9.1]

루즈벨트(Franklin Delano Roosevelt)

- 1882년 뉴욕 출생
- 1910년 미국 뉴욕주 민주당 상원의원
- 1913~1919년 미국 해군성 차관보
- 1928년 미국 뉴욕주 주지사
- 1933~1945년 미국 대통령
- 1945년 사망

사진출처: 다음백과

1차 뉴딜정책은 농업정책과 구호사업 및 산업부흥정책을 근간으로 시행되었다. 가장 대표적인 정책은 농업조정법과 국민산업부흥법이었다.

1) 농업조정법

농업조정법(Agricultural Adjustment Act, 1933. 5)은 몰락한 농민의 회생을 위한 법으로 농산물의 경작면적과 생산량을 제한함으로써 농산물 가격을 유지하고 조정하는 것이 핵심이었다. 이 법은 농민의 구매력을 증진시키고, 그로 인하여 도시에서 생산된 공산품에 대한 수요를 증대시킬 것을 목적으로 제정되었다. 이 법은 '평형가격(parity prices)'을 설정하여 농민의 수입 증대를 보장하고자 했다. 이 가격을 유지하기 위하여 정부는 농민에게 목화, 밀, 돼지, 기타 산물의 생산을 제한시켰는데, 생산이 제한된 산물에 대해서는 특별 보상금을 지급하였다(김근홍 외, 2007: 165-166).

2) 국민산업부흥법

국민산업부흥법(the National Industrial Recovery Act: NIRA, 1933. 6)은 최저임금과 최대 노동시간 및 가격고정에 관한 기준을 정해 '상품가격 인하-임금 삭감'의 악순환을 종식하고자 한 법이었다.

이 법의 제1부는 기업 간의 협동을 위한 산업조직의 진작을 목적으로 하고 있었는데, 노동조합의 단결권과 단체협약권 보증(제7조 A항), 최저임금 법제화, 고용시간 제한 법제화, 산업부흥청(National Recovery Administration: NRA)의 신설 등의 내용을 포함하고 있었다(양신호, 2000: 226-229).

첫째, 최초로 연방정부가 노동자에게 노동조합의 단결권과 단체협약권을 부여한 것은 획기적이었다. 전국광산노련(UMW: United Mine Workers)을 대표적으로 하여 전통적인 경쟁시장의 소규모 기업들이 지배하는 산업들의 경우에는 노동조합의 확산을 가져왔다. 하지만 대규모 기업에서는 1차 뉴딜기간 동안 그다지 변화를 가져오지 못했다.

둘째, 최저임금의 경우 대개 시간당 30~40센트의 범위에서 결정되었으며, 이러한 기준으로부터 동일 산업 내 지역, 성별 및 기타 기준들에 따른 차별적 적용이 일반적이었다.[6)]

---

6) 최저임금조항은 1935년 전국산업부흥법이 위헌판결을 받은 뒤 사라졌으며, 1938년 노동기준법(Fair Labor Standards Act)의 제정으로 다시 법제화된다. 이 법은 적용 당시인 1938년 11월 기준으로 43.4%의 비농업, 비감시노동자들을 포괄하였고, 제조업 평균임금의 41.7% 수준이었

셋째, 법정 고용시간은 주당 40시간으로 규정되었는데, 이것은 일자리 공유(work-sharing)를 통한 단기적인 고용확충과 노동조건의 개선이라는 장기적인 목적에서 법제화되었다.[7)]

넷째, 고용과 산업의 회복을 위해 산업부흥청이 신설되었다. 산업부흥청은 최저임금과 최대 노동시간 및 가격고정에 관한 기준을 정하고 노동자와 자본가의 협조를 구했다(원석조, 2004: 141).

NIRA의 제2부는 근로능력빈민의 일자리 창출과 유효수요 창출을 위한 공공사업청(Public Works Administration: PWA)의 신설이 주된 내용이었다. NIRA는 경기회복을 목적으로 연방정부 내에 공공사업청을 설치하고, 대규모의 공공사업을 수행하도록 하였고, 자금은 기업계가 제공하도록 했다. 그래서 자금의 사용 방법도 공공사업청이 사업을 수행하는 데 쓰거나 타정부기관의 공공사업에 보조금으로 지급하거나 혹은 사기업체에 대여하도록 되어 있었다(배영수, 1983: 254).

NIRA 위헌판결

NIRA는 1933년 6월 16일 발효되었다. 국가개입에 의해 격렬한 경쟁과 가격상승을 종식시키고, 생산량을 한정시키며, 노동자의 적절한 임금을 보장하고자 했던 이 법안의 제출은 역사적 사건이었다. 특히, 최초로 연방정부가 노동자에게 노동조합의 단결권과 단체협약권을 부여한 것은 획기적인 일이었다.

다. 1968년에는 이들 비율은 각각 72.6%, 55.6%였으며, 1978년에는 83.8, 48.4%였다(Baily, 1983; 양신호, 2000: 228에서 재인용).

7) 주당 40시간으로 규정된 근로시간 단축으로, NIRA 초기의 3개월 동안(1933년 7월~10월) 산업생산의 감소에도 불구하고 NRA 산업들에서는 11.4%의 고용이 증가했으며, 주당 평균 노동시간은 12.7% 감소했다(양신호, 2000: 228).

그러나 NIRA의 노동시장에 대한 직접적인 영향은 그다지 크지 않았으며,[8] 2년도 되지 않아 1935년 5월 27일 월요일(Black Monday), 대법원의 위헌판결(9:0)에 의해 법적인 효력을 상실하게 되었다. 이 법이 대통령에게 과다한 권한을 부여한다는 것이 위헌판결의 이유였다(미국사연구회, 1992: 260). 미국 사회는 충격에 빠졌다. 한 일간지는 "20분 만에 죽은 2년간의 실적"이라고 썼다. 뉴딜정책이 위기에 봉착했다. 그러나 루즈벨트 대통령은 위헌판결에 정면으로 맞서 뉴딜정책을 한층 더 강하게 추진해 나간다. 2차 뉴딜이 시작되었다.

5. 루즈벨트의 제2차 뉴딜정책

1) 와그너법

NIRA의 위헌판결 이후, 루즈벨트는 정부가 대기업의 독점을 막고 노동자의 권익을 보다 적극적으로 보호하는 방향으로 정책을 선회하였다. 노사관계에서 NIRA보다 한층 더 친노동조합적인 제도변화를 가져오게 된다. 이러한 정책기조의 전환에 있어 중요한 것 중의 하나가 1935년 7월에 발효된 와그

8) NIRA의 단기적 효과는 부정적이었다. 노사합의의 조건은 대개 노동시간 단축에 의한 고용증가, 그리고 임금인상이었다. 기업가들도 제품가격을 올릴 수 있었으므로 임금비용 상승을 허용하였다. 그러나 물가보다 임금이 더 빨리 상승하여 실질임금이 높아짐으로 인하여 실업이 줄기는커녕 오히려 늘었다. 그러나 장기적으로 볼 때 노동조건의 개선을 가져온 효과는 있었다. 그것은 노동자의 단결권과 단체교섭권을 보장한 NIRA 제7조 A항 때문이었다. 어려운 시기임에도 새로이 노조가 결성되고 조합참여율이 높아졌다. 1935년 5월에 NIRA가 위헌판결이 난 후에도 1935년 와그너 노사관계법이 NIRA의 노동권 조항을 부활시킴으로써 노조의 활동은 1950년경까지 신장되었다(양동휴, 2000: 27-28).

너법(Wagner Act, National Labor Relations Act)이었다.

와그너법은 NIRA에서는 권고사항 정도이었던 절대다수 대표제, 고용주의 노조에 대한 승인 및 단체교섭의 의무 등을 법률적 차원으로 승격시켰다. 이로써 미국에서 노동3권(단결권, 단체교섭권, 단체행동권)이 최초로 국가에 의해 인정되었다. 위헌판결을 받은 NIRA 제7조 A항이 와그너법으로 되살아난 것이다. 그리고 와그너법은 전국노사관계위원회(National Labor Relations Board: NLRB)에 보다 실질적인 법의 집행권을 부여하였다. 이와 함께 노동조합을 산업민주주의의 성취를 위한 유일한 최선의 도구라고 선언함으로써 대공황의 여파로 인한 노동자들의 의식변화와 더불어 노동조합운동의 급진전을 가져오게 된다. 이 시기의 노동조합운동은 미국 역사상 가장 빠른 속도로 성장했다(양신호, 2000: 230-231).

2) 빈민구호정책

제2차 뉴딜은 1933~1937년 경기회복에도 불구하고 10% 이상의 높은 수준으로 유지된 실업자들을 구제하기 위한 배분 정책이었다. 실제로 국민소득에 대한 정부예산의 비중이 뉴딜의 시작과 함께 12% 정도에서 20% 이상으로 급증하였는데, 이 중 절반 이상이 구호사업에 투입되었다(양동휴, 2000: 28). 연방정부의 개입은 주로 연방긴급구호청(Federal Emergency Relief Administration: FERA), 토목사업청(Civil Works Administration: CWA), 그리고 공공사업촉진청(Works Progress Administration: WPA)를 통해 이루어졌다(강성원, 2000: 376-378).

연방긴급구호청(FERA)

연방긴급구호청은 1930년대 전반기의 구호정책을 총괄한 기관으로 2년을 시한으로 1933년 5월 설립되었다. 연방긴급구호청의 기능은 지역정부의 구호지출에 대한 연방정부의 재정적 지원이었다.[9] 각 지역의 사정을 반영한 기준예산에 미치지 못하는 소득을 가진 모든 사람을 대상으로 소득과 기준예산의 차이만큼을 정부에서 현금 또는 현물로 보조하였고, 그 기금은 지역, 주, 연방정부가 공동으로 마련하였다. 구호방식은 공공취로(work relief)와 무상지원(direct relief),[10] 그리고 학생, 교사, 농민, 주민을 대상으로 하는 특별구호정책(Special Emergency Relief Program)이 있었다.

1935년 5월 공공사업촉진청이 설치되면서 공공취로사업은 공공사업촉진청으로 이관되거나 폐지되고, 무상지원은 지역정부로 이관되고, 특별구호정책은 청년사업청(National Youth Administration: NYA), 농촌재정착청(RA) 등 유관기관에 이전되거나 폐기되어 1935년 12월 폐쇄되었다.

연방긴급구호청의 폐쇄 이후에는 지역정부가 기존의 연방긴급구호청 관할하의 일반구호사업을 승계받아 형편에 맞게 추진하였다. 이 시기의 일반구호는 다른 정책으로 보호되지 못한 빈민의 보호를 목적으로 하였으며 전반기와는 달리 무상지원이 중심이 되었다.

---

9) 연방긴급구호청을 발의한 사람은 홉킨즈(Harry Hopkins)였다. 그는 후버정부가 구호자금을 각 주정부에 대여한다는 원칙에 매달렸기 때문에 구호사업이 매우 빈약했다고 비판했다. 그 대신 그는 연방정부가 구호를 목적으로 각 주에 보조금을 지급해야 한다고 주장했다. 루즈벨트는 이 주장을 받아들여 상원의원 와그너(Robert F. Wagner)로 하여금 이를 법안으로 마련하도록 하였다. 그렇게 해서 만들어진 법안의 내용은 연방정부의 재정에서 5억불을 확보하고, 연방긴급구호청을 설치하여 이로 하여금 자금을 각 주에 보조금으로 교부하도록 한다는 것이었다(배영수, 1983: 253).

10) 공공취로와 무상지원을 총괄하여 일반구호(General Relief)라고 한다.

토목사업청(CWA)

1933년 말~1934년 초의 겨울 동안 기존의 구호정책으로는 충분한 규모의 빈민구호가 어렵다고 판단하여 토목사업청을 통해 대규모 공공취로사업이 실행되었다. 1933년은 대공황이 시작된 이래 실업자가 가장 많았던 해로서 농업부문을 제외하면 실업률이 35.3%에 이르렀고, 따라서 이들이 닥쳐오던 겨울을 어떻게 넘길 수 있겠는가 하는 것이 가을부터 커다란 문제점으로 등장하였다. 바로 이때 홉킨즈(Harry Hopkins)는 겨울 동안 대규모의 토목사업을 벌일 것을 발의하였다. 루즈벨트는 이에 동의했다. 이에 따라 홉킨즈는 연방긴급구호청과 각 지방의 구호기관을 이용하여 간단한 토목사업계획을 신속하게 수립하였다. 그리하여 이해 겨울 동안 도로건설을 중심으로 학교와 비행장의 신축 및 보수 그리고 공원 · 수영장 · 수로의 개발 등이 추진되었다. 이러한 사업에는 많을 때는 400만 명 이상의 실업자가 동원되기도 하였다(배영수, 1983: 254).

그런데 토목사업청은 1934년 2월에 폐지되고, 이후에는 국민산업부흥법에 의해 창설된 공공사업청(Public Works Administration: PWA)이 취로구호사업을 수행하였다. 1934년 4월 이후 토목사업청의 실질적인 기능은 정지되었고, 관할 사업들은 대부분 긴급공공취로사업으로 계승되었다.

공공사업청의 활동은 1934년부터 서서히 궤도에 올라 학교 · 재판소 · 시청 · 병원 등 공공건물을 건설하고, 도로 · 교량 · 지하철 · 하수처리장을 축조하는 데 많은 자금이 투하되었다. 그리고 군함과 군용비행기를 건조하고, 육군을 현대화 · 기계화하는 사업도 공공사업청이 지원하였다. 이러한 사업에 사용된 자금은 1939년에 공공사업청이 폐지될 때까지 모두 60억불에 이르렀다. 그러나 이 막대한 총액에 비해 공공사업청의 구호기능은 상대적으로 빈약했다는 지적이 있다. 그 이유는 공공사업청이 근본적으로 경기부양기관이었던 만큼, 거기서 수행하는 공공사업에는 구호대상자가 아닌 노동자도 아무런 구별 없이 동원되었기 때문이라는 것이다(배영수, 1983: 255).

공공사업촉진청(WPA)

루즈벨트정부의 구호정책은 1933~1934년 동안은 직접구호와 취로구호의 두 가지 방식으로 추진되었다. 그러나 1935년에는 구호정책의 전환이 이루어진다. 즉, 직접구호는 폐지하고, 취로구호방식에만 의존하게 된다.

루즈벨트정부는 최대의 과제인 경기부양에 있어서 정부재정의 적자지출은 치명적인 타격이 될 것이라고 생각했다. 이 시기에 정부는 균형재정의 유지가 경기회복에 필수적이라고 믿었던 것이다. 균형재정을 유지하기 위해서는 구호사업을 축소하고 또 일관성 있게 추진해야 했기 때문에 루즈벨트는 구호정책을 전면적으로 재검토했던 것이다. 바로 이것이 구호정책 전환의 출발점이었다. 이러한 정책 전환은 공공사업촉진청(Works Progress Administration: WPA)의 설치로 명백하게 나타났다.

공공사업촉진청은 1935년 4월 긴급구호지출법(Emergency Relief Appropriation Act)의 제정에 따라 설치되었다. 이 법의 골격은 구호대상자를 취업가능자와 취업불능자로 구분하여 전자는 연방정부가 주관하는 공공사업에 취로케 하고, 후자는 각 주 정부 및 지방정부로 하여금 구호하게 한다는 것이었다. 이에 따라 연방정부는 직접구호에서 손을 떼게 되었다.

직접구호를 담당하던 연방긴급구호청 등 대부분의 연방구호기관이 공공사업촉진청에 통합되었다. 공공사업촉진청은 구호대상자를 선정하여 추진하는 사업에 따라 그 사업을 수행할 능력이 있다고 판단되는 사람들을 고용하는 방식을 취하였다. 구호대상의 선정은 공공사업촉진청이 인증한 지역의 기관(주로 지역정부의 구호담당기관 혹은 부서)에서 공공사업촉진청으로 대상자를 천거하면, 공공사업촉진청은 이들의 자격을 심사하여 등록시키고, 그 등록된 인원 중에서 신징하는 방식으로 이루어졌다. 구호대상으로 선정된 대상은 사업이 진행되면 그 사업에 고용되어 일정한 급여를 받았다.

사진출처: 위키백과

공공사업촉진청은 이후 뉴딜 행정부의 가장 중요한 구호기관이 되었다. 그 결과 1941년에 폐지될 때까지 113억 불이라는 놀라운 규모의 공공사업을 수행하였다. 이 엄청난 자금으로 수행된 사업은 모두 25만 건에 이르렀는데, 그것은 대체로 병원, 학교, 교량, 발전소, 육해군기지 등의 건설에 집중되어 있었다. 이로부터 혜택을 받은 구호대상자인 실업자는 모두 800만 명에 이른 것으로 추산되었다(배영수, 1983: 255-256).

이처럼 루즈벨트정부의 구호정책은 구호기능과 경기부양기능을 통합하여 광대한 실업자군의 생계를 유지시켜 주는 동시에 사기업 활동을 활성화함으로써 사기업부문의 고용을 증진시키려는 것이었다.

3) 사회보장법

경제보장위원회 개원식 장면

한편, 루즈벨트정부가 구호정책을 전환하여 구호기능과 경기부양기능을 통합시키고 있던 때에 사회보장제도를 수립하기 위한 작업이 또한 진행되고 있었다. 1934년 6월 8일 루즈벨트는 의회에 교서를 보내어 행정부가 포괄적인 '경제보장법안'을 마련하여 돌아오는 겨울에 의회에 제출할 것이라고 발표하였다.[11] 그러면서 미국 역사상 최초로 대통령이 헌법은 개인의 경제적 안정에 대한 권리를 함축하고 있다고 공식적으로 언명했다. 루즈벨트는 "헌법에 명시된 바와 같이 연방정부가 특히 '전반적인 복지를 증진하기 위해' 수립되었다면, 복지를 보장하는 것은 분명히 우리의 의무이다"라고 말했다(가스통 v. 림링거, 2009: 292). 이를 위해 사회보험제도와 공공부조제도를 수립해야 한다고 하였다. 그리고 사회보험의 기본방침으로 실업과 노령에 관계된 프로그램이 필요하며(건강보험에 대해서는 언급하지 않았음), 그 재원은 조세보다는 보험료가 바람직하고, 전국적으로 시행되어야 하며, 연방정부와 주정부의 긴밀한 협력에 기초해야 한다는 점을 강조했다(가스통 v. 림링거, 2009: 293).

이러한 루즈벨트의 입장과 방침은 곧 법안 마련 작업으로 구체화되었다.

---

11) 이때는 아직까지 사회보장(social security)이라는 용어가 쓰이지 않고 있었다. 이 용어는 의회가 법안을 심의하는 과정에서 채택한 이후부터 널리 쓰였다.

작업기구로서 먼저, 경제보장위원회(Committee on Economic Security)가 6월 말에 설치되고, 위원장으로는 노동장관 퍼킨스(Frances Perkins)가 그리고 위원으로는 재무장관 모겐소 등 4명의 각료급 인사가 임명되었다. 그리고 위원회는 따로 경제보장전문위원회(Technical Board on Economic Security)를 산하기관으로 설치하였는데, 이 팀은 경제보장위원회에 전문적인 조언을 하는 것을 주된 업무로 하였다(배영수, 1983: 261). 경제보장위원회에서 1934년 8월부터 실업보험, 노령연금, 건강보험 등의 사회보험과 기타 공공부조를 포괄한 사회보장제도 전반에 관한 기초적인 연구작업에 들어갔다.

실업보험

이때 가장 쟁점이 된 것은 실업보험이었다. 논쟁의 초점이 된 것은 실업보험의 관리운영 책임을 연방정부가 전담하느냐 아니면 연방정부와 각 주정부가 분담하느냐 하는 문제였다. 연방정부가 운영을 전담한다는 것은 실제로는 전국에 걸쳐 단일한 제도를 수립한다는 것을 전제로 하고 있었고, 따라서 연방정부의 권력도 그만큼 증대된다는 것을 의미하였다. 그러나 이 주장은 루즈벨트가 6월에 제시한 기본방침, 즉 연방정부와 주정부의 긴밀한 협력의 원칙에 어긋나는 것이었다. 그런데 연방정부와 각 주정부가 운영을 분담한다고 하더라도 거기에는 두 가지 방법이 있었다. 하나는 실업보험을 목적으로 세금을 부과하되 연방정부가 그것을 모두 징수한 다음 각 주에 보조금으로 지급하는 방법이고, 또 하나는 연방정부가 그것을 모두 징수하지 않고 일정한 기준을 설정해서 거기에 맞는 제도를 수립한 주에 대해서는 아예 세금을 면제해 주어 주정부로 하여금 그것을 징수하고 또 관리하게 하자는 것이었다. 그런데 전자는 만약 위헌판결을 받게 되면 제도 전체가 완전히 붕괴해 버릴 위험이 있었다. 따라서 경제보장위원회는 마지막 대안, 즉 세금면제 안에 입각한 연방과 주 간 협력방식을 채택하였다(배영수, 1983: 262-263).

연방의 권력을 제한하면서 각 주가 독자적으로 실업보험제도를 시행하도록 함에 따라 연방법에서는 실업보험을 목적으로 하는 세금과 그것을 운영할 연방기구에 대해서만 규정했고, 피용자와 주정부의 기여금, 실업수당의 급여기준, 기금형태 등 세부적인 것은 각 주의 입법사항으로 넘겨졌다(원석조, 2004: 144). 이로써 미국의 실업보험은 주별로 다양한 형태로 운영되게 되었다.

노령연금

한편, 노령연금의 경우 경제보장위원회는 별다른 논쟁 없이 전국적으로 단일한 제도를 수립하는 방안을 채택하였다. 원안은 전국의 고용주에게 급여총액의 2.5%에 해당하는 사회보장세를 부과하고, 또 피고용인에게도 임금의 2.5%를 징수한다는 것이었다. 그리고 세수는 재무성에 노령적립금으로 축적하도록 하였다. 그리하여 피고용인이 65세에 이르러 퇴직하면, 이 재원으로 노령연금을 지급하는데, 그 액수는 대상자가 퇴직하기 전에 받던 임금의 다소에 따라 조정되도록 하였다. 즉, 대상자는 퇴직하기 전에 세금으로 낸 기여금의 액수에 비례해서 수당을 받도록 한 것이다.

그런데 당시에 이미 퇴직할 연령에 도달한 중년 이상의 연령층이 문제 거리로 등장하였다. 왜냐하면, 그들이 퇴직할 때까지 납부한 기여금의 총액은 퇴직한 후에 받게 될 연금의 총액보다 훨씬 적을 것이기 때문이었다. 그래서 경제보장위원회는 그 차액을 연방정부가 일반 세입에서 보충하도록 결정하였다. 한편, 재무장관 헨리 모겐소(Henry Morgenthau)는 연방정부의 보충방식에 이의를 제기하여 세율을 처음부터 사용자, 피용자 각각 3%로 하고 단계적으로 인상을 추진하자는 대안을 제시하였다. 그렇게 함으로써 연방정부의 지원을 없애자는 것이었는데, 결국 모겐소의 수정안이 원안을 대체하게 되었나(배영수, 1983: 263-264).

최종적으로 노령연금의 보험료는 사업주에게 급료총액의 3%에 해당하는 사회보장세를 부과하고, 피고용인도 동일부담하게 되었다. 직장 근로자가 적용대상이었지만, 피보험자의 부양가족은 배제되었다. 농업노동자, 가사종사자, 종교, 자선, 교육분야 종사자 및 자영업자도 제외되었다. 급여는 소득비례제가 유지되었고, 연방정부가 전국 단일기금으로 관리 운영하게 되었다.

공공부조

그 외에 공공부조 분야에서도 경제보장위원회는 쉽게 결론에 도달하였다. 65세 이상 노령의 빈민, 맹인, 요보호아동을 대상으로 각 주가 일정한 기준에 따라 공공부조제도를 수립하면, 연방정부는 재정의 3분의 1 내지 2분의 1에 해당하는 보조금을 일반재정에서 지급하도록 하였다. 그리고 신체장애아동, 고아, 신생아와 산모를 대상으로 한 주정부의 공공부조에 대해서도 연방정부가 보조금을 교부하도록 하였다. 공공부조의 관리운영은 연방긴급구호청에 맡겨졌다(배영수, 1983: 264). 주정부에 대한 연방정부의 지원정책이 마련됨으로써 미국 역사상 처음으로 구빈에 대한 책임이 연방정부로 옮겨지게 되었다.

건강보험

건강보험은 의사들의 완강한 반대에 부딪혀 제외되고 말았다. 법안을 마련하는 과정에서 의사들은 미국의사협회(American Medical Association)를 중심으로 건강보험의 신설을 저지하려고 하였다. 건강보험이 신설되면 의료수가 등 여러 가지의 문제가 정부 통제의 대상이 된다는 이유로 반대한 것이었다.

그들은 경제보장위원회에 이 문제를 연구할 시간적 여유를 더 달라고 요청하여 그것을 지체시키는 한편, 건강보험이 법안에 포함되면 의회가 법안 전체를 거부하도록 영향력을 행사하겠다고 위협하였다. 그 결과 경제보장위원회는 차라리 이것을 제외시키기로 결정했던 것이다(배영수, 1983: 265).

사회보장법의 발효

경제보장위원회가 이러한 결정사항을 최종보고서로 제출하자 루즈벨트는 1935년 1월에 의회에 교서를 보내 이를 법률로 제정해 줄 것을 요청했다. 법안이 의회에 상정되자 각 이익집단은 반대입장을 표명했고,[12] 의회의 보수적인 의원들도 사회보장제도가 경기회복을 저해하고 노동자를 국가의 노예로 만드는 사회주의적 통제책이라고 비난했다. 그러나 여론은 이 법안에 대해 호의적이었다. 대부분의 미국인들은 대공황이 이후 거의 5년 동안 유례없는 빈곤에 시달려 왔기 때문에 생활보장을 절실히 원하고 있었다. 결국, 유권자들을 의식한 의회 의원들은 반대를 철회하게 된다.

1935년 4월 19일 하원에서 이 법안은 371대 33으로 가결되었고, 6월 19일에 상원에서 76대 6이라는 압도적 지지를 받아 통과되었다. 그 결과 법안의 명칭은 사회보장법으로 변경 및 확정되었고, 사회보험위원회 대신 독립된 연방기구로 사회보장위원회(Social Security Board)를 설치하며, 실업보험의 적

12) 사회보장법의 성안 과정에서 자본가계급은 상당한 영향력을 행사했다. 자본가계급은 세금부담이 고용증진과 경기회복을 지연시킨다는 이유로 반대하였다. 그러나 사회보장에 대한 전체 자본가계급의 반대가 격렬한 것은 아니었다. 사회보험의 필요성은 인정하지만, 강제적 사회보험보다는 각 기업이 자발적으로 운영해야 한다는 일부 기업가들의 주장도 있었다. 한편, 노동자계급은 사회보장법의 성안에 거의 영향력을 행사하지 못했다. 미국노동연맹은 전통적으로 사회보험에 반대하는 정책을 고수하고 있었으나, 찬성하는 쪽으로 입장 변화를 하게 된다. 그 결과 사회보장법의 성안에 참여하기는 했으나 사회보장제도에 관한 열의도 구체적인 방안도 없던 탓에 큰 영향력을 행사하지는 못했다(배영수, 1983: 1983: 270-272).

용대상을 약간 축소하는 것으로 행정부의 원안이 수정되었다. 그리고 그 외에는 원안이 그대로 승인되있다. 그리하여 1935년 8월 14일 루즈벨트는 사회보장법에 서명하였다(배영수, 1983: 266).[13] 이로써 미국 사회복지역사에서 분수령을 이루는 사회보장법은 발효되었다.

1935년의 사회보장법은 미국 최초의 연방정부 차원의 복지프로그램이었다. 사회보장연금은 연방정부가 관장하고, 실업보험은 주정부가 관장하고 연방정부가 재정을 보조하도록 하였으며, 공공부조와 사회복지서비스도 주정부가 관장하고 연방정부가 재정을 보조하도록 확정되었다.

1935년 8월 14일, 사회보장법에 서명하는 루스벨트 대통령
사진출처: 다음백과

13) 루즈벨트는 사회보장법에 서명을 하면서 다음과 같은 말을 남겼다고 한다. "우리는 100%의 삶의 위험과 부침에 대응하여 인구의 100%를 사회보험에 가입시킬 수는 없습니다. 하지만 우리는 일자리 상실과 노인의 빈곤화에 대응하기 위해 평균적인 시민과 가족에게 어떤 조치를 제공하는 하나의 법적 틀을 짜기 위해 노력해 왔습니다."

6. 사회보장법 도입의 본질과 의의

1) 사회보장법 도입의 본질

미국은 선진자본주의 국가 중 가장 늦게 국가개입이 이루어지긴 했지만, 1935년 사회보장법(Social Security Act)을 통하여 비로소 사회보험제도를 도입하게 되었다. 그 배경은 뭐니 해도 전 세계에 밀어닥친 1929년 대공황의 여파였다. 대공황은 세계자본주의 역사에 자유방임형 시장경제의 위험성을 알린 중대한 사건이었다. 장기실업과 경기침체는 다른 원동력이 작동하지 않는다면 자본주의 경제에서 피할 수 없는 것이었다. 그리고 그 다른 원동력이란 바로 국가개입을 의미하는 것이었다.

사회보장법은 대공황으로 인해 위기에 빠진 자본주의를 살리기 위해 국가가 경제에 깊이 개입하게 된 뉴딜정책의 일환이었다. 뉴딜정책의 파트너는 노동자계급이 아닌 자본가계급이었다. 그리고 뉴딜정책의 이론적 기반은 케인즈주의 사상이었다. 루즈벨트는 경제회복의 열쇠는 케인즈 경제학(Keynesian Economics)에 있다고 믿었다. 그는 구매력이 국가의 모든 집단에게 잘 분배되지 않으면 미국의 경제제도가 존속할 수 없다고 주장했다. 루즈벨트는 이것을 정부가 대규모의 공공사업을 일으켜서 실업자를 고용함으로써, 그리고 실업자를 고용할 수 있도록 제조업에 지원함으로써 이러한 효과를 볼 수 있다고 생각했다. 일하는 국민의 구매력 회복을 도모함으로써 유효수요를 창출하여 경기를 부양하는 접근이었던 것이다(박광준, 2002: 329-330). 이러한 케인즈주의 사상은 국가개입의 설득력을 높여주었다.

결론적으로 루즈벨트정부의 사회보장법은 국가개입을 통해 자본주의 경제질서를 보전하는 것이었다. 거대한 자본의 힘과 국가의 힘이 결합하여 위기에 봉착한 자본주의체제를 유지하고 발전시키기 위한 것이 그 근본적인 동기이자 본질이었다.

2) 사회보장법의 한계와 의의

미국의 자유방임주의적 전통을 고려하면 사회보장법은 집합주의로 진전했다고 평가할 수 있지만, 실제 법 내용은 많은 한계를 지니고 있었다.

먼저, 건강보험의 좌절이다. 건강보험은 의사들의 반대로 좌절되었다. 애초 경제보장위원회는 건강보험계획안을 가지고 있었으나, 미국의사협회는 국가보험이 도입될 경우 발생하는 제반 통제를 우려하여 건강보험법안을 반대했다. 건강보험이 제외됨으로써 미국은 오랫동안 복지 후진국으로서의 오명을 안게 되었다.

둘째, 실업보험의 경우, 연방 단위의 통일된 제도가 아닌 주정부마다 독립적인 실업보험제도가 도입되었다. 즉, 주정부에 많은 재량권을 부여함으로써 주에 따라 서로 판이한 제도가 수립된 것이다. 이 점은 지리적인 이동을 많이 하는 미국 노동자들에게는 매우 불리하게 작용했다. 더구나 보험료율 책정에 개별 기업주의 실적에 따라 보험료를 감면하는 — 이른바 경험요율(experience-rating)이라고 불리는 — 특별감면(additional credit)을 설정함으로써 자기 주 내 기업의 재정적 부담을 덜어주어 경쟁력을 확보할 수 있도록 하였다. 이로 인해 급여수준이 하향하는 결과를 초래하였다.

셋째, 노령연금의 경우, 적용대상의 보편성이라는 측면에서 매우 부적절했다. 노령연금의 적용대상은 직장 근로자였지만, 피보험자의 부양가족은 물론, 농업노동자, 가사종사자, 임시노동자, 비영리조직의 피용자와 자영업자들은 제외되었다. 노령연금은 사회계층이나 소득수준의 차이를 전혀 고려하지 않은 제도였다.

넷째, 공공부조 역시 적용대상에서 결함을 지니고 있었다. 즉, 공공부조는 적용대상이 근로능력이 없는 사람들로 국한되어 있었기 때문에 근로능력이 있던 당시의 실업자들은 과포화된 노동시장에 내몰리는 입장에 처하게 되었다.

이러한 한계에도 불구하고, 사회보장법은 오랫동안 미국을 지배해왔던 자유주의에 대한 국가의 간섭을 받아들였다는 점에서 미국 사회복지역사에서 하나의 분수령이 되었다. 그 계기는 바로 1929년의 대공황이었다.

미국의 뉴딜정책은 복지정책의 확대를 통한 경제위기극복의 대표적인 사례라 할 수 있다. 따라서 경제가 좋지 않은 상황에서 경제를 활성화한다는 명분으로 기업의 규제를 완화해 주고, 세금을 감면해주며, 사회복지를 축소하는 신자유주의 정책은 결코 대안이 될 수 없으며, 오직 국가개입을 통한 복지정책의 확대를 통해서만이 경제위기를 극복할 수 있다는 교훈을 주었다.

CHAPTER 10

영국 복지국가의 형성과 발전

1. 복지국가의 정의
2. 복지국가의 출현배경
3. 복지국가의 청사진: 베버리지보고서
4. 노동당정부의 집권과 복지국가의 등장
5. 복지국가의 발전: 합의의 시대

CHAPTER

10 영국 복지국가의 형성과 발전

이 장에서는 제2차 세계대전 이후 영국 복지국가의 형성과 발전과정을 살펴본다. 먼저 복지국가의 개념을 정의하고 복지국가의 출현배경을 살펴본다. 그리고 영국 복지국가의 주역인 베버리지의 생애와 사상적 궤적을 고찰한다. 베버리지를 빼놓고서는 영국 복지국가의 형성을 논할 수 없을 만큼 그는 복지국가에 막대한 영향을 미친 인물이다. 특히 베버리지보고서는 전후 복지국가의 길을 열었으며, 전 세계 국가들의 사회보장제도 확립에도 크게 영향을 미쳤다. 따라서 이 장에서는 복지국가의 청사진이라 불리는 베버리지보고서의 발간 배경과 내용, 입법화 과정을 살펴본다. 그리고 전후 노동당 정부의 등장과 함께 형성된 복지국가체제의 내용을 검토하고, 1950~1960년대 복지국가의 발전양상에 대해 살펴본다.[1)]

1. 복지국가의 정의

복지국가(welfare state)란 용어는 제2차 세계대전 중인 1941년 당시 영국 요크(York)시의 대주교였던 윌리엄 템플(William Temple)이 자신의 저서 『시민과 성직자*(Citizen and Churchman)*』에서 최초로 사용한 것으로 알려져 있다. 즉, 템플 대주교가 나치독일을 전쟁국가(warfare state) 또는 무력국가(power state)로, 영국을 복지국가(welfare state)로 대비시켜 규정한 데서 비롯되었다는 것이다. 템플 대주교는 그의 저서에서 전쟁국가는 반드시 패망해야 하고,

1) 이 장의 내용은 졸저, 『사회복지정책론』(제4판) 제11장의 내용을 토대로 서술한 것이다.

인간의 이상적인 국가는 국민의 복지향상을 국가의 최고 목표로 하는 복지국가가 되어야 한다고 역설하였다. 그러나 템플 대주교는 그의 이상국가인 복지국가가 어떠한 내용과 특성을 가져야 하는가에 관해서는 구체적인 언급을 하지 않았다(김상균, 1987: 50).

일각에서는 복지국가가 19세기 말의 독일 비스마르크의 사회개혁과 20세기 초반의 영국 자유개량시대 자유당정부의 사회개혁에서부터 시작되었다는 주장도 있지만(Mishra, 1981), 사회보험의 도입이 곧 복지국가의 형성에 결정적인 요인이 되는 것은 아니다. 즉, 현대 복지국가에서 사회보험이 핵심적인 제도라는 것은 그것이 예방과 소득재분배를 통하여 안정되고 보다 평등한 사회를 지향하기 때문이라는 점이 강조될 필요가 있다.

복지국가란 용어가 구체적인 의미를 갖고 사용되며 사람들의 주목을 받게 된 것은 1942년 영국에서 베버리지(W. Beveridge)에 의한 「사회보험과 관련 서비스(Social Insurance and Allied Service)」라는 유명한 보고서의 발표 이후이다. 이 보고서는 제2차 세계대전 후 노동당이 집권하면서 시행한 제반 정책의 시초가 되었다. 이 보고서를 근간으로 1948년 '요람에서 무덤까지(from the cradle to the grave)'의 사회보장제도를 실시함으로써 복지국가라는 용어가 일반적으로 사용되었다.

영국에서 복지국가의 탄생은 1948년 7월 5일로 알려져 있다. 바로 이날을 기해서 영국 복지국가의 2대 지주라고 할 수 있는 사회보장제도와 국민보건서비스에 관한 제반 법령들이 그 효력을 발생하게 되었다. 즉, 가족수당법(Family Allowances Act, 1945), 국민보험법(National Insurance Act, 1946)과 국민부조법(National Assistance Act, 1948) 등 소득보장제도를 구성하는 여러 법령과 국민보건서비스법(National Health Services Act)이 이날부터 전면적으로 시행됨으로써 영국에서 복지국가가 출범하게 된 것이다.

그렇다면 복지국가란 무엇인가? 물론 복지국가에 대한 합의된 정의는 없다. 여기에서는 복지국가의 일반적인 원리나 성격을 통하여 복지국가의 개념을 규정한 브릭스(Briggs, 1961: 221-258)의 복지국가 개념을 원용해 두기로 한다. 브릭스에 의하면, 복지국가란 시장메커니즘으로부터 발생하는 사회문제를 수정하는 노력의 일환으로서 정치와 행정을 통한 조직화된 권력을 다음과 같은 세 가지의 방향에서 의도적으로 사용하는 국가를 말한다. 첫째, 개인의 능력과 자산이 시장에서 가지는 가치와 무관하게 모든 개인과 가족에게 최소한의 소득을 보장한다. 둘째, 개인과 가족에게 있어 위기를 초래하는 사회적 위험들에 대응할 수 있도록 사회적 보호를 통하여 위험을 감소시킨다. 셋째, 지위나 계층의 차이에 관계없이 모든 국민에게 일정 범위의 사회적 서비스를 가능한 최고의 수준으로 보장한다.

[책갈피 10.1]

복지국가의 유형화론

많은 학자들은 복지국가 발전과정의 각 단계에 따라 복지국가의 개념이 달리 규정될 수 있기 때문에 유형화를 시도해 왔다.

1. 윌렌스키와 르보의 2분 모형

윌렌스키와 르보(Wilensky & Leveaux)는 초기 유형화의 대표적인 학자로 복지국가를 잔여적 복지국가와 제도적 복지국가로 유형화했다. 잔여적 복지국가는 사회복지의 욕구가 일차적으로 가족과 시장에서 충족되고, 가족과 시장이 정상적인 공급구조로서의 기능을 수행하지 못할 경우에만 잠정적이고 일시적으로 국가가 나서서 그 기능을 대신하는 것을 말한다. 반면, 제도적 복지국가는 사회복지의 욕구가 일차적으로 국가에 의해 충족되며, 사회복지는 항상 제도화되어 있고, 평등주의 이념에 따라 모든 국민에게 보편적으로 제공되는 국가를 말한다.

2. 티트머스의 3분 모형

티트머스(Titmus)는 복지국가 모형을 잔여적 모형, 산업성취수행 모형, 제도적 재분배 모형으로 구분했다. 잔여적 모형은 윌렌스키와 르보의 잔여적 개념과 동일하다. 산업성취수행 모형은 사회복지의 제공이 시장에서의 업적과 밀접한 관계가 있는 것을 강조한다. 사회적 욕구가 공적이나 노동의 업적, 생산성에 기초하여 충족된다. 사회보험이 주요 프로그램이다. 제도적 재분배 모형은 사회복지를 사회에서 주요한 통합적 제도로 간주하며, 복지의 급여는 보편적으로 제공된다.

3. 퍼니스와 틸톤의 모형

퍼니스와 틸톤(Furniss & Tilton)은 사회복지 욕구에 대한 정부의 개입형태에 따라 적극적 국가, 사회보장국가, 사회복지국가로 분류했다. 적극적 국가는 지속적인 경제성장을 위해 정부와 자본이 공생관계를 유지하는 것을 목표로 하는 국가이다. 대표적인 국가는 미국이다. 사회보장국가는 국민들의 최저한의 생활을 보장해 주는 데 목표를 두는 국가이다. 기회의 평등을 강조하며, 최저생활수준 이상으로는 자본주의의 원리, 자유경쟁을 강조한다. 영국이 대표적이다. 사회복지국가는 소득, 재산 및 권력의 불평등을 제거하기 위해 정부가 적극적으로 나서는 국가를 의미한다. 평등과 사회통합을 국가정책의 목표로 삼으며, 이를 위해 정부와 노동조합의 협력을 강조한다. 스웨덴이 대표적인 국가이다.

4. 미쉬라의 모형

미쉬라(Mishra)는 복지국가의 모형을 분화된 복지국가와 조합주의적 혹은 통합된 복지국가의 두 가지 모형으로 제시했다. 분화된 복지국가는 사회복지가 경제와 구분되고 대립되어 경제에 나쁜 영향을 주는 사회복지제도는 제한되고, 잔여적인 역할만 수행하는 국가를 의미한다. 대표적인 국가는 미국과 영국이다. 조합주의적 또는 통합된 복지국가는 경제체계와 사회체계의 통합, 즉 경제계획이 생산뿐만 아니라 분배의 문제까지를 고려하는 생산체계와 사회체계가 서로 접합되는 통합적 복지국가를 말한다. 대표적 국가는 오스트리아, 스웨덴, 네덜란드 등이다.

5. 에스핑 안데르센의 복지레짐

에스핑 안데르센(Esping-Andersen)은 복지국가의 유형을 자유주의 복지체제, 코포라티스트 복지국가, 사회민주주의 복지국가로 구분하였다.

자유주의 복지체제는 시장의 역할이 중심적이며, 시장을 통한 개인주의적 연대를 장려하는 유형으로 자산조사에 기초한 급여가 차지하는 비율이 높다. 미국, 캐나다, 오스트레일리아, 아일랜드, 영국 등이 대표적이다.

코포라티스트 복지국가는 가족주의적 요소가 강하여 사회적 연대의 진원지를 가족으로 보며, 국가는 가족의 특성을 지원하고 보완하는 역할을 한다. 사회복지의 제공을 통해 사회적 지위의 차이를 유지하는 것을 목표로 하는 유형이다. 복지의 성격은 직업별·지위별로 사회보험제도가 분립되어 있다. 대표적인 국가는 오스트리아, 이탈리아, 프랑스, 독일, 스위스 등이다.

사회민주주의 복지국가는 국가의 역할이 크고, 탈상품화의 정도가 가장 높으며, 보편주의적 개입을 통해 가족과 시장을 대체하는 국가유형이다. 사회복지의 성격은 각 계층이 단일의 보편주의적 사회보험에 가입하고 있으며, 정책은 보편주의와 탈상품화의 원리에 따라 편성되어 있다. 대표적인 국가는 스웨덴, 덴마크, 핀란드, 노르웨이 등 주로 스칸디나비아 국가들이다.

출처: 오세영(2023), pp.206-217.

2. 복지국가의 출현배경

1) 전쟁의 영향

제2차 세계대전은 영국의 사회정책에 큰 영향을 미쳤는데, 그 영향은 대부분 총력전이라는 전쟁의 성격에서 비롯된 것이었다. 영국은 유럽 국가 중 유일하게 개전에서 종전까지 독일과 전선을 형성했으며 독일로부터 무차별적 폭격을 받아 막대한 피해를 입었다. 처칠(Winston Churchill)이 그의 유명한 연설에서 오직 '피, 노고, 눈물 그리고 땀'만을 약속하고 전쟁 수행 노력에 있어서 무제한의 희생을 요구했을 때, 그것을 받아들인 국민들은 그 반대급부로 전쟁에 이기고 난 후 국가가 국민의 복지증진에 최선을 다할 것을 기대하고 있었다(송규범, 1983: 213). 말하자면, 총력전의 성격은 전쟁에 동원된 국민들로 하여금 반대급부로서 복지에 대한 기대를 갖게 했던 것이다. 실제로 전쟁 중 복지제공과 완전고용의 인기가 높아졌고, 더 나은 사회를 만들기 위한 수단으로서 국가개입에 대한 믿음이 강해졌으며, 사람들은 일터와 집에서 더 나은 보수와 복지를 받을 권리를 확신했다(셀리나 토드, 2016: 163).

전쟁 과정 중에서 사회적 태도나 인식의 변화에 가장 큰 영향을 미친 것은 폭격과 소개(疏開)[2)]의 국면이었다. 폭격과 소개로 인해 대중의 눈에 가려져 있었던 만성적인 사회문제들이 여지없이 드러났다. 폭격당한 도시에서 소개된 어린이들의 누추하고 헐벗고 굶주린 모습, 그리고 때로는 음란하기조차 한 그들의 태도는 여태까지 가려져 왔던 도시 노동계급 생활의 비참한 실상을 폭로함으로써 국민의 사회적 양심을 자극했다. 이제 영국이 총체적 승리를 위해 싸운다면, 그것은 확실히 단순하게 잃어버린 과거를 회복하기 위한 것만이 아니었다. 전시에 행해진 자기 성찰은 오로지 나은 미래를 향한 희망과 기대를 의미할 뿐이었다(송규범, 1983: 214).

1941년 겨울의 야간 공습이 있은 후 클라이드사이드에서 여성과 아이들이 짐 몇 개만 챙겨들고 길에서 기다리고 있다.

사진출처: 셀리나 토드(2016), p.185에서 촬영

전쟁은 엄청난 수의 사상자와 빈민을 양산함으로써 종래의 구빈제도나 사회보험제도가 더이상 작동할 수 없음을 분명히 인식하게 하였다. 게다가 전쟁은 사적 자선기관의 구호능력을 부적절한 것으로 만들고 동시에 사보험기

---

2) 공습·화재 등의 피해를 덜기 위해 한 곳에 집중되어 있는 주민·시설 등을 분산시키는 것을 뜻하는 말이다.

관의 보험업무 수행도 거의 완벽히 마비시켰다(Ashford, 1986: 107). 따라서 정부는 효과적인 국민동원을 위해 전쟁 이후의 새로운 사회건설에 대한 청사진을 제시해야만 했다. 즉, 장기적인 청사진을 통하여 국가는 전시와는 달리 높은 삶의 질이 보장되는 사회에 대한 희망을 국민에게 제시해야 했고, 그 내용은 사회보장이 잘 갖추어진 이상적인 사회였던 것이다.

한편, 나치독일 공군의 무차별적인 폭격은 영국의 사회적 태도뿐만 아니라 사회정책에도 큰 영향을 미쳤다. 그 대표적인 것이 국민보건서비스(이하, NHS)와 주택부문이었다(원석조, 2004: 170-172).

나치의 무차별 폭격으로 민간인 사상자가 많이 발생하자 정부는 이들의 치료를 전적으로 책임져야 했다. 이를 위해서는 기존의 보건의료자원에 대한 정부의 직접적인 통제가 불가피했다. 무상의료서비스가 즉각적으로 필요해진 것이다. 전후 보건의료의 사회화 조치에 대한 국민적 동의를 얻어낼 수 있었던 것은 바로 이런 상황 때문이었다. 이처럼 영국 복지국가의 핵심인 NHS는 전쟁의 직접적인 산물이었다.

NHS와 더불어 영국 복지국가의 특징은 주택정책에 있는데, 주택정책 역시 전쟁이 없었다면 존재하지 않았다. 전쟁 직전인 1939년, 영국의 주택 수는 1천2백5십만 채였는데, 제2차 세계대전 중의 폭격으로 75만 채가 파괴되었다. 그리고 전쟁기간 동안 약 2백만 쌍이 결혼하였으며, 전쟁으로 헤어졌던 젊은 부부들이 종전 후 새집에서 새 삶을 시작해야만 했다. 출생률도 급격히 증가하였다. 1945~1949년에 결혼율은 10배, 출산율은 3배나 증가했다. 따라서 전후 "전쟁 영웅들에게 가정을 만들어 주자(homes for heroes)"는 것은 정치인들에게 절박한 과제였다. 주택부족의 문제는 앞으로 있을 1945년 총선의 주요 쟁점으로 부상하게 된다.

2) 전시 계급관계의 변화

1940년 5월 처칠의 새 내각에 노동당이 참여하는 거국 연립정부가 구성되었다. 처칠은 노동당원 몇몇을 내각에 포함시켰다. 그들 중 노동당 대표였고 지금은 프리비 실 경(Lord Privy Seal)의 작위를 받은 애틀리(Clement Attlee)와 전 운수노동조합위원장이자 노동 및 국가동원부장관이 된 베빈(Ernest Bevin)이 포함되어 있었다.

연립정부가 들어서면서 전쟁에 대한 국민의 확실한 지지를 확보했다. 대다수 노동자들도 참전을 지지했고, 전쟁에 임하는 정부의 각종 정책에 대해서도 협력할 마음의 준비가 되어 있었다. 연립정부는 정부와 노동운동의 대립관계를 파트너 관계로 완전히 바꾸어 놓았다. 가장 놀라운 일은 베빈을 노동장관에 임명한 것이었다(원석조, 2004: 174-175).

베빈은 노동할 권리와 생존할 권리를 구체적인 전쟁 목표로 변화시키기 위해 다른 어떤 정치인보다 노력했다. 1940년 그는 고용주보다는 정부가 인력, 임금, 노동조건을 관리해야만 한다고 주장하고 이를 관철시켰다. 베빈은 시민적 자유보다 생산성을 우선순위에 놓았다. 그는 재빠르게 '명령(Order) 1305'를 도입했는데, 그 내용은 파업을 불법화하고 비공식적인 파업 참가자들에게 무거운 벌칙을 부과하는 것이었다. 공장노동자들은 매일 10시간 또는 12시간의 노동을 요구당했다. 유급휴가는 전쟁 기간 내내 중지되었다. 그러나 베빈은 노동조합이 영국 노동자들의 삶에서 중심적인 역할을 부여받고 노동자들의 복지가 우선적으로 고려될 때에만 이러한 조치들이 생산성을 향상시킬 수 있다고 주장했다. 모든 산업부문에서 고용주와 노동조합 사이의 단체협상을 제도화하고, 그럼으로써 노동조합에 새롭고 지속적인 형태의 힘을 부여하는 것이 베빈의 뜻이었다(셀리나 토드, 2016: 168).

[책갈피 10.2]

어니스트 베빈(Ernest Bevin)

- 1881년 영국 잉글랜드 윈즈포드 출생
- 1922년 운송 및 일반노동조합 사무총장
- 1936~1937년 TUC 의장
- 1940년 노동당 하원의원
- 1940~1945년 처칠연립정부 노동장관
- 1945~1951년 애틀리 노동당정부 외무장관
- 1951년 4월 14일 사망

사진출처: 위키백과

베빈은 1940년 5월 25일, 2천 명의 전국노동조합총회의 대표들을 웨스트민스터로 초청하여 자기 자신을 국가 앞에 내놓으라고 요청한 바 있는데, 그는 이것을 '사회주의' 전략이라고 주장했다. 하지만 그의 접근방식은 노동조합을 정당정치 밖에 위치시켰다. 즉, 임금, 노동시간, 산업의 통제에 관한 협상구조는 정당정치적 쟁점이 아니지만, 국가적 이해관계의 문제임을 시사하는 것이었다. 이것은 노동조합 지도부에 새로운 발판을 제공했다. 또한, 노동자계급의 이해관계는 국가의 그것과 동의어라는 인식[3]을 토대로 산업을 국유화하는 새로운 논리도 제공했다(셀리나 토드, 2016: 169-170).

3) 실제로 전쟁은 노동자계급에 대한 인식을 완전히 바꾸어 놓았다. 노동자계급은 파업에서 보여지는 것처럼 이제 더 이상 국가의 적으로 규정되지 않았고, 실업수당을 축내는 가망 없는 희생자로 평가되지도 않았다. 이제 노동자계급은 각계각층으로부터 노동으로 영국을 지탱하고 있는 중추적인 존재로 인정받았다. 노동자계급의 이해관계는 국가의 이해관계와 동의어였다.

전쟁은 정부, 기업, 노동의 상호협력이 반드시 필요하다는 사실을 노사 모두 수용하게 만들었다. 대공황기에 이미 엄청난 실업과 실질임금의 하락을 경험했던 노동조합은 급진적 요구 대신 적절한 국유화, 완전고용, 복지정책의 확대 등 자본주의 틀 안에서 실현 가능한 것을 요구하는 쪽으로 입장을 바꾸었다. 노동당 역시 생산수단의 사회화 대신 생산된 것의 재분배를 통해 자본주의의 부정적 결과들을 완화시키는 것을 자신의 목표로 삼았다. 즉, 영국 노동자계급의 대표체인 노동조합과 노동당은 복지국가라는 매개를 통해 자본과 타협할 준비가 되어 있었던 것이다(김영순, 1996: 83).

그리고 전쟁은 중간계급의 태도도 변화시켰다. 전통적으로 중간계급은 노동시장에서의 유리한 지위로 인해 자조를 신뢰하고 사회보장에 대한 국가개입을 엄격히 제한할 것을 주장해 왔다. 그러나 전쟁은 모든 사람에게 '위험의 불확실성'을 안겨 주었고, 그 앞에서 중간계급은 복지국가의 '위험분담(risk sharing)'의 논리에 공감하게 된다. 즉, 이들은 사회적 위험의 기회가 높아진 상황 속에서 국가의 복지개입 확대를 수락하게 되었던 것이다. 이에 따라 중간계급의 상당수는 전후 총선에서 완전고용과 복지개혁을 약속한 애틀리의 노동당을 선택하게 된다. 이는 결국 영국에서 노동자계급과 중간계급 간의 복지동맹(welfare coalition)이 형성되었음을 의미하는 것이었다. 영국의 중간계급은 국가의 포괄적 국가개입의 필요성에 공감하게 되었고, 이는 복지국가에 대한 두 계급의 합의를 이끌어냈다(김영순, 1996: 84-85). 물론, 이러한 중대한 변화는 전시 노동자들의 괄목할 만한 세력 신장에 기인한 것이었지만, 보다 근본적으로는 전쟁 때문에 가능한 것이었다.

3. 복지국가의 청사진: 베버리지보고서

1) 베버리지의 생애

사진출처: 위키디미어 코먼스

베버리지(W. Beveridge, 1879~1963)는 1879년 3월 5일 영국 식민지인 인도 벵골지방(현재 방글라데시)의 북부 도시 랑푸르에서 태어났다. 베버리지의 아버지는 인도의 판사였고, 어머니는 교사를 지냈다. 비교적 유복한 가정에서 태어난 베버지리지는 일찍이 영국으로 보내져 독일인 가정교사의 지도를 받았다. 1892년 여름, 소년 베버리지는 영국의 상류층 자제들이 주로 입학하는 그래머스쿨 중 하나인 차터하우스(Charterhouse)에 장학생으로 입학한다. 이곳에서 치열한 학습태도를 익혔는데, 정작 그 자신은 후일 "지적 · 정서적으로 메마른 나날이었다"고 회고했다고 한다(이창곤, 2014: 58-59).

1897년 18살의 나이로 옥스퍼드대학의 베일리얼 칼리지에 진학하여, 초기에 수학을 공부하다가 1년 뒤 고전문학으로 바꾼다. 대학을 졸업한 뒤 1903년에는 빈민촌 밀집지역이던 런던 이스트엔드에 있는 토인비홀에서 근무한다. 이 당시 실업은 영국 사회의 심각한 사회문제였다. 베버리지는 토인비홀에 일하면서 실제로 빈곤문제를 경험하고, 찰스 부스(C. Booth), 마셜(A. Marshall), 웹(Webb) 부부 등의 글과 자선조직협회(COS)의 보고서들을 읽으면서 빈곤문제에 관심을 갖게 된다. 그는 초기에는 빈곤이 개인적 특성의 문제라는 견해에 강한 영향을 받았으나 점점 변화되어 개인의 통제밖에 있는 빈곤을 인식하게 되었다. 빈곤은 해결될 수 없는 경제적 사실이라는 정통 경제학사들의 견해를 부정하고 빈곤한 사람들에게 자원을 재분배하는 것이 중요하다는 점을 강조했던 것이다(Harris, 1977: 96).

베버리지는 토인비홀에서 일하는 동안 온정적 자선에 대한 회의를 느끼게 되고, 실업과 빈곤문제를 해결하기 위해서는 정부의 개입과 행동이 필요함을 확신하게 된다. 자신의 이러한 생각을 담은 책이 『실업: 산업의 문제(*Unemployment: a Problem of Industry*)』(1909)인데, 이것이 그의 최초의 저작이다. 그는 이 책에서 "모든 사람들은 창문에 붙어 있는 구인광고는 때때로 보았지만, 신병모집 광고가 창문에 붙어 있는 것을 본 경험이 있는 사람은 없다고 해도 과언이 아니다"(토니 린즈, 1987: 131에서 재인용)고 서술할 정도로 실업을 가장 본질적인 사회문제로 인식했다.

그리하여 그는 노동력이 수공업적이고 비효율적인 방법으로 '매매'된다고 지적하면서, 이런 비효율적인 거래를 해소하면 실업과 불완전고용이 상당히 해결될 수 있다는 견해를 피력했다. 구체적인 정책과 대안으로 '직업소개소 제도'의 도입을 주장했다. 사용자가 노동자를 필요로 할 때, 노동자가 고용을 원할 때 언제든 갈 수 있는 곳인 직업소개소를 정부가 도입해 운영하면 실업문제를 상당 부분 해결할 수 있다고 본 것이다(이창곤, 2014: 61-62). 그러나 직업소개소는 그의 생각처럼 실업에 대한 근본적인 처방이 될 수 없었다. 왜냐하면, 직업소개소는 제1차 세계대전과 제2차 세계대전 사이에 장기적이고 구조적인 실업이 만연한 상태에서는 실효성이 없었기 때문이다.

베버리지가 제안한 또 하나의 핵심적인 대책은 실업보험이었다. "직업소개소는 직장을 구하는 기간을 최소로 줄이기 위해서 필요하지만, 보험은 그 기간을 극복하기 위해서 필요하다"(토니 린즈, 1987: 132)는 인식에 기반한 것이었다. 베버리지가 처음부터 보험제도에 호의적이지는 않았다. 그는 강제보험이 "영국인의 체질과는 전혀 맞지 않은 규제와 획일성"(토니 린즈, 1987: 132에서 재인용)을 가져올 것이라고 논평했었다. 그런데 그의 생각에 변화를 가져오게 된다. 1942년경 그는 "아무런 대가 없이 국가로부터 수당을 받기보다는 기여금에 대한 대가로서 급여를 받는 것은 영국 국민이 원하는 바이다"(토니 린즈, 1987: 132에서 재인용)라고 썼다. 독일을 한번 방문하고 난 뒤의 일이다. 그는 독일 사회보험의 보편성과 위대성을 느끼고 평생 사회보험을 옹호하게 되었다고 한다.

베버리지는 1905년 토인비홀을 떠나 《모닝포스트》(The Morning Post)지의 사회문제 담당 논설위원이 된다. 이 직업을 통하여 그는 실업의 원인과 실상에 관하여 연구를 진행할 수 있게 되었다. 베버리지는 칼럼을 통해 직업거래소와 실업보험의 도입을 역설하고, 국가의 개입에 의한 광범위한 프로그램의 필요성을 주장하는 등 자신의 주장을 제시할 수 있는 바탕을 마련하였다. 이때 형성된 생각이 훗날 베버리지보고서에 담긴다. 이처럼 베버리지는 어느새 실업 전문가가 되어 있었다.

1908년 7월 베버리지에게 더 큰 기회가 찾아왔다. 바로 처칠(Winston Churchill)과의 운명적인 만남이다. 웹 부부의 소개로 상무장관으로 임명된 처칠을 만나게 된다. 당시 실업문제의 전문가로 인정받은 베버리지는 1905~1909년 왕립빈민법위원회에서 실업문제소위원회 위원으로 비아트리스 웹과 같이 일했는데, 웹 부부는 이때 베버리지를 당시 상무장관이자 실업보험의 창시자이기도 한 처칠에게 소개했다고 한다(박광준, 2002). 베버리지는 처칠과의 만남을 계기로 1908년 상무성의 비상임 공무원으로 임명되었다. 자유당 내각은 그에게 직업소개소제도 창설을 돕도록 했다. 일 년 후 직업소개소법(the Labour Exchanges Act)이 통과되고, 1910년 2월부터 업무를 개시하였다(토니 린즈, 1987: 132).

이후 베버리지는 1911년 국민보험법의 제2부가 될 실업보험의 세부사항에 관한 작업에 참여했다. 이 과정에서 베버리지는 정규직 담당 공무원으로 임명되고, 1913년에는 차관보까지 승진한다. 베버리지는 처칠의 전폭적인 지지를 받으며 행정조직 및 사회입법의 과정에서 매우 중요한 역할을 수행하게 된다. 그의 나이 불과 서른네 살이었다.

베버리지는 1919년에 '영광스러운 변신'을 한다. 영국 사회정책학의 본산지라고 할 수 있는 런던정치경제대학(the London School of Economics: LSE)의 학장으로 임명된 것이다. 여기에는 시드니웹의 추천이 있었다. 베버리지는 1937년까지 18년 동안 이 대학의 학장을 역임한다.[4)]

베버리지는 총장을 역임하면서 '가족수당'에 특별한 관심을 갖는다. 그 계기가 된 것은 1924년 엘리아노 라스본(Eleanor Rathbone)이 쓴 『상속권이 없는 가족(*The Disinherited Family*)』이란 책을 읽고 난 후였다. 이 책에서는 집안살림과 일을 동시에 하는 여성이 동등한 대우를 받을 자격이 있으며 그들에게 일정한 수당을 지급해야 한다는 내용을 담고 있었다. 베버리지는 이 책을 읽고 난 후 가족수당에 관심을 갖기 시작했다고 한다. 그리하여 런던경제대학의 직원을 위한 가족수당제도를 도입하여 상당한 주목을 받았고, 이듬해에는 광부를 위한 가족수당 도입을 주장하기도 한다(토니 린즈, 1987: 133; 이창곤, 2014: 58-59).

가족수당에 대한 베버리지의 지지는 사회정책에 관한 그의 전체적인 접근과 일치되어 있었다. 빈곤을 타파하기 위한 적절한 방법은 사람들에게 적절한 소득을 제공하여 소득을 낭비하지 않게 하는 것이라는 그의 견해와 가족수당은 일치하였다(토니 린즈, 1987: 133). 후일 베버리지보고서에서 베버리지가 사회보험 급여의 전제조건의 하나로서 가족수당제도의 도입을 제시한 것

---

4) 1937년에는 자리를 옮겨 옥스퍼드대학 유니버시티 칼리지(university college)의 학장을 역임한다.

도 이러한 배경과 무관하지 않다.

토인비홀 직원에서 언론 논설위원, 정부의 고위공무원을 거쳐 대학 학장으로 영광스런 변신을 한 베버리지는 또 한 번의 인생 항로를 변경하게 되는데, 그 계기가 된 것이 바로 제2차 세계대전이다. 전쟁으로 인해 다시 정부의 일을 맡게 된 것이다. 그런데 그가 정부에 다시 들어가 하게 된 일은 그리 대단한 일이 아니었다. 그가 처음 하게 된 일은 신병모집과 관련한 인력조사 업무였다. 그러다가 1940년에는 노동부의 차관직을 맡게 되는데, 당시 노동부장관인 베빈(Ernest Bevin)과 사이가 별로 좋지 않았을 뿐만 아니라 노조와의 관계도 원만하지 못했다고 한다.

거국 연립정부는 1941년 5월 사회복지제도의 개혁에 착수하는데, 베버리지는 이때 구성된 '사회보험 및 관련 서비스에 관한 각 부처 간 조사위원회'의 위원장으로 임명된다. 베버리지는 당시 재건장관(무임소장관)을 맡고 있던 그린우드(Arthur Greenwood)로부터 부름을 받자 전쟁 수행에 관한 중요한 일을 할 것으로 기대했으나 기대와는 달랐다. 한편으로 보면 상당히 명예로운 자리였지만, 베버리지는 위원회 위원장직을 한직으로 생각했고, 심지어 베빈 노동부장관이 자신을 노동부에서 쫓아내기 위해 위원장에 임명했다고 크게 화를 낼 정도 탐탁해 하지 않았다고 한다.[5)]

베버리지는 울며 겨자 먹기 식으로 위원장직을 수락했지만, 이름뿐인 자리라고 생각한 나머지 처음에는 일을 전혀 하지 않았다고 한다. 그러나 점차 사회개혁을 위한 종합적인 계획을 수립할 수 있는 절호의 기회라는 사실을 깨닫고 보고서 완성에 힘을 쏟기 시작한다. 1942년 12월, 우여곡절 끝에 완성한 위원회의 최종보고서 『사회보험과 관련 서비스*(Social Insurance and Allied*

---

5) 베빈은 처음에 사회보험조사를 반대하였으나, "베버리지로부터 자신이 홀가분하게 되는 기회라고 판단하고서는 자신의 마음을 바꾸었다"고 한다(토니 린즈, 1987: 134).

Service)』가 세상에 나오게 되는데, 이 보고서가 바로 그 유명한 일명 『베버리지보고서』이다.

사실 처음 베버리지가 위원회의 위원장직을 수락할 때만 하더라도 그 자리가 2년 후 자신을 일약 국가적 영웅으로 만들게 될 거라고는 상상도 하지 못했다. 베버리지보고서로 인해 베버리지는 '영국 복지국가의 아버지'라는 명성을 얻었을 뿐만 아니라 귀족작위까지 받게 된다. 이때 그의 나이 67세였다. 베버리지는 1946년 이러한 영예를 안고 자유당 상원의원이 되었으나 정치적으로는 성공하지 못했다. 1963년 84세를 일기로 세상을 떠날 때까지 그의 일에 대한 열정은 식을 줄 몰랐다. 사망 직전 남긴 "나는 할 일이 아직도 천 가지나 있다"(이정우, 2016: 12)는 그의 말은 오늘날까지도 회자된다.

2) 베버리지위원회와 베버리지보고서

베버리지위원회의 구성

웨스트민스터 사원 근처에 폭탄이 떨어진 1941년 5월 영국은 역사적인 사회복지제도의 개혁에 착수하였다(Friedlander & Apte, 1975: 42). 전쟁내각은 국무위원이었던 노동당 출신 그린우드(Arthur Greenwood)로 하여금 종전 후 사회부흥을 위한 계획업무를 담당하도록 하였다. 그리하여 이른바 '베버리지위원회'로 불리는 '사회보험 및 관련 서비스에 관한 각 부처 간 조사회위원회'가 구성되었다. 그러나 위원회 발족의 결정적인 계기가 된 것은 노동조합회의(TUC)의 요구였다. 1941년 2월에 영국 노동조합회의의 대표자들은 보건부장관을 접견하여 사회보험에 대한 광범위한 실태조사를 정부가 해줄 것을 요구했던 것이다. 동 위원회는 1인의 위원장과 11인의 위원 및 1인의 비서로 구성되었는데, 위원장에는 베버리지가 임명되었다.

그 위원회의 주 임무는 기존의 사회복지제도의 실태조사였고, 그에 따라 위원장을 제외한 11명의 위원들 중 10명이 정부의 고급관료들이었다. 그러나 조사가 진행되면서 베버리지는 최초 자신에게 부과된 임무의 수준을 훨씬 뛰어넘어 전후에 맞게 될 새로운 평화시대에 요구하는 사회정책의 청사진을 구상하게 된다. 그 결과, 포괄적 마스터플랜의 일환으로서 사회보장의 세부계획에 관한 정책적 제안을 과감히 내놓았다. 즉, 베버리지의 사회발전에 대한 포괄적 접근이란 5대 악(five Giants), 즉 결핍(want), 질병(disease), 무지(ignorance), 불결(squalor), 나태(idleness)를 동시에 퇴치해야 한다는 발상이었다. 그가 구체적으로 제시한 사회보장계획은 다섯 가지 사회악 중 빈곤퇴치와 직접적으로 관련되어 있었다(Beveridge, 1942).

이 위원회가 사회재건의 위대한 설계를 작성하는 기구로 탈바꿈했던 것은 전적으로 위원장 개인의 노력 덕분이었다. 위원회의 포괄적인 계획의 대강이 마련된 1942년 여름, 그것이 소득보장은 물론 의료보장, 실업문제 및 가족빈곤과 같은 고도의 사회정책의 문제를 다루고 있음이 드러나자 위원회는 조직을 개편하지 않을 수 없었다. 동 위원회는 원래 위원장인 베버리지를 제외한 나머지 모든 위원은 공무원으로 구성되었는데, 이들의 자격이 완전한 위원에서 베버리지의 단순 '고문 내지 보좌관'의 자격으로 격하되었던 것이다. 이것은 보고서의 제안이 이들 공무원이 각기 소속된 각 정부부처의 공식 견해를 대변하는 것으로 오인되지 않도록 하기 위해 정부가 취한 조치였다. 이렇게 해서 보고서는 전적으로 위원장만의 단독 책임 아래 작성되어 단독 서명으로 제출되었다(양정하, 2004: 189).

베버리지보고서의 발간과 시민의 반응

베버리지보고서-『사회보험과 관련 서비스(*Social Insurance and Allied*

Service)』 - 는 1942년 9월에 완성되어 동년 12월 1일에 발간되었다. 베버리지 보고서는 출판과 동시에 폭발적인 인기를 끌었다. 보고서를 구입하기 위해 정부 간행물 센터에 몰려든 인파의 줄은 하루 종일 이어졌고, 그 보고서는 곧 비문학 부문 베스트셀러가 되었다.[6] 사설과 해설기사로 크게 취급됐는가 하면, 대학, 교회, 사회복지단체, 교육단체, 군대 등 사회 각계각층에서 열렬하게 토론되기도 하였다. 베버리지 자신은 라디오와 영화관의 스크린을 통해 수백만의 국민에게 그의 계획을 설명하는가 하면, 수많은 모임을 통해 연설하기도 하였다(김상균, 1987: 167-168). 보고서가 발간된 직후 실시된 여론조사에 의하면 95%의 응답자들이 보고서에 대해 알고 있었으며, 90%가 보고서의 내용에 찬성하고 있었다(원석조, 2004: 179)고 한다.

12월 2일 『데일리 미러』의 1면은 이것을 다음과 같이 요약했다. "베버리지는 어떻게 빈곤을 추방할지를 말했다. 요람에서 무덤까지(from the cradle to the grave)의 계획, 모든 사람이 기여하고 모든 사람이 혜택을 받는 것." 높은 인기를 얻게 된 것은 단순하면서도 직접적인 메시지였다(셀리나 토드, 2016: 192).

이와 같이 베버리지보고서가 발간된 이후 대중지들은 '요람에서 무덤까지'라는 신조어를 만들어 사회보장을 이야기하기 시작했다. 베버리지보고서는 더 평등한 영국을 위한 청사진이며, 전쟁의 상처를 치유할 수 있을 것이라 믿어지면서 베버리지는 영국의 국민적 영웅이 되었다.

---

6) 동 보고서는 정부 간행물임에도 불구하고 발간된 지 한 달 만에 10만 부가 판매되었으며, 그 후 모두 63만 5천 부나 팔렸다고 한다. 1939년에 발간된 보건서비스에 관한 정부 보고서가 약 2만 5천 부 정도 판매되었는데, 이 정도만 해도 놀라운 것이었으며, 1985년에 간행된 사회보장에 관한 백서는 채 천 부도 팔리지 않았다고 한다(원석조, 2004: 179).

베버리지보고서의 목표

베버리지의 제안은 5대 악(five Giants)을 극복하는 것을 국가재건의 목표로 삼았다. 이 중에서도 결핍에 우선순위를 두고 이를 해결하기 위해 소득을 보장하는데 중점을 두었다. 그 근간은 '국민최저선의 원칙(principle of national minimum)'이었다. 즉, 영국 국민의 어느 누구도 최저수준 이하로 떨어지지 않도록 최저한의 생활을 보장해 줌으로써 결핍으로부터 벗어날 수 있도록 하는 것이었다. 노동자들이 보험료 납부를 통해 기여하게 되겠지만, 국가는 시민들에게 생존을 위한 기본적인 수단으로서 국민최저선을 확보해주는 책임을 가져야만 했다.

베버리지위원회에서는 빈곤의 원인을 진단하는 일부터 했는데, 결론은 모든 궁핍의 3/4에서 5/6는 근로소득 능력의 중단이나 상실에서 오는 것이며, 나머지 1/4에서 1/6은 소득은 있지만, 그것이 가족 수와의 균형을 유지하지 못하기 때문에 초래된다고 보았다. 즉, 실업, 질병 및 재해로부터 중단된 근로소득을 대신할 어떤 소득, 노령과 퇴직에 대처할 소득, 타인의 사망으로 인한 부양자 상실에 대처할 소득, 그리고 출생, 사망 및 혼인 등으로 인한 예외적 비용을 충당하기 위한 소득보장이 필요하며, 베버리지는 이것을 사회보장이라는 용어로 표현했다(Beveridge Report, paras 11-12, 300; 송규범, 1983: 220; 박병현, 2010: 117).

베버리지보고서의 6가지 기본 원칙

베버리지보고서가 제시한 사회보장의 핵심은 강제적인 사회보험이었고, 보고서의 대부분은 사회보험의 재조직에 관한 것이었다. 그것은 다음과 같은 여섯 가지 원칙에 입각하고 있었다(Beveridge, 1942: Para, 294).

① 균일한 생계급여(flat rate of subsistence benefit): 소득수준, 직업, 재산과 같은 사회경제적 수준과 가족 수나 연령 및 성별과 같은 인구학적 차이에 관계없이 모든 사람에게 동일한 액수의 급여를 제공해야 한다는 원칙이다. 다만 업무상 재해나 질병의 경우는 예외로 한다.

② 균일한 기여금(flat rate of contribution): 근로자나 사용자가 지불하는 기여금은 그의 소득수준에 관계없이 동일한 액수의 보험료를 부담한다는 원칙이다.

③ 행정책임의 단일화(unification of administrative responsibility): 사회보장제도의 관리운영을 국가가 담당한다는 원칙이다. 구체적으로는 효율성과 경제성을 고려하여 행정체계를 일원화해야 한다는 원칙으로 모든 기여금은 단일한 사회보험기금에 적립되고, 급여를 비롯한 모든 보험지출은 그 기금으로부터 나온다.

④ 급여의 적절성 · 충분성(adequacy of benefit): 급여금액과 지급기간은 적절 · 충분해야 한다는 원칙이다. 급여의 양은 최저생계를 보장하기에 적절해야 하며, 급여의 지급은 욕구조사 없이 욕구가 존재하는 한 지급되어야 한다.

⑤ 포괄성(comprehensiveness): 전 국민을 사회보험의 대상으로 삼는 원칙을 말한다. 사회보험의 적용 인구와 그 적용 욕구에서 가능하면 포괄적으로 적용되어야 한다.

⑥ 분류화(classification): 단일화되고 포괄적인 사회보험이지만 지역사회 내의 다양한 삶의 방식을 고려해야 한다. 즉, 사회보험의 대상자를 생활방식, 고용형태, 소득원의 차이, 가정주부, 아동, 노인 등 다양한 집단별로 분류하는 것이다. 분류화는 보험의 적용 시 이러한 상이한 기반에 따른 욕구나 환경 등을 고려해야 한다는 것이다.

이상을 부연하면, 베버리지보고서의 중심 사상은 국민최저급부의 개념이다. 사회보험은 생존에 필요한 최저한의 소득을 보장해 주는 데 목표를 두어야만 한다. 이것이 바로 결핍으로부터의 자유에 대한 사회권의 기본적 차원이다. 사회적 급부는 국민최저선을 유지하기에 필요한 만큼 그 양과 기간에 있어서 충분해야 하며, 그렇다고 해서 과다해서도 안 된다. 베버리지의 접근방법은 대다수 국가에서 널리 받아들여졌던 접근방법과 상이하였는데, 그것은 급부의 수준이 대상자의 과거 기여나 과거 소득에 따라 결정되기보다는 전적으로 급부를 제공하는 사회적 목적에 의해서만 결정되었다는 점에서이다(가스통 v. 림링거, 2009: 203).

베버리지보고서의 특징과 의의

사회보험에 있어서 기여금과 급여에 대한 베버리지의 생각은 매우 평등적이다. 정액기여와 정액급여방식에 대해 베버리지는 “강제보험제도에서 모든 사람은 평등한 조건에서 시작해야 한다. 어떤 개인도 그가 좀 더 건강하다거나 또는 좀 더 정규직장에 속해 있다는 이유로 다른 사람에 비해 보다 나은 조건을 요구할 수 있도록 허용되어서는 안 된다”(Beveridge, 1942: 30)고 덧붙였다.

베버리지계획의 또 다른 중요한 특징은 위험의 범위에 있어서 그 계획의 포괄성과 대상의 보편성이다. 베버리지계획에서는 기여제 사회보험방식과 완전히 다른 두 가지 주요 보호 형태를 상정했다. 그 하나는 가족수당(family allowances)으로 이는 소득에 상관없이 한 자녀 이상의 자녀를 가진 가정에 국고로부터 지급되는 것이며, 다른 하나는 ‘기여조건 없는’ 포괄적 보건의료서비스(comprehensive health service)였다. 베버리지는 국가가 자녀양육과 건강보호의 부담을 나누어져야 할 의무가 있다는 것을 단호하게 강조했다. 이러한 추가적인 프로그램이 없다면 국민적 최저선에 기반을 둔 사회보장제도가 제 기능을 다 하기는 어려운 일이다. 그의 포괄적인 프로그램이 의지하고 있었던 마지막 가정은 완전고용의 유지를 위해 정부가 할 수 있는 모든 수단을 동원해야 한다는 것이었다(가스통 v. 림링거, 2009: 206). 베버리지에게 있어 가족수당, 포괄적 보건서비스, 완전고용 이 세 가지는 사회보험 성공의 기본 전제조건이었던 것이다.

베버리지계획의 마지막 중요한 특징은 조직구조에 관한 것이었다. 베버리지는 '행정책임의 통일'을 기본적 사회보험의 원칙으로 간주하였다. 그것은 모든 사회보험위험을 포괄하기 위해 각 피보험자로부터 단 한 번의 기여만으로도 족하다는 것과 이 기여는 하나의 중앙기금에 불입되며, 한 가지 소득보장지출만 존재한다는 것을 의미하였다(가스통 v. 림링거, 2009: 206-207).

이상을 정리하면, 베버리지보고서의 가장 큰 의의는 모든 시민에게 사회보험제도를 통해 생존에 필요한 기본적 욕구를 충족시켜 주었다는 점이다. 베버리지보고서가 영국 국민들의 환영을 받을 수 있었던 것은 자산조사 없이 권리로써 급여를 받을 수 있는 성격 때문이었다.

베버리지보고서의 한계

이러한 베버리지보고서의 큰 의의에도 불구하고 그것이 완벽한 것은 아니었다. 베버리지보고서가 세상에 나온 이후 끊임없이 비판을 받은 것 중 하나가 베버리지의 빈곤관이다. 즉, 베버리지는 빈곤의 원인을 지나치게 협소하게 파악했다는 비판이다. 베버리지는 빈곤의 원인을 소득중단이라는 요인으로 보았는데, 그것은 노동자계급에게만 적용될 뿐 그 외의 사람들에게 결핍의 원인은 다양하다는 비판이다. 예를 들면, 노동시장 진입이 배제된 수많은 여성의 경우에는 소득의 중단이 빈곤의 원인으로 작용한 것이 아니라 애초부터 소득 자체가 없고 소득기회를 얻지 못한 것이 빈곤의 원인이라는 것이다. 베버리지는 이러한 빈곤 원인의 다양성을 충분히 사회보장계획에 담아내지 못했던 것이다.

베버리지보고서의 입법화 과정

베버리지보고서에 대한 정치적 반응은 사뭇 달랐다. 노동당은 베버리지의 권고를 받아들였다. 그리고 그 혜택을 거둬들였다. 1942년부터 보궐선거의 결과들은 보수당에 대한 환멸을 가리키고 있었다. 전쟁이 지속되는 동안 주요 정당들은 선거에서 서로 경쟁하지 않기로 합의했다. 그러나 현직 의원이 사망하거나 은퇴하는 경우 보궐선거가 치러질 수밖에 없었고, 1942년부터 유권자들은 베버리지, 베빈 그리고 노동당이 제안하는 노선을 따라 변화를 갈망하고 있다는 것을 명확히 드러냈다. 투표율은 높았고 넓은 의미의 좌익노선을 따라 급진적인 사회변화를 옹호하는 후보들이 인기를 누렸다. 그중에는 공산당원도 많았다(셀리나 토드, 2016: 194-195).

보수당은 보편적 제공이라는 베버리지의 핵심 가정을 인정하려 들지 않았다. 처칠은 부풀려진 전시의 약속이 평화 시기에 지켜지지 않을 경우 전후 불안정을 야기할 수 있다고 주장했다. 그리고 그런 약속은 감당할 수 없는 사치라고 생각한다는 점을 분명히 했다(셀리나 토드, 2016: 193). 처칠에게 있어서 베버리지계획은 '위험한 낙관주의'에 불과한 것이었다.

처칠은 전쟁의 승리라는 목전의 과업에 전력투구하기를 원했으며, 달콤한 재건계획이 국민의 총력을 흐트러뜨리지나 않을까 두려워했다. 그래서 처음엔 베버리지보고서를 군의 사기진작을 위한 강력한 선전물로 환영하여 그 요약판을 군인들에게 배포했다가 급히 다시 회수하는 소동이 벌어졌다. 그뿐만 아니라 그 보고서는 1942년 9월에 이미 완성되었지만, 몇몇 각료들이 그 내용이 지나치게 혁명적이라는 이유로 반대하여 같은 해 12월로 연기되었던 것이다. 처칠정부와 베버리지계획을 받아들인 일반 대중 사이에는 명확한 견해 차이가 노정되었다(송규범, 1983: 217).

이와 같이 입장이 엇갈리자 결국 정부는 1942년 12월에 베버리지보고서를 면밀히 검토하기 위해 당시 노동부의 행정차관이었던 토마스 필립 경(Sir Thams Philips)을 위원장으로 하는 보고서 검토위원회(일명 필립스 위원회; the Phillips Committee)를 설치하였다(1944년 9월 사회보험에 관한 백서 발간). 동 위원회는 보편적인 국민보험과 보건서비스는 수용했다. 그러나 장기간 완전고용을 유지할 능력이 정부에 있는지에 대해 회의적이었으며, 최저생계비 수준의 급여원칙을 거부했다. 가족수당의 필요성에 대해서도 의문을 제기했으며, 필요하다면 현금급여보다는 현물급여가 더 바람직하다고 제안했다. 그리고 자산조사를 필요로 하는 계급이 존재한다는 점을 인정해야 한다고 주장했다. 이는 베버리지보고서의 전제 자체를 부정하는 것이나 다름없었다(원석조, 2009: 190).

한편, 1943년 2월 17일에 베버리지보고서에 대한 토의가 의회에서 진행되면서 정부 측의 부정적 태도가 공식적으로 확인되기 시작하였다. 이틀간의 토론 끝에 몇 개의 수정동의안이 의회에 제출되었는데, 결국 표결에 붙여진 수정동의안은 노동당 소속 그린피스(James Griffiths)가 제출한 「의회의 성실성에 대한 시험으로서 베버리지계획의 조속한 실천을 촉구한다」라는 동의안이었다. 이 동의안에 대한 표결결과는 335대 119로 부결되고 말았다(김상균, 1987: 172-173).

베버리지보고서에 대한 의회의 토론이 끝난 직후 4월부터 당시 부흥부 장관이던 조이트(William Jowitt)의 감독하에 일단의 관료들이 베버리지계획의 실시를 검토하기 시작하였다. 검토 결과 각종 백서가 발간되었는데, 그것은 대부분 베버리지보고서의 내용과 대동소이했다. 베버리지 역시 백서와 자신의 보고서는 대부분 동일하다고 보면서도, 그가 가장 중요하게 여겼던 생존선 보장의 원칙을 정부가 받아들이지 않은 점에 유감을 표시했다.

사회보험과 관련된 정부의 백서들에 대한 의회의 태도는 만장일치의 환영이었고, 따라서 내용에 대한 큰 변화 없이 입법절차가 진행되었다. 그리하여 1944년 11월부터 입법화 작업이 본격적으로 진행되었는데, 1944년 11월 3일 노동당 소속 애틀리(Attlee)는 정부의 사회보장 제안을 조정하고 운영할 중앙행정부서인 사회보험부 신설법안을 의회에 상정하였다. 그 법안은 빠른 속도로 처리되어 2주일 후인 11월 17일에 법으로 공포되었는데, 토의과정에서 사회보험부의 명칭이 국민보험부로 변경되었다. 이어 1945년 2월 14일에는 가족수당 법안이 의회에 제출되었고, 1945년 6월 11일자로 공포되었다. 베버리지계획의 실천에 필요한 입법화 작업 중 기본적이거나 비교적 쉬웠던 가족수당법을 통과시킨 전쟁 내각은 나치 독일의 패망을 확인한 후 1945년 6월 15일 의회를 해산하였다. 그리고 동시에 새로운 정부를 구성하기 위한 총선거를 1945년 7월 5일에 실시하기로 했던 것이다. 따라서 베버리지입법의 가장 중요하면서도 어려운 사회보험과 국민보건서비스에 관한 입법의 책임은 총선거 이후에 탄생할 새로운 의회와 정부로 이양되었다(김상균, 1987: 176-177).

4. 노동당정부의 집권과 복지국가의 등장

1) 전후 노동당정부의 집권

제2차 세계대전은 1945년 5월에 끝났다. 두 달 후인 7월 5일에 총선이 치러졌다. 베버리지보고서에 대해 어정쩡한 태도를 취했던 보수당의 처칠은 세계 최고의 전쟁 영웅이었음에도 불구하고 전후 영국의 재건과 대대적인 사회보장의 확충을 내세운 노동당의 애틀리(Attlee)에게 1945년의 선거에서 패하고 말았다. 노동당의 압승이었다. 노동당은 393개의 의석을 차지하였고, 보수당은 213석에 불과했으며, 기타 정당이 34석이었다. 득표수로는 노동당이 47.8%, 보수당이 39.8%를 기록하였다. 총선의 압승으로 노동당은 창당 후 처음으로 단독정부를 구성할 수 있었다. 양당 정치의 전통이 뿌리 깊은 정치사에서 1945년 총선은 자유당의 몰락을 재확인했던 반면, 노동당을 부인할 수 없는 2대 정당의 하나로 정착시키는 데 충분하였다(양정하, 2004: 179).

그런데 이처럼 노동당이 압승할 수 있었던 것은 바로 앞서 언급한 계급관계의 변화 때문이었다. 애틀리의 복지국가는 노동자계급의 힘의 증대, 노동자계급과 중간계급 간의 복지동맹(welfare coalition), 자본의 복지국가에 대한 암묵적 수락의 결과였는데, 이런 중대한 변화는 바로 전쟁 때문에 가능했던 것이다. 총력전의 수행에 요구되었던 전 국민적 합의의 필요성은 노동당을 보수당의 대등한 파트너로 격상시켰다. 보수당은 전시 연립정부를 구성하면서 노동당을 정책결정과정에 참여시켰고, 노조와 노동당이 오랫동안 요구해왔던 사항들을 수용할 수밖에 없었던 것이다. 이런 노동당의 상승된 지위는 노동당이 전후 총선에서 압도적 승리를 거두면서 더욱 확고해진다(김영순, 1996: 82).

[책갈피 10.3]

애틀리(Clement Attlee)

- 1883년 런던 출생
- 옥스퍼드대 졸업, 변호사
- 빈민에 관심, 페이비언협회 가입
- 런던대 교수
- 1922년 노동당 하원의원
- 1935년 노동당 당수
- 제2차 세계대전 처칠 연립내각 부총리
- 1945~1951년 영국 총리
- 1967년 사망

사진출처: 위키디피아

애틀리가 수상이 되고 조이트(William Jowitt)는 초대 국민보험부장관으로 임명되었다. 집권한 노동당은 약속대로 1946년 7월에 국민보험법을 통과시켰고, 1946년 11월에는 국민보건서비스법을, 그리고 1948년 5월에는 국민부조법을 공포하여 같은 해 7월 5일부터 시행하였다. 이러한 입법화 과정을 거쳐 베버리지체제가 확립되었다.

2) 복지국가의 등장

1948년은 새로운 시대의 획을 긋는 해였다. 전후 노동당은 베버리지보고서를 기초로 하여 1601년부터 시작된 오랜 역사의 영국 빈민법을 폐지하고, 사회보장, 무상의료, 무상 중등교육의 새로운 체계를 도입하면서 소위 '요람에서 무덤까지'로 일컬어지는 복지국가체제를 갖추게 되었다. 그 구체적인 내용은 다음과 같다.

가족수당법(Family Allowances Act, 1945)

가족수당법은 총선 직전에 의회에서 통과되었는데, 그것은 노동당정부가 사회보장 분야에서 실행에 옮긴 최초의 조치가 되었다. 첫째 아이를 제외한 15세까지의 모든 아동(학생일 경우는 16세까지)에 대해 매주 1인당 5실링의 수당을 받게 되었다. 첫 자녀를 제외한 이유는 당시 결혼율이 높았던 상황에서 지출을 줄이려는 데 있었다.[7] 그리고 부양자가 사회보험급여나 국민부조 등을 받고 있을 때는 첫째 자녀에게도 제공되었다. 물론 이것은 자녀에게 지급되지만, 자녀만을 위해서가 아니라 가족 전체를 위해 지급하는 것이며, 또한 근로소득으로 간주되어 과세의 대상이 된다. 그 당시만 하더라도 근로자 가족 등의 빈곤에 대한 사회적 인식은 미약했는데, 가족빈곤이 사회적 문제로 부각되기 시작한 것은 1960년대라고 할 수 있다(신섭중 외, 1986: 67).

가족수당은 여성 가장인 가정을 포함해 많은 가정에게 엄청난 도움이 되었다. 국민보험부장관 조이트는 이 수당이 핵심적이라고 밝혔다. 가족수당은 "공동체 내 모든 집단의 자녀들이 우리 모두가 바라는 평등한 기회를 갖게 되는 것"을 보장했다. 노동당정부는 아이들에게 출생 시 동등한 기회를 주는 데 시간과 노력을 투여했다(셀리나 토드, 2016: 212).

국민보험법(National Insurance Act, 1946)

노동당은 1945년 총선에서 베버리지보고서에 입각하여 사회보험을 도입하겠다고 공약하였다. 약속대로 노동당정부는 1945년 8월 국민보험법안(the

7) 1977년 첫째를 포함한 자녀 모두에게 지급하는 아동급여로 바뀌었다.

National Insurance Bill)을 의회에 제출하였고, 동 법안은 이듬해 큰 반대 없이 의회를 통과하였다. 가입대상은 16~65세(여자는 60세까지)로 의무가입이었다.[8] 보험가입자는 매주 한 번 불입하는 갹출료의 대가로 다음의 7가지 급여를 받게 되었다(이준우 · 김광선, 2023: 385).

① 실업급여: 피고용인만 대상으로 보통 7개월(일요일은 뺀 180일간)간 급여가 제공되는데, 기혼과 미혼에 차이가 있고, 기혼이라도 자녀가 있으면 가산된다.

② 질병급여: 피고용인과 자영업자만 대상으로 질병으로 일하지 못할 때 급여가 제공된다. 금액은 대체로 실업보험과 비슷하다.

③ 출산급여: 출산 전 6주, 출산 후 6주, 총 13주 동안 지급된다.

④ 퇴직연금: 3년 이상 보험료의 납을 전제로 남성 65세, 여성 60세 이상 퇴직자에게 주마다 지급된다. 부양자를 가산하며, 남성 70세, 여성 65세가 되면 모두 퇴직자로 인정한다.

⑤ 미망인급여: 3년의 보험료 납입을 전제로 남편 사망 후 13주 동안 주마다 급여가 제공된다.

⑥ 사망일시금: 피보험자 또는 부양가족의 사망에 일시 보조금이 지급되는데, 나이에 따라 차이를 두었다.

---

8) 1995년에는 남성과 여성 모두 65세로 퇴직연령을 통일하고, 2010~2020년 사이에 단계적으로 연장하였다(이준우 · 김광선, 2023: 385).

[책갈피 10.4]

영국 연금체계

국민보험법은 1959년 개정(1961년부터 시행)되어 기초연금에 누진보험(Graduated Insurance) 기여금제도를 도입했다. 누진보험금을 더 내면 기초연금에 추가연금을 지급하는 제도로, 1967년 납부자가 1,200만명이나 되었다. 개인과 고용주에게 민간부문과의 연금 계약을 허용하는 적용 제외 조항을 둔 것인데, 이에 따라 민간보험에 의한 직업연금과 개인연금이 성장하였다. 그 결과 직장연금을 받는 부유한 노인과 국가 기초연금만 받는 가난한 노인으로 대비되었다. 이에 따라 1975년에는 국가소득비례연금(State Earning Related Pension: SERP)을 도입하여 직장연금이 없는 저소득층의 기초연금에 비례연금을 추가로 받게 하였다. 직장연금을 선택하면 이 보험에 가입하지 않아도 되었다. 이렇게 영국의 연금제도는 3층이 되었다.

추가연금(3층)	개인연금저축	은행, 보험회사와 계약
보충연금(2층)	수탁자연금, 직업연금 등	가입은 선택 사항-가입하면 제2 국가연금 적용 제외
	제2 국가연금(SERP)	법적 의무 가입
기본연금(1층)	기초국가연금(BSP)	16세 이상 모두 법적 의무 가입

출처: 이준우·김광선(2023), p.386.

국민부조법(National Assistance Act, 1948)

1948년 국민부조법이 제정되면서 국민부조국을 통해 급여가 제공되었다. 국민부조국은 지방자치단체 보건국의 공공부조위원회가 실시해 왔던 빈민법의 구제업무를 계승하였다. 국민부조국은 400년을 넘는 지역 및 지구사무소(regional and area offices)를 통해서 각종 부조 수급자 80만 명 정도를 계승하였고, 1950년 말에는 100만 명 이상이 되었다. 베버리지는 생활보장의 욕구는 기본적으로 사회보험으로 충족시키고, 공공부조는 보충적인 것으로 생각했지만, 예상과는 달리 오히려 공공부조가 큰 역할을 하게 되었다. 사회보험 급여가 생계비의 상승에 맞춰 인상되지 않았기 때문에 국민부조의 대상자는 계속 증가하였다. 또한, 국민부조법 제3부는 지방정부에게 고령자와 장애인에 대한 시설서비스의 제공을 부과했다(高島進, 1999: 121). 국민부조법은 여러 가지 이유로 해서 국민보험제도에 포괄되지 않거나 그 급여가 불충분한 모든 사람들을 부조하기 위한 조치였다.

1948년 국민부조법이 제정되면서 1601년에 제정되어 347년간 지속되었던 엘리자베스 빈민법은 공식적으로 폐지되고, '요람에서 무덤까지'로 일컬어지는 소득보장체계가 마련되었다.

[책갈피 10.5]

국민부조법의 변화

처음 베버리지안에는 선천적 장애인이나 장기환자를 위한 급여는 마련되지 않았다. 1964년 노동당이 다시 집권하면서 장애급여, 실업급여, 과부급여에 부가급여를 도입하였다. 1966년에는 국민부조청을 대체하는 보충급여위원회를 설립하면서 국민부조가 보충급여(Supplementary Benefit)로, 1986년에는 다시 소득보조(Income Support)로 명칭이 바뀌었다. 보충급여에서 수급의 권리 성격이 강화되고, 일선 사회복지공무원의 재량권이 강화되었다. 1960년대 빈곤의 재발견과 1970년대 자산조사 급여 의존율 심화에 따라 장애와 질병에 따른 추가비용 보상을 위해 새 급여제도를 도입했다. 무기여 장애연금으로 소득을 대체하고, 추가비용으로 이동(교통) 수당과 간호비 용도의 보호 수당을 마련하였다. 1990년대에는 중증 장애수당이 장애근로수당으로, 이동수당과 보호수당은 장애생활수당으로 바뀌었다. 장애인의 근로를 지원하고 유도하기 위한 조치였다.

출처: 이준우·김광선(2023), pp.388-389.

국민보건서비스법(National Health Services Act: NHS, 1946)[9)]

전후 노동당정부의 사회복지정책 중 왕관의 보석에 비유될 정도로 가장 핵심적인 업적으로 평가되는 것이 국민보건서비스(the National Health Service: NHS)이다. 전시 응급의료서비스를 계승한 NHS는 병원의 국유화와 병원 의

9) 국민보건서비스법에 관해서는 원석조(2009), pp.196-200을 참고하여 서술하였다.

사들의 국가 공무원화를 핵심으로 한다.

NHS의 도입을 주도한 사람은 노동당 출신 보건장관 베번(Anearın Bevan)이었다. 보수당과 영국 의사협회의 거센 반대가 있었지만, 베번은 탁월한 행정능력을 발휘하여 NHS 법안을 의회에 통과시켰다.

NHS법은 정부가 국민보건을 책임지고 의료서비스를 무상으로 제공하는 것을 골자로 하고 있었다. 이 법에 의해 각 병원은 지역병원국(the Regional Hospital Board: RHB)과 그 산하의 병원관리위원회(the Hospital Management Committee: HMC)의 식접적인 관힐하에 통합되었다. 물론 ᄀ 총책임자는 보건성이었고, 의학수련병원은 보건성의 직접적인 감독하에 두었다. 병원의 의사들은 국가로부터 봉급을 받게 되었다.

[책갈피 10.6]

어나이린 베번(Anearin Bevan)

- 1897년 남웨일스의 탄광촌 출생, 저명한 좌파 노동운동가, 광부노조 활동을 통해 노동운동 지도자로 성장
- 1929년 노동당 하원의원으로 정계 진출
- 1930년대 좌파신문 '트리뷴' 창간, 편집인
- 1945년 노동당 내각 보건장관 취임
- 1951년 노동장관, 무상의료 등 사회보장 예산 감축에 반대 사임
- 1960년 사망

사진출처: 이창곤(2015), p.258에서 촬영

일반 개업의(general practitioner)는 지역운영위원회(the Executive Councils)의 감독을 받게 되었다. 의사들은 봉급과 환자 진료비(capitation fee, 진료한

환자 수에 비례하는) 양쪽을 받게 되었다. 의사 배치의 불균형 문제를 다루기 위해 의사가 주도하는 의료위원회(the Medical Practices Committee)도 설치하고, 의사들의 계약위반 문제를 전담할 특수법정도 두기로 했다.

최종적으로 모든 유형의 병원들이 보건성의 감독하에 들어갔다. 다만 이전의 민간병원, 시립병원, 개인병원 등 모든 병원은 지역병원국이 운영을 담당하게 되었다. 하급 관리운영 수준에서는 지역병원국 산하의 병원관리위원회가 특정 지역의 소규모 병원들의 운영을 책임지게 되었다. 단 임상교육을 겸하고 있는 주요 임상수련병원(teaching hospitals)은 여기서 제외되었다. 이리하여 모든 병원이 NHS의 우산 속으로 들어왔다. 다만, 그대로 남길 원한 소규모의 개인병원과 자선병원은 NHS에서 제외되었다.

제1차 의료는 일반 개업의에 의해 이루어졌는데, 이로 인해 국민은 의사를 선택 등록하게 되었다. 병원 진료는 무료였다. 또한, 지방정부는 자체 병원의 소유권을 포기하는 대신 방문간호서비스, 조산서비스, 모자보건, 가정보호, 앰뷸런스서비스, 예방접종 등 공중보건에 관한 종합적인 책임을 지게 되었다. 지방정부는 보건소를 설립하여 보건성의 승인하에 질병 예방, 환자 진료, 사후 서비스 등을 주민들에게 제공하였다. NHS는 1948년 7월 5일부터 시행되었다.[10)]

주택정책

1945년 10만 가구가 전쟁 발발 이전부터 주거에 부적합하다고 공식적으로 판정받은 주택에 살고 있었다. 20만 명은 전쟁이 일어나지 않았다면 부적합 판정을 받았을 집에 살고 있었다. 250만 명이 전시 폭격의 결과로 안전하지

10) 국민보건서비스법의 도입으로 인해 1911년 국민보험법은 공식 폐지되었다.

않은 주택에 거주하고 있었다. 셀 수 없이 더 많은 사람이 친척 또는 친구와 함께 과밀한 조건에서 살고 있었다. 인구의 약 10%가 기준 이하의 주택을 견뎌내고 있었다(셀리나 토드, 2016: 217).

보건장관 베번은 필요한 모든 사람이 공공임대주택을 이용할 수 있게 만들겠다는 굳은 의지를 가지고 매년 24만 채의 새집을 짓겠다고 약속했다. 그가 주도한 1948년 주택법은 공공임대주택이 갖추어야 하는 최소기준을 관대한 수준으로 명시했다. 공공임대주택은 튼튼하게 지어져야 하고 단열시설과 환기시설이 잘되어 있어야 하며, 밝고 바람이 잘 통해야 하고 실내목욕실과 같은 시설을 갖추고 있어야 했다. 베번은 지방자치단체가 어려움에 처한 모든 사람에게 주택을 제공할 것이라고 대담하게 공표했다. 베번이 전쟁의 피해가 다양한 사람들에게 영향을 끼쳤음을 인식하기도 했지만, 그의 법은 지방자치단체가 민간의 집주인이나 건설업자보다 더 좋은 더 잘 계획된 주택을 제공할 수 있다는 신념에 근거했다(셀리나 토드, 2016: 217).

주택 신축계획은 노동당과 보수당 양당의 합의하에 추진되었다. 노동당이 집권한 1945~1951년의 주택 건축 현황을 보면, 다음 〈표 10-1〉과 같다.

〈표 10-1〉 주택 신축 현황(1945~1951)(단위: 천 채)

연도	지방정부	민간건축업자	연도	지방정부	민간건축업자
1945	1	–	1949	142	25
1946	21	30	1950	139	27
1947	87	40	1951	142	21
1948	171	31			

출처: 원석조(2009), p.204.

〈표 10-1〉에서 보듯이 1951년까지 매년 새로운 주택이 건설되었음에도 불구하고, 매년 24만 채의 새로운 주택을 건설하겠다는 목표를 달성하지는 못

했다. 그러나 비록 지방정부이긴 했지만, 공공임대주택의 수가 민간건축업자가 건축한 주택의 수보다 압도적으로 많았던 대규모의 국가개입이었다. 이것은 전쟁이라는 특수한 상황이 만들어 낸 결과였다.

5. 복지국가의 발전: 합의의 시대

1) 복지국가 발전의 개념

복지국가의 발전은 다음의 네 가지 요소와 결부되어 있다(Pierson, 1991; Korpi, 1983; 김태성 · 성경륜, 1993: 101).

첫째, 전 국민의 전 생애 과정에서 당면하는 다양한 욕구와 사회적 위험에 대해 국가가 얼마나 많은 종류의 복지제도를 통해 보호할 수 있는가? 이 문제는 복지혜택의 포괄성에 관한 문제이다.

둘째, 다양한 욕구를 충족하고 각종 사회적 위험으로부터 보호하기 위한 각각의 복지혜택의 적용 범위는 어디까지인가? 이 문제는 적용 범위의 보편성에 관한 문제이다.

셋째, 각각의 복지혜택은 소득이 중단되더라도 생활을 유지할 수 있을 정도의 적절한 수준으로 제공되는가? 복지혜택의 적절성에 관한 문제이다.

넷째, 전체 복지혜택의 결과가 가져오는 소득재분배효과는 어느 정도인가? 복지혜택의 재분배효과에 관한 문제이다.

정리하면, 복지국가 발전의 수준이 높은 경우는 국가가 많은 종류의 복지제도를 수립하여 가능한 한 많은 종류의 삶의 위험을 포괄적으로 보호하고, 가능한 한 많은 사람을 그 대상으로 하며, 소득중단 상황이 초래되더라도 취업상태에서의 생활에 필적할 수 있을 정도(혹은 그것을 대체할 수 있을 정도)의 적절한 혜택을 제공하고, 여기에 재분배효과가 큰 복지혜택을 제공하는 경우라고 할 수 있다(김태성 · 성경륭, 1993: 102).

복지국가의 발전기에 있어 각국은 그 정도의 차이는 있지만, 이러한 기준들에 충실한 방향으로 제도개혁을 추진했다. 즉, 서비스 범주에서는 보편주의적인 방향을 지향하였고, 그 적용 범위를 확대하였으며, 국가에 의해서 제공되는 사회적 서비스의 질은 최저한의 수준에서 최적한 수준(national optimum)을 지향하는 방향으로 복지국가를 확충했다.

2) 복지국가 콘센서스

합의의 시대

1951년 노동당을 누르고 보수당이 재집권한 이래 1973년 오일쇼크를 전후한 시기까지 양대 정당 간의 정권교체가 여러 번 일어났으나[11] 어느 정당이 집권하더라도 복지국가의 사회정책기조는 유지되었다.

1951~1964년 보수당정부는 노동당정부의 복지국가정책기조를 유지하되 공공주택과 민간주택의 확충 외에 새로운 사회정책을 시행하지는 않았다. 1964~1970년 윌슨 노동당정부는 사회보장시스템의 전반적인 개혁을 시도하여 가족수당의 인상, 국민부조의 보충급여(SB)로의 대체, 지방정부 사회서비스조직의 개편 등 유의미한 성과를 거두었다. 1970~1974년 히스 보수당정부

11) 복지국가를 만든 애틀리 노동당정부가 물러난 1951년부터 복지국가가 체계적으로 부식되기 시작한 1979년 대처집권까지 28년 동안 네 번의 정권교체가 있었다. 1951~1964년 보수당정부, 1964~1970년 노동당정부, 1970~1974년 보수당정부, 1974~1979년 노동당정부가 그것이다. 집권기간을 합하면, 보수당 17년, 노동당 11년으로 보수당이 6년 많았다.

는 사회복지억제를 표방하고 유자녀 저임금 노동자 가족을 대상으로 하는 가족소득보충제(FIS)를 신설하는 데 그쳤다. 1974~1979년 윌슨 · 캘러헌 노동당정부는 경제적 악조건 속에서 공공지출을 억제할 수밖에 없었음에도 가족수당을 아동급여(CB)로 대체하고, 소득비례연금(SERPS)을 도입했다(원석조, 2019: 164).

이처럼 이 기간 사회정책의 변화는 있었지만, 복지국가의 수용과 유지라는 기본적인 큰 틀은 변하지 않고 유지되었다. 이것은 다양한 정치정당이 모두 복지국가체제가 필요하고 중요한 역할을 하고 있기 때문에 그것이 유지되고 확충되어야 한다는 사회적 합의(social consensus)에 의한 것이었다. 이른바 '합의의 시대(the era of consensus)'가 도래한 것이다.[12] 사회적 합의의 구체적인 내용은 다음과 같다(김수행 외, 2009: 25).

첫째, 정부가 경제에 개입하여 어떤 목표를 잘 달성할 수 있다는 사실은 1939~1945년의 전쟁에서 밝혀졌다고 믿었기 때문에 혼합경제(mixed economy)를 지지한다. 둘째, 정부는 사회의 주요한 이익집단들(특히 노동조합)의 역할을 인정하고 그 집단들과 협조한다. 다시 말해, 코포라티즘을 채택한다. 셋째, 정부는 완전고용을 유지할 책임이 있으며 복지국가의 건설에 노력한다.

이 가운데 복지국가 건설에 대한 합의는 더욱 확고했다. 당시 모든 정당의 정당은 복지국가체제에 대한 확신을 가지고 있었다. 그래서 복지국가로부터의 이탈을 시사하는 그 어떤 정책공약도 선거전에서 내놓지 못했다. 따라서 자신들이야말로 진정한 사회복지의 창시자요 옹호자라고 하는 주장은 모든 정당에서 흔히 볼 수 있었다. 모든 정당이 복지국가체제의 유지에 대한 합의

12) 영국의 경제잡지 Economist(1954.2.13)는 보수당과 노동당의 정책이 매우 비슷하기 때문에 정책에서 광범한 사회적 합의(social consensus)가 이루어지고 있다고 보아 이것을 보수당의 재경부장관 버틀러(R. A. Butler)와 노동당의 재경부장관 게이츠켈(H. Gaitskell)의 이름을 따서 '버츠켈리즘(Butskellism)'이라고 불렀다(김수행 외, 2009: 25).

를 가지고 있었던 것이다(박광준, 2002: 371).

영국 복지국가의 합의는 다음의 네 가지로 요약할 수 있다(박광준, 2002: 372). 첫째, 빈곤한 사람들을 원조하는 것은 정부의 제1의 의무이다. 둘째, 사회복지서비스는 계속적으로 확충되어야 한다. 셋째, 영국이 사회복지서비스를 확충함으로써 보다 평등한 사회로 나아갈 수 있다. 넷째, 합리적이고 진보적인 학자들이 사회복지의 확충을 지향하는 연구를 수행하면서 사회복지서비스의 개발과 유지에 공헌하며, 서비스의 담당자들을 교육한다.

이러한 복지국가 합의를 통한 사회복지의 발전은 선진국가에서 공통적으로 나타나는 현상이었는데, 이 복지국가체제는 자본주의와 사회주의라는 이념적 틀을 초월한 하나의 바람직한 국가체제의 한 모습으로 간주되었다. 이러한 사회적 합의는 국가마다 다소의 차이는 있었지만, 그것이 강력한 국가의 경우는 복지국가의 등장은 곧 '이데올로기의 종언(the end of ideology)'을 의미하는 것으로까지 이해되었다(박광준, 2002: 389).

경제성장과 케인즈주의

이러한 복지국가 합의가 형성될 수 있었던 배경에는 지속적인 경제성장이 있었다는 것은 의심의 여지가 없다. 제2차 세계대전 이후 서구 자본주의국가들은 전례 없이 빠르고 지속적인 경제성장을 경험했다. OECD 국가의 1950년대의 경제성장률은 연평균 4.4%였고, 1960년대에는 5%의 높은 경제성장률을 기록하였다. 높은 경제성장률뿐만 아니라, 이 기간 동안 대부분의 선진국들은 낮은 수준의 인플레와 실업률을 유지하고 있어서 사회복지비 지출에 좋은 조건을 갖추고 있었다. 복지비의 지출도 증가하여 1960년대에는 GDP 대비 복지비 지출이 약 10%를 상회하는 수준이었으나 1975년에는 그 비율이 급증하여 스웨덴은 34.8에 이르고 있고, 대부분의 국가가 20% 수준이거나 그 이상을 보여주었다(표 10-2 참조).

1945~1975년의 복지국가 황금기 동안 호황국면에 힘입어 노령연금, 의료보험, 산재보험, 실업보험, 아동수당 등 사회보장제도의 수혜범위와 급여수준이 확대되고 행정적으로 체계화되었다. 또한, 퍼스널 사회서비스와 공공부조를 위한 제도도 더욱 확충되었다. 모든 사람이 보건의료와 중등교육에 무상으로 접근할 수 있었고, 완전고용의 혜택을 입지 못하는 사람들에게는 중요한 사회안전망을 제공했다.

〈표 10-2〉 선진국의 경제성장 및 복지관련 자료(연평균, %)

국가	경제성장률		인플레		실업률		GDP대비 복지비	
	1963~1972	1973~1981	1963~1972	1973~1982	1963~1972	1973~1982	1960	1975
스웨덴	3.9	1.8	5.4	10.0	1.9	2.2	12.3	34.8
서독	4.4	2.4	3.2	5.2	1.1	3.8	17.1	27.8
프랑스	5.5	2.8	4.7	11.1	1.9	5.1	14.1	26.3
오스트리아	5.1	2.9	3.9	6.4	2.6	1.9	10.1	20.1
영국	2.9	1.3	5.9	14.2	2.0	5.4	12.4	19.6
미국	3.9	2.6	3.7	8.8	4.7	6.0	9.9	18.7
일본	9.9	4.6	6.0	8.8	1.2	2.0	7.6	13.7

출처: 김태성·성경륭(1993), p.114.

이 기간 동안 영국의 연평균 실업률은 1971년과 1972년에 3%를 초과하였을 뿐 완전고용에 가까웠고, 소매물가의 연평균 상승률도 4.6%에 불과했다. 국내 총생산도 증가하여 급속한 공공지출을 가능하게 했다. 이와 같이 전후 약 30년간 이루어진 지속적인 경제성장이 복지국가 확충의 내용인 사회복지 지출 증가를 뒷받침할 수 있었다. 그뿐만 아니라 혼합경제, 코포라티즘, 완전고용, 복지국가가 사실상 1940년 이래 사회적 합의의 내용을 이루고 있었기 때문에 가능했던 것이다.

조절이론가들은 이러한 지속적인 생산성 상승이 전제된 분배의 평등을 실현가능하게 했던 조절양식과 축적체제의 성공적인 결합을 '포드주의'로 규정한다.[13)] 포드주의적 생산방식은 대량생산을 통해 비약적인 생산성의 증대를 가능하게 하는 혁신적 생산방식이었다. 그러나 포드주의적 생산방식이 안착하기 위해서는 노동 통제를 강화해야 했고, 이에 따라 수반되는 노동자들의 저항을 무마할 물질적 보상이 요구되었다. 또한, 대량생산을 통한 원활한 자본축적을 위해서는 대량소비의 메커니즘이 확립되어야 했는데, 이것은 기존의 시장에 의한 조절만으로는 불가능했다. 즉, 시장임금을 초과하는 노동자들에 대한 물질적 보상과 대량소비 메커니즘의 확립은 새로운 분배질서를 요구하는 것이었고, 이는 노동운동과 정치의 장에서의 거대한 타협의 제도화를 전제로 할 때만 실현될 수 있었다. 이러한 거대한 타협의 지렛대로 작용했던 것이 바로 케인즈주의적 복지국가였다(김영순, 1996: 76).

케인즈주의적 복지국가란 케인즈주의를 바탕으로 운영되는 복지국가를 일컫는다. 말하자면, 국민생활에 대한 국가의 적극적 간섭을 전제로 하는 복지국가의 재정운용에 사상적 뒷받침을 제공한 것이 바로 케인즈주의였던 것이다. 케인즈는 '자본주의는 조절이 가능하고, 또한 조절해야 한다'는 전제하에 자본주의체제에는 자기조절능력이 없기 때문에 국가가 나서서 경제에 대한 개입을 해야 한다고 역설하였다. 국가개입은 국가에 의한 공공사업(예컨대, 학교, 병원, 공원 등의 공공사업)을 통해 정부지출을 증대시키고, 조세감면 등의 적극적인 정책을 통해 시장경제의 위기를 극복하는 것이었다. 이러한 케인즈

13) 그들에 따르면 포드주의는 구상과 실행의 분리를 특징으로 하는 포드주의적 생산방식에 기반한 대량생산 및 대량소비 체제를 의미한다. 포드주의적 생산방식의 발견은 높은 생산성-높은 임금-대량소비라는 순환고리를 가능하게 하였고, 또한 케인즈주의적 복지국가의 성립을 가능하게 하였다(김정훈, 1995: 336).

의 경제이론 및 사상을 케인즈주의라고 부르며, 국가개입주의(state interventionism)라고도 한다.

[책갈피 10.7]

케인즈(John Maynard Keynes)

- 20세기 가장 위대한 경제학자로 칭송
- 1883년 케임브리지 출생
- 1897년 이튼칼리지 입학
- 1902년 케임브리지대학 킹스칼리지 입학(수학전공)
- 졸업 후 한 한때 인도성에서 근무하다 대학에 돌아와 금융론 강의
- 주요저서 『평화의 경제적 귀결』(1919), 『자유방임의 종언』(1926), 『고용, 이자와 화폐의 일반이론』(1936) 등
- 1946년 4월 21일 사망

사진출처: 위키디피아

케인즈주의적 처방은 전후 유럽에 본격적으로 수입된 포드주의적 생산방식과 맞물리면서 안정적인 제도적 질서로 뿌리내린다. 국가는 완전고용을 유지하고 노 · 사 · 정의 3자 협의체제를 정착시킴으로써 노동력의 수요공급법칙이 아닌 생산성 향상에 상응하는 임금체계를 정착시켰다. 그리고 이는 유효수요를 증대시킴으로써 포드주의적 생산방식이 필요로 하는 두 가지 전제조건, 즉 자본가들이 요구하는 대량소비와 노동자들이 요구하는 물질적 보상을 동시에 만족시켰던 것이다. 복지국가는 이런 자본축적구조의 혁신과 그에 상응하는 제도적 질서 변화의 산물이었다. 국가개입에 의한 소비의 사회화를 핵심적 특징으로 하는 케인즈주의적 복지국가는 나라마다 그 특성은 달랐지만, 전후 서구에서 하나의 보편적 현상으로 자리 잡았다(김영순, 1996: 77-79).

그러나 케인즈주의는 1973년 오일쇼크로 인해 발생한 인플레이션과 불황이 동시에 겹치는 스태그플레이션 현상 앞에서 무너지고 만다. 이를 계기로 영국 복지국가는 위기를 맞이하면서 전후의 사회적 합의는 붕괴되기 시작한다. 그 대신 케인즈를 평생의 숙적으로 생각했던 오스트리아 출신의 경제학자 하이예크(Hayek)가 새로운 경제학의 영웅으로 부상하면서 신자유주의가 등장하게 된다. 신자유주의의 등장으로 케인즈주의는 통화주의로 대체되고 만다.

CHAPTER 11

복지국가의 위기와 재편

1. 복지국가 위기의 개념
2. 복지국가 위기론의 배경
3. 복지국가 위기론
4. 복지국가에 대한 사상적 도전
5. 복지국가의 신자유주의적 재편: 영국의 사례

CHAPTER

11 복지국가의 위기와 재편

1973년 오일쇼크를 계기로 전 세계는 불황에 휩싸이고, 복지국가는 위기를 맞게 된다. 복지국가의 위기는 경제적 문제, 정부의 문제, 정당성의 문제, 위기와 결부된 재정적 문제 등으로 표출되었다. 복지국가에 대한 신자유주의자들의 공격으로 전후의 사회적 합의는 무너지기 시작하는데, 이 장에서는 복지국가 위기란 무엇을 의미하고, 복지국가 위기론이 어떻게 해서 등장하게 되었으며, 그 구체적인 내용은 무엇인지를 살펴본다. 그리고 복지국가 위기론 이후 복지국가의 신자유주의적 재편이 이루어지는데, 신자유주의의 등장배경과 사상 그리고 신자유주의적 재편의 대표적 사례인 대처리즘에 대해 살펴본다.

1. 복지국가 위기의 개념

복지국가는 1970년대 중반까지 지속적으로 발전을 거듭해 오다가 그 이후 위기를 맞게 된다. 대부분의 복지국가에서 큰 폭으로 증가했던 사회복지 지출비율이 둔화되거나 축소되기 시작했다. 예를 들면, OECD 회원국 전체를 볼 때, 1960년대에서 1975년 사이에 사회복지 지출비용은 매년 8%씩 증가하였는데, 1975년에서 1981년 사이에는 이 증가율이 4%로 줄어들었다. 대부분 국가에 있어서 지출 규모가 정체되어 있다는 것은 실제적인 측면에서는 지출의 감소를 의미할 수 있다. 이러한 복지국가 확대의 위축이나 정체 현상을

'복지국가의 위기'라고 부른다(박광준, 2002: 393).

미쉬라(Mishra, 1984)는 복지국가의 위기라고 부를 수 있는 문제의 양상을 다음과 같이 요약하고 있다. 첫째, 스태그플레이션(stagflation)의 출현과 경제성장의 종식, 둘째, 완전고용의 종식과 대량 실업의 발생, 셋째, 정부수입의 감소와 재정지출의 증가에 의한 재정위기, 넷째, 사회적 급여의 예산 삭감, 다섯째, 복지국가의 사회체계에 대한 신뢰의 상실 등의 현상이 그것이다.

[책갈피 11.1]

스태그플레이션(stagflation)

스태그플레이션은 장기간의 경기침체 상황(GDP 성장률이 2~3% 이하로 떨어졌을 때)을 나타내는 스태그내이션(stagnation)과 물가상승 현상을 나타내는 인플레이션(inflation)의 합성어로 불황과 호황이 동시에 겹쳐서 발생하는 현상을 말한다. 스태그플레이션의 특징은 고실업으로 인한 구매력 저하와 비싼 물가로 나타난다.

호황이나 불황을 가리지 않고 물가가 상승하는 경향은 이미 1960년대부터 시작되었다. 실업률이 상승하면서도 도매물가가 2% 이상 상승하는 것을 스태그플레이션의 한 지표라고 한다면, 스태그플레이션은 영국과 프랑스에서는 1962년부터, 이탈리아에서는 1964년부터 일본에서는 1966년부터, 미국에서는 1970년부터, 그리고 서독에서는 1971년부터 나타났던 것이다. 다시 말해 자본의 과잉(이것은 낮은 이윤율과 낮은 설비가동률로 나타난다)과 노동인구의 과잉(이것은 실업의 존재와 증가라는 형태를 띤다)이 존재하는 상황에서 물가가 계속 상승하는 스태그플레이션은 1974~1975년 공황 이전에도 나타났는데, 1974~1975년 이후 더욱 악화되었던 것이다.

출처: 김수행 외(2009), pp.19-20.

미쉬라가 제시한 것은 경제적인 면에 치중되어 있는데, 정치적 · 문화적인 측면에서의 위기적 징후들도 나타난다. 정치적인 측면에서 볼 때, 복지국가의 위기론의 배경이 되는 것은 정부활동에 대한 신뢰의 저하, 관료적 행정기구의 비효율성, 이익집단 중심의 다원주의적 정치풍토의 가속화, 국수주의적 국제관계 등을 들 수 있다. 또한, 사회문화적 측면에서 위기의 징후들을 찾아보면, 사회적 아노미 현상, 사회통합의 이완 현상, 계층적 및 성적 갈등 현상, 사회적 연대감의 약화, 복지국가 정당성의 약화 등을 들 수 있다(현외성, 1992: 28-29).

2. 복지국가 위기론의 배경

1) 경제성장의 종언

복지국가 위기의 징후로서 가장 두드러지게 나타난 것이 경제문제였다. 서구 복지국가는 대부분 경제성장이 멈추고 1970년대 중반 이후 저성장의 시대로 접어들었다. 1973년 오일쇼크 이후 서구 선진국의 경제성장은 거의 막을 내렸다고 해도 과언이 아니었다. 1960~1981년의 OECD 국가의 거시경제지표를 보면, 1973년까지의 기간과 1973년 이후의 1981년까지의 기간 사이에는 큰 차이가 나타나고 있음을 알 수 있다(표 11-1 참조).

〈표 11-1〉 1960~1981년 OECD 국가의 거시경제지표(%)

경제지표	1960~1973	1973~1981
실업률	3.2	5.5
인플레이션	3.9	10.4
GNP 성장률	4.9	2.4
생산성 증가율	3.9	1.4

출처: Pierson, C. (1991). p.145.

주요 선진국가별로 살펴보더라도 오일쇼크 전과 후의 경제성장률과 실업률은 뚜렷한 차이를 나타냈다. 즉, 경제성장률은 약 4~5%에서 약 1~2%로 둔화되었다. 실업률은 미국, 영국, 프랑스가 약 3%에서 약 8~10%로 증가했고, 스웨덴과 오스트리아는 약 2%에서 약 3%로 증가하여 미국, 프랑스보다는 그 충격이 약했다(표 11-2 참조).

〈표 11-2〉 주요 선진국의 경제성장률과 실업률(%)

국가	연평균 경제성장률		연평균 실업률	
	1963~1967	1978~1982	1965~1968	1980~1983
미국	4.8	1.5	3.8	8.4
영국	3.3	0.8	2.8	10.7
프랑스	5.3	2.0	2.0	7.4
독일	3.6	1.6	0.8	5.3
스웨덴	4.3	1.4	1.8	2.8
오스트리아	4.4	1.8	1.9	3.0

출처: Klen & O'Higgins (1985). p.11; 최경구(1993). p.41.

이와 같이 악화된 경제상황은 두 가지 측면에서 복지국가 위기에 영향을 미쳤다(김태성 · 성경륭, 1993: 250). 하나는 복지국가의 지나친 확대가 바로 이러한 경제상황을 악화시켰다는 측면이다. 복지국가의 확대는 산업생산부문을 위축시키고, 노동공급을 축소시키고, 저축과 투자의 감소를 유발시켜 경제상황을 나쁘게 만들었다는 것이다. 이런 입장에서의 '위기'는 더 이상의 복지국가 확대는 경제상황을 악화시켜 자본주의 경제를 붕괴시킨다는 두려움의 표현이다.

다른 하나는 비록 복지국가의 확대가 직접적으로 경제상황을 악화시키지는 않았다 하더라도 나쁜 경제상황에서는 복지국가의 확대가 불가능하다는 측면에서의 '위기'이다. 즉, 경제성장이 둔화되고 실업률이 높으면 한편으로는 사회복지에 대한 욕구가 증가하는데,[1] 재원은 오히려 이전보다 감소하여 증가한 욕구를 해결할 수 없다. 즉, 사회복지 지출비용은 많이 증가하는데, 수입액의 감소로 인하여 수입과 지출의 차이가 벌어지는 데서 오는 위기이다.

[책갈피 11.2]

오일쇼크(oil shock)

오일쇼크란 1973~1974년, 1978~1980년의 1·2차에 걸친 국제석유가격의 급상승과 그 결과로 나타난 석유소비국들을 중심으로 한 세계의 경제적 위기와 혼란을 총칭하는 말이다.

1973년 10월 이스라엘과 아랍국들 사이에 전쟁이 일어나자(이른바, 제4차 중동전쟁), 오펙(OPEC)은 전쟁 당사국인 이스라엘을 지원했던 미국과 그 지원국에 대해 석유수출을 금지하는 조치를 펴는 한편, 석유 생산량의 감축을 통해 석유가격을 크게 인상시켰다. 이후 석유가격은 꾸준히 상승하여 1974년 봄에는 1972년 가을의 석유가격보다 약 5배(배럴당 2.5달러에서 11.7달러)가 인상되었다. 이 석유가격 인상은 세계적 투기에 의한 물가상승을 더욱 부추겼을 뿐만 아니라 석유를 기반으로 하고 있던 선진국 공업에 심각한 타격을 줌으로써 세계 경제를 파국으로 몰았다. 이것이 이른바 제1차 오일쇼크라 부른다. 제1차 오일쇼크로 인해 세계경제 전체가 일대 위기를 맞이했다. 전 세계는 물가폭등, 불경기, 무역수지와 무역외수지(운임, 관광 등)의 대폭적인 적자가 동시에 일어나는 삼중고를 겪을 수밖에 없었다.

1979년 이란혁명이 일어나 그 여파로 석유가격은 또다시 대폭적으로 인상되는데, 이것이 제2차 오일쇼크이다. 이 역시 세계경제에 다시 커다란 혼란을 야기시켰다.

이러한 경제문제는 두 가지의 방향에서 국가재정에 직접적인 충격을 주었다. 우선 실업자 증가에 의한 직접적인 재정지출의 증가(실업수당)이다. 실업자가 늘어나면 실업수당의 증가를 가져오고, 그것은 국가재정을 압박하는 요인이 된다. 다른 하나는 경제불황으로 인한 소득세와 법인세 등 전반적인 세수

1) 예를 들면 실업자의 증가로 인한 실업수당 요구의 증가, 빈곤자의 증가로 인한 빈곤해결의 요구 증가 등을 들 수 있다.

의 감소이며, 이것은 다시 재정위기의 원인이 되었다(박광준, 2002: 394-395).

2) 케인즈주의 복지국가의 한계

전후의 케인즈주의 복지국가는 경제면에서는 케인즈주의, 사회면에서는 베버리지의 사회보장체제를 기초로 하여 시장경제에 대한 적절한 개입을 통하여 공공지출을 증가시킴으로써 완전고용을 달성하는 체제였다. 완전고용은 케인즈이론뿐만 아니라 복지국가의 가장 핵심적인 특징이자 정책요소였다. 케인즈주의를 수요측면의 경제학(Demand-Side Economics)이라고 부르는 것도 이러한 이유에서이다. 그런데 케인즈주의는 스태그플레이션 현상을 예측하지 못했다. 완전고용의 조건하에서 임금상승 인플레이션(wage-push inflation)이 일어날 가능성을 전혀 예측하지 못했던 것이다.

케인즈의 이론에 의하면, 실업률과 인플레이션은 트레이드-오프(trade-off) 관계로 상정되었다. 불황 시에 국가적인 투자(예를 들면, 대규모 공공사업)를 행하면 약간의 인플레이션은 야기되지만, 실업은 줄어들 수 있다고 보았다. 즉, 인플레이션보다는 완전고용이 더욱 중요하며 더구나 완전고용이 달성되면 인플레이션은 최소한의 수준에서 억제될 것으로 보았다. 반대로 실업이 증가하면 구매력의 감소로 인해 물가인상은 일어나지 않는다고 보았다. 그러나 실제로는 실업과 인플레이션이 동시에 지속되는 스태그플레이션이 장기간 해소되지 못한 채 남아 있게 된 것이다. 이러한 현상들은 신자유주의자들의 케인즈주의 복지국가에 대한 비판의 좋은 무기가 되었다. 그들은 경제정책의 우선순위는 완전고용의 달성이 아니라 인플레이션의 억제에 있어야 하며, 그에 따른 실업의 확대는 불가피하다고 주장했다. 이러한 주장에 근거한 정책의 도입은 복지국가체제에 대한 심각한 위협요소가 되었다. 소위 통화주의로 특징되는 공급측면의 경제학(Supply-Side Economics)의 등장이 바로 그것이었다(박광준, 2002: 396).

3) 정부의 과대부담과 재정 문제

복지국가 위기의 또 다른 배경은 이른바 '정부의 과대부담' 현상이었다. 선진국가들은 20세기 들어오면서 정부의 역할이 확대되기 시작했다. 특히 제2차 세계대전 이후 크게 확대되어 1970년대 중반 이후에는 일부 국가(예: 벨기에, 스웨덴 등)에서는 정부 지출이 GNP의 50%를 넘었다. 이러한 과대한 정부 지출에서 사회복지 지출이 가장 큰 몫을 차지했기 때문에 정치의 과대부담 문제는 복지국가의 문제와 동일시하는 경향이 있었다(김태성 · 성경륭, 1993: 251).

국가부문의 확대는 관료제의 확대를 가져와 신속하고 융통성 있는 서비스를 제공하기 어렵게 만들고, 또한 경쟁체제가 아니므로 불필요한 부분에 지나치게 많이 지출하거나 혹은 필요한 부분에 적게 지출을 하는 등의 문제점을 야기한다는 주장이 제기되었다. 그뿐만 아니라 정부의 과대부담으로 결국 정부가 정치적으로 파산할 수도 있다는 위기감도 조성되었다. 정부의 공공지출 확대로 인해 경제상황이 나빠지면 실질소득이 감소하거나 혹은 세금의 증가 등으로 이어지는데, 그렇게 되면 국민들은 정부에 대해 조직적인 저항(예를 들면, 조세저항)을 하게 되고, 결과적으로 정부는 통치력을 상실할 수 있다는 논리였다(김태성 · 성경륭, 1993: 251-252).

4) 정당성의 약화

복지국가체제는 단순히 소득의 수직적 재분배를 통한 소득이전만을 포함하는 것이 아니라 수평적 재분배를 지향하는 요소를 가지고 있다. "복지국가는 단순히 로빈후드처럼 부자에게서 부를 빼앗아 가난한 사람들에게 나누어 주는 것이 아니다(Rimlinger, 1971: 163-166; 박광준, 2002: 398에서 재인용)"라는 지적은 바로 이러한 수평적 재분배와 그에 수반되는 강한 국민적 유대의식의 중요성을 잘 나타내 주는 것이다.

복지국가체제는 사회복지 분야와 시장경제 간의 조화를 가정하는 것에서부터 출발하였고 무엇보다도 사회통합의 수단이었다. 국민은 누구나 사회적 위험으로부터 보호받고 지불능력에 관계없이 일정 수준 이상의 사회서비스를 보장받아 안정된 생활을 영위하고 빈부 간, 남녀 간, 세대 간, 지역 간, 인종 간의 갈등이 없는 모습, 즉 사회통합이 국가의 목표이며 이를 위해서는 복지국가체제가 필요하다는 것이었다. 그러나 전술한 환경변화로 인하여 복지국가체제의 정당성에 대한 국민의 회의는 점차 높아졌다.

복지국가의 정당성이 약화되었다는 증거는 무엇보다도 복지국가체제를 지향하는 정치정당(사회민주당이나 노동당, 사회당 등)에 대한 지지율이 저하되는 것에서 찾을 수 있다. 소득감소로 인한 관대함의 약화, 사회복지 부정수급에 대한 여론의 악화, 국민들의 조세저항 등은 모두가 복지국가의 정당성이 약화되었음을 나타내 주는 중요한 지표들이다(박광준, 2002: 398).

3. 복지국가 위기론

1) 국가실패론

신자유주의자들은 복지국가 위기의 원인을 국가의 실패(the failure of the state)에서 찾는다. 즉, 자유시장경제에 대한 국가의 개입이 정부의 팽창과 과중한 부담을 초래하였으며, 따라서 정부의 실패와 복지국가의 위기로 끝나고 말았다는 것이다. 신자유주의자들은 복지국가의 위기를 주로 국가 복지의 지나친 확대로부터 비롯되었다고 주장한다. 국가복지의 확대는 저축과 투자를 감소시키며, 근로 동기를 약화시켜 산업생산부문의 위축을 가져와 생산성을 떨어뜨린다고 본다. 그 결과는 경제성장의 둔화로 나타나며, 이런 경제성장의 둔화는 복지국가의 위기로 귀결된다는 것이다.

신자유주의자들은 그들이 말하는 복지국가의 직접적 원인인 정부의 팽창에 관해 세 가지 이론적 입장을 내놓았다(최경구, 1993: 45).

첫째, 정치시장 이론(political market theory)이다. 정치시장에서는 자원 절약의 원칙이나 가격경쟁이 없기 때문에 정당정책은 선전적 성격을 띠게 되며, 정권을 잡게 되면 불가피하게 정부의 팽창을 통하여 공약을 준수하게 된다. 민주적 정당정치가 결국 유권자들의 기대를 높이고 정부의 팽창을 초래하게 된다는 이론이다.

둘째, 이익집단 이론(interest group theory)이다. 조직화된 이익집단들은 저마다 자신들만 좋은 방향으로 예외적 취급을 받기 원하며, 그 결과 조직화된 이익을 대변하는 로비활동이 등장하게 된다. 그것은 누구도 의도적으로 원한 것은 아니지만, 결국 정부의 팽창을 가져온다는 것이다.

셋째, 관료집단의 내재적 팽창 성향이다. 공적 관료집단은 경쟁과 비용, 효율성의 압력으로부터 사실상 벗어나 있으므로 그 자체가 팽창하려는 경향을 띤다는 것이다. 정부계획이나 조직이 일단 제도화되고 나면 해체되는 경우는 거의 없다. 관료제에 대한 외부의 통제가 불가능하다는 점도 관료적 팽창의 원인이 된다. 관료들은 정치가들보다 그들 자신에 관해 더 잘 알고 더 많이 알고 있기 때문이다.

이처럼 신자유주의자들의 공통된 논지는 국가개입에 의한 복지의 확대는 경제성장과 양립할 수 없으며, 필연적으로 복지국가의 위기를 초래한다는 것이다.

그러나 이들의 주장은 실증적인 근거로 뒷받침되지 않는다는 비판을 받아왔다(Mishra, 1987: 75). 이들의 주장대로라면 복지지출과 복지관료제의 비중이 가장 높고 복지의존자들이 가장 잘 조직화되어 있는 북구 국가들이 가장 심각한 경제위기에 처해야 하는데, 실제로는 전혀 그렇지 않았다. 1980년대에 영국과 미국에서 신자유주의 정부가 들어서고 복지재편이 이루어진 후에도 이들 나라에서 뚜렷한 경기 호전이 이루어지지 않은 사실 역시 복지국가가 성장의 주요한 적이라는 이들의 논리를 반증하고 있다(김영순, 1996: 20-21).

한편, 이론적으로도 신자유주의자들의 주장은 많은 문제점을 안고 있다는 지적이 있다(김영순, 1996: 21). 즉, 자본주의 사회에서의 이익집단과 관료제의 이기적 요구→복지국가의 팽창→정부의 과부하→성장의 정체와 복지국가의 위기라는 단순한 도식으로는 1950~1960년대 동안 안정적으로 확대되던 복지국가가 왜 1970년대를 넘어서면서 위기를 맞게 되는지를 설명할 수 없다는 것이다. 이익집단의 과도한 요구와 관료 및 정치가들의 이기적 행태는 복지국가의 황금기에도 역시 존재했던 현상이며, 그럼에도 불구하고 이 시기 동안에는 복지가 성장에 심각한 장애 요인이 되지 않았다. 또한, 이들은 자신의 논리를 모든 복지국가에 일반화함으로써 개별 복지국가의 위기의 심도와 재편 방향의 서로 다른 점을 설명하지 못하고 있다는 것이다.

2) 복지국가 모순론

마르크스주의자들은 복지국가 위기의 원인을 복지국가의 모순에서 찾는다. 오페(Offe), 고프(Gough), 오코너(O'Connor)가 대표적이다. 오페(Offe, 1984: 51-57)에 따르면, 복지국가의 모순은 독점자본주의 단계의 국가가 수행해야 할 두 가지 기능, 즉 자본축적(accumulation)과 정당화(legitimation)라는 상충적 기능에서 비롯된다. 자본축적 기능이란 자본가의 경제적 기능을 국가 개입을 통하여 보장해 주는 기능을 의미한다. 자본주의체제의 재생산을 기본적 임무로 하는 자본주의 국가는 자본축적을 위한 제 조건을 보장해 주어야 한다는 것이다. 반면 정당화의 기능은 사회정치적 기능으로서 사회체계가 잘 통합되어 작용하도록 국가가 그 체계의 정당성을 부여해 주는 기능을 말한다. 축적의 대가로 고통받는 피지배계급의 다양한 요구를 충족시킴으로써 자본주의체제에 대한 대중의 충성심을 확보하고 정당성을 유지해야 한다는 의미이다.

고프(Gough, 1979; 고프, 1990: 12)에 의하면, 복지국가의 발전은 본질적으로 모순적이며, 이 모순에 의해 복지국가의 위기가 발생한다. 즉, 복지국가는 사회복지를 증대시키고 개인의 권한을 신장시켜 주며 시장에 대한 사회적 규제를 강화하는 경향과 인간을 억압하고 통제하며 자본주의 경제의 요구에 순응시키는 경향을 동시에 지니고 있다는 것이다. 노동생산력을 높여주는 국가의 복지제도와 자본가의 계속적 이윤 점유를 보장해 주는 생산관계가 국가에 의해 보장된다는 것은 모순이라는 것이다. 또한, 복지국가의 확대에 따른 사회복지비용의 계속된 지출은 자본축적과 경제성장에 장애물로 작용하며, 결과적으로 복지국가는 새로운 위기의 국면을 맞게 되는데, 이것은 모순이라는 것이다. 1970년대 중반에 세계적 경제위기가 도래했을 때 많은 국가에서 사회복지비용을 삭감하거나 삭감하려는 시도가 있었다는 것도 그러한 모순적 관계를 반증하는 것이다.

오코너(O'Connor, 1973: 1-10)는 오페가 말한 복지국가의 모순된 두 가지 기능, 즉 자본축적의 기능과 정당화의 기능을 수행하는 과정에서 국가의 재정위기를 가져온다고 보았다. 즉, 국가는 자본축적을 위하여 많은 지출을 하는데, 여기서 발생하는 이윤이 국가의 수입이 아닌 자본가의 몫으로 남게 되어 결과적으로 국가는 적자예산으로 정당화의 기능을 수행해야 하므로 결국에는 국가재정의 파탄을 초래할 수밖에 없고, 따라서 복지국가는 붕괴한다는 것이다.

이에 이르면, 마르크스주의자들의 주장은 신자유주의자들의 주장, 즉 정부의 팽창과 과중한 부담이 결국 복지국가의 위기를 가져온다고 하는 주장과 그 궤를 같이하게 된다. 다만, 마르크스주의자들은 그러한 정부의 팽창과 과중부담의 원인을 더 천착하여 자본주의의 모순에 관련시켰다는 점이 다른 것이다(최경구, 1993: 49). 즉, 마르크스주의자들은 복지국가의 위기가 단순히 정부의 과도한 개입으로 인한 과부담이 아니라 자본주의 경제체제에 내재해 있는 모순에 근거를 두고 있다고 본 것이다.

그럼에도 불구하고 마르크스주의자들의 축적과 정당화의 이분법 논리와 신자유주의자들의 성장과 복지의 이분법 논리가 같은 형태를 취하고 있다는 점은 복지국가 모순론의 결정적 비판의 대상이 되었다(Mishra, 1987: 99; Pierson, 1991: 49). 비판의 내용은 신자유주의자들의 주장에 대한 비판과도 맥락을 같이한다. 즉, 이들의 논리로는 화해 불가능한 모순을 갖는 복지국가가 어떻게 1950~1960년대 동안 안정적으로 확대되다가 1970년대 초에 이르러서야 위기에 처하게 되는지를 설명하기 어렵다는 비판이다. 축적과 정당화의 모순은 왜 1970년대 이후에야 재정위기와 계급투쟁의 격화라는 형태로 날카롭게 표출되었는지 그 필연성을 설명할 수 없다는 것이다. 또한, 모든 복지국가는 결국 축적과 정당화의 모순에 봉착함으로써 격렬한 계급투쟁을 유발하게 되고 정당성을 상실하게 된다는 주장 역시 과도한 일반화라는 비판이다. 1970년대 이후 선진자본주의국가들은 공통적으로 복지국가의 위기를 경험했으나, 그 심도는 물론 복지국가 정당성의 약화 정도 역시 나라마다 달랐다는 것이다(김영순, 1996: 27).

3) 복지국가의 기반약화론

신자유주의자들과 마르크스주의자들 설명의 공통된 문제점은 자신의 논리를 일반화하고 있다는 점이다. 이들이 간과하고 있는 1970년대 이후 선진자본주의국가들의 자본축적구조와 계급구조에 나타난 심대한 변화에 주목하는 주장이 나타나는데, '복지국가의 기반약화론'이 그것이다.

케인즈주의적 복지국가는 포드주의적 자본주의 혹은 조직화된 자본주의(organized capitalism)의 산물이었다. 이 시기 선진자본주의의 축적구조는 자본과 노동 각각의 대규모의 집중적 조직화와 개입주의 국가의 사회경제적 역할의 확대 그리고 이 3자 간 관계의 조직화를 제도적 기반으로 했다. 이런 제도적 기반 위에서 포드주의적 생산방식에 입각한 대량생산과 대량소비는 서로 호순환적 관계를 이루었고, 고도성장을 뒷받침했다. 그리고 사회적 임금(social wage)으로서 제공되었던 국가복지는 생산과 소비의 호순환의 한 축을 구성했다. 그것은 완전고용, 생산성 향상 및 단체협상에 근거한 높은 시장임금(market wage)과 더불어 대량생산이 요구하는 대량소비를 가능케 하는 장치였다.

그러나 생산과 소비 간의 안정적인 균형은 포드주의적 생산방식의 비효율성의 증대, 내수의 포화상태 도달, 소비자들의 욕구 변화, 그리고 국제시장에서의 경쟁 격화 등으로 인해 1960년대 말부터 동요하기 시작했다. 그리고 그 결과 선진자본주의 경제는 생산성의 저하와 이윤율의 하락에 직면하게 되었다. 이런 경제위기는 복지국가를 재정위기에 빠뜨림으로써 복지국가의 기반을 잠식했다. 그러나 보다 근본적인 원인은 포스트포드주의적 생산방식의 확산 혹은 자본주의의 탈조직화 경향이었다. 자본측이 위기의 활로로 채택한 자본의 세계화와 유연적 생산방식의 확산은 케인즈주의적 복지국가의 기반을 송두리째 흔들어 놓았다(김영순, 1996: 28-30).

자본의 세계화로 대량생산과 대량소비를 매개하는 국내적 고리가 끊어지고 국내외 시장 간의 경계가 무너지자 고임금과 복지는 더이상 자국 기업의 자동적인 이윤증대로 연결되지 않았다(김영순, 1996: 124). 자본의 세계화는 공장체제 내에서 자본가의 헤게모니적 전체 체제를 강화하여 노동의 자발적 순종을 유도하였고(김종일, 1991: 82-83), 한편, 유연적 생산방식의 확산은 노동자계급을 분절화 · 양극화시켰다. 즉, 노동자들을 컴퓨터 등의 지식을 가진 고임금의 숙련노동자와 단순 기능에 종사하는 저임금 비숙련노동자로 이질화시킴으로써 전반적으로 노동자의 세력을 약화시켰던 것이다. 이것은 노동자들의 단결과 조직화에 결정적 장애물로 작용했을 뿐만 아니라 노동자계급이 복지문제에도 서로 다른 입장을 갖게 함으로써 복지국가의 위기에 영향을 미쳤다(김영순, 1996: 124-126).

결국, 복지국가는 성장둔화로 인한 재정위기뿐만 아니라 성장둔화를 타개하기 위한 자본의 세계화와 유연적 생산방식의 확산에 의해 그 기반을 잠식당하게 되었던 것이다. 이 모든 것은 초국적기업의 힘을 강화시키고 국가의 역할 축소를 가져왔으며, 결국 복지국가의 해체를 강요하는 방향으로 작용하였다.

복지국가 기반약화론은 축적구조와 계급구조의 변화가 복지국가에 미친 영향을 잘 보여주었지만, 이들의 설명 역시 모든 복지국가에 대해 과도하게 일반화하고 있다는 한계를 벗어나지 못했다. 포드주의의 위기 이후 나타난 자본 국제화의 정도와 유연적 생산방식의 도입 양상은 나라마다 달랐고, 그것이 복지국가에 미친 영향 역시 나라별로 큰 편차를 보였음에도 불구하고, 모든 선진자본주의 국가에 일반화하고 있다는 비판을 받았다(김영순, 1996: 31).

4. 복지국가에 대한 사상적 도전

1) 신자유주의의 등장

복지국가 위기론 이후, 고전파 경제학자들의 자유주의 사상을 이어받은 오스트리아학파의 거두 하이예크(Hayek)와 그의 제자 프리드먼(Friedman) 등을 사상적 지주로 하는 사조가 등장했다. 이른바 신자유주의의 등장이다.[2] 이 신자유주의(Neo-Liberalism)는 고전적 자유주의의 문제점을 해결하기 위한 이론들이 다각도로 모색되는 가운데 대표적인 대안으로 부상한 케인즈주의에 대한 비판논리로 등장한 것이다. 말하자면, 케인즈주의에 입각한 복지정

---

2) 여기서 주의해야 할 것은, 여기서 말하는 신자유주의가 제8장에서 다루었던 19세기 말의 자유방임주의를 수정하여 사회적 약자를 보호하기 위한 국가개입의 확대를 주장하는 신자유주의(New Liberalism)와는 다르다는 점이다. 자세한 내용은 제8장을 참조하기 바란다.

책이 본질적으로 인플레이션과 노동 의욕의 상실을 가져와 경기가 침체되고, 이로 인해 국가재정이 파탄되기 때문에 국가의 간섭보다는 시장의 기능에 보다 많은 믿음을 두는 작은 정부를 지향해야 한다는 주장이 생겨났는데(박광준, 2002: 273), 그 내용이 고전적 자유주의와 동일한 것은 아니고, 더구나 케인즈주의와는 더욱 다르다는 취지에서 '신자유주의'라는 말을 쓰기 시작한 것이다.

신자유주의는 각광을 받게 되는데, 그 배경에는 1970년대에 세계 국가들이 겪은 오일쇼크, 스태그플레이션, 실업난 등 경제의 전반적인 악조건이 작용하였다. 그런 상황에서 경제위기의 원인을 케인즈주의 경제정책 탓으로 돌리면서 그 대안으로서 신자유주의를 제창하여 급부상한 것이다.

한편으로는, 위기상황에서 유효한 역할을 못하는 정부에 대한 불신이 커진 데다가 각종 규제 때문에 경제가 활성화되지 않는다는 불만이 커지자 규제를 최대한 풀며 정부의 역할을 축소시키고, 시장기능을 극대화해야 한다는 주장이 설득력을 얻게 된 것이다(주경복, 2007: 191).

자유롭고 공정한 경쟁 보장, 규제 완화 및 축소, 공기업 민영화, 작고 효율적인 정부, 조세감면, 노동시장 유연화, 복지삭감 등 신자유주의자들이 주장하는 주요 정책들[3)]은 자본가들의 환영과 지지를 받았다. 여기에 '세계화'라고 하는 시대적 상승요인이 합세하면서 신자유주의는 더욱 힘을 얻게 되었고, 모든 수혜는 초국적 자본에게로 돌아갔다.

---

3) 신자유주의자들이 주장하는 자유시장경제 강화정책들에 관한 자세한 내용은 김영화, 『현대사회복지이론』(경기: 공동체, 2010), pp.42-49를 참조하기 바란다.

2) 신자유주의의 사상

신자유주의자들은 사회적 불평등을 옹호한다. 신자유주의자들이 볼 때 국가가 경제에 개입하는 것은 개인의 자유에 대한 심각한 위협이 되기 때문에 사회적 불평등은 그대로 유지되어야 한다. 따라서 신자유주의는 국가의 소득재분배정책에 의한 사회적 불평등의 강제적 해소, 즉 결과의 평등을 반대한다.[4] 반면에 신자유주의는 기회의 평등에 대해서는 호의적이다. 왜냐하면, 자유주의의 이념에 비추어볼 때 사회의 모든 선망되는 가치들은 모든 개인에게 개방되어 있으며, 모든 개인은 자신들이 원하는 것에 접근할 수 있는 기회를 공평하게 가져야 하기 때문이다.[5]

신자유주의가 추구하는 사회 가치는 개인주의와 자조의 정신을 회복하는 것이다. 신자유주의자들에게 복지국가는 그들이 가장 소중하게 여기는 사회가치에 역행한다. 복지국가는 개인들이 자신들의 노동력에 대한 대가를 받도록 허용하기는커녕, 사람들의 실패에 대하여 보상하는 것으로 보일 수 있다(Gary Taylor, 2009: 150). 따라서 신자유주의자들은 복지국가에 대해 상당히 비판적이다. 그 비판은 다음과 같이 세 가지로 요약된다(조영훈, 2004: 116-117).

첫째, 복지국가는 경제성장을 저해한다는 것이다. 복지국가는 세금 및 사

---

4) 결과의 평등정책에 대해서 프리드먼(Friedman)은 다음과 같은 논리로 비판한다. 모든 사람의 타고난 재능이 다른 것처럼 모든 사람의 사회적 배경도 다르다. 부모로부터 재능을 물려받은 것처럼 재산도 그러하며, 소득재분배정책을 통해 재산과 소득을 강제적으로 재분배하는 것은 뛰어난 재능을 갖고 태어난 사람들에게 일반인에 비해 적은 연습시간을 허용함으로써 이들이 자신의 능력을 최대한 발휘하지 못하도록 차별하는 것과 마찬가지다(Friedman, & Friedman, 1980: 136; 조영훈, 2004: 114에서 재인용).

5) 기회의 평등을 강조하기 때문에 신자유주의자들은 교육에 대한 공공지출에 대해서는 반대하지 않는다. 모든 이들이 교육에 대한 공평한 접근기회를 갖는다는 것은 모든 개인이 자신의 출신 배경과는 관계없이 공평한 삶의 기회를 갖게 된다는 것을 의미하기 때문이다(조영훈, 2004: 114에서 재인용).

회보장 기여금에 대한 시민들과 기업가들의 부담을 증가시킨다. 그 결과 기업의 고용과 투자 의욕은 물론 일반 시민의 근로의욕이 저하되고, 사회 전체적으로 저축률과 투자수준이 떨어지는데, 이로 인해 사회의 경제성장이 둔화되며, 높은 인플레이션과 실업률, 그리고 경제불황의 악순환이 반복된다는 것이다.

둘째, 복지국가는 빈곤층을 '빈곤함정(poverty trap)'에 빠지게 한다는 것이다. 즉, 빈곤의 구제를 위해서 복지제도를 확대하였지만, 오히려 복지제도로 인해 빈곤이 지속되고 있다는 것이다. 저소득층 대상의 공공부조 프로그램들은 그 수급자들의 근로의욕만 약화시키는 것이 아니라, 의존문화를 확대 재생산한다는 것이다.

셋째, 복지국가는 투입(복지지출)에 비해 훨씬 낮은 산출(저소득층의 복지향상)을 가져오기 때문에 비효율적이라는 것이다. 그 이유는 다음의 두 가지 요인 때문이다. 하나는 복지제도의 확대에 따라 복지기구가 과도하게 팽창하며, 이 복지기구는 그 독점적 지위로 인해서 효율성 문제에 관심을 갖지 않는다. 다른 하나는 복지서비스는 그 제공자나 수급자 모두에게 재정적 부담을 지우지 않기 때문에 정치인 · 일반 시민 · 복지 관료들은 자신의 이익을 위해서 복지지출의 증가에 쉽게 동의한다. 이에 따라 복지예산의 낭비가 초래되며 복지지출이 정부의 재정부담을 능가할 정도로 증가한다는 것이다.

그러나 신자유주의자들은 일부 복지제도의 존재는 인정한다. 공공재의 성격을 강하게 띠고 있는 공공부조 프로그램은 국가개입을 허용한다. 이를 제외한 모든 사회보장제도는 해체하거나 상업화해야 한다고 주장한다. 이유는 정부의 복지지출을 줄이고 시장기능을 회복시킴으로써 경제를 활성화시킬 수 있다고 보기 때문이다. 다만, 신자유주의자들은 일시에 모든 복지제도를 폐지하면 문제가 발생하므로 최소한의 기본적인 생활보장을 위한 사회안전망은 구축해야 한다고 주장한다(Friedman, M. & R. Friedman, 1980: 119).

결국, 신자유주의들은 시장의 자유로운 작동을 방해하지 않는 한도 내에서만 복지제도의 존재를 허용한다. 그들에게 있어 개인의 자유와 시장의 자유는 다른 어떤 것과도 바꿀 수 없는 최고의 가치이기 때문이다. 이에 따라 신자유주의자들은 복지급여가 사회적 권리로서 보편적으로 제공되어야 한다는 주장에 반대하면서 복지제도를 공공부조 중심의 잔여적인 것으로 규정하려 한다(조영훈, 2004: 123-124).

5. 복지국가의 신자유주의적 재편: 영국의 사례

1) 대처리즘의 등장

대처리즘의 등장배경

1970년대는 자본주의 위기의 시대였다. 1965년부터 확대되기 시작한 베트남전쟁은 국제통화제도의 혼란을 야기시켰고, 1972~1973년에는 세계적으로 투기가 극성을 부렸으며, 1973년의 오일쇼크는 세계 경제를 파국으로 몰아갔다. 1974~1975년에 발생한 공황은 제2차 세계대전 이후 가장 심각한 공황이었으나 이에 아랑곳하지 않고 물가는 치솟았다.[6]

1974년 2월의 총선에서 보수당의 히스정부가 패배하고 노동당의 윌슨정부가 들어섰다.[7] 경제적 위기상황에서 출발한 노동당정부는 노사관계법을 폐

6) 1970년대의 세계공황과 자본주의의 위기에 대해서는 김수행 외(2009), pp.15-23을 참조 바란다.

7) 1974년 2월 총선에서 노동당은 301석을 얻어 297석의 보수당을 누르고 제1당 지위를 회복했다. 지지율은 보수당이 앞섰다. 보수당 득표율은 37.9%로서 노동당의 37.0%보다 0.8% 포인트

지하고, 노동자들과 저소득층을 위한 분배정책의 강화(예: 식료품가격 보조, 소득세 누진율 인상, 가옥임대료 동결), 사회보장제도의 개선(예: 노후연금의 개선, 서민임대주택의 건설확대, 교육과 보건서비스의 개선)을 실시했다. 그러나 경제구조를 개편하거나 노동생산성을 향상시킬 근본적인 정책은 실시하지 않았다.[8] 계급 간 대립은 약화되고 정치적 안정은 찾을 수 있었지만, 분배영역의 개선을 뒷받침할 생산영역의 개혁이 없었기 때문에 경제는 더욱 악화될 따름이었다. 임금상승을 상쇄할 만한 노동생산성의 향상이 없었기 때문에 이윤율은 하락할 수밖에 없었고, 물가상승은 국제경쟁력을 약화시켜 국제수지의 적자폭을 확대시켰다(김수행 외, 2009: 20-21).

이런 상황에서 노동당정부는 1975년 8월부터 노동조합회의(Trade Union Congress: TUC)와 사회협약(Social Contract)을 맺어 임금상승률을 물가상승률 이하로 묶어 둠으로써 불황을 극복하고자 했다. 이러한 불황 극복전략은 노동당 우파와 TUC 지도부가 1974년 2월의 총선에서 보수당을 이기기 위해 이미 합의한 것이었다.[9] 왜냐하면, 그 당시 "영국 경제의 사정이 악화되는

많았다. 히스 총리로서는 두고두고 아까운 상황이었다. 하지만 노동당과 보수당 둘 다 과반의석을 차지하지 못한 상태(헝 의회)에서 히스 총리가 자리 유지를 위해 자유당에 연정을 제안했지만 자유당 제러미 소프 대표가 이를 거부해 정부 구성권이 다시 노동당에게 넘어왔다. 노동당 역시 자유당과 연정을 구성하지 못했지만, 대신 자유당의 지지를 확보하며 윌슨 총리를 중심으로 소수당 내각을 출범시켰다. 하지만 소수당으로 내각을 꾸려나가는 데 한계를 느낀 윌슨 총리는 같은 해 10월 다시 조기 총선을 선언했고, 단독 과반을 한 석 넘는 319석을 확보하며 무사히 재집권에 성공했다. 히스 내각을 괴롭혔던 광부 파업 문제가 노동당 재집권 이후 끝난 것이 큰 영향을 미쳤다(나무위키).

8) 예컨대 국민경제에서 전략적으로 중요한 민간기업을 국유화하거나, 공기업과 민간기업의 장래계획을 서로 조정하거나 산업의 현대화를 위해 정부 투자를 증대시키는 것 등은 전혀 실시하지 않았다(김수행 외, 2009: 21).

9) 1973년 당시 야당인 노동당과 TUC가 맺은 총선 대비 정책강령으로 물가와 집세에 대한 공적 통제, 사회복지급여의 인상, 소득과 부의 재분배, 자본투자의 공적 통제, 완전고용과 경제성장 등의 내용을 담고 있었다(원석조, 2019: 186).

것은 노동조합의 세력 때문"이라는 논리[10)]를 노동당과 TUC 지도부가 어느 정도 인정하고 있었기 때문이다(김수행 외, 2009: 21).

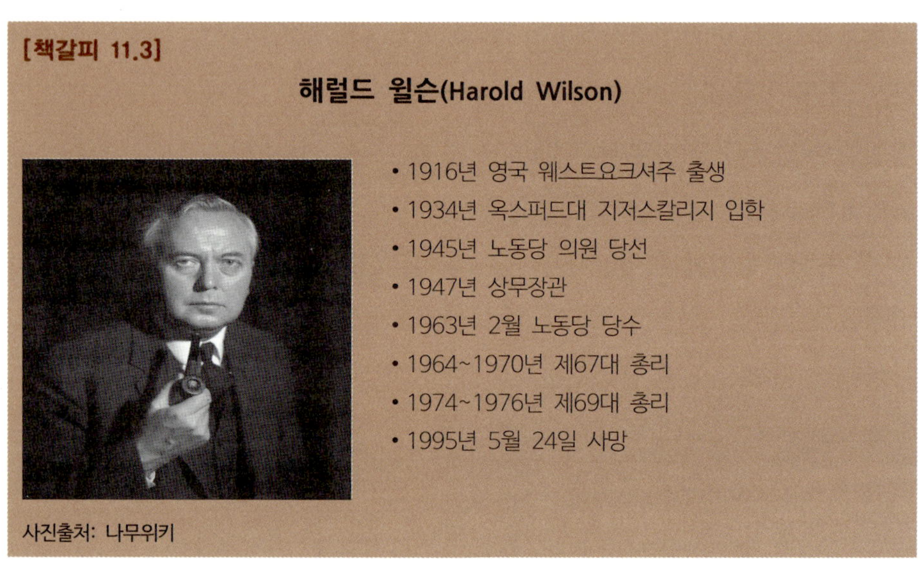

[책갈피 11.3]

해럴드 윌슨(Harold Wilson)

- 1916년 영국 웨스트요크셔주 출생
- 1934년 옥스퍼드대 지저스칼리지 입학
- 1945년 노동당 의원 당선
- 1947년 상무장관
- 1963년 2월 노동당 당수
- 1964~1970년 제67대 총리
- 1974~1976년 제69대 총리
- 1995년 5월 24일 사망

사진출처: 나무위키

그러던 와중 1976년 3월 16일, 윌슨 총리가 갑작스럽게 총리직을 사임했다.[11)] 후임 총리로는 당수 경선에서 마이클 풋(Michael Foot, 1913~2010) 고용장관을 누르고 승리한 제임스 캘러헌(James Callaghan) 외무장관이 취임했다. 수상이 된 캘러헌은 1976년 노동당 전당대회에서 케인즈주의의 방식의 재정금융확장정책은 실업을 축소시키지 못할 뿐만 아니라 인플레이션을 악화시

10) 이 논리에 따르면, 노동조합의 지나친 임금인상 요구 → 물가 상승 → 국제경쟁력 약화 → 해외시장과 국내시장의 상실 → 생산 정체와 실업 증대라는 설명 방식이었는데, 이 논리에 따른 '사회협약'이 노동조합 지도부의 강력한 지지로 TUC의 연차총회(1975년 10월과 1976년 10월)에서까지 다수결로 승인되었던 것이다(김수행 외, 2009: 21).

11) 윌슨총리 본인은 항상 60세에 사임할 계획이었고, 소진이 와서 사임하는 것이라고 주장했지만, 어중간한 타이밍으로 인해 설득력을 얻지 못했다. 사임 배경을 둘러싸고 알츠하이머 설 등 온갖 추측이 난무했지만, 지금까지 공식적으로 확인된 바는 없다.

켜 수출 감소와 실업 증대를 초래한다고 주장했다. 캘러헌정부는 임금상승을 억제해 인플레이션을 억제함으로써 수출 증진과 실업 축소를 달성하려 했다 (김수행 외, 2009: 22). 게다가 1976년 12월 파운드화의 가치하락을 막기 위해 IMF의 구제금융을 신청했다. IMF는 구제금융의 조건으로 임금억제와 정부 재정지출의 삭감, 긴축통화정책을 요구했다.12) IMF의 지원을 노동당이 받아들인 것은 경제위기에 대응하기 위해서는 복지와 완전고용은 내버려야 하는 사치임을 인정한 것이었다. 이는 애틀리정부가 경제성장의 필수요건으로 일자리와 공공서비스를 제공해야 한다고 주장했던 1945년의 논리를 완전히 뒤집는 결정이었다. 노동당정부는 결국 케인즈주의를 포기하고, 신자유주의적 정책을 수용할 수밖에 없었다. 노동당으로서는 처음 있는 일이었다.

[책갈피 11.4]

제임스 캘러헌(James Callaghan)

- 1912년 영국 햄프셔주 출생
- 1945년 하원의원 당선
- 1947년 애틀리 노동당정부의 운수정무 차관
- 1964~1967년 재무장관
- 1967~1970년 내무장관
- 1974~1976년 외무장관
- 1976~1979년 영국 제51대 총리
- 1976~1980년 영국 노동당 대표
- 2005년 3월 26일 사망

사진출처: 위키백과

12) 이러한 부대조건들은 사실상 노동당정부가 스스로 추진했던 것과 일치했는데, 일부에서는 "노동자들을 희생하는 정책들은 IMF의 요구사항이기 때문에 노동당정부가 어쩔 수 없이 채택하게 되었다고 변명하기 위해 IMF 구제금융을 신청하지 않았나 하는 의심을 품고 있다"는 지적도 있다(김수행 외, 2009: 22).

노동당정부는 1978년 7월까지 세 차례에 걸쳐 노동조합 대표자들과 합의해 임금인상의 상한선을 설정해 왔는데, 같은 해 8월 제4단계의 사회협약을 일방적으로 실시해 임금상승 상한을 5%로 선언했다. 1977년 10월과 1978년 10월 두 차례의 TUC 연차총회에서 사회협약의 폐지와 자유로운 단체협약의 부활을 결의하게 되자 노동당정부가 노동조합 대표자들과 상의하지도 않은 채 일방적으로 1978년 8월부터 1979년 7월까지의 상한선을 설정해 임금인상률을 규제해 버린 것이다(김수행 외, 2009: 22). 일방적인 임금인상 가이드라인은 사회협약에 의해 물가상승률에도 못 미치는 임금상승을 감수해 왔던 노동조합과 노동자들의 큰 반발을 불러일으키기에 충분했다. 노동자들은 사회협약을 타파하고 자유로운 단체협상을 부활시킬 것을 요구하면서 장기간의 대규모 파업을 일으켰다. 1978~1979년의 겨울 동안 연쇄적으로 파업이 끊이지 않고 일어났는데, 그 무렵을 '불만의 겨울(winter of discontent)'[13]이라고 부른다. 결국, 캘러헌정부는 1979년 3월 의회에서 불신임을 받았고,[14] 5월의 총선에서 대처(Margaret Thatcher)의 보수당에게 정권을 물려주었다.[15]

---

13) 1979년 1월 초 트럭 운전사들이 무려 40%의 임금인상을 요구하면서 파업에 가세해 파업은 들불처럼 번져갔다. 1월 22일에는 무려 150만 명이 참가하여 1926년 이후 50여 년 만에 최대 규모의 총파업 및 시위가 이루어졌으며, 철도 노동자들과 간호사 등 공공부문의 근로자들 역시 임금인상률 상한제의 폐지를 요구하며 파업에 가담했다. 여기에 맨체스터와 리버풀 지역의 청소부 및 시신 매장 노동자들 역시 파업에 동참하면서 영국 사회는 말 그대로 아수라장이 된다. 결국 캘러헌 내각은 노조 측에게 백기 투항을 했고, 2월 중순에 파업이 상당 부분 중단되면서 불만의 겨울을 간신히 끝맺게 된다. 영국 노동당 정권은 붕괴되고, 신자유주의를 내세운 보수당 마거릿 대처 정권이 장기 집권하는 계기가 된다(위키백과).

14) 1979년 3월까지 정부의 임금인상 억제는 완전히 실패했으므로, 3월 28일 불신임 투표에서 찬성 311표, 반대 310표가 나왔고, 캘러헌은 5월 3일의 총선을 공포하게 된 것이다(김수행 외, 2009: 22-23).

15) 대처가 이끄는 보수당이 1974년 10월에 치른 총선 결과보다 62석이 증가한 339석을 획득, 13,697,923표(43.9%)를 얻어 50석이 감소한 269석의 노동당을 누르고 당당히 과반수 이상의 다수당으로 승리했다. 당시 선거결과 분석에 따르면 노동자 가운데 15%가량이 노동당을 뽑

마거릿 대처의 생애[16)]

사진출처: 위키백과

대처(Margaret Thatcher)는 영국 최초의 여성 총리로서 1979년부터 1990년까지 세 차례 총리를 지내며 20세기 최장 총리로 영국을 이끈 인물이다.

1925년 10월 13일 영국 중부지방의 랭커셔주에 있는 인구 3만명의 작은 시골 마을 그랜섬에서 식료품상인의 딸로 태어났다. 부모는 프로테스탄트의 한 종파인 감리교의 독실한 신자였다.[17)] 어려서부터 성적이 우수했고, 특히 화술과 웅변 실력이 뛰어났다고 한다.

1943년 옥스퍼드대의 서머빌컬리지에서 화학을 전공했으며, 옥스퍼드대 보수협회의 회장을 지내기도 했다. 또한, 옥스퍼드와 그랜섬에서 보수당 후보를 위해 선거운동에 참여하기도 했다. 3학년이던 1946년 10월 학생회 회장 자격으로 블랙풀에서 열린 보수당 전국대회에 처음 참석하였다. 전국에서 모여든 남녀노소 당원들과 처칠을 비롯한 지도자들이 한자리에 모인 대회로 대처에게 큰 감동을 주었다고 한다.

대처는 1948년 졸업을 앞두고 란다두노에서 열린 보수당 대회에 옥스퍼드

지 않고 보수당을 지지했던 것으로 분석된다(나무위키).

16) 대처의 생애에 관해서는 박동운(2014)을 주로 참조하였다.

17) 감리교는 존 웨슬리에 의해 창설된 종파이다. 그는 1728년 옥스퍼드대학에서 '홀리'클럽을 조직하여 학생종교운동을 일으켰는데, 검약, 청렴 등 엄격한 생활태도와 빈민과 사회적 약자에 대한 사회봉사를 최대의 과제로 삼았다. 빈민, 병자, 죄수들을 방문하여 전도한다 하여 메소디스트(Methodists)파라고 불리게 되었다(박동운, 2014: 40).

(좌)마가렛 대처, (우)키스 조셉
사진출처: http://snobbism.tistory.com/50.

학생회 대표로 참석했는데, 이를 계기로 1950년 2월의 선거에 불과 24살의 나이로 다트퍼드(Dartford)에서 출마할 기회를 얻었다. 그러나 보수당인 대처는 노동당 노만 도츠에게 큰 표차로 패하고 만다. 그 이듬해 선거에도 출마했으나 역시 노동당 후보에게 크게 패했다. 두 차례 모두 최연소 후보자였다. 이 선거 과정에서 대처는 부유한 기업인 데니스 대처(Denis Thatcher)를 만나 1952년 12월 결혼했다. 결혼을 계기로 화학연구에서 손을 떼고 변호사 자격시험에 도전하여 희망대로 변호사 자격을 취득한다. 2년 후 법률사무소를 차리고 변호사를 시작했지만, 그녀는 항상 정치의 꿈을 포기하지 않았다. 남편의 도움에 힘입어 세 번째 도전에 나섰다. 그 결과 1959년 34살의 젊은 나이에 하원의원에 당선되었다.

1965년 7월 보수당 에드워드 히스가 총리로 취임하자 대처는 승승장구하게 된다. 1965년에 주택공사장관과 연금장관, 1966년에 재무장관, 1967년에 연료전력장관, 1968년에 교육장관에 임명되었고, 또 그 해에 교통장관을 지낸 다음 1970년에는 다시 교육장관에 임명되었다. 장관 취임 후 당시 아동에게 무상으로 지급되던 우유급식을 유료로 전환하면서 '우유도둑'이란 달갑지 않은 별명도 얻었다. 그는 그 후 "최소한의 효용 때문에 최대한의 정치적 희생을 겪었다"[18]면서 귀중한 교훈을 얻었다고 회고했다.

그 후 1975년 2월 11일 대처는 보수당의 하원의원 투표를 통해 보수당 당수로 선출되었다. 대처가 보수당 당수가 된 것은 참으로 우연이었다. 그 우연은 대치의 절친한 정치적 친구인 키스 조셉(Keith Joseph)[19]으로부터 온 것이었다.

1970년 총선에서 보수당이 승리하고 히스정부가 탄생했다. 그런데 정권을 잡은 히스 총리는 노동당정부가 실시해온 저성장정책에서 탈피해야 한다는 여론의 압력을 받고 고성장정책을 추진하려고 했다. 이 과정에서 발생하게 될 물가상승은 소득정책의 실시로 치유할 계획이었다. 소득정책이란 임금, 가격 등을 규제함으로써 노동비용의 지나친 상승을 막고 궁극적으로는 물가를 안정시키려는 정책이다. 그런데 히스의 이러한 정책은 노조의 반감을 샀다. 설상가상으로 1971년 말 실업자는 100만 명에 이르렀다. 1972년 1월에는 탄광파업이 일어나 7주간이나 계속되었다. 히스는 2월 긴급사태를 선언했으나, 2월 말에는 발전소마저 노조파업으로 중단되고 말았다. 2월 말 실업사는 150만 명을 넘어섰다. 1973년 후반부터는 국제수지 적자가 누적되어 가속적인 인플레이션이 진행되는 가운데 오일쇼크라는 최악의 사태까지 발생하고 말았다.

결국, 히스는 1974년 3월 4일 총리 자리에서 물러났고, 정권은 노동당으로

---

18) 경향신문, 2013년 4월 9일자 참조.

19) 키스 조셉(1918~1994)은 영국 런던 출생으로 유대인 가족에서 자랐다. 1956년 의회에 선출되어 정계에 입문하였으며, 히스정부 아래서 보건복지부장관을 역임했다. 1974년 9월 선거에서 보수당이 패배한 후 조셉은 대처와 함께 자유주의 경제정책개발을 위한 싱크탱크인 정책연구센터(Center for Policy Studies)를 설립하였고, 이 무렵 당대표는 물론 총리 자리까지 넘볼 수 있는 위치에 올랐던 인물이다. 그러나 1974년 10월 보수당집회에서 했던 연설이 논란에 휩싸이면서 리더십을 상실하게 된다. 결국 보수당 당대표의 자리는 이념적 동지이자 후계자였던 대처에게로 돌아가게 된다. 조셉은 대처정부 아래서 산업부장관, 교육과학부장관을 역임하는 데 만족해야 했다.

넘어가게 된다. 노동당의 윌슨정부는 거의 수십 년은 지속할 분위기였다. 보수당의 입장에서 노동당에 대한 새로운 대안이 필요했는데, 이때 대안으로 등장한 사람이 키스 조셉이다. 그런데 1974년 10월 말 조셉의 운명에 뜻하지 않은 일이 일어났다. 보수당 집회에서 했던 연설의 내용이 논란에 휩싸였다. 그 연설은 당시 쟁점이 되고 있던 문제로, 결혼하지 않은 빈곤층 독신 여성이 어린 나이에 어머니가 될 수 있느냐 하는 것이었다. 조셉은 "빈곤층은 나라의 도움 없이 자녀들을 키울 수 없으므로 아이를 적게 낳도록 하기 위해 그들에게 피임법을 가르쳐야 한다"고 주장한 것이다. 이 연설 이후 매스컴은 키스 조셉을 인종차별주의자로 몰았고, 수세에 몰린 조셉은 결국 당권 경쟁을 포기해야만 했다. 이리하여 당권 도전기회는 대처에게 찾아왔고, 대처는 이 기회를 놓치지 않았던 것이다.

1975년 2월 11일 대처는 영국 최초의 여성 보수당 당수가 되었다. 그녀는 당시 대표 수락 연설에서 "비전 없는 사회의 인간은 틀림없이 망한다"라며 자신의 정치철학을 드러냈다. 1976년 연설에서 소련의 억압정책을 비난한 것을 두고, 소련 신문이 그녀를 '철(鐵)의 여인'으로 불렀는데, 이 별명이 그녀의 트레이드마크가 되었다. 대처에게 밀려난 에드워드 히스 총리는 "저 피비린내 나는 여인"이라는 말로 대처를 표현하기도 했다(경향신문, 2013.4.9).

1979년 3월 28일, 노동당정부는 불신임 투표에서 불과 한 표 차이로 졌다. 캘러헌 총리는 총선거를 선언하는 것 외에는 다른 선택이 없었다. 1979년 5월 3일 개표 결과 대처가 이끄는 보수당은 339표, 노동당은 268표를 얻어 보수당이 압도적인 지지로 승리했다. 이렇게 하여 대처는 영국 최초의 여성 총리가 되었다.

대처는 1979년 5월 3일부터 1990년 11월 22일까지 11년 반 동안 임기 4년의 총리직을 세 차례나 역임했다. 대처는 '철의 여인'이라는 별명답게 내각의 엄격한 규율, 강력한 통화주의정책, 노동조합에 대한 법적 규제의 확대 등 타협을 불허하는 정치 스타일과 과감한 리더십을 유감없이 발휘했다. 대처는 합의와 타협 없이 "여인은 돌아서지 않는다"라는 원칙으로 신념의 정치를 끌어나갔다(고세훈, 1991: 210).[20] 대처는 많은 경우 독단적으로 혹은 자신의 원칙에 동조하는 소수의 측근 강경 세력들과 협의하여 정부 정책 방향을 결정해 나갔다. 반대로 자신의 정책 방향에 이의를 제기하는 세력은 과감하게 제거했다. 예컨대, 온건파 웨트(Wets)를 수차례의 개각을 통해 무자비하고도 조직적으로 소외시키고 제거함으로써 정책결정 과정을 독점했다(고세훈, 1989: 222).[21]

대처는 내각을 운영하는 데 있어서 종래 영국정치에서 관례화되었던 '공동합의, 결정, 책임'의 원칙을 일방적으로 무시 내지는 파기하였다. 그녀는 각료회의 대신 수많은 내각의 위원회와 정부 외부의 인사들로 구성된 자신의 싱크 탱크를 활용하였고, 정책의 이니셔티브와 아젠다 설정 등에서 독자적인 권한을 행사함으로써 총리라기보다는 대통령식의 통치방식을 구사했다(고세훈, 1991: 210).

내각 구성원과 대처의 대립은 결국 각료직의 사임을 의미했다. 최초의 내각 구성원 20여 명 가운데 그녀가 물러날 때까지 각료직에 있었던 사람은 3명에 불과했다. 당연히 각료회의에서의 산술적인 승리는 많은 경우 정치적인 패배를 의미했으며, 그녀의 정치 스타일로부터 소외되는 사람들이 늘어나면

20) 대처의 말을 직접 빌리면, "나에게 있어서 합의란 모든 신념과 원칙, 그리고 가치와 정책에 대한 포기를 의미하며, 우리가 풀어야 할 문제의 회피일 뿐이다"(고세훈, 1989: 223)라고 할 정도로 그녀의 입장은 확고했다.

21) 이러한 대처의 정책스타일은 결정된 정책을 실현에 옮기는 과정에서도 잘 나타나는데, 대처가 정부의 주요부서의 책임 있는 자리를 주로 자신의 측근으로 채워왔다는 것도 잘 알려진 이야기이다. 즉, 보수당정부의 정책은 대부분의 경우 타협과 협상이 아닌 대처 개인의 독주의 결과였던 것이다(고세훈, 1989: 222).

서 '대처가 전투에서 승리하고 결국 전쟁에서 패하고 있다'는 인식이 확산되었다(고세훈, 1991: 211).

1980년대 말에 들어 경제성장률과 실업률 같은 경제지표가 일제히 나빠지면서 신자유주의 정책의 한계를 드러낸 데다, 대처가 자유시장경제의 회복을 위하여 도입한 새로운 조세정책이 이미 심각한 상태인 소득의 불평등구조를 더욱 심화시키고 있다는 거센 비난에 직면하였다. 집권 이후 대처는 소득세의 최고율은 83%에서 40%로 배 이상 격감시키고 부가가치세는 두 배로 늘림으로써 조세의 소득이전 효과를 형편없이 위축시켰다. 무엇보다 인두세(poll tax, 주민세) 도입에 대한 반대 데모가 격렬하게 일어났다.[22] 설상가상으로 현재 유럽연합의 모태인 유럽공동체 가입 문제가 다시 불거졌는데, 대처의 유럽공동체에 대한 비타협적인 자세는 당 지도부의 반발을 초래하였다.[23] 대처의 인기는 떨어졌고, 언론도 대처의 사임을 들고 나왔다.

결국, 대처는 3기 임기를 6개월 남짓 남겨둔 1990년 11월 22일 사임했고, 존 메이저(John Major)가 직위를 승계했다. 그러나 사임 후에도 대처는 정치권에 영향력을 행사하였고, 1992년까지 의원으로 선출되었다. 이후 세계 각지를 다니며 강연활동을 펼쳤다. 그러나 2002년 뇌졸중으로 쓰러지면서 외부

---

22) 인두세는 재산의 과다에 따라 세율이 정해졌던 과거의 재산세와는 달리 소득이나 부의 규모와 상관없이 주민에게 동일한 세율을 부과하기 때문에 역진적인 성격이 강했다. 특히 가난하고 아이들이 많은 가정이 큰 타격을 받게 되었다.

23) 대처의 통치방식에 대한 불만이 극적으로 폭발된 것은 대처가 퇴진을 선언하기 불과 3주 전에 있었던 하우 전 부수상—그는 대처행정부 최초의 재무상이기도 하며 외무상 등 대처정권 하에서 당과 정부의 가장 중요한 직책들을 두루 거친 인물이다—의 하원에서 행한 사임 연설이었다. 그의 사임 연설은 대처의 정책의 실책에 대한 강경한 비난으로 가득 찬 것이었으며, 대처 재임 시 그녀의 권위에 대한 최초의 공개적이고 원색적인 도전이었다. 하우는 사임에 대한 자신의 뒤늦은 결단을 후회하면서 대처정부의 각료들은 이제 대처에 대한 충성이냐 혹은 영국의 국익에 대한 충성이냐를 선택해야 하는 기로에 서 있음을 역설하고, 동료 각료들이 자기와 같이 대처에 항거 사임할 것을 간접적으로 종용하였다(고세훈, 1991: 211).

활동을 접었고, 크고 작은 병치레를 하다가 2013년 4월 8일 사망했다.

대처리즘

대처리즘은 대처의 경제정책과 그의 강력한 신념에 따른 행동 전체를 아우르는 개념이다. 대처보수당정부의 정치적 행태를 대처 개인의 이름을 빌려 '대처리즘'이라고 명명하는 것은 실시된 정부 정책들의 성격이 대처 개인의 정치 스타일에 의해서 결정적으로 영향을 받아왔다는 사실과 무관하지 않다. 다시 말하면, 대처보수당 내각의 정책결정 과정은 지극히 의인화(personified)되어 있고, 내각제 정부에서는 발견하기 어려운 대통령식(presidential)의 권위주의적 형태를 띠어 왔다는 것이다(고세훈, 1989: 222).

대처리즘은 '전후 영국의 정치 · 경제적 합의체제에 대한 종언의 선언'이었다. 대처리즘은 무엇보다도 종전 이후 영국 정치가 보여 온 소위 '사회민주적 혹은 복지국가적 합의체제'로부터의 과격한 일탈을 그 특징으로 하고 있다. 합의의 시대에는 고전적 사회주의와 순수한 자본주의의 이론적 대립은 더이상 현실적인 의미를 띠지 못하였으며, 오히려 자본주의적 생산양식의 기본틀이 유지되는 가운데 시장실패와 외부불경제, 그리고 소득분배의 왜곡 등 자본주의가 낳은 폐해들이 국가의 시장경제에 대한 광범위한 개입을 통해 극복될 수 있다는 인식이 정치의 좌우진영 사이에 공유되어 있었다.

그러나 영국 경제의 제 지표가 물가, 성장률, 실업률, 국제수지, 파업률 등 모든 영역에서 영국 사회의 위기를 경고하기 시작한 1960년대 말부터 이러한 암묵적인 합의체제는 균열을 보이기 시작했다. 특히 1970년대 초의 제1차 오일쇼크는 이미 영국 사회에 유포되어 있던 위기의식을 표면화시켰으며, 빈번한 노조의 파업활동, 비상사태의 선포 등으로 정권의 통치능력에 대한 회의가 만연되어 있었다. 1979년, '불만의 겨울'로 요약되는 분열과 혼란의 시기를 겪으면서 새로 수상에 오른 대처가 모든 '영국병'의 근원이라고 진단한 '합의의 정치'가 결과한 폐해의 종식을 선언했을 때, 타협과 혼란, 관용 대신 대립과 질서, 그리고 신념의 정치를 명분으로 한 대처리즘은 막을 올리게 된다(고세훈, 1991: 209).

대처가 직접 설명한 신념은 다음과 같다(박동운, 2004: 21-24).

첫째, 자유가 도덕의 본질이라는 신념이다. 대처는 모든 개인은 각자 타고난 재능과 능력을 가지고 있는데, 국가는 이들이 자신의 재능과 능력을 발휘할 수 있도록 도와야 한다고 강조했다.

둘째, 정부만이 통화안정을 보장할 수 있으므로 정부가 통화안정 조치를 취해야 하며, 정부지출을 줄여야 한다는 신념이다. 통화안정을 통해 인플레이션을 치유하고, 재정지출 삭감을 통해 '작은 정부'를 실현하고, 그 결과 자유시장경제를 활성화시키려는 의지가 드러난다.

셋째, 기업활동에 유리한 환경을 조성해야 한다는 신념이다. 이를 위해 법인세를 줄이고, 규제를 완화 또는 폐지하고, 소규모기업을 지원하고, 노동조합의 특권을 폐지해야 한다고 주장했다.

넷째, 사유재산제도가 가능한 한 폭넓게 확산되어야 한다는 신념이다. 그래서 대처는 국가소유제도를 사유재산제도로 되돌려 놓았다. 민영화는 영국의 가장 성공적인 수출품 가운데 하나라고 대처 스스로 자찬하였다.

다섯째, 자유로 인해서 무정부상태가 되어서는 안 된다는 신념이다. 대처는 '자유는 법에 의해서 만들어진다'고 보고 법치를 강조하였다.

이러한 신념정치의 산물, 즉 대처리즘의 골자는 개인주의, 경쟁, 재정지출 삭감, 공기업 민영화, 규제 완화, 국가의 권위 회복, 질서, 복종 등으로 요약할 수 있다. 대처는 자유시장 이념을 20세기 후반 영국 사회의 지배 이데올로기로 만들었다. 1979년 총선에서 승리해 총리가 된 대처는 '철의 여인'이라는 별명처럼 집권하자마자 1951~1979년 작동했던 '사회민주적 복지국가'에 대한 합의를 공격하기 시작했다. 대처는 밀턴 프리드먼과 프리드리히 하이예크 등 자유주의 경제학들의 영향을 받아 영국병을 치유하기 위해 신자유주의 개혁을 과감하게 추진해 나갔다.

2) 대처정부의 신자유주의 개혁

통화주의 정책

대처정부는 인플레이션을 '공공의 적 제1호(public enemy no.1)'라고 선언할 정도로 인플레이션을 억제하는 것이 최대의 과제였다. 대처정부는 '인플레이션은 정부의 적자 지출에 의한 통화량 증가 때문에 일어난다'는 통화주의(monetarism)[24]를 받아들여 긴축재정과 긴축통화 정책에 주력했다.

대처정부는 출범 직후인 1979년 6월 전임 노동당정부가 시행하고 있던 79회계년도 예산(1979.4~1980.3)을 수정하여 2.2%를 삭감하였고, 80회계년도에는 노동당 예산 대비 5%(36억 파운드)를 삭감했다(김영순, 1996: 243).

대처정부는 공공지출, 특히 복지지출의 삭감과 감세도 감행했다. 집권기간 동안 표준소득세율을 33%에서 23%로 인하하였고, 소득세 최고세율을 83%에서 40%로 낮추었으며,[25] 기업세는 52%에서 35%로 삭감해 주었다. 반면에, 간접세인 부가가치세는 8%에서 15%로 높이고, 사회보험료도 크게 인상

24) 통화주의란 이자율의 인상과 인하를 통해 통화공급을 조절함으로써 경제를 통제하는 경제이론으로서 화폐공급을 줄여 인플레이션을 억제하고, 통화 증가를 통한 정부지출 증가 보전을 막아 작은 정부를 실현하면, 민간경제활동이 활성화되고 개인의 경제적 자유가 확대된다고 본다.

25) 소득세의 기초세율은 1985년의 30%에서 1986년 29%, 1987년 27%, 1988년 25%로 인하되었고, 최고세율은 1987년의 60%에서 1988년에는 40%로 인하되었다(김수행 외, 2009: 30).

하였다. 그 결과 1996년 GDP에 대한 조세의 비율은 1979년에 비해 1% 높아지는 정도에 그치고 있다(조영훈, 2004: 129). 한마디로 소득재분배효과가 큰 직접세의 누진성은 약화시키고, 모든 계층에 무차별적으로 부과되는 간접세는 인상하는 전형적인 역진적 세제개혁이었다.

이런 대처정부의 통화주의 정책은 역대 정부가 재정지출을 늘려 성장률을 높이고 실업률을 낮추려고 했던 케인즈주의 정책에 대한 공격을 의미했다.

반(反)노동조합주의

강한 국가를 통해 정당성을 회복하고자 했던 대처정부에게 노조의 무력화는 무엇보다도 중요한 과제였다. 대처정부는 시장의 자유로운 기능, 기업경영자의 권위, 국가규제로부터 자유로운 기업활동의 강화, 완전고용보다는 인플레이션 억제, 기업의 자신감 회복 등에 역점을 두면서 노동조합을 '내부의 적'으로 간주했다(김수행 외, 2009: 43). 따라서 대처정부는 노동조합의 세력을 약화시키기 위해 노동조합과 대치하는 것을 주저하지 않았다.

대처정부는 집권기간 동안 5개 노동법 개정을 통해 만성 파업을 주도해온 노조를 무력화시켰다. 1980년 고용법에서 1993년 노동조합개혁 · 고용권법에 이르기까지 수차례에 걸친 일련의 노사관계개혁입법에 의해 클로즈드 숍(closed shop) 제도[26]의 금지를 비롯해 노동조합은 피켓팅과 2차적 쟁의행위에 관한 법적 면책과 권리를 박탈당했다. 게다가 1990년 고용법은 비공인쟁의에 관여한 조합원을 해고하는 권리를 사용자에게 부여했다. 이로써 노동시장에서의 권력균형은 사용자 측에 유리하게 변화하였다.

그뿐만이 아니었다. 대처정부는 노동조합의 조직 권력을 내부로부터 규제

---

26) 클로즈드 숍(closed shop)제도란 노조에 가입한 노동자만이 사원이 될 수 있고, 탈퇴하면 사원 자격을 잃게 되는 최강성 노조조직제도를 말한다.

하려는 전략도 구사했다. 우선 1984년 노동조합법에 의해 쟁의행위의 개시뿐만 아니라 임원의 선출과 조합의 정치기금 갹출에 관해서도 조합원에 의한 비밀투표가 도입되었다. 게다가 1988년 고용법은 조합재산의 보전을 구하는 권리를 일반 조합원에게 인정하고, 이 권리 행사로 재정 면에서 쟁의행위의 억제를 도모하였다. 아울러 쟁의지령에 대한 불복종, 쟁의행위에 대한 반대표명 등을 이유로 한 조합원에 대한 제재를 불법화하였다(坂野智一, 2002: 155).

그리고 1993년 노동조합개혁 · 고용권법은 쟁의행위에 관해서 7일 전의 통고와 완전한 우편투표에 의한 사전투표를 의무화하는 한편, 일반 시민에 대해서도 공공의 업무를 저해하는 위법쟁의행위의 금지명령을 내리는 권리를 인정했다(小野塚知二, 1999: 376-386).

노동조합의 무력화를 의도한 일련의 정책에 더하여, 저임금노동자에 대한 보호규제도 철폐했다. 정부 · 자치체와 계약한 업자에 대해 동일업자 내의 최저수준의 임금 · 노동조건의 엄수를 의무화한 '공정임금결의(Fair Wages Resolution)'가 1983년에 철폐되었다. 또한, 1986년의 임금법에 따라 21세 미만의 젊은 노동자가 최저임금의 적용대상에서 제외되었고, 최종적으로 1993년에 최저임금제도 그 자체가 폐지되었다(Taylor, 1994: 256).

규제 완화(deregulation)

대처정부는 신자유주의 사상에 입각해 정부 규제를 철폐하거나 완화하기 시작했다. 1979년 10월 외환관리제도를 완전히 철폐함으로써 자본이동을 자유화했다. 영국의 개인투자자나 기관투자자는 세계 각국의 통화 · 채권 · 주식을 자유롭게 매매할 수 있게 되었다. 물론 타국의 투자자도 영국에 자유롭게 투자할 수 있게 되었다. 이로 인해 세계 금융시장의 규모와 힘이 증가했지만, 동시에 세계 금융시장의 불안정성은 더욱 커졌다.

1987년에는 금융기관의 영업 규제를 해제함으로써 주택담보대출조합(Building Society)은 은행으로 전환되었고, 모든 은행이 주택담보대출(mortgage loan)을 취급할 수 있게 되었으며, 증권거래소의 모든 규제가 폐지되었다. 이것을 이른바 빅뱅(big bang)이라고 부른다. 결과는 민간부문의 부채증가로 나타났다. 예컨대, 개인 저축률은 1980년의 13.4%에서 1988년에는 5.6%로 급격히 떨어졌고, 민간부문의 부채/소득비율은 1980년의 40%에서 1992년에는 85%로 급증했다(김수행 외, 2009: 31-32).

민영화(privatisation)

대처정부는 민영화를 적극적으로 추진했다. 경제에 대한 국가개입을 축소함으로써 보조금 지출을 삭감하고, 적자로 운영되는 공영기업을 사적 부문으로 이행함으로써 적자부문을 정리하고자 했다. 또한 국유자산을 매각함으로써 막대한 정부수입을 확보하여 국가재정을 호전시키고자 하였다. 그리하여 50여 개에 이르는 영국석유, 영국가스, 영국통신 등 주요 공공기업들이 매각되었지만,[27] 민영화 방침이 가장 확실하면서 급진적으로 적용된 부문은 주택부문이었다. 그 내용은 공영주택의 매각, 주택보조금의 삭감, 그리고 주택관련 보편적 서비스를 잔여적 서비스로 바꾼 것이다(박광준, 2002: 412-414).

공영주택 매각의 경우 세입자에게 자신이 세들어 사는 집을 구입할 수 있도록 하고, 최고 60%까지 주택가격을 할인해 주었고, 특별한 금융지원 혜택이 뒤따랐다.[28] 매각된 공영주택의 수는 1980년에 85,700호, 1982년에

27) 민영화된 영국 공기업의 현황은 박동운(2004), pp.179-180을 참조하기 바란다.

28) 대처정부가 발의한 1981년 주택법은 저금리 장기주택담보대출을 제공함으로써 임대주택의 세입자들이 주택을 구매할 수 있게 했다. 하지만 이 대출은 지방의회에서 일정 보조금을 제공해야만 했다. 당시 보수당정부가 지방의회의 공공지출을 삭감하도록 한 점을 감안할 때 이는 대단히 정치적인 행동이었다. 많은 사람들이 이 법을 활용했는데, 보조금을 받으면 장기

207,050호로 1979년과 1983년 총선 사이에 거의 50만 호가 매각되는 변화를 가져왔고, 이후 매각은 계속되어 1984년에도 106,930호가 매각되었다.

또한, 공영주택 건설보조금은 대폭 삭감되어 공영주택건설호수는 1975년 150,000호에서 1980년에는 88,000호로, 그리고 1984년에는 37,000호로 격감하였다. 이러한 정책들을 추진한 결과 주택부문에 대한 정부지출은 다른 어떤 부문보다도 삭감되었다. 이러한 예산 삭감에서 가장 중요한 원인을 점하고 있는 것은 지방당국의 주택서비스에 대한 중앙정부 보조금의 삭감이었는데, 그 삭감비율은 거의 80%에 달했고, 그 내용은 주로 공영주택 임차인에게 지급되는 집세 보조금을 삭감한 것이었다.

주택부문에서의 이러한 대처의 정책은 한 마디로 주택서비스의 '잔여적 서비스화(residualization)'라고 할 수 있다. 잔여적 서비스화란 공공의 주택부문이 빈곤, 노령 등으로 인하여 민간 영역에서는 적절한 주거를 확보할 수 없는 특정의 사람들만을 위한 안전망을 제공하는 것으로 그 성격이 이행되는 것이며, 서비스 수급에 따르는 스티그마를 강화하고 수급자의 사회적 지위를 떨어뜨리는 것이다. 이렇게 대처정부는 주택서비스에서 '보편적 서비스'의 성격을 배제하고 특정 범주의 사람들을 위한 '잔여적 서비스'의 성격을 갖도록 변화시켰던 것이다.

커뮤니티케어(community care)

커뮤니티케어는 1920~1930년대에 정신장애인의 치료와 처우에서 시설 수용방식에 대한 반성, 약물요법의 진보와 함께 지역사회에서의 치료 · 처우의 필요성과 가능성이 강조되면서 대두된 개념이다(김범수 · 신원우, 2006: 32). 제

주택담보대출이 임대료보다도 쌌기 때문이다. 많은 세입자들이 집을 산 이유가 여기에 있다(셀리나 토드, 2016: 423).

2차 세계대전 후 1946년 커티스위원회가 아동의 보호에 관해서 수용시설보다는 가정이나 규모가 적은 그룹홈(group home)에서 보호하는 것이 바람직하다 하는 원칙을 내세운 것이 계기가 되어 노인이나 정신위생 분야에서도 폭넓게 사용되었다. 정신위생분야에서 1957년 왕립위원회(The Royal Commission)가 병원보호로부터 커뮤니티케어로 전환할 것을 권고하면서 커뮤니티케어란 용어가 국가공문서에서도 사용되기 시작하였다(김범수 · 신원우, 2006: 43-44). 그 후 병원뿐만 아니라 사회복지시설을 시설보호에서 커뮤니티케어로 전환하는 방안이 꾸준히 모색되어 왔다. 그러나 재정에 대한 책임의 소재가 지방정부에 있었기 때문에 재정적 부담을 안고 있는 지방정부로서는 커뮤니티케어에 대해 소극적일 수밖에 없었다.

커뮤니티케어가 신자유주의 이념에 잘 맞는다고 판단한 대처정부는 커뮤니티케어에 큰 관심을 보이고 장려했다. 하지만 대처정부가 의도했던 것과 달리 오히려 정부의 부담금이 증가했다. 즉, 정부 직영시설 입소자가 퇴소하여 지역사회로 돌아가는 것이 아니라 시설 환경이 더 좋은 민간시설(주로 요양시설)로 옮기는 경우가 크게 늘어났던 것이다. 공공부조 수급자들이 정부지원을 받아 민간시설의 원비를 낼 수 있었기 때문에 구태여 공공시설로 옮겨가야 할 이유가 없었다. 게다가 민간시설 입소노인의 노령연금 수급액이 원비보다 적으면 공공부조에서 그 부족액을 보전했고, 공공시설 입소노인에게는 지급되지 않는 간호수당과 장애수당까지도 보조했다. 그리하여 민간시설 입소자에 대한 정부의 지원금이 급증한 것이다(이영찬, 2000: 412-413). 이러한 부작용은 커뮤니티케어의 본래 목적에 어긋나는 것이었다. 그리하여 대처정부는 커뮤니티케어 개혁에 착수했다.

커뮤니티케어 개혁의 일환으로 1988년에 그리피스보고서(Griffith Report)[29)]

---

29) 대처정부는 로이 그리피스(Roy Griffiths) 보건복지장관에게 시설보호 전반에 관한 권고안을

로 불리는 「커뮤티니케어: 행동을 위한 지침(Community Care: Agenda for Action)」이 발표되었고, 1989년에는 정부백서 「사람을 위한 보호: 차기 10년과 그 이후에 있어서 커뮤니티케어(Caring for People: Community Care in the Next Decade and Beyond)」가 발간되었다. 백서에 입각해 1990년에 '국민보건서비스 및 커뮤니티케어법(National Health Service and Community Care Act, 1990)'이 성립되었다. 이 법에 기초해서 실시된 제도개혁의 주된 내용은 첫째, 시설보호 · 재가보호의 재원과 권한을 지방정부로 일원화하는 것, 둘째, 서비스 공급주체의 다원화, 셋째, 욕구사정과 케어매니지먼트 실시, 넷째, 각 지방정부에서의 커뮤니티케어 계획 책정, 다섯째, 입소시설에 대한 감사제도의 개선, 여섯째, 각 지방정부에서 민원처리 절차의 도입 등이었다(イギリス保健省, 小田兼三 等譯, 1996).

커뮤니티케어 개혁은 케어의 공급을 공적인 책임으로 하는 것이 아니라 민간의 참여를 촉진하고, 다원적으로 공급함으로써 정부의 부담을 줄이며 경쟁을 통해 효율화를 도모하는 개혁이었다. 그 결과 지방정부는 서비스의 직접 공급자의 역할을 포기하고 서비스를 계획하고, 조직화하고 소비해주는 조장자(enablers)로 남게 되었다. 부작용도 많았다. 적절한 사후조치가 없는 상태에서의 지역사회로의 회귀는 가족의 부담을 가중시켰으며, 홈리스와 범죄의 증가를 초래하였다(이영찬, 2000: 179).

사회보장개혁

사회보장제도 개혁은 1979년 대처정부의 탄생 이후 가속적으로 이루어졌

제출하도록 했는데, 자신의 이름을 따서 그리피스보고서(1988)라고 하였다. 이 보고서에서 개인의 케어 비용에 대한 사회보장 보충급여는 중단되어야 하고, 여기에 사용되었던 예산은 지방정부로 이전되어 집행해야 하며, 지방정부에서는 이 예산을 신청자의 경제적 능력과 케어 욕구에 대한 별도의 사정을 거쳐서 집행되어야 한다고 권고했다(김용득, 2005: 367).

는데, 그 대표적인 것은 1980년 사회보장법(Social Security Acts of 1980)과 1982년의 사회보장 및 주택급여법(Social Security and Housing Benefit Act of 1982)에 근거한 개혁으로 그 내용을 정리하면 다음과 같다(박광준, 1992: 147-148; 김영순, 1996; 249-268; 坂野智一, 2002: 156-157; 조영훈, 2004: 127).

첫째, 1980년 사회보장법 개정을 통해 연금제도의 소득수준과 연금수준 간의 연계를 폐지했다. 즉, 연금급여는 소득의 향상에 따라 그 수준이 높아지는 것이 아니라 단지 물가에만 연동하여 상향조정되는 방향으로 제도를 손질했다. 연금급여 인상률이 감소된 것이다.[30] 그리고 같은 해 국민연금(National Insurance) 급여율의 직접적인 인하조치가 있었으며, 파업가담자가족급여에 대한 대폭적인 급여삭감조치가 취해졌다.

둘째, 1982년 1월부터는 국민보험의 실업급여, 질병급여의 소득비례보조금이 폐지되었고, 실업급여에 과세할 수 있도록 하는 조치가 있었다. 그 결과 실업급여의 소득대체율은 눈에 띄게 하락했다.[31]

셋째, 1982년의 사회보장 및 주택급여법에 따라 법정질병수당제도(Statutory Sick Pay)가 도입되었다. 즉, 피용자가 질병으로 인해 취업할 수 없는 경우 최초의 8주간에 한하여 사용자에 의해 법정질병수당이 지급되고, 국민보험의 질병급여는 중지되었다. 보험급여비의 절약을 도모한다는 것이 제도도입의 주된 목표였다. 한편, 1986년부터 수당의 지급 기간은 28주간으로 연장되었다.

이러한 일련의 개혁에 의해 사회보장제도는 전체적으로 자산조사에 의한 급여에 의존하게 되었다. 사회보장지출에서 차지하는 자산조사에 의한 급여의 비율이 1978년도에 14.8%였던 것이 1987년도에는 25.0%로 급증하였다(坂

30) 보통 물가에 비해 소득의 증가율이 더 높기 때문에 실질적으로는 연금급여를 삭감한 것과 같은 효과를 지니는 것이다.

31) 구체적인 실업급여의 소득대체율 변화는 김영순(1996), p.260을 참조하기 바란다.

野智一, 2002: 157). 베버리지체제하에서는 원래 자산조사에 의한 급여는 보편주의적 급여인 국민보험급여에 대한 예외적 안전망으로서 기능을 수행했다. 그러나 대처정부에 의해 선별주의 급여가 사회보장정책의 전면에 드러나게 된 것이다. 이것은 베버리지체제에 대한 공격을 의미했다.

그러나 이는 시작에 불과했다. 본격적인 개혁은 1986년의 사회보장법을 통해서 이루어졌다. 소위 '파울러개혁'으로 잘 알려진 사회보장개혁이다. 사회보장부문의 전면적인 재검토의 책임을 맡았던 사람이 바로 당시 보건복지장관 파울러(Norman Fowler)였다. 우선 1983년 11월에 당시 개혁의 필요성이 제기되고 있던 연금부문에 대한 개혁위원회가 파울러를 위원장으로 설치되었고, 이듬해에 사회보장의 전반적인 재검토를 목적으로 하는 4개의 독립된 팀[32]이 파울러에 의해 임명되었다(박광준, 1992: 146).

사회보장정책의 철저한 재검토를 목적으로 하는 이들 팀의 보고서는 1985년 6월 그린페이퍼(Green Paper, 일명 녹서)로 출판되었다.[33] 그 뒤 여론 수렴과정을 거쳐 같은 해 12월 다시 화이트페이퍼(White Paper, 일명 백서)로 출판되었다. 그리고 1986년 의회통과를 거쳐 1988년 4월부터 시행에 들어갔다. 그린페이퍼의 권고 내용은 연금부문의 권고안을 제외하고는 거의 중요한 변화 없이 1986년 사회보장법으로 이어졌다.

파울러개혁안에서 가장 중요한 개혁대상으로 지목된 것은 연금과 보충급여였다. 연금에서는 국가소득비례연금(the State Earnings Pension Scheme: SERPS)이 개혁의 초점이었다. SERPS는 1975년 노동당정부의 사회장연금법(Soical Security Pensions Act, 1975)에 근거한 제도로, 보수당의 찬성을 얻어

32) 이 팀들은 보충급여, 아동청소년급여, 주택급여, 연금의 4개 부문의 재검토를 목적으로 하고 있었다.

33) 그린페이퍼에 관한 자세한 내용은 박광준(1992)의 내용을 참조하기 바란다.

1978년 4월부터 시행된 이래 1986년 사회보장개혁 당시까지 시행 중이었다. 이 제도의 신설로 인하여 연금은 2층체제(two-tired system)를 갖추게 되었다. 즉, 수급자격을 가진 전원에게 일률적으로 균일액을 제공하는 국민보험기초연금에, 최저 최고상한선 사이의 소득의 25% 상당을 물가와 연동하여 부가적으로 지급하는 국가소득비례연금을 신설하여 시행하고 있었다. 그런데 그린페이퍼는 전자의 국민보험기초 연금은 그대로 유지하고, 후자의 국가소득비례연금을 폐지하고 이를 기업연금이나 개인연금으로 대체해야 한다는 내용의 개혁안을 제시하였다.

그러나 이것은 다른 어떤 부문의 개혁안보다도 비판의 표적이 되었고, 여론의 격심한 반발에 부딪혔다. 보수적 일간지인 『타임즈*(The Times)*』와 자본가단체인 고용주총연맹(CBI)만이 호의적일 뿐, 대부분 여론은 극히 비판적이었다. TUC는 SERPS의 폐지는 소득재분배를 위장한 강도 행위라고 비난했으며, 자유당은 물론 보수당 내 개혁그룹까지 SERPS의 폐지에는 반대했다. 사회민주주의적인 시각에서 영국의 사회복지제도에 큰 영향을 미쳐왔던 페이비언협회(Fabian Society) 역시 비판적인 견해를 발표하였다.

결국, 정부는 SERPS 폐지안을 철회할 수밖에 없었다. 이로써 그린페이퍼의 연금개혁안은 그 최종안인 화이트페이퍼에서 수정되게 된다. 최종개혁안에서는 SERPS의 급여산정기준을 기존의 '최고소득을 올린 20년간의 평균소득'에서 '전 기간의 평균소득'으로 수정하고, 급여율을 소득의 25%에서 20%로 낮추며, 배우자 사망시 본인과 자신의 몫을 모두 수령하는 것이 아니라 배우자의 몫은 50%만 수령할 수 있게 한다는 것으로 수정되었다(박광준, 1992: 154-155; 김영순, 1996: 253-254).

한편, 이 개혁의 주된 목표는 발본적인 연금개혁과 더불어 자산조사가 있는 공공부조 급여의 간소화 및 합리화에 있었기 때문에 자산조사를 전제로

한 사회보장급여 부문에도 상당한 개혁조치가 이루어졌다(박광준, 1992: 166-170; 坂野智一, 2002: 157-158; 원석조, 2019: 207).

개혁 이전에 자산조사를 전제로 한 소득보장제도는 크게 보충급여(Supplementary Benefits: SB),[34] 가족소득보충제(the Family Income Supplement: FIS),[35] 주택급여로 이루어져 있었다. 그런데 보충급여를 구성하고 있던 정기급여와 부정기급여를 각각 소득지원(Income Support: IS)과 사회기금(Social Fund: SF)으로 분리시키고, 가족소득보충을 대신해서 가족크레디트(Family Credit: FC)로 개편함으로써 서로 중첩되는 기존의 제도를 단순화, 명료화하도록 했다. 또한, 주택급여는 그 명칭을 그대로 두면서 급여내용을 수정했다.

첫째, 기존의 복잡한 보충급여를 대신하여 간소화된 소득지원(Income Support: IS)의 급여는 부양 자녀가 있는 가족에 대한 개인수당과 특별한 욕구에 대한 특별급여 두 종류로 단순화되었다. 특별급여는 60~79세 노인에 대한 기초급여와 80세 이상 노인에 대한 추가급여로 구성된 노인 특별급여와 장애등급에 따라 차등지급되는 장애인 특별급여로 구성되었다. 기존의 일시불 특별급여는 폐지되고 사회기금으로 이관되었다.

둘째, 사회기금은 소득지원으로는 대응할 수 없는 일시적인 욕구에 대해 대여해주는 제도이다. 기존 보충급여의 수급자는 단일급여(일시금), 즉 가구, 침구, 수선, 장제비용, 출산비용, 친척의 문병을 위한 교통비 등의 수급자격을 가지고 있었으나, 사회기금의 창설로 이 일시금제도는 폐지되었다. 그리

34) 보충급여는 노인과 장애인 등 노동무능력 빈민을 위한 공공부조제도이다. 급여내용은 정기급여와 부정기급여로 구성되어 있었다. 주급으로 지급되는 정기급여로는 통상의 필요비용, 가산적 필요비용, 주택비용이 있었고, 부정기급여로는 출산, 사망 등 예외적인 니드를 커버하기 위한 단일급여(single payment)와 화재나 자연재해 등에 대처하는 긴급급여(urgent need payment)가 있었다.

35) 가족소득보충제는 보충급여의 대상에서 제외되어 있는 부양아동을 지닌 근로 빈민(working poor)을 위한 제도로 보충급여제도를 보완하는 성격을 갖는다.

고 그들의 정기적인 급여로서 이러한 특별한 욕구를 충족시킬 수 없는 경우에는 그에 대처하기 위한 대여금이 사회기금에서 그것도 임의적으로 제공되게 되었다. 말하자면, 기존의 일시금 등의 보조금을 대여금(loan)의 형태로 전환하여 수급자의 자기부담을 강화시킨 조치였다.

셋째, 가족크레디트(Family Credit: FC)는 부양아동이 있는 저임금 가족의 소득보충프로그램으로 자산조사를 전제로 하고 있다. 대상자는 한 명 이상의 자녀를 둔 저소득 가정으로서 최소한 부모 중 한 명이 일주일에 24시간 이상 근로를 해야 한다. 급여는 부양 자녀의 수와 연령에 따라 다르다. 매년 정부는 기준소득(threshold)을 발표한다. 가족의 순소득이 기준소득 이하면 급여 전액을 수급하고, 이를 초과하면 초과분의 70%를 감액한다. 바꾸어 말하면 가구소득이 늘어나도 소득증가분의 30%가 반드시 지급되는 구조이다. 이 제도는 노동유인을 강화하기 위한 조치였다.

넷째, 주택급여에서는 보충급여의 수급자에 대한 우대조치를 철폐하였다. 즉, 보충급여의 수급자에게 지급되던 100%의 집세보조금을 60%로 삭감하도록 했다. 또한, 주택급여가 지방정부로 이양되고 이것이 지방세와 연계되면서 과거에 보충급여의 수급자에게 인정되던 지방세 전액면제가 폐지되었고, 최저 20%의 납부의무가 부여되었다. 주택급여는 비록 제도의 명칭은 바뀌지 않았으나 내용 면에서는 급여범위가 축소되었고, 중앙정부에서 지방정부로 책임이전이 이루어진 조치였다.

NHS 개혁

영국 복지국가의 보석이라 불리는 NHS 역시 신자유주의 개혁의 표적이었다. NHS는 정부의 막대한 예산이 투입되고 있었기 때문에 재정지출을 삭감하고자 하는 대처정부에게 표적이 되는 것은 당연했다.[36] 이에 따라 대처정부는 NHS 지출을 엄격히 통제하고 몇몇 의료서비스를 유료화함으로써 NHS 지출을 삭감하고자 했다. 환자 본인의 처방료는 적은 액수이지만 지속적으로 인상되었고, 병원 안의 청소 · 세탁 · 급식 · 수리(repairs) 등 보조서비스를 외부의 민간업자에게 위탁함으로써 유료화했다. 또한, 인력감축과 행정개편을 통한 의료조직의 효율화 조치들도 취해졌다.

이런 노력들이 기존의 NHS체계 내에서 지출을 억제하기 위한 조치였다면, 의료민영화의 고무는 국영의료체계인 NHS의 역할을 점진적으로 민간에 이양함으로써 우회적, 장기적으로 정부의 의료비 부담을 경감시키기 위한 조치였다. 대처정부는 각종 세금감면 조치들을 통해 민간의 사적 건강보험을 장려하는 한편,[37] MHS 병원의 유료병상을 전면 허용했으며,[38] 사적 진료(pravate attendances)의 이용을 장려했다(박광준, 1992: 94-97; 김영순, 1996: 256).[39] 그밖에도 NHS 병원과 민간병원과의 제휴 · 협력을 추진했으며, 미국계 자본이 민간병원을 세워 영리행위를 하게 되었다.

---

36) NHS 지출은 1950년 GDP의 3.7%에서 꾸준히 증가하여 1975년에는 GDP의 5%에 이르렀다. 이는 총 복지지출의 20%로서 국민보험에 이어 높은 비중을 차지하는 액수였다(김영순, 1996: 255).

37) 대처의 사적 의료 촉진정책은 사적 의료보험의 확대를 가져왔다. 1979년 이후 사적 의료보험이 크게 확대되어 1988년에는 가입자 수가 2배로 증가하여 전체 인구의 10%에 달했다(원석조, 2019: 215).

38) 전임 노동당정부는 유료병상을 폐지하려 했었지만, 의사들의 격렬한 반대에 부딪혀 유료병상 총 4,400병상 중 1,000병상만 감축하는 선에서 타협한 바 있었는데, 이를 뒤집은 것이다(원석조, 2019: 215).

39) 사적 진료는 입원보다는 외래에서 크게 늘어났다. 사적 외래 진료건수가 1979~1986년 사이 무려 97%나 증가했다. 또 개인병원과 병상의 수도 크게 늘어 1979~1986년 개인병원과 요양원이 7천여 개에서 만여 개로, 병상 수는 33,000병상에서 65,000병상으로 증가했다. 동시에 영리를 목적으로 하는 사적 병상의 수도 늘어났다. 1983년 이후 신설된 병상의 98%가 영리병상이었으며, 1987년 개인 병상 중 비영리 병상은 전체의 49%로 감소(1979년 72%)했다(원석조, 2019: 215).

대처의 본심은 NHS의 민영화였다. 그러나 NHS에 대한 영국 국민의 강한 애착과 지지를 무시할 수 없었다. 대처는 1983년 선거와 1987년 선거 모두에서 NHS 유지를 거듭 천명했다.

NHS가 민영화되지는 않았지만, 의료서비스의 구매자(지방보건당국이나 보건위원회)와 판매자(의사들 및 병원들)를 구분하는 것을 주요 내용으로 하는 1989년 개혁[40]에 의해 NHS에 내부시장 혹은 유사시장이 도입되었다.

이제 보건당국은 보건의료서비스의 구매자가 되고, 병원 · 지역보건서비스 기관은 보건의료서비스의 공급자가 되었다. 공급자는 각각 트러스트(Trust)[41]를 설립해 독립의 비영리조직으로 기능하는데, 이 트러스트에 대한 자금과 시설은 국가가 제공하며 트러스트의 소유자는 국가다. 보건의료서비스의 구매자인 보건당국은 트러스트, 일반의(general practitioner 또는 home doctor), 그리고 '민간병원'과 서비스공급 계약을 맺기 때문에 공급자 사이에 경쟁이 촉진되고, 보건당국은 지역의 특수한 욕구(needs)를 알 수 있고, 서비스의 효율성과 적절성을 모니터할 수 있다는 것이다. 또한 '예산을 가진 일반의(GP fundholder)'를 설립했는데, 그는 자기가 관리하는 등록환자를 위해 보건의료비 예산을 보건당국으로부터 미리 받으며, 그 예산으로 자기가 적합하다고 생각하는 병원에 자기 환자를 보낼 수 있다(김수행 외, 2009: 40).

이러한 관리방식과 내부시장의 조성은 보건의료서비스를 점차로 민영화하겠다는 의도가 깔려 있었다. 비록 NHS가 민영화되지는 않았지만, 시장의 경쟁원리하에 놓이게 되었다.

---

40) 1989년 1월에 발표된 NHS 개혁을 위한 백서 『환자를 위한 의료(Working for Patients)』가 그것이다.

41) 소유권은 정부가 그대로 갖되 운영권을 민간에게 위탁한 준자치적인 독립채산제 병원을 말한다.

3) 신자유주의 개혁의 결과와 그 의미

신자유주의 개혁의 결과

전체적으로 볼 때 이 시기 복지국가의 변화는 어떻게 평가될 수 있는가? 대처정부의 신자유주의 개혁이 가져온 결과는 어떠했으며, 그것이 갖는 의미는 무엇인가? 우선 재정적인 측면에서 볼 때, 복지지출을 획기적으로 줄여 국가의 복지기능을 민간에 이양하려 했던 대처정부는 의도만큼의 성과를 거두지 못했다. 1978년 총 공공지출의 55.7%(GDP의 23.7%)를 차지했던 복지지출은 대처의 집권 초기 약간 감소하는 경향을 보여주었다. 그러나 이후 다시 증가하여 집권 후반기인 1988년에는 총 공공지출의 55.6%(GDP의 23.2%)를 차지하게 되었다.[42] 즉, 대처정부 시기의 복지지출의 총량은 집권 이전에 비해 크게 감소하지 않았던 것이다. 하지만 대처정부의 신자유주의 개혁은 영국 복지국가에 큰 손상을 입혔다. 완전고용의 포기에 따른 대량실업[43]은 임금소득자들을 소득상실의 고통에 몰아넣고 복지국가의 재정적 기반 역시 압박했다(김영순, 1996: 269-270).

둘째, 노동시장 개혁의 결과 노동조합의 힘이 약화되었다. 사실 1970년대부터 지속적으로 증가 경향을 보인 노동조합 조직률은 1979년의 54.2%를 정점으로 이후 계속해서 감소했다. 1995년에는 32.9%로 감소하였다. 노동쟁의 건수를 보더라도 1979년의 2,100건에서 1990년대에는 약 300건으로 대폭 감

---

42) 대처정부 시기 복지지출의 변화에 대해서는 김영순(1996), p.269의 〈표 6-8〉을 참조하기 바란다.

43) 실업률은 1980년부터 1984년까지 급증하였다. 실업자의 증가는 가히 1930년대의 대공황을 방불케 하는 것이었다. 1980년에 167만 명이었던 실업자가 1981년에는 252만 명에 달하여 단 1년 만에 거의 50%나 증가하였다. 실업자 급증의 원인은 정부기관의 축소에 의한 공무원의 대폭 감축, 대기업의 인원 삭감, 중소기업의 도산 등이 중복된 것으로 평가된다. 실업자 수는 그 후에도 증가일로여서 1983년에는 300만 명을 돌파, 1986년 1월에는 340만 명이라는 사상 최고의 기록을 세웠다(박광준, 1992: 144-145).

소했다(Kessler, Sid & Fred Bayliss, 1998: 165, 243).

셋째, 민영화의 조치가 가장 철저하게 시행된 것은 바로 주택서비스 부문인데, 그 결과 주택의 개인소유 비율은 증가한 반면, 필연적으로 공영주택의 비율은 감소하게 되었다.[44] 문제는 공영주택을 구입할 수 없는 사람들이 상대적으로 많은 불이익을 받게 되었다는 점이다. 그들은 집세의 인상과 집세 보조금의 삭감 등으로 한층 경제적인 어려움을 겪어야 했고, 게다가 공영주택에 머무를 수밖에 없는 지위라고 하는 대중의 인식에서 오는 스티그마를 경험해야 했다(박광준, 2002: 414-415). 민영화로 인한 결과는 결국 사회적으로 불평등을 심화시켰다.

넷째, 사회보장개혁의 결과 실업자와 빈곤층이 급증하는 가운데 실업보험 등의 보편적 프로그램의 수급자격이 엄격해짐으로써 실업부조의 대상자가 늘어났고, 다른 한편으로는 기존의 보편적 프로그램들도 효율적인 지출의 명목으로 엄격한 소득심사를 요구함으로써 공공부조의 성격이 강화되었다.[45] 저소득층의 사회적 권리로 제공되던 공공부조가 근로의욕을 자극하는 방식으로 재구성된 것이다(조영훈, 2004: 128).

마지막으로 대처정부의 신자유주의 개혁이 가져온 최종적인 결과는 사회적 불평등의 심화였다. 대처정부가 집권한 동안 소득 격차는 크게 확대했다. 상위 10% 계층의 주 평균소득은 1979년의 350파운드에서 1997년에는 540파운드로 54% 증가했는데, 하위 10% 계층의 주 평균소득은 1979년의 110파운

---

44) 개인소유 비율이 1979년에는 54.5%였는데, 1987년에는 64%로 증가했다(원석조, 2019: 221).

45) 영국의 경우 실업급여에 대한 제한 및 장기실업의 확산으로 인해 소득심사를 요구하는 보충실업급여(즉, 공공부조로서의 실업부조)에 의존하는 실업자의 비율이 1980~1981년의 52%에서 1986~1987년에는 75%로 증가하였다. 사회보장제도의 많은 분야에서 소득심사가 강조되고 공공부조의 대상인구가 증가함에 따라 전체 사회보장급여 가운데 소득심사에 기초한 급여(즉, 공공부조)가 차지하는 비중이 1979-1980년의 9%에서 1995~1996년에는 22%로 증가한 반면, 사회보험급여는 63%에서 50%로 감소했다(강욱모, 2000: 71; 조영훈, 2004; 128).

드에서 1997년에는 130파운드로 18% 증가했을 뿐이다. 이리하여 1979년에는 상위 10% 계층과 하위 10% 계층의 소득 격차는 3.18배였지만, 1997년에는 4.15배로 확대되었다(김수행 외, 2009: 45). 소득격차의 확대는 빈곤문제를 새롭게 부각시키는 계기가 되었다. 빈곤자, 즉 빈곤선(국민평균소득의 50%) 이하의 세대에서 생활하는 사람의 수는 1979년 500만 명에서 1994년에는 1,340만 명으로 2배 이상 증가했다. 비율로 환산하면 23%에 상당한다(坂野智一, 2002: 164). 요컨대, 이 시기 동안 이루어진 복지삭감은 시장소득의 불평등 완화작용을 하는 복지국가의 역할을 감소시킴으로써 분배 불평등을 심화시켰다.

결국, 대처정부의 신자유주의 개혁은 모든 시민의 최소한의 삶의 수준을 유지시키는 일을 정부의 책임으로 간주하는 복지국가의 기본원리를 부정하는 것이었으며, 그 결과는 사회적 불평등의 심화로 귀결되었다.

이러한 사회적 불평등의 심화에도 불구하고 대처정부가 개혁을 추진할 수 있었던 것은 소위 '두 개의 국민 전략'이라는 정치적인 전략이 있었기 때문이다(박광준, 2002: 404). 즉, 국민을 두 개의 부류로 분해하여 자신들의 정권유지에 필요한 부류의 국민만의 지지를 통하여 정권을 유지하고자 했던 것이다. 이 전략이 성공을 거두느냐 못 거두느냐는 중간계급에게 달려 있었다. 만약 중간계급의 지지를 얻어 낸다면 노동자들이 반대투표를 하더라도 정권을 유지할 수 있었다. 집권정당의 입장에서는 정권 유지에 필요한 정도의 지지를 확보했기 때문에 복지를 확대할 필요가 없었던 것이다. 영국의 경우 중간계급이 이러한 정책에 동조함으로써 이 전략이 성공을 거두었고, 이를 바탕으로 대처정부는 과감하게 개혁을 추진해 나갔던 것이다.

대처리즘의 평가

대처리즘은 과거 30년간의 중도적 합의정치로부터의 과감한 일탈이며, 이는 정치의 모든 영역에 대한 보다 경직되고 대립적인 접근이었다(고세훈, 1989: 223). 대처의 '신념과 확신의 정치'는 동시에 엄청난 폐해와 부작용을 동반하는 것이었고, 그녀의 퇴진은 어찌 보면 그러한 폐해의 누적이 낳은 당연한 수순이었다. '이데올로기의 종언'이 운위되던 시절에 그것의 종언의 종언을 선언했던 대처의 '우리와 그들'이라는 대립적이고 경직된 문제접근은 무엇보다도 그녀 주위의 많은 사람들에게 상처와 소외를 안겨 주었다(고세훈, 1991: 210).

결국, 대처리즘은 '이데올로기의 종언의 종언'을 선언함으로써 영국 정치를 다시 대립과 이데올로기적 갈등의 시대로 접어들게 했다. 그만큼 대처리즘은 이데올로기적이었다(고세훈, 1989: 225).

2013년 4월 17일 대처의 장례식을 앞두고 그의 공과를 둘러싼 논란은 여전히 뜨거웠다. 데이비드 캐머런 총리는 대처를 "평화 시기 영국의 가장 위대한 총리"라고 평가했지만, 14일 영국 선데이미러가 시행한 여론조사에서는 '이에 동의하지 않는다'라는 의견이 41%로, '동의한다'라는 의견(33%)을 앞섰다(경향신문, 2013.4.16). 이처럼 '철의 여인' 대처는 살아서도 죽어서도 상반된 평가를 받고 있다.

[책갈피 11.5]

'철의 여인' 대처에 대한 상반된 평가

2013년 4월 8일 마거릿 대처가 사망하자 각국 지도자들은 일제히 애도를 표했다. 리더십을 보여준 여성 정치인의 본보기이자 냉전을 끝낸 자유의 투사라는 평이 지배적이었다. 당시 각국 지도자들의 평을 요약하면 다음과 같다.

- 오바마 미국 대통령: "위대한 자유의 승리자", "유리천장 깬 여성리더"
- 고르바초프 구소련 대통령: "우리의 기억과 역사에 남게 될 위대한 정치인"
- 앙겔라 메르켈 독일 총리: "당대 세계 정치에 있어 대적하기 어려운 지도자"
- 프랑수아 올랑드 프랑스 대통령: "프랑수아 미테랑 전 대통령과 함께 건설적이고 유익한 대화로 양국 유대관계 강화"
- 반기문 유엔사무총장: "전 세계에 강력하고 혁신적인 리더십을 보여준 인물"

반면, 대처가 숨지자마자 대처의 적들은 혹평을 쏟아냈으며, 페이스북과 트위터 등에는 대처의 사망을 축하하는 글들이 올라왔다고 보도되었다. 런던 시내에서는 대처 사망 소식에 시민들이 '축하'를 하며 맥주파티를 벌이기도 했다. 런던 외곽 브릭스턴에서는 대처 시대의 반노동정책을 규탄하는 시위가 열렸고, "매기, 매기, 매기(대처의 애칭) 죽었다. 죽었다. 죽었다"라고 쓰인 포스터가 나붙었다. 스코틀랜드의 글래스고에서는 300여 명이 시내 중심가에서 "마녀는 죽었다"며 샴페인을 들고 행진했다.

지금은 폐광도시가 된 영국 북부 더럼 광부협회의 데이비드 호퍼사무국장은 "대처는 우리 공동체와 마을과 사람들을 파괴했다"라며 "(대처가 숨진 날은) 내 생일처럼 기쁜 날"이라고 말했다. 유명 좌파 정치인인 켄 리빙스턴 전 런던시장은 "대처는 200만~300만 명을 내쫓아 산업을 살리겠다고 했던 인물"이라고 혹평했다.

이처럼 살아서도 죽어서도 상반된 평가를 받은 대처는 마지막 가는 길까지 논란을 남겼다. 대처 반대주의자들은 4월 17일 1000만 파운드(약 170억원)를 들여 군병력까지 동원한 국장 수준으로 열린 장례식 동안 산발적인 시위를 벌였다. "대처는 영국을 구하지도, 경제를 살리지도 않았다. 상처 입은 삶과 사회를 기억하며 오늘 대처가 아니라 대처리즘을 묻어야 한다"라는 지적도 나왔다.

출처: 경향신문, 2013년 4월 10일자, 4월 18일자에서 필자 재구성

CHAPTER 12

제3의 길과 영국 복지국가

1. 제3의 길의 등장배경
2. 제3의 길의 이론적 내용
3. 블레어의 복지개혁
4. 제3의 길의 평가

CHAPTER

12 제3의 길과 영국 복지국가

1979년 총선에서 승리하여 집권한 대처정권은 1997년에 가서야 노동당에게 자리를 내주게 된다. 18년 만의 일이었다. 젊은 나이에 노동당 당수가 되어 당 내의 헤게모니를 장악한 토니 블레어는 '구노동당(Old Labour)'에서 '신노동당(New Labour)'으로의 방향 전환을 통해 '제3의 길' 노선을 표방하여 정권교체에 성공하게 된다. 총리가 된 토니 블레어는 보수당의 18년 동안의 장기집권으로 복지국가의 토대가 해체된 상황에서 복지개혁에 착수하게 된다. 이 장에서는 제3의 길의 등장배경과 이론적 내용 그리고 블레어의 복지개혁에 대해 살펴보고, 제3의 길을 평가해 본다.

1. 제3의 길의 등장배경

보수당이 집권하는 18년 동안 경제적으로 큰 변화가 있었다. 무역과 생산활동이 더욱 국제화되었고, 자본시장도 규모가 커졌을 뿐만 아니라 더욱 국제화되었다. 새로운 정보통신혁명이 일어나 지식기반경제가 탄생했고, 산업은 제조업 중심에서 서비스 중심으로 끊임없이 이동했다(김수행 외, 2009: 65). 그러나 생산성의 향상은 지지부진했고, 보수당정부의 경제정책은 경기회복을 이끌어내지 못했다. 복지개혁은 빈곤만 악화시켰다. 1984년에서 1998년 사이에 실업률은 7% 아래로 내려가지 않았고, 1980년대 대부분은 10% 이상의 노동자들이 실업 상태였다. 빈곤은 점점 심해져 갔고, 사람들은 필요할 때 도움을 받을 수 있는 권리를 잃었다. 보수당정부가 안전망을 제거하자마자 과거의 복지국가는 그리움의 대상이 되었다. 1988년의 사회보장법은 아동빈곤행동기구가 최소한의 것으로 제안했던 기본적 보조금의 수준조차 삭감했다. 1930년대 이래 처음으로 실업자들은 보조금을 받기 위해서 '정말로 계속 일자리를 찾고 있음'을 증명해야만 했다(셀리나 토드, 2016: 432).

〈표 12-1〉 대처 집권기간 동안의 경제지표(%)

구분	1973~1979	1980	1981	1982	1983	1984	1985
실질성장률	2.3	−2.5	−1.3	2.0	4.0	2.4	3.8
실업률	3.9	6.1	9.1	10.4	11.2	11.4	11.6
인플레이션	14.8	15.3	10.1	7.3	3.9	4.3	5.2
구분	1986	1987	1988	1989	1990	1991~2001	
실질성장률	4.2	4.2	5.2	2.2	0.8	2.3	
실업률	11.8	10.2	7.8	6.1	5.9	7.6	
인플레이션	3.6	3.7	4.6	5.9	8.1	3.7	

출처: OECD(2003), OECD Economic Outlook 등 이전 연도 자료; 박동운(2004). p.72.

그렇다면 그동안 노동당은 어디에 있었는가. 1983년 6월의 총선에서 노동당이 패배하자[1] 마이클 푸트(M. Foot)는 당수직을 사임했고, 당수에는 닐 키녹(Neil Kinnock)이 선출되었다. 닐 키녹은 대중의 지지를 얻기 위해서는 더욱 온건하고 실용적인 노선이 필요하다는 것을 느끼고 좌파정책을 제거하기 시작했다(김수행 외, 2009: 62). 그러나 노동당의 방향 전환은 유권자에게 큰 감흥을 주지 못했다. 1980년대와 1990년대에 걸쳐 투표율은 눈에 띄게 하락했고, 노동당을 지지했던 전통적인 노동계급 유권자들 중 많은 수가 선거에

1) 보수당은 397석을 차지했으며, 노동당은 209석을 차지했다. 노동당 창당 이후 최대의 패배였다.

참여하지 않았다(셀리나 토드, 2016: 441). 1987년 대처가 총선에서 세 번 연속으로 승리했다.[2)]

1987년 총선에서 또다시 패배하자, 키녹은 '여론에 귀 기울이기(Labour Listens)'라는 기치를 내걸고 노동당 정책검토팀(Labour Party Policy Review)을 설립해 노동당이 1979년, 1983년, 1987년의 세 차례나 연이어 패배한 원인을 찾고자 했다. 정책검토팀은 정책보고서를 통해 연구결과를 발표했는데,[3)] 이것은 노동당의 역사에서 볼 때 '신노동당(New Labor)'의 시작을 알리는 것이었다(김수행 외, 2009: 63). 그러나 키녹은 1992년 4월의 총선에서 메이저의 보수당에게 패배했으며, 곧 당수직에서 물러났다. 그 뒤 스코틀랜드 출신의 존 스미스(John Smith)가 당수가 되었으나, 2년 뒤인 1994년 5월에 심장마비로 갑자기 사망한다. 그의 뒤를 이은 사람이 또한 스코틀랜드 출신의 토니 블레어(Tony Blair)였다.

노동당의 당수로 선출된 블레어는 노동당이 이제 '구노동당(Old Labour)'이 아니라 '신노동당(New Labour)'으로 거듭 태어나야 한다고 주장하였다. 블레어는 노동당을 노동단체와 시민단체의 영향력으로부터 해방시켜 여론정치를 할 수 있는 정당으로 만들기 위해 노동당 개혁 작업에 착수하였다. 그가 실행에 옮겼던 노동당 4대 개혁 작업은 산업국유화정책을 당 규약에서 삭제하고, 당 총회에서 조합의 투표지분을 90%에서 50%로 삭감하고, 지구당 중심의 정치헌금체제를 중앙당 중심체제로 개편하고, 노동당 소속 국회의원들에 대한 통제권을 강화하는 것이었다(노대명, 1999: 268).

---

2) 보수당은 376석을 차지하여 재집권에 성공했으며, 노동당은 229석을 얻는 데 그치고 말았다.

3) 연구결과, 주로 국유화와 정부계획이 완전히 퇴장하고, 시장의 불가피성이 새삼 강조되었으며, 국가와 시장 간의 역할분담이 강조되고, 시장은 자원배분의 가장 훌륭한 기제로 격상되었다(원석조, 2019: 238).

[책갈피 12.1]

토니 블레어(Tony Blair)

- 1953년 영국 스코틀랜드 에든버러 출생
- 1975년 옥스퍼드대 졸업(법학전공)
- 1983년 하원의원 당선
- 1994~2007년 노동당 대표
- 1997~2007년 영국 제54대 총리
- 2008년 JP모건 체이스 고문
- 2010년 코슬라벤처스 수석고문
- 2016년~ 블레어 글로벌변화연구소 회장

사진출처: 위키디피아

산업국유화정책의 삭제는 세계화 전략 추구의 암시와 좌파 경제정책과의 단절을 의미하는 것이었고, 당 총회에서 노동조합의 지분 삭감은 노동당 정책에 대한 노동조합의 영향력을 차단하는 것이었다. 그리고 중앙당 중심의 정치헌금 체제 개편은 노동조합이 노동당에 정치자금을 제공하는 과정에서 행사하는 비공식적 영향력을 차단하는 조치였다. 끝으로 이러한 과정을 거쳐 노동당 출신의 국회의원들에 대한 보다 강력한 통제체계를 구축하여 당내의 헤게모니를 장악하였다(노대명, 1999: 268-269).

이제 보수당의 18년 동안의 집권으로 복지국가의 토대가 해체된 상황에서 그리고 자본의 세계화가 무역 · 외환 · 자본이동을 자유화한 마당에서 '어떻게 집권할 수 있는가'가 신노동당의 핵심적 의제로 등장했다. 그리하여 신노동당은 구노동당이 국가, 집단주의, 누진세를 바탕으로 노동자계급의 이익을 옹호하는 것을 목적으로 삼았던 것과는 달리, 시장, 개인, 낮은 조세를 바탕으로 유권자의 표를 최대한 획득하는 것을 목적으로 삼았다. 여기서 구노동당의 사회민주주의를 배격하면서 다수 중간계층의 인기를 끌 수 있는 '새로운' 이데올로기와 정책체계를 제시한다는 신노동당의 '제3의 길'이 나온 것이다(김수행 외, 2009: 74-75, 108).

블레어의 신노동당은 1997년 5월 1일의 총선에서 국회 의석 659석 중 419석을 차지하여 대승을 거둔다. 보수당은 1906년 이래 가장 적은 165석에 그쳤다. 다른 당 모두의 국회의원보다 179석이나 많은 큰 승리였다. 이 결과에는 18년 동안의 보수당의 신자유주의 정책에 대한 염증과 보수당 지도층의 부패 스캔들[4]이 크게 작용했다.

2. 제3의 길의 이론적 내용[5]

제3의 길의 이론적 내용은 영국의 대표적인 사회학자 앤서니 기든스(Anthony Giddens)의 저작 『제3의 길』(1998)과 이에 영향을 받은 토니 블레어

4) 보수당은 집권 동안 여러 가지의 스캔들을 야기해 국민들로부터 거센 비판을 받았다. 1983년 10월에는 대처 내각의 파킨슨(Cecil Parkinson) 장관이 비서와 혼외정사로 아이를 가진 것이 폭로되어 사임했고, 1985년에는 보수당 전당대회의 부의장 아처(Jeffrey Archer)가 창녀와의 섹스스캔들로 사임했으며, 1986년에는 웨스트랜드 헬리콥터회사의 합병문제를 둘러싸고 각종 비리가 노출되었다. 또한, 1993년에는 10대 흑인 로렌스를 끔찍하게 죽인 사건(인종차별사건)이 일어났는데, 경찰이 신속하게 처리하지 않았고, 1985년 이래 계속된 이라크에 대한 불법 무기 판매가 1990년대에 드러났으며, 그 밖에도 보수당 정치인과 기업가 사이의 부정부패가 계속 폭로되었다. 보수당의 모델 구청인 런던의 웨스트민스터 구청이 공공임대주택을 판매하면서 보수당을 좋아하는 사람에게 먼저 구매 기회를 준 사건이 있었고, 보수당 국회의원과 장관이 기업가로부터 돈을 받고 그 기업가가 요구한 질문을 국회에서 하는 스캔들도 발생했다(김수행 외, 2009: 78).

5) 제3의 길의 이론적 내용은 오세영(2023), pp.197-202의 내용을 참조하였다.

가 자신의 기본적인 정치노선으로 채택한 그린페이퍼(Green Paper) 『우리나라를 위한 새로운 열망: 복지를 위한 새로운 계약(*New Ambitious for Our Country: A New Contract for Welfare*)』에 잘 나타나 있다.

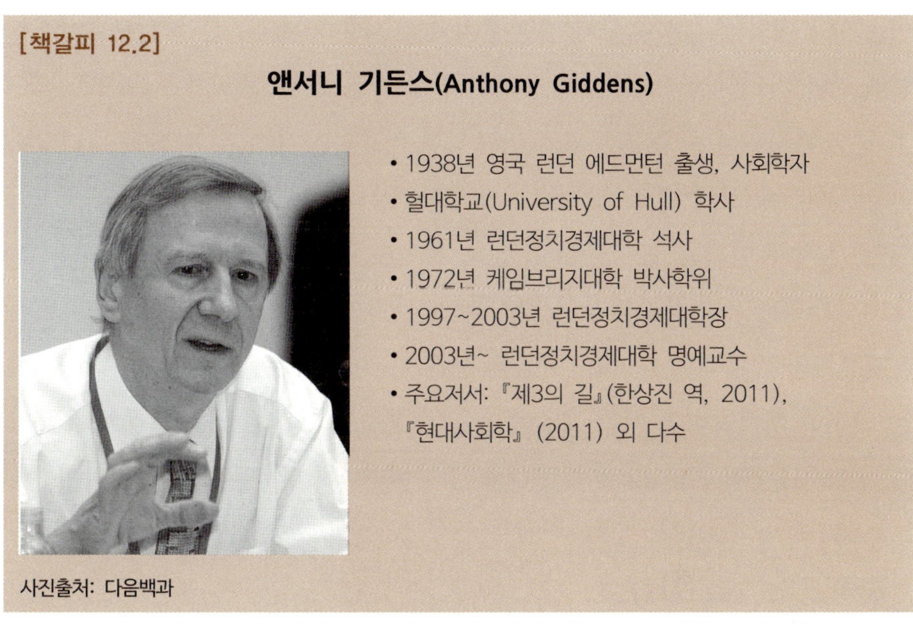

사진출처: 다음백과

제3의 길이란

제3의 길은 국가의 시장개입을 강조했던 구식 사회민주주의와도 다르지만, 모든 것을 시장의 결정에 맡기자는 신자유주의와도 다르다는 입장을 갖고 있었다(앤서니 기든스, 1998: 262). 기든스는 "제3의 길이란 이미 새로워진 세계에 사회민주주의를 적응시키고자 하는 사고와 정책의 틀인 동시에 구식 사회민주주의와 신자유주의를 뛰어넘고자 하는 시도이다"(앤서니 기든스, 1998: 29)라고 말했다.

제3의 길은 사회민주주의 복지국가 노선(제1의 길)을 비판하는 데서 출발한다. 제3의 길은 과거의 '복지에 대한 합의'는 더이상 존재하지 않으며, 이것으로 되돌아갈 수 없다고 보았다. 기든스는 "과거의 복지국가체제는 사람을 위험으로부터 보호하는 데만 급급했지 삶의 활기를 불어넣어 주는 측면에 대해서는 소홀했다"(앤서니 기든스, 1998: 270)고 주장했다. 또한, 기든스는 피어슨과의 대화에서 복지국가는 본질적으로 사회적 혹은 집단적 보호시스템인데, 우리가 생각하는 만큼의 능력이나 포괄성, 또는 보호성을 보여준 적이 없으며, 복지의존성, 복지제도의 관료성과 비효율성이 모두 현실로 나타났다고 비판한 바 있다(앤서니 기든스 · 크리스토퍼 피어슨, 1998: 174). 복지국가에 대한 우파의 비판을 받아들이고 있는 것이다.

제3의 길은 신자유주의적 시장경제 노선(제2의 길)도 지양한다. 기든스는 신자유주의는 활력이 다 소진되었을 뿐만 아니라, 그것을 가지고 시작하기에는 완전히 부적합하고 자기 모순적인 정치철학으로 간주했다. 그래서 노동당이 신자유주의를 뛰어넘어야 한다고 주장했다(앤서니 기든스, 1998: 288).

활력 있는 시민사회

제3의 길은 정부가 해답이라 말하는 좌파와 정부를 적이라 말하는 우파를 넘어서 국가를 다시 일으킬 필요가 있다고 주장했다(앤서니 기든스, 1998: 121). 즉, 정부의 비대한 몸체를 줄이면서 투명하고 효율적인 정부기구를 만드는 작업이 중요하다고 보았다. 제3의 길은 활력 있는 시민사회를 강조하는데, 이를 위해서는 정부의 재조직화가 필요하며, 정부와 시민사회와의 파트너십이 필요하다고 본다. 정부는 국가기구들을 보다 투명하고 책임성 있게 재구조화함으로써 시민사회 안의 다양한 이해관계들을 조정할 수 있어야 한다고 보았던 것이다(앤서니 기든스, 1998: 271).

사회적 배제의 방지

제1의 길이 빈곤의 해소와 소득재분배에 의한 사회적 평등의 실현을 그 주요한 정책 목표로 삼았다면, 제3의 길은 빈곤 대신에 사회적 배제(social exclusion)의 방지를 주요 과제로 삼았다. 사회적 배제가 다차원적 개념이긴 하지만, 제3의 길을 표방한 블레어정부는 노동시장으로부터 배제된 사람들의 사회적 포용(social inclusion)을 전면에 내세웠다(阪野智一, 2002: 166).

블레어정부는 사회적 배제를 방지하고 해소하는 방안으로 '취업노동에의 접근'을 가장 우선시했다. 즉, 사회적 배제를 국가의 전통적인 고용프로그램이나 거시적, 수요 지향적 재정지출을 통해서가 아니라 미시적이고 개인적 차원에서 취업능력을 제고함으로써 우회적으로 해결하고자 했다. 따라서 블레어정부는 대처정부가 견지했던 정통적인 거시정책, 즉 고용과 성장이 아니라 물가안정과 지속 가능한 공공재정을 지향하는 정책을 추진하였고, 재정정책에서도 보수당 메이저정부의 정책을 유지하는 균형재정정책을 추구하였다(김호균, 2001: 75).

세계화의 수용

제3의 길은 세계화를 불가역적이고 불가피한 경향으로 받아들였다. 제3의 길은 지식경제화의 진전을 사실로 받아들이면서 블루칼라 노동자를 중시하는 것으로부터 숙련노동자를 중시하는 것으로 전환해야 할 필요가 있다고 보았다. 따라서 노동시장의 유연화와 기업가 정신의 함양이 중요한 과제가 되었다. 자본은 마음대로 지역과 나라 사이로 이동하고 언제나 혁신을 도입하는 경향이 있으므로 개인은 자본의 요구에 순응해 교육과 훈련을 계속 받아야만 고용의 불안정성을 극복할 수 있다는 것이다. 따라서 국가는 모든 사람에게 교육과 훈련의 기회를 충분하고 동등하게 제공하는 것을 최대의 과제로 삼아야 한다는 것이었다(김수행 외, 2009: 108-109).

결국, 제3의 길의 핵심은 단연 교육체제의 전면 개편이자 내실화였다. 교육과 훈련이 영국의 경제 · 사회문제 전반을 해결하는 중심 고리가 되었다. 즉, 교육과 훈련이 취업능력을 높여 구조적 실업과 임금불평등을 완화하는 방도였기 때문에 사회적 배제를 극복하는 데에도 기여하는 것으로 보았다. 이처럼 교육이 경제정책과 직결되기 때문에 블레어정부는 '교육이 가장 훌륭한 경제정책이다'라는 구호[6] 아래 교육과 훈련을 최우선 정책과제로 설정하였다(김호균, 2001: 76).

적극적 복지

한편, 제3의 길에서는 적극적 복지(active welfare)를 강조한다. 국민들에게 경제적 혜택을 직접 제공하기보다는 되도록 '인적 자본(human capital)'에 투자하라는 것이다. 즉, 복지국가 대신에 적극적인 복지사회의 맥락에서 작동하는 사회투자국가(social investment state)로 개편하자는 것이다.[7] 다시 말하면, 개인이 노동시장에 편입되고 이를 위한 직능을 습득하도록 그의 책임을 강화하기 위해서는 전통적인 복지국가는 오히려 방해가 되므로 국가는 사회투자국가로 개조되어야 한다는 것이다(김호균, 2001: 75).

---

6) 신노동당은 1997년의 총선에서 '교육, 교육, 교육'이라는 구호를 앞세웠다. 교육과 훈련이 중요한 이유를 다음과 같이 말한다. "세계화의 시대에 개인이 안정적인 직업과 소득을 얻기 위해서는 교육과 훈련이 유일한 길이고, 안정적인 직업을 얻어야만 영국 복지국가를 위협하는 복지의존의 고리를 끊을 수 있으며, 또한 교육과 훈련만이 영국병인 저생산성, 만성적인 장기실업과 성장제약요인들을 극복할 수 있기 때문이다"(김수행 외, 2009: 84-85에서 재인용).

7) 제3의 길의 입장은 전면적인 탈규제가 올바른 해결책이 될 수 없다고 본다. 복지지출은 미국 수준보다는 유럽 수준으로 지속되어야 한다는 것이다. 그러나 가능한 한 인적 자원에 대한 투자로 전환되어야 하고, 도덕적 해이가 야기되는 곳에서 급여제도는 개혁되어야만 한다고 본다. 그리고 가능하면 유인책을 통해서, 필요하다면 법적인 강제를 통해서, 좀 더 능동적으로 위험을 수용하는 태도를 촉진시켜야 한다고 주장한다(앤서니 기든스, 1998: 184).

사회투자전략의 대표적인 예가 노령인구대책과 실업대책이다. 기든스는 노령인구를 문제라기보다는 자원으로 인식해야 한다고 주장했다. 노령인구를 다수로부터 분리하여 퇴직자 거주지에 몰아넣는 사회는 포용적이라 할 수 없으며, 아울러 노인들 자신도 노령이 책임은 없고 권리만 있는 시기로 여겨서는 안 된다고 보았다. 또한, 법률의 정년퇴직 연령을 폐지해야 한다고 주장했다. 정년퇴직 연령 폐지를 통해 노동과 공동체에 대한 노인의 참여를 촉진할 수 있고, 노인들을 젊은 세대와 직접적으로 연결시키는 역할을 할 것으로 전망했다(앤서니 기든스, 1998: 181-182).

실업문제의 경우를 보자. 높은 실업률은 무제한적으로 지속되는 후한 실업급여, 그리고 배제 현상으로서 노동시장 하층부에서의 빈약한 학력과 관련이 있다고 보았다. 따라서 정부는 인적 자원에 투자하여 실업률을 감소시켜야 한다고 보았다. 정부는 고용창출을 위하여 중소기업의 창업이나 기술 혁신과 관련된 기업을 적극 지원해야 한다. 기업가정신은 직업 창출의 직접적인 원천이다. 정부는 벤처기업에 대한 지원이나 기업가의 모험에 대한 안전장치의 제공을 위해 복지제도를 재조정해야 한다. 그리고 정부는 평생교육을 강조하고, 개인들이 일생 동안 지속할 수 있는 교육 프로그램을 개발해야 한다. 직업을 바꾸는 데 필요한 교육도 지원해야 한다. 정책은 무조건적인 복지에 의존하는 대신 교육과 투자 기회를 이용하도록 장려하는 방향으로 나가야 한다. 그리고 정부는 가족 친화적 작업장 정책을 촉진해야 한다. 아동에 대한 양육지원은 물론 재택근무 혹은 안식년제 등의 제도를 통하여 고용과 가사를 조화시킬 수 있도록 도와주어야 한다고 보았다(앤서니 기든스, 1998: 183-187).

또한, 적극적 복지는 위험성을 분명히 인식하고 자원보다는 위험성을 공동부담하는 것이다. 효과적인 위험성 관리는 위험성을 최소화하거나 그것에 대하여 보호하는 것만을 의미하지는 않는다. 그것은 또한 위험성의 긍정적 혹은 활력적인 측면을 이용하고, 위험의 감수에 대하여 자원을 제공하는 것을 의미한다. 적극적인 위험의 수용은 기업가들과 노동자들 모두에게 적용된다(앤서니 기든스, 1998: 177). 결국, 적극적 복지는 베버리지가 제기한 각각의 소극적 요소들을 적극적인 것으로 대체시키는 것이다.[8] 궁핍 대신에 자율성을, 질병 대신에 활력적인 건강을, 무지 대신에 교육을, 불결 대신에 안녕을, 그리고 나태 대신에 진취성이 그것들이다(앤서니 기든스, 1998: 189).

이상과 같은 제3의 길의 이면에는 복지지출이 성장에 직접적인 부담일 뿐이라는 신자유주의적 가정이 깔려 있으며, 제3의 길에 입각한 복지국가의 재편이란 비용삭감 이외에도 복지의존을 줄이고 개인의 책임을 강조하는 의지가 담겨 있었다(고세훈, 1999: 490-491).

3. 블레어의 복지개혁

블레어정부는 1997년 5월, 새로운 총리의 시책방침을 나타내는 여왕 연설에서 복지국가의 '현대화(modernization)'가 최우선과제의 하나라고 밝혔다. 블레어는 이 문제에 관한 전문가인 필드(Frank Field)를 장관으로 임명하여 복지개혁의 작업을 추진했다. 그 성과는 1998년 3월 『우리나라를 위한 새로운 열망-복지를 위한 새로운 계약(*New Ambitions for Our Country: A New Contract for Welfare)*』을 제목으로 하는 그린페이퍼(Green Paper)로 정리되었다. 그린페이퍼는 우선 현행의 사회보장제도의 근본적인 문제로서 다음의 세

8) 기든스는 베버리지의 5대 악(궁핍, 질병, 무지, 불결, 나태)에 대한 전쟁 선포가 소극적 복지에 초점을 둔 것이라고 보았다(앤서니 기든스, 1998: 177).

가지를 지적한다. 첫째, 사회보장지출이 증대하고 있음에도 불구하고 불평등과 사회적 배제가 확대되고 있다. 둘째, 유급의 일에 종사하기보다는 사회급여에 대한 의존을 강화하는 '급여의 함정(benefit trap)'에 빠져 있다. 셋째, 부정수급에 의한 많은 금액의 손실을 보고 있다(阪野智一, 2002: 164-165). 그리고 그린페이퍼는 복지개혁의 원칙을 다음의 여덟 가지로 제시하였다(박병현, 2005: 79-80에서 재인용).

첫째, 새로운 복지국가(the new welfare state)는 노동연령에 있는 국민들이 자신이 일할 수 있는 곳에서 일할 수 있도록 지원하고 격려해야 한다.

둘째, 공공부문과 민간부문은 파트너십을 형성하여 예견 가능한 위험으로부터 국민을 보호하고, 그들이 은퇴 이후를 대비할 수 있도록 함께 노력해야 한다.

셋째, 새로운 복지국가는 전체 공동체에 높은 질적 수준의 공공서비스 및 현금급여를 제공해야 한다.

넷째, 장애인들은 존엄성 있는 삶을 영위할 수 있도록 필요한 지원을 받아야 한다.

다섯째, 복지제도는 빈곤아동의 고통을 해결해야 할 뿐만 아니라 가족과 아동을 지원해야 한다.

여섯째, 사회적 배제를 해결하고 빈곤에 처한 사람들을 돕기 위한 특별한 조치가 취해져야 한다.

일곱째, 복지제도는 개방성과 정직성을 높이는 것이어야 하며, 복지 수급과정은 분명하고 강제성이 있어야 한다.

여덟째, 복지전달체계는 탄력적이고, 효율적이며, 국민들이 쉽게 이용할 수 있어야 한다.

전체를 관철하는 개혁의 기본적인 방향은 복지수급자에 대해서 일하는 능력과 의욕을 갖게 하고, 근로를 촉진함으로써 복지에 대한 의존 체질을 없애고, 아울러 복지경비의 삭감을 도모한다는 점에 있었다. 바꾸어 말하면, 블레어정부는 사회정책이나 복지국가의 목적을 소득재분배가 아닌 개인의 근로 가능성(employ ability)을 향상시키는 데 두었다. 복지국가는 사회적 낙오자를 단순히 받아들이는 '사회적 안전망'이 아니라 근로를 촉진하기 위한 것으로 교육이나 직업훈련에 대한 투자의 강화에 복지정책의 중점이 두어졌다(阪野智一, 2002: 165). 여기에서 주목할 점은, 이러한 복지제도의 개혁이 기존 복지국가체제의 기반이 되었던 '국민의 권리와 국가의 의무'라는 일방적 구조에서 '정부뿐만 아니라 국민에게도 의무를 부과'하는 쌍무적인 구조로의 이행이라는 점이다. 즉, 영국은 기존 복지국가체제에 대한 일대 패러다임의 전환을 시도한 것이다(문진영, 2004: 47).

1) 노사관계정책

블레어정부는 앞서 말한 복지개혁의 여덟 가지 원칙에 입각하여 개혁을 추진하게 되는데, 우선 1993년에 폐지된 최저임금제도를 부활했다.[9] 또한, 노동조합 · 노동자의 권리보호에 관한 개혁안으로서 1998년 5월에 정부백서 『노동에 있어서의 공정(Fairness at Work)』을 공표하고, 그것을 포함해서 1999년 7월, 고용관계법이 제정되었다. 영국에서는 사용자의 승인을 얻은 노동조합만이 단체교섭 등의 법적 권리가 부여되는데, 종래 조합승인은 사용자의 재량에 맡겨져 있었다. 그러나 고용관계법에 따라 이 절차가 법제화되어

9) 최저임금제도의 부활은 취업을 통하여 얻은 임금의 금전적 가치를 높이고자 함이었다. 이로 인해 약 130여만 명의 근로자들이 평균 15% 정도의 임금인상 효과를 거둔 것으로 보고되었다(신동면, 2004: 281).

조합조직률이 50% 이상이면 자동적으로, 그 미만인 경우에도 조합원의 40%의 찬성을 얻으면 조합은 단체교섭의 승인을 받을 수 있게 되었다. 노동자 개인의 권리에 관해서도 부당해고로부터 보호가 확대되었고, 조합원 · 비조합원을 이유로 하는 차별의 금지가 정해졌다. 게다가 정권발족 직후부터 사회헌장의 비준을 표명하는 등 보수당정부의 비판적 · 소극적인 자세와는 대조적으로 노동시간, 출산 · 육아휴직, 노사협의제, 파트타임노동 등의 분야에서 EU 지령의 국내법화를 적극적으로 실시하였다.

한편, 보수당과 노동당 간의 노사관계정책의 연속성도 존재했다. 사실 1997년의 선거 강령에서 노동당은 1970년대의 노동조합 · 노동쟁의법을 부활시킬 의도는 없다고 하고, 노동쟁의에 관한 규정을 비롯하여 1980년대의 노사관계 개혁입법의 주요 부분을 지지한다는 기본 방침을 분명히 했다. 이것은 블레어정부가 보수당정부에 의한 노사관계의 신자유주의적 재편을 받아들인 것을 의미했다. 최저임금제라는 사회적 안전망이 도입되었다고는 하나 경제의 경쟁력 강화와 노동시장의 유연성의 촉진이라는 정책의 기본목표에 있어서 양자 간의 근본적인 차이는 보이지 않았다(阪野智一, 2002: 169).

2) 뉴딜

블레어정부가 도입한 대표적인 근로조건부복지(workfare)의 강화정책이 뉴딜(New Deal)이다. 뉴딜은 근로연령층에 속하나 여건상 실업 상태인 집단들을 노동시장에 참여할 수 있도록 정부가 적극적으로 지원하는 정책이다(원석조, 2019: 247).

뉴딜은 근로능력을 갖춘 사회부조 수급자들을 일자리로 유인하기 위하여 대상자별로 다른 서비스를 제공하는 특징을 가지고 있었다. 즉, 뉴딜은

18~24세 청년 실직자를 대상으로 하는 청년뉴딜(New Deal for Young People), 25~49세 장기실직자 대상의 25세 이상 뉴딜(New Deal 25 plus), 50세 이상 장기실직자 대상의 50세 이상 뉴딜(New Deal 50 plus), 장애인 대상의 장애인 뉴딜(New Deal for disabled People), 편부모 대상의 편부모 뉴딜(New Deal for Lone Parents), 실직자의 배우자를 위한 배우자(동거인) 뉴딜(New Deal for Partners)과, 2004년부터 시작된 자영업자를 대상으로 하는 뉴딜(New Deal: self-employment) 그리고 음악가를 대상으로 뉴딜(New Deal for Musicians) 등이 있었다. 이 중에서도 청년 뉴딜, 25세 이상 뉴딜, 편부모 뉴딜, 장애인 뉴딜이 대표적인 사업이라 할 수 있다.[10] 또 이 중에서 청년 뉴딜과 25세 이상 뉴딜만 참여가 의무적(compulsory)이며, 나머지 대상자를 위한 뉴딜은 개인의 판단에 따라서 참여를 결정하게 되는 자발적(voluntary) 프로그램이다(박병현, 2005: 80-81).

복지수급자에 대한 세제지원의 합리화도 블레어 개혁의 중요한 부분을 차지하였다. 소득의 재분배보다도 기회의 재분배를 중시하는 블레어정부는 복지수급자들에게 일을 장려하기 위해 각종 인센티브를 제공하였다. 예를 들면, 자녀가 있는 상근 저소득층에 대한 소득보조로서 1999년부터 가족크레디트를 대신하여 근로가족조세크레디트(Working Family Tax Credit: WFTC)가 도입되었다. 소득이 지급기준액을 넘은 경우 급여의 공제율을 가족크레디트의 70%에서 55%로 인하하였고, 가구소득의 증가에 의한 급여의 메리트를 한층 크게 하였으며,[11] 근로의욕을 높이는 것이 그 목표였다(阪野智一, 2002: 170). 근로가족조세크레디트는 2003년에 근로조세크레디트(Working Tax

10) 각 사업별 제도적 특성에 관해서는 신동면(2004), pp.29-30을 참조하기 바란다.

11) WFTC의 도입으로 인해 약 100만 명에 달하는 부양아동을 둔 저소득가족이 평균 주당 30파운드의 추가소득을 얻게 되었다(신동민, 2004: 28).

Credit: WTC)로 대체되었는데, 무자녀 독신 및 부부, 장애인, 고령자 등으로 대상을 확대하고, 급여 혜택을 상향 조정한 것이다(박순우 · 최영, 2007: 205). 아동케어 및 장애인에 관해서도 같은 취지의 보육조세크레디트(Child care Tax Credit), 장애인조세크레디트(Disability Person's Tax Credit)가 도입되었다.

뉴딜은 복지급부를 직접적으로 제공하기보다는 프로그램에 직접 참가해야 급여를 지급한다는 강도 높은 조건을 부과하고 있었기 때문에 '모든 사람에게 사회보장을 제공한다'라는 베버리지의 보편주의 원칙에서 벗어나 '일할 수 없는 사람에게만 사회보장을 제공한다'라는 선별주의 원칙을 강화한 것이었다(김종일, 2001: 119; 신동면, 2004: 28). 각종 인센티브 제공을 통한 급여제도의 개혁도 빈곤함정을 방지한다는 의도에서 수급자의 근로유인을 위한 정책이었음은 두말할 필요가 없다. 이런 점에서 근로조건부복지의 강화는 근로유인을 중시한 대처정부 개혁노선의 연속선상에 놓여 있다고 할 수 있다.

3) NHS

NHS에서는 보건당국이 병원(NHS병원과 사립병원)과 일반의(가정의: general practitioner)와 경쟁적인 계약을 맺어 보건서비스를 국민들에게 제공하는 제도는 1994년 4월 폐지되었다. 그러나 노동당정부는 일정한 분야(예: 진찰이나 수술)를 영리적인 사적 의료기관에 맡기는 방식으로 공사협력체제(public-private partnership)를 확대하였다. 또한, 병원 건물을 민간업자에게 건설하도록 하고 보건당국이 그 건물을 민간업자로부터 빌리는 방식으로 병원을 확대하였다(김수행 외, 2009: 86).

블레어정부는 의료수요의 증대, 보건행정의 비효율성, 의료서비스 질에 대한 시민의 불만, 보건의료의 불평등 등과 같은 문제에 직면하게 되었는데, 이를 해결하기 위해 1차 의료집단(primary care groups)을 신설하였다. 1차 의료집단은 자기가 담당하는 등록환자를 위해 보건의료예산을 미리 보건당국으로부터 배당받는 일반의를 가리킨다. 이들은 NHS 병원 운영에 참여하고, 보건의료예산을 관리하며, 보건의료서비스의 질적 관리를 담당하는 등 지역의 1차 보건의료에 대한 전반적인 권한을 갖는다. 평균 10만 명 정도의 환자(후에 20만 명으로 확대)를 대상으로 조직된 1차 의료집단은 1차 의료집단 트러스트(NHS 트러스트에 대응)로 발전하였다.

그러나 블레어 신노동당의 보건의료정책은 기본적으로 보수당의 보건의료 정책과 방향에서 큰 차이가 나지 않았고, 보건의료부문의 개혁에도 불구하고 국민의 보건의료서비스에 대한 만족도는 개선되지 않았다. 2003년 영국인의 보건의료 수준에 대한 만족도(매우 만족한다는 비율)는 8.3%로서 EU 15개국 평균 13.2%에 비해 매우 낮은 것으로 나타났다(원석조, 2019: 246-247).

4. 제3의 길의 평가

이상 살펴본 바와 같이 블레어 신노동당정부가 집권한 이후 개혁을 추진할 수 있었던 것은 집권기 동안 경제가 전반적으로 좋아져 인플레이션이 낮고 이자율도 낮으며 실업률도 낮아졌기 때문이다.[12] 그러나 노동당도 갈수록 여러 가지 악재에 시달리면서 '제3의 길'이 아무런 새로운 내용을 가지지 않는다는 비판이 자주 나오게 되었고, '머리는 대처이고 몸은 블레어'인 만화

12) 인플레이션은 1997년 3.1%에서 2003년 1.3%로 하락하였고, 같은 기간 실업률도 6.5%에서 4.9%로 감소하였으며, 금리도 7.25%에서 3.75%로 하락하는 등 주요 경제사회지표가 안정세를 보였다. 다만 경제성장률은 같은 기간 3.3%에서 2.2%로 약간 감소하였다(김윤태, 2005: 196).

가 나올 정도로 블레어의 정치철학은 의심받기 시작했다.

제3의 길은 영국의 좌파들에 의해 비판을 받았다. 이들의 비판은 1998년 홉스봄(E. Hobsbawn)과 홀(S. Hall) 등이 중심되어 쓴 책(*The Third Way is Wrong*)[13]에 잘 나타나 있다. 이것을 중심으로 좌파들의 제3의 길에 대한 비판을 정리하면 다음과 같다.

첫째, 제3의 길은 구노동당의 사회민주주의와 보수당의 신자유주의를 극복한다는 선전과는 달리 신자유주의와 별 차이가 없다는 것이다. 좌파는 블레어를 '바지 입은 대처'라고 비판한다. 좌파들(홉스봄과 홀)에 따르면, 블레어 정부는 자본주의의 극복이라는 좌파 고유의 전망을 포기하였고, 정치권력의 문제를 상징조작의 여론정치로 환원시켰으며, 국제적 연대의 틀을 파기했고, 보편적 복지 개념을 저버렸으며, 우파 특유의 시장 중심주의적 사고를 수용하였다는 점에서 제3의 길은 영국 좌파가 스스로 우경화됨으로써 만들어낸 타협안에 불과하다고 비판했다(노대명, 1999: 267).

마틴 자크(Martin Jacques)는 신노동당이 신자유주의의 종말을 선고하기는커녕 대체로 신자유주의의 예언(nostra, 예언자 노스트라다무스를 어원으로 하는 조어)을 받아들였다고 비판했다(에릭 홉스봄 외, 1999: 16). 에릭 홉스봄(Eric Hobsbawm)은 세계적 위기는 자유시장 근본주의의 종말을 예고하고 있으나 애석하게도 신노동당은 신자유주의와 단절하지 못했다고 주장한다(에릭 홉스봄 외, 1999: 23). 스튜어트 홀(Stuart Hall)의 지적은 이런 비판을 더욱 잘 집약하고 있다.

---

13) 우리나라에서 『제3의 길은 없다』라는 제목으로 번역되었다. 에릭 홉스봄 외 지음, 『제3의 길은 없다』, 노대명 옮김, 서울: 당대, 1999.

> 정치적인 면에서의 블레어는 본질적으로 포스트 대처주의 인물이다. 〈중략〉 본질적으로 대처리즘을 바탕으로 해서 기본 구조를 세웠으며, 대처리즘에 의해서 규정되는 지형 위에서 작동하고 있다. 대처 여사는 프로젝트를 가지고 있었다. 그것에 우리를 적응시키려고 하는 것이 바로 블레어의 역사적 프로젝트이다.
>
> 우리 시대의 위기에 대해 진정으로 현대적인 대응을 다시 만들어내야 할 좌파의 임무는 대부분 폐기되어 버렸다. 세계적인 차원에서도 국내 차원에서도 대처리즘이 만들었던 '전환'의 광범위한 파라미터들은 근본적으로 수정되거나 역전되지 않고 있다. 〈중략〉 블레어는 가사 몇 마디는 외운 것 같다. 그러나 애석하게도 그만 악보를 잊어버리고 말았다(에릭 홉스봄 외, 1999: 82-83).

또한, 같은 맥락에서 바네트(Anthony Barnett)는 블레어의 신자유주의적 사고를 다음과 같이 지적했다.

> 블레어는 자신이 영국의 최고경영자(CEO)라고 생각한다. 블레어가 볼 때, 각료는 기업의 경영자이고 국민은 자기 회사의 고객들이다. 블레어가 머릿속으로 그리는 국민과의 관계는, 자신은 경쟁력 있는 서비스를 제공하고 국민은 그 서비스를 사고 그리고 자신은 권력을 향유하는 그런 것이다. 〈중략〉 세계적인 기업 영국주식회사 정부는 현대화되고 있기 때문에 하나의 기업처럼 운영될 것이다. 국민들 역시 현대화되어야 한다. 만약 국민 개개인이 적극적으로 주권을 행사하지 않으면, 일개 소비자로 전락할 것이다(에릭 홉스봄 외, 1999: 248-249).

좌파들의 두 번째 비판은 제3의 길이 불평등을 옹호한다는 것이다. 제3의 길은 날로 심각해지고 있는 사회적 불평등을 똑똑히 보면서도 보다 평등한 부의 분배와 보다 평등한 삶의 기회 분배를 가로막는 구조적인 이해관계들이 존재할 수 있다는 사실을 인정하기를 거부한다고 비판했다.

휴턴(Will Hutton)에 의하면, 신노동당은 이따금 공정성 함양과 기회의 평등을 운운하지만, 평등 그 자체에 대해서는 함구하고 있고, 소득 · 부 · 생활양식 · 기회 · 교육의 불평등이 더욱더 심각해지고 사회적으로 위험 수위에 이르고 있는데도 이런 핵심적인 가치에 대해서 공공연히 소극적인 태도를 보인다고 비판한다. 그는 또 이렇게 말하고 있다.

> 불평등한 경제와 사회는 흉보(凶報)이다. 그러나 바로 이러한 시점에서 신노동당은 맨 위에 자유를 놓고 그다음에 박애를 그리고 평등은 간신히 3위를 차지하는 명백히 보수적인 가치의 위계질서를 받아들이고 있다. 신노동당의 수사학은 진직으로 주변화된 사람들을 '사회' 속으로 끌어당김으로써 사회적 배제를 끝맺는 데 초점을 맞고 있지만, 사회 내에 만연한 분배와 기회의 불평등은 대부분 언급조차 되지 않은 채로 남아 있게 된다(에릭 홉스봄 외, 1999: 184, 188).

좌파에 의하면, 불평등에 투쟁하자는 언어는 공적 담론에서 거의 자취를 감추었다. 이것은 부분적으로는 신노동당이 공공연히 불평등에 관심을 가질 경우 재집권을 담보해 주는 선거연합을 유지할 수 없다고 판단하기 때문이고, 부분적으로는 평등문제에 관심을 기울이는 유권자가 수적으로 줄어들거나 영향력이 없어졌기 때문이다. 또 부분적으로는 불평등을 창출하는 세력들이 아무런 도전도 받지 않는 무적의 세력처럼 보인다는 데 그 이유가 있다고 비판했다(에릭 홉스봄 외, 1999: 189).

세 번째 좌파들의 비판은 근로조건부복지에 대한 비판이다. 블레어정부가 복지보다는 일을 너무 강조한다는 것인데, 홀(Stuart Hall)에 의하면, 아무리 신노동당의 전체적인 복지개혁에서 노동과 유급고용이 부동의 자리를 차지하고 있다고 해도 신노동당은 일자리를 보장하기 위해 개입하지 않을 것이고, 이것은 민간부문에 의존해야 하기 때문에 신노동당은 다만 도덕적으로

훈계할 수 있을 뿐이라고 비판했다. 또한, 그는 다음과 같이 지적하고 있다.

> 일하는 복지는 거동할 수 있고 사회보장제도의 급부금을 받고자 하는 사람은 누구나 자식들을 떼어놓고 일하러 나가야 하고, 병상에서 일어나야 하고, 무능력을 극복해야 하고, 퇴직과 실질 상태에서 원상태로 돌아와야 한다고 요구한다. 빈민수용시설(workhouse)이 생긴 이래로 노동의 가치가 이처럼 격렬하게 단 하나의 목적에 의해 결정된 적은 결코 없었다(에릭 홉스봄 외, 1999: 66).

블레어 복지정책의 근간을 이루는 것이 근로조건부복지였다. 블레어의 신노동당은 보수당에 대한 민심 이반으로 어느 때보다 집권 가능성이 높았던 상황에서 중간계급이 노동당의 과세정책과 복지정책에 대해 일종의 두려움을 갖고 있다는 전략적 판단을 했다. 그리고 이에 입각하여 복지정책의 자유주의적 개혁을 '제3의 길' 정치의 핵심 강령으로 제시하였다. 물론, 근로조건부복지란 세계화 시대에 걸맞는 적극적이고 자발적인 주체를 육성한다는 명분을 제시하고 있다. 하지만 실제로는 구조적 모순에 대한 해결 의지를 상실하고 있었다. 따라서 제3의 길은 가진 자에게는 기득권의 보호를, 가능한 소수에게는 무한한 기회를 의미하지만, 불가능한 다수에게는 절대빈곤의 악순환을 의미하는 것이었다(노대명, 1999: 272).

반면에, 이러한 좌파의 비판에 대해서 블레어 지지자의 비판 또한 날카로웠다. 블레어 지지자들은 영국 좌파 중 누구도 제3의 길에 맞설 대안을 제시하지 못하는 상황에서 우파 세력을 완전히 무력화시킨 블레어가 우파에 굴복했다고 주장하는 것은 어처구니없는 일이라고 말했다. 현실적으로 중도좌파 세력은 신자유주의하에서의 심화된 불평등에 대한 시민들의 불만과 분노를 토대로 집권하였고, 여전히 평등, 복지, 국가의 역할에 대한 신념을 갖고 있다고 주장했다(노대명, 1999: 268).

대표적인 블레어 옹호론자인 멀건(Geoff Mulgan)은 홉스봄과 홀 같은 대학 교수들은 상아탑 속의 학자입장에서 넋두리를 늘어놓기보다는 실천적인 해결방안을 제시해야 한다고 주장했다. 멀건은 좌파들의 비판이 공정하지 않고 정확하지 않으며, 비판과 함께 신뢰할 수 있는 대안을 제시하지 못하고 있다고 비판하면서 다음과 같이 지적했다.

> 오늘날 많은 마르크스주의 그리고 포스트 마르크스주의 좌파들은 대안 전략을 제공하는데 그다지 관심이 없는 듯하다. 〈중략〉 기껏해야 우리는 그들의 대안적 프로그램들이 무엇인가에 관해 희미하게 감지할 수 있을 따름이다. 결국, 그 대안이란 조금 더 나은 케인즈주의, 조금 더 나은 재분배, 조금 덜한 자본주의를 의미한다. 그러나 어떠한 엄밀성 · 명확성도 없이 혹은 그것들이 왜 중요한가에 대한 어떠한 이해도 없이 그러한 주장들이 제기되고 있다(에릭 홉스봄 외 지음, 1999: 94).

이유야 어찌 됐든, 블레어 지지자들은 제3의 길이 신자유주의에 다름 아니라는 비판에 대해서는 비판을 하지 않고, 단지 대안을 내놓으라는 비판만 할 뿐이었다. 이는 곧 제3의 길이 신자유주의와 다르지 않다는 것을 암묵적으로 인정하고 있는 것이나 다름없는 비판이었다. 블레어정부는 18년 동안 지배한 보수당정부의 신자유주의를 계속 추진하면서도 100여 년 역사의 노동당의 사회민주주의적 요구에 양보할 수밖에 없는 상황에 있었다. 이런 의미에서 'The Third Way'는 '유일한 제3의 길'이 결코 아니었다.

참고문헌

감정기 · 최원규 · 진재문, 『사회복지의 역사』, 서울: 나남, 2007.

강성원, 「뉴딜 구호정책의 성과」, 양동휴 편저, 『1930년대 세계 대공황 연구』, 서울: 서울대학교출판부, 2000.

강신준, 『수정주의 연구 I : 노동동맹 문제와 기회주의의 발전과정』, 서울: 이론과 실천, 1991.

강욱모, 「영국 신노동당의 '제3의 길' 복지정책」, 『현상과 인식』 24(4), 2000.

강철구, 「독일 사회정책의 제전제」, 한국사회과학연구소 편, 『복지국가의 형성』, 서울: 민음사, 1983.

고세훈, 「메이저의 등장과 대처리즘의 향방」, 『한국논단』 17, 1991.

______, 「新保守主義-대처리즘」, 『한국논단』 4, 1989.

______, 『복지국가의 이해』, 서울: 고려대학교출판부, 2000.

______, 『영국노동당사: 한 노동운동의 정치화 이야기』, 서울: 나남출판, 1999.

김경호, 『사회복지실천론』, 파주: 양서원, 2010.

김광수, 『중상주의』, 서울: 민음사, 1984.

김근홍 · 서화자 · 심창학 · 함세남 · 홍금자, 『사회복지 역사와 철학』, 서울: 학지사, 2007.

김동국, 『서양사회복지사론: 영국의 빈민법을 중심으로』, 서울: 유풍출판사, 1994.

김범수 · 신원우, 『지역사회복지론』, 파주: 공동체, 2006.

김상균, 『현대사회와 사회정책』, 서울: 서울대학교출판부, 1987.

김수행, 『정치경제학원론』, 서울: 한길사, 1988.

김수행 · 정병기 · 홍태영, 『제3의 길과 신자유주의』, 서울: 서울대학교출판부, 2009.

김영순, 『복지국가의 위기와 재편: 영국과 스웨덴의 경험』, 서울: 서울대학교출판부, 1996.

김영화, 『현대사회복지이론』, 파주: 공동체, 2010.

김영화 · 이애재 · 손지아, 『사회복지개론: 인간과 복지』, 파주: 정민사, 2011.

김용득, 「영국커뮤니티케어의 이용자 참여 기제와 한국 장애인복지서비스에 대한 함의」, 『한국사회복지학』, 57(3), 2005.

김용조 · 이강복, 『맬더스가 들려주는 인구론 이야기』, 서울: 자음과 모음, 2011.

김윤태, 「영국 복지국가의 전환: 사회정책의 한계와 가능성」, 『사회복지정책』 제21집, 2005.

김융일 · 조흥식 · 김연옥, 『사회복지실천론』, 서울: 나남출판, 1998.

김정훈, 「국가주의 프로젝트의 위기와 신보수주의」, 김호기 · 김영범 · 김정훈 편, 『포스트 포드주의와 신보수주의의 미래』, 서울: 한울출판사, 1995.

김종일, 「한국에서의 사회복지형성과 공장체제의 변화」, 『한국사회학』 25, 1991.

______, 『복지에서 노동으로-노동중심적 복지국가의 비판적 이해』, 서울: 일신사, 2001.

______, 『빈민법의 겉과 속: 근대 영국의 빈민 정책과 빈민의 삶』, 서울: 울력, 2016.

김태성 · 성경륭 공저, 『복지국가론』, 서울: 나남출판, 1993.

김호균, 『제3의 길과 지식기반경제』, 서울: 백의, 2001.

노대명, 「제3의 길에 대한 비판적 논의를 위하여」, 에릭 홉스봄 외 지음, 『제3의 길은 없다』, 노대명 옮김, 서울: 당대, 1999.

러셀 에이 돌프만 편저, 『임상사회사업기술론』, 임상상회사업연구회 옮김, 서울: 홍익재, 1991.

마르크스 지음, 『자본론』, 김수행 옮김, 서울: 비봉출판사, 1990.

마이클 샌델 지음, 『정의란 무엇인가』, 김명철 옮김, 서울: 와이즈베리, 2014.

마틴 카노이 지음, 『국가와 정치이론: 현대자본주의 국가와 계급』, 이재석 · 김태일 · 한기범 옮김, 서울: 한울출판사, 1985.

문기상, 「비스마르크의 사회정책」, 한국사회과학연구소 편, 『복지국가의 형성』, 서울: 민음사, 1983.

문진영, 「영국의 근로복지 개혁에 관한 연구: 노동당의 이념적 변화를 중심으로」, 『한국사회복지학』 제56권, 제1호, 2004.

미국사연구회 편역, 『미국역사의 기본사료』, 서울: 소나무, 1992.

미쉬라 지음, 『복지국가 위기론』, 김한주 · 최경구 옮김, 서울: 법문사, 1987.

박광준, 「1986년 사회보장개혁」, 현외성 외, 『복지국가의 위기와 신보수주의적 재편』, 서울: 대학출판사, 1992.

______, 「부우스의 빈곤조사에 관련된 세 개의 새로운 논의에 관한 연구」, 『인창 신섭중 박사 화갑기념논문집: 사회복지의 역사와 과제』, 기념논문발간위원회, 1994.

______, 「영국 자유당 사회개혁입법의 내용과 의의에 관한 연구」, 『사회정책논집』 5, 1993.

______, 『사회복지의 사상과 역사』, 파주: 양서원, 2002.

______, 『페비안사회주의와 복지국가의 형성』, 서울: 대학출판사, 1990.

박동운, 『대처리즘』, 서울: FKI미디어, 2004.

박병현, 『끝나지 않은 여정-7인의 생애사로 본 사회복지의 역사』, 파주: 양서원, 2020.

______, 『복지국가의 비교: 영국, 미국, 스웨덴, 독일의 사회복지역사와 변천』, 파주: 공동체, 2005.

______, 『사회복지와 문화』, 파주: 집문당, 2008.

______, 『사회복지의 역사』(1판), 파주: 공동체, 2010.

______, 『사회복지로의 초대』, 파주: 공동체, 2015.

______, 『사회복지의 역사』(2판), 파주: 공동체, 2016.

박상섭, 『자본주의국가론』, 서울: 한울, 1985.

박순우 · 최영, 「영국 복지개혁의 사회투자전략에 관한 연구」, 『사회복지정책』 제30집, 2007.

박지향, 『영국사: 보수와 개혁의 드라마』, 서울: 까치, 1997.

______, 『클래식 영국사』, 파주: 김영사, 2012.

발터 샤이델 지음, 『불평등의 역사』, 조미현 옮김, 서울: 에코리브르, 2017.

배영수, 「미국 뉴딜 행정부의 사회정책」, 한국사회과학연구소편, 『복지국가의 형성』, 서울: 민음사, 1983.

______, 「현대 자본주의」, 배영수 편, 『서양사 강의』, 서울: 한울출판사, 1992.

빅 조지 · 폴 윌딩 지음, 『복지와 이데올로기』, 김영화 · 이옥희 옮김, 서울: 한울출판사, 1999.

새무얼 스마일즈 지음, 『자조론』, 김유신 옮김, 파주: 21세기북스, 2013.

셀리나 토드 지음, 『민중: 영국 노동계급의 사회사 1910-2010』, 서영표 옮김, 서울: 클, 2016.

소련과학아카데미 국제노동계급운동연구소 엮음, 『노동계급운동: 역사와 이론의 문제』, 전진 편집부 옮김, 서울: 전진, 1989.

손호철, 『신자유주의 시대의 한국 정치』, 서울: 푸른숲, 1999.

송규범, 「복지국가의 성립」, 한국사회과학연구소편, 『복지국가의 형성』, 서울: 민음사, 1983.

신동면, 「영국의 근로연계복지에 관한 평가-신노동당 정부의 New Deal을 중심으로」, 『한국사회복지학』 제56권 제1호, 2004.

신섭중 외, 『각국의 사회보장』, 서울: 유풍출판사, 1986.

심상용 · 심석순 · 임종호, 『사회복지발달사』, 서울: 학지사, 2016.

앤서니 기든스 지음, 『제3의 길』, 한상진 · 박찬욱 옮김, 서울: 생각의 나무, 1998.

__________________, 『좌파와 우파를 넘어서』, 김현옥 옮김, 서울: 한울, 1997.

앤서니 기든스 · 크리스토퍼 피어슨 지음, 『기든스와의 대화』, 김형식 옮김, 서울: 21세기북스, 1998.

양동휴 편저, 『1930년대 세계 대공황 연구』, 서울: 서울대학교출판부, 2000.

양동휴, 「미국 · 영국 · 독일의 대공황 회복과정」, 양동휴 편저, 『1930년대 세계 대공황 연구』, 서울: 서울대학교출판부, 2000.

______, 「총설: 세계 대공황의 원인 · 경과 · 회복과정」, 양동휴 편저, 『1930년대 세계 대공황 연구』, 서울: 서울대학교출판부, 2000.

양상철, 『경제사 학습』, 서울: 세계, 1987.

양신호, 「대공황과 노동시장의 변화」, 양동휴 편저, 『1930년대 세계 대공황 연구』, 서울: 서울대학교출판부, 2000.

양옥경 · 김정진 · 서미경 · 김미옥 · 김소희, 『사회복지실천론』, 서울: 나남출판, 2005.

양정남 · 최선령, 『사회복지실천론』, 파주: 양서원, 2005.
양정하 · 황인옥 · 신혁석 · 유태완, 『사회복지정책론』, 파주: 양서원, 2004.
양정하, 『사회복지발달사』, 파주: 학현사, 2004.
에릭 홉스봄 외 지음, 『제3의 길은 없다』, 노대명 옮김, 서울: 당대, 1999.
오세영, 『사회보장론』(3판), 서울: 신정, 2020.
______, 『사회보장론』(4판), 서울: 신정, 2023.
______, 『사회복지정책론』(3판), 서울: 신정, 2021.
______, 『사회복지정책론』(4판), 서울: 신정, 2023.
______, 『사회복지학개론』, 서울: 신정, 2023.
______, 『사회복지학입문』(2판), 파주: 양서원, 2021.
______, 『사회복지행정론』(5판), 서울: 신정, 2022.
오인영, 「영국의 신자유주의와 자유당의 사회개혁입법(1908-1914)」, 『영국 연구』 5, 2001.
와카모리 미도리 지음, 『지금 다시, 칼 폴라니』, 김영주 옮김, 파주: 지식의숲, 2017.
원석조, 「비스마르크 사회정책의 본질」, 『사회과학과 사회복지학』, 서울: 한울, 1993.
______, 『사회복지역사의 이해』, 파주: 양서원, 2009.
______, 『사회복지정책의 궤적』, 파주: 양서원, 2004.
______, 『영국 사회복지의 역사』, 파주: 공동체, 2019.
원용찬, 『사회보장발달사』, 전주: 신아출판사, 1998.
윌리엄 클라인크넥트, 『세계를 팔아버린 남자: 신자유주의 국가는 어떻게 만들어졌나』, 유강은 옮김, 서울: 사계절, 2012.
유시민, 『부자의 경제학 빈민의 경제학』, 서울: 푸른나무, 2009.
이영찬, 『영국의 복지정책: 구빈법 개혁부터 제3의 길까지』, 서울: 나남, 2000.
이정우, 「케인스주의와 복지: 베버리지와 케인스」, 김윤태 엮음, 『복지와 사상』, 한울, 2016.
이준상 · 박애선 · 김우찬, 『사회복지발달사』, 서울: 학지사, 2018.
이준우 · 김광선, 『사회복지역사』, 서울: 신정, 2023.
이창곤, 『복지국가를 만든 사람들』, 서울: 인간과 복지, 2014.
장수한, 『역사에세이』, 서울: 동녘, 1992.
전남진, 『사회정책학 강론』, 서울: 서울대학교출판부, 1987.
정미선, 『전쟁으로 읽는 세계사』, 서울: 은행나무, 2009.
정현백, 「억압적 국가와 독일노동자계급의 형성」, 이민호 외, 『노동계급의 형성: 영국 · 프랑스 · 독일 · 미국 · 러시아에 있어서』, 서울: 느티나무, 1989.
제인 애덤스 지음, 『헐하우스에서 20년』, 심재관 옮김, 서울: 지식의숲, 2008.

조성오, 『인간의 역사』, 서울: 동녘, 2006.

조영훈, 『변화하는 세계, 변화하는 복지국가』, 파주: 집문당, 2004.

조용욱, 「19세기의 노동운동과 사회주의」, 배영수 편, 『서양사 강의』, 서울: 한울출판사, 1992.

주경복, 「신자유주의를 말하다」, 장지글러 지음, 『왜 세계의 절반은 굶주리는가』, 서울: 갈라파고스, 2007.

최경구, 『조합주의 복지국가』, 서울: 한나래, 1993.

캐슬린 존스 지음, 『영국 사회정책 현대사』, 임영진 · 이영찬 옮김, 서울: 인간과 복지, 2003.

토니 린즈, 「윌리엄 베버리지」, 아사브릭 외 지음, 『사회복지의 사상』, 한국복지연구회 옮김, 서울: 이론과 실천, 1990.

파인 · 해리스 지음, 『현대 정치경제학 입문』, 김수행 옮김, 서울: 한울, 1985.

페리 앤더슨 지음, 『절대주의 국가의 역사』, 김현일 외 옮김, 서울: 소나무, 1993.

프리드리히 엥겔스 지음, 『엥겔스의 독일 혁명사 연구』, 박홍진 옮김, 서울: 아침, 1988.

한경민, 『경제사 강의』, 서울: 두리, 1989.

한국복지연구회, 『사회복지의 역사』, 서울: 이론과 실천, 1991.

함세남 외, 『선진국 사회복지발달사』, 서울: 홍익재, 1996.

해리슨 지음, 『영국민중사』, 이영석 옮김, 서울: 소나무, 1989.

허구생, 『빈곤의 역사, 복지의 역사』, 서울: 한울아카데미, 2002.

헌트 지음, 『경제사상사 I』, 김성구 · 김양화 옮김, 서울: 풀빛, 1982.

_________, 『경제사상사 II』, 김성구 · 김양화 옮김, 서울: 풀빛, 1983.

현외성, 「복지국가의 위기와 재편」, 현외성 외, 『복지국가의 위기와 신보수주의적 재편』, 서울: 대학출판사, 1992.

호르스트 디레 외 지음, 『세계사 수첩(상)』, 김정환 옮김, 서울: 민맥, 1990.

アサ・ブリッグス・アン・マッカート著, 『トインビー・ホールの100年』, 阿部志郎監訳, 全国社会福祉協議会, 1987.

イギリス保健省, 『ケアマネジメント』, 小田兼三等訳, 東京: 学苑社, 1996.

岡沢憲芙・宮本太郎編, 『比較福祉国家論』, 京都: 法律文化社, 1997.

高島進, 『社会福祉の歴史』, 京都: ミネルヴァ書房, 1999.

大陽寺順一, 「オット・フォン・ビスマルク」, 社会保障研究所編, 『社会保障の潮流』, 全国社会福祉協議会, 1977.

大沢真理, 「社会保障政策ージェンダー分析の試み」, 手利健三編著, 『現代イギリス社会政策史ー1945-1990』, 京都: ミネルヴァ書房, 1999.

東京大学社会科学研究所編, 『福祉国家(4~6巻)』, 東京: 東京大学出版会, 1984-1985.

東京大学社会科学研究所編,『転換期の福祉国家(下)』, 東京: 東京大学出版会, 1988.

埋橋孝文,『現代福祉国家の国際比較: 日本モデルの位置づけと展望』, 東京: 日本評論社, 1997.

北島健一, 「福祉国家と非営利組織ーファイナンス/供給分離モデルの再考」, 宮本太郎編著,『福祉国家再編の政治』, 京都: ミネルヴァ書房, 2002.

社会政策学会編,『福祉国家の射程』, 京都: ミネルヴァ書房, 2001.

小松源助, 「ソーシャル・ワークの成立ーリッチモンドの貢献」, 右田紀久恵・高澤武司・古川孝順編著,『社会福祉の歴史』, 東京: 有斐閣, 2001.

小野塚知二, 「労使関係政策ーヴォランタリズムとその変容」, 手利健三編著,『現代イギリス社会政策史ー1945-1990』, 京都: ミネルヴァ書房, 1999.

柴田嘉彦,『世界の社会保障論』, 東京: 新日本出版社, 1996.

伊藤周平,『社会保障史』, 東京: 青木書店, 1997.

伊部英男・木村尚三郎,『轉換期の日本社会と福祉改革』, 全国社会福祉協議会, 1985.

田口富久治編著,『ケインズ主義的福祉国家』, 東京: 青木書店, 1989.

阪野智一, 「自由主義的福祉国家からの脱却?ーイギリスにおける二つの福祉改革」, 宮本太郎編著,『福祉国家再編の政治』, 京都: ミネルヴァ書房, 2002.

Adam Smith 지음,『국부론』, 김수행 옮김, 서울: 비봉출판사, 2014.

Ashford, D. E., *The Emergence of the Welfarel State*, Oxford: Basil Blackwell, 1986.

Baily, M., "The Labor Market in the 1930s." in J. Tobin(ed.), *Macroeconomics, Prices and Quantities*, Basil Blackwell, 1983.

Beveridge. W., *Social Insurance and Allied Services*, American edition, New York: MacMillan, 1942.

Blaug, Mark, "The Myth of the Old Poor Law and the Marking of the New," *The Journal of Economic History*, 23(2), 1963.

Block, F. & G. Somers, *The Power of Market Fundamentalism*, Harvard University Press, 2014.

Boyer, G., "The Old Poor Law and the Agricultural Labor Market in Southern England: An Empirical Analysis," *Journal of Economic History*, 46(1), 1986.

Briggs, Asa., "The Welfare State in Historical Perspective," *European Journal of Sociology*, 2, 1961.

Bruce, M., *The Coming of the Welfare State*, London: B. T. Batsford, 1961.

Cook, Chris, *A Short History of the Liberal Party 1900-1984*, Macmillan, 1984.

Digby, Anne, *Pauper Palaces*, London: Routledge and Kegan Paul, 1978.

E. H. 카 지음, 『역사란 무엇인가』, 김현택 옮김, 서울: 까치, 2016.

Esping-Andersen, G., *A Welfare State for the 21st Century, Report prepared for Social Foundations of Postindustrial Economies*, Oxford: Oxford University Press, 1999. (G・エスピン―アンデルセン 著, 『ポスト工業経済の 社会的基礎: 市場・福祉国家・家族の 政治経済学』, 渡辺雅男・渡辺景子訳, 東京: 桜井書店, 2000).

Esping-Andersen, G., *The Three Worlds of Welfare Capitalism*, Princeton: Princeton University Press, 1990.

Fraser, D., *The Evolution of the British Welfare State*, 2nd ed. London: Macmillan, 1984.

Friedlander & Apte, *Introduction to Social Welfare*, 5th ed., Englewood Cliffs: Prentice-Hall, 1980.

Friedlander & Apte, *Introduction to Social Welfare*, Englewood Cliffs: Prentice-Hall, 1975.

Friedman, M., & R. Friedman, *Free to Choose*, New York: Harcourt Brace Jovanovich, 1980.

Friedman, M., *Capitalism and Freedom*, University of Chicago Press, 1962. (Friedman, 『資本主義と自由』, 熊谷尚夫他訳, 東京: マグロウヒル好学社, 1975).

Furniss, N., & T. Tilton, *The Case for the Welfare State: From Social Security to Social Equality*, Bloomington: Indiana University Press, 1977.

Gary Taylor 지음, 『이데올로기와 복지』, 조성숙 옮김, 서울: 신정, 2009.

George, V., & P. Wilding, *Ideology and Social Welfare*, London: Routledge and Kegan Paul, 1976. (빅 조지・폴 윌딩, 『이데올로기와 사회복지』, 남찬섭 옮김, 서울: 한울출판사, 1994).

George, V., *Social Security and Society*, London: Routledge and Kegan Paul, 1973.

Gilbert, Bentley B., "David Lloyd George: Land, the Budget, and the Social Reform,", *American Historical Review*, Vol.81, No.5, 1976.

Gough, Ian, *The Political Economy of the Welfare State*, London: MacMillan, 1979. (고프 지음, 『복지국가의 정치경제학』, 김연명・이승욱 옮김, 서울: 한울아카데미, 1990).

Green, David, *Pauper Capital: London and The Poor Law, 1790-1870*, Burlington, VA: Ashgate, 2010.

Handel, G., *Social Welfare in Western Society*, Random House, 1982.

Harris, J., *William Beveridge*, Oxford: Clarendon Press, 1977.

Johson, N., "Welfare Pluralism: Opportunities and Risks," in Evers, A. and Svetlik, I. eds., *Balancing Pluralism: New Welfare Mixes in Care for the Elderly*, Avebury, 1993.

Johson, N., *The Welfare State in Transition: The Theory and Practice of Welfare Pluralism*, Harvester Wheatsheaf, 1987.

Jones, K., *The Making of Social Policy in Britain: From the Poor Law to New Labour*, London: Continuum, 2000.

Jones, Kathleen, *The Making of Social Policy in Britain 1830~1990*, London: The Athlone Press, 1991.

Kessler, Sid & Fred Bayliss, *Contemporary British Industrial Relations*, 3rd ed, London: Macmillan Press, 1998.

Korpi, W., *The Democratic Class Struggle*, London: RKP, 1983.

Mishra, M., *Society and Social Policy: Theories and Practice of Welfare*, 2nd ed., London: Macmillan, 1981.

Mishra, R., *The Welfare State in Crisis*, New York: St. Mantin's Press, 1984.

O'Connor, J., *The Fiscal Crisis of the State*, New York: St. Martin's Press, 1973.

Offe, C., *Contradictions of the Welfare State*, London: Hutchinson Education, 1984.

Pearson, R. & Williams, G., *Political Thought and Public Policy in the Nineteenth Century*, Longman, 1984.

Pierson, C., *Beyond the Welfare State? The New Political Economy of Welfare*, Cambridge, UK: Polity Press, 1991.

Polanyi, Karl, *The Great Transformation: The Political and Economic Origins of Our Time*, Boston: Beacon, 1944. (カール・ポラニー著, 『大転換ー市場社会の形成と崩壊』, 吉沢英成外訳, 京都: 東洋経済新聞社, 2002).

Pugh, M., *The Making of Modern British Politics*. 2nd ed. Oxford: Blackwell, 1993.

Rimlinger, Gaston, *Welfare Policy and Industrialization in Europe, America and Russia*, John Wiley and Sons, 1971. (가스통 v. 림링거 지음, 『사회복지의 사상과 역사』, 비판과대안을위한사회복지학회 옮김, 서울: 한울아카데미, 2009).

Ritter, G. A., *Social Welfare in Germany and Britain*, Origins and Development BERG Publishers, 1986. (Gerhard A. Ritter 지음, 『복지국가의 기원』, 전광석 옮김, 서울: 법문사, 2005).

Schweinitz 지음, 『영국사회복지발달사』, 남찬섭 옮김, 서울: 인간과 복지, 2001.

Slack, Pual, *The English Poor Law, 1531-1782*, Cambridge, 1995.

Taylor, Robert, "Employment and Industrial Relations," In Dennis Kabanagh and Anthony Seldn eds., *The Major Effect*, London: Macmillan Press, 1994.

Thane, P., F*oundations of the Welfare State*, London: Longman, 1982. (パット・セイン著,『イギリス福祉国家の社会史: 経済・社会・政治・文化的背景』, 深澤和子・深澤敦監訳, 京都: ミネルヴァ書房, 2000).

Webb, A. L., & J. E. B. Sieve, *Income Redistribution and the Welfare state*, London: Bell & Sons, 1971.

Zastrow, C., *Introduction to Social Work and Social Welfare*(9th ed.), Thomson Learning Inc, 2008. (찰스 자스트로 지음,『사회복지개론』, 강흥구 외 편역, 서울: 시그마프레스, 2006).

찾아보기

[인명]

[내용]

오세영

현재 원광대학교 사회복지학과 교수로 재직하고 있다. 일본 북쿄대학(Bukkyo University) 대학원에서 사회복지학을 전공하여 박사학위를 받았으며, 사회복지의 사상과 역사를 비롯하여 사회복지정책, 사회복지행정, 장애인복지 분야에 관심을 가지고 저술과 강의를 해오고 있다. 저서로는 신정에서 펴낸 『사회복지역사』, 『사회복지학개론』, 『사회복지정책론』, 『사회보장론』, 『사회복지행정론』, 『장애인복지의 사상』, 『한국 장애인복지의 역사』를 비롯해 『사회복지학입문』(양서원), 『자원봉사론』(창지사), 『노인복지의 정책과 과제』(공저, 양서원), 『사회복지개론』(공저, 학지사) 등이 있으며, 일본에서 『よくわかる社会福祉の歴史』(공저, ミネルヴァ書房)를 펴냈다.

사회복지역사 2판

1판발행 2024년 1월 25일 **1판 1쇄**
2판발행 2025년 9월 10일 **2판 1쇄**

지은이 오세영
펴낸이 최용구 | **펴낸곳** 도서출판 **신정**
주소 (04316) 서울시 용산구 원효로 89길 19 (원효로1가)
전화 02)3211-4782, 0266(영업부), 3211-4783(편집부), 3211-4784(팩스)
이메일 sjbook2002@naver.com | **홈페이지** www.sjbook.co.kr
등록 2001년 5월 11일 제13-702호
기획마케팅 최용구 장만동 최충구 송대용 | **책임편집** 석기은 황가연

ISBN 978-89-5912-947-8 93330
정가 28,000원